주제가 있는

한국사

강경표

도서출판 **진 영 사**

주제가 있는 한국사

강경표

2013년 2월 3일 초판 인쇄
2015년 8월 7일 초판 2쇄 발행
발행인 박 진 영
발행처 도서출판 진영사
인천광역시 부평구 갈산동 35-3번지
전화 : 032)505-4207
팩스 : 032)505-4206
E-mail : 0183734207@hanmail.net
등록 : 122-91-77317

ISBN 978-89-6541-107-9 93900
값 18,000원

서 언

우리나라는 반만년의 유구한 역사를 간직하고 있습니다. 지구상에서 우리만큼 오랜 역사를 지니고 있는 민족은 그리 흔하지 않습니다. 더욱이 우리 민족은 오랜 역사만큼이나 아름답고 찬란한 문화를 이어 왔습니다. 이 전통은 오늘 날에도 이어져 새로운 민족 문화 창조의 토대가 되고 있습니다.

하지만 선조들의 얼을 이어가며 연구해 보려는 우리들의 노력은 기대에 미치지 못하고 있는 것으로 보입니다. 특히 일제 강점기 이래 잘 못된 역사 교육으로 인하여 우리 역사가 뿌리 채 흔들렸고, 그간 국가 발전을 위한 우선 정책인 '선 건설'의 기치아래서 역사를 돌이켜 볼 겨를도 없었습니다.

이러는 사이 인접 국가들은 우리 역사를 왜곡하고, 심지어 우리 영토를 침탈하려는 기도를 서슴없이 자행하고 있습니다. 중국의 동북공정과 일본의 독도 영유권 주장이 바로 그러한 것들입니다. 이러한 상황에서 역사 연구가들은 역사 연구가 데로 역사 연구에 더욱 정진해야 할 것이지만, 학도들을 포함한 국민들은 우리 역사에 대한 이해를 충분히 하고 이에 대한 국민적 공감대를 형성해야 할 것입니다. 이로써 우리의 역사를 왜곡하고 영토를 침탈하려는 인접국의 정책에 맞서 대응할 수 있는 역량이 집결될 것 입니다.

역사상 '자신의 역사에 확신을 지니고 있었던 민족', '자신의 역사에 자긍심을 갖고 있었던 민족'은 모두 강국으로 성장하였습니다. 이제는 우리가 우리의 역사와 문화에 대하여 확신과 자긍심을 가질 때입니다. 만주 일대를 달리던 웅혼한 민족 기상과 상무정신, 석굴암의 웅장하고 조화된 세련미, 조선왕조실록을 비롯한 유네스코 세계 기록문화유산 등 그야말로 우리 역사에는 인류 문화의 보배들로 가득 차 있습니다. 이 책과 함께 우리 역사의 실타래를 한 올 한 올 풀어가면서 우리 민족의 속성과 문화를 음미하고 확인해 볼 수 있는 계기가 되었으면 합니다.

이 책은 제1부와 제2부로 구성되어 있습니다. 제1부는 우리 민족의 걸어온 역사를 시대 순으로 주제를 선택하여 강의식으로 정리하였습니다. 주제는 우리 역사 중 위기를 극복하고 새로운 문화를 창조하는 민족적 기상을 확인할 수 있는 시기를 위주로 하여 선정하였습니다. 제2부 '시대사'는 학계의 일반적인 견해가 반영되도록 하여 우리의 전 역사를 압축하여 풀이 식으로 기술하였습니다. 제1부의 '주제로 읽는 한국사'를 읽고 좀 더 보강이 필요한 부분이 있거나 한국사 전반을 이해하고 싶다면 제2부 '시대사'에서 참고하도록 준비 하였습니다.

우리 역사에 대한 연구와 함께 자긍심을 함양하는 계기가 되시기를 기원합니다.

순천만 연구실에서 저자

차 례

제1부 주제로 읽기

제2부 시대사

제1부

주제로 읽기

1. 한국사의 올바른 이해
2. 우리 문화의 우수성
3. 민족 문화의 시원
4. 민족의 통일
5. 삼국통일의 원동력 화랑도
6. 영토 개척사
7. 군사사
8. 고려의 국난극복
9. 조선의 건국과 양반사회의 성립
10. 조선의 국난 극복
11. 세계질서 편입과 국권수호
12. 일제 통치와 대한민국의 건국
13. 동북아시아의 역사 분쟁 I
14. 동북아시아의 역사 분쟁 II
15. 역사로 읽는 한류

1. 한국사의 올바른 이해[1)]

올바른 한국사를 이해하기 위해 '역사란 무엇인가?'하는 문제를 생각해 보고, 역사를 배우는 목적과 역사의 기본이라 할 수 있는 '시대구분'의 개념을 이해 해 본다. 그리고 한국사 입문에 필요한 몇 가지 특질과 그간 한국사를 오도한 요소들에는 어떠한 것들이 있는지를 확인해 봄으로써 역사와 한국사에 대한 이해의 폭을 넓히고자 한다.

1 역사의 이해

역사를 이해하기 위해 먼저 역사의 어원에 대하여 알아볼 필요가 있다. 역사는 한자로 '歷史'이고 영어로는 'history'라 한다. 서양의 역사는 고대 그리스어의 'ἱστορία(historia)' 에서 유래된 것으로 '알다', '보다'의 뜻을 내포하고 있다. 동아시아에서 사용하는 '역사'라는 용어는 근대 이후 서양 역사학이 도입되면서 history에 대한 번역어로 사용되었다. 여기서 歷은 '세월이나 세대 또는 왕조에 대한 과거에 있었던 사실'을, 史는 '기록하다' 또는 '기록하는 사람'의 의미로 중국 한나라의 역사가인 사마천의 역사서 『史記 사기』 에서 유래하였다.

서양에서 역사는 키케로(Marcus Tulliut Cicero, 서기전 106～서기전 43)에 의하여 역사학의 아버지라 불린 헤로도토스(Herodotos, 서기전 480 추정～서기전 425)가 그의 저서 『역사』 에서 페르시아 전쟁사를 사실적으로 기술하면서부터 시작 되었다고 할 수 있다.

일반적으로 말하는 역사라 함은 '인류를 중심으로 한 사회의 변천 과정이나 흥망성쇠의 과정 자체 또는 이에 대한 기록'을 의미한다. 또한 역사는 지난 시대에 남긴 기록물이나 이를 연구하는 학문 분야를 의미하기도 하고, 어떤 사람이나 사물, 사실이 존재해온 연혁이기도 하다. 따라서 역사란 과거의 사실과 더불어 그 사실의 기록

---

1) 에드워드 카, 김택연 역, 『역사란 무엇인가 』, 까치, 2007
한영우, 2005, 『다시 찾는 우리역사』, 경세원, 2004
네이버 지식백과
위키백과

을 의미한다. 역사는 '사실로서의 역사(객관적인 모든 과거의 사실)'와 '기록으로서의 역사(주관적으로 재구성된 사실)'의 두 가지 의미를 내포하고 있는 것이다.

역사가 사실로서의 역사와 기록으로서의 역사로 구분되면서 역사 인식의 방법 또한 구분되어 나타나게 되었다. 이러한 인식의 차이는 크게 '실증주의 역사관(객관적 의미의 역사)'과 '상대주의 역사관(주관적 의미의 역사)' 그리고 '이상주의 역사관(절충적인 역사관)'으로 구분되어 진다.

먼저 실증주의 역사관은 근대 역사학의 아버지라 불리는 독일의 역사학자 랑케(Leopold von Ranke, 1795～1886)에 의해 주장된 것으로서 '사실로서의 역사'를 의미한다. 실증주의에서 역사란 객관적인 의미에서 과거에 일어난 수많은 사실들의 기록을 말한다. 때문에 역사가는 역사를 말할 때 자신의 주관을 철저히 배제하고 과거에 실제로 존재했었던 사실만을 언급해야 한다. 이를 두고 랑케는 "역사가는 자신을 죽이고…(중략)…오직 역사적 사실들로 하여금 말하도록 해야 한다."라고 주장했다.

따라서 실증주의란 과거의 사료를 대상으로 역사가가 '재해석'하거나 '추론'해 내는 역사를 철저히 배제하고, '과학적인 방법을 통해서 객관적·사실적으로 증명할 수 있는 것만이 진리이고 역사이다.'라는 역사연구 인식을 가지고 있다. 이러한 객관적 의미의 실증주의 역사 연구는 역사를 '수많은 사건의 집합체'로 인식한다. 따라서 역사가의 의도가 배제된 순수한 역사를 경험할 수 도 있고, 역사적 사실이라는 바다에서 헤엄만 치다마는 성과 없는 역사 연구를 진행할 수도 있다.

반면 이탈리아의 크로체(Benedetto Croce, 1866～1952)에 의해 정립된 상대주의 역사관은 크로체 자신의 말대로 "모든 역사는 현재의 역사이며, 승자의 기록이다."라는 역사관이다. 이 상대주의 역사인식은 역사가의 사유를 통해 현재에 재구성된 사실만이 진정한 의미의 역사라고 인식하면서 역사가의 주관성을 강조한다. 따라서 역사적 사실이 역사가의 사유를 거쳐 역사가의 사관으로 정제되지 않았다면 그것은 단지 역사적 사실에 지나지 않는다고 본다. 이런 관점은 비록 역사적인 사실은 불변 하지만 그 역사를 해석하는 시점의 사회 분위기나 학문적 연구 동향 등에 따라 동일한 역사적 사건도 다른 각도에서 조명과 해석이 가능함을 의미한다.

이러한 상대주의의 역사인식은 현대 역사학에서 지극히 타당하게 받아들여지고 있다. 하지만 이러한 상대주의 관점은 역사를 연구자 자신에게 유리한 방향으로 왜곡하여 조장하거나 변질 시킬 수 있는 소지를 내포하고 있다. 그 대표적인 예로 일제의 식민사관을 들 수 있다.

다음으로 실증주의와 상대주의 역사 연구 방법을 절충한 이상주의 역사연구 방법이 있다. 이상주의 역사연구 방법의 대표적 학자로는 최근의 카(Edward Hallett Carr, 1892～1982)를 들 수 있다. 카는 『역사는 무엇인가?』 라는 저서에서 "역사란 역사가와 사실 사이의 상호작용에 대한 부단한 과정이며, 현재와 과거사이의 끊임없는 대화이다."라고 하였다. 따라서 "역사가는 자신의 해석에 맞추어 역사적 사실을 수집하고 수집한 역사적 사실에 맞추어 역사 해석을 끊임없이 시도하는 과정에 있다"는 것이다.

이러한 이상주의 역사관은 객관적 사료로서의 역사적 사실을 강조하면서도 사료가 내포하고 있는 객관성의 한계를 인정하고, 역사가의 해석(사관) 또한 필요하다는 점을 분명히 한 역사관이다. 따라서 카의 역사관은 사실과 역사가의 해석의 양 부분을 모두 강조하고 있다. 이러한 이상주의 역사관은 요즈음의 역사학계에서는 정설로 받아들여지고 있다.

☞ 역사가 : 사관을 가지고 직업적으로 역사를 연구하는 학자

☞ 사관 : 역사에 대한 인식체계를 설정하고 역사를 바라보는 관점으로 역사의 생명이라고도 할 수 있다. 대표적인 사관으로는 순환사관, 민족사관, 식민사관, 사회경제사관, 실증사학 등이 있다.

☞ 역사적 사실 : 과거에 일어났던 사건 중 역사가에 의하여 역사를 구성하기 위하하여 선택되어진 사료이다.

☞ 사료(史料) : 사료는 역사가가 역사를 연구하거나 편찬하는 데 있어서 재료가 되는 문헌이나 유물을 말한다. 따라서 역사가는 진위여부를 확인하여 사료를 판단하고 비판적으로 이해한 후에 선택해야 한다.

사료는 1차 사료와 2차 사료로 나누어 볼 수 있다. 1차 사료(원 사료)는 동시대 또는 현장에 있었던 사람이 직접 확인한 것을 기록한 문서나 유물을 말하며, 2차 사료는 그 사건에 대한 후세의 연구나 서적을 말하며 1차 사료를 보강할 수 있는 자료라 할 수 있다.

☞ 『史記』 : 중국 전한(前漢)의 사마 천(司馬遷)이 상고시대의 오제(五帝)~한나라 무제 태초 년 간(BC 104~101년)의 중국과 그 주변 민족의 역사를 포괄하여 저술한 통사이다. 사마천의 저술 동기는 사관의 소명의식에 따라 『춘추』를 계승하며 아울러 궁형의 치욕을 극복하고 입신양명하기 위한 것이었다. 『사기』는 역대 중국 정사의 모범으로 기전체(紀傳體)의 효시가 되었다.

『사기』는 기전체의 모범으로 제왕의 연대기인 본기(本紀) 12편, 제후 왕을 중심으로 한 세가(世家) 30편, 역대 제도와 문물에 관한 서(書) 8편, 연표인 표(表) 10편, 시대를 상징하는 뛰어난 개인의 활동을 다룬 전기 열전(列傳) 70편 등 총 130편으로 구성되어 있다.

☞ 편년체 : 역사 기록을 연·월·일순으로 정리하는 서술하는 체제로 동양에서 가장 보편적이고 오래된 역사 서술 방식이다. 편년체 사서의 효시는 공자의 노(魯)나라 역사인 『春秋 춘추』이다.

☞ 『역사』 : 기원전 5세기 헤로도토스에 의하여 집필된 역사서이다. 페르시아 역사를 기록하여 페르시아 전쟁(페르시아 제국과 그리스 도시국가 간의 전쟁)사라고도 한다. 헤로도토스는 그리스 역사상 최초로 이 책에서 역사적 사실을 기록 하면서 시가(詩歌)가 아닌 실증적 학문의 대상으로 삼았다. 전쟁사뿐만이 아니라 고대 여러 민족의 풍습과 종교에 대한 기록은 매우 객관적으로 그 역사적 의의가 크다.

2 역사를 배우는 목적

우리가 역사를 연구하는 목적은 과거와 현재를 연결하여 그 의미를 발견하고, 이에 대한 판단을 내려 미래에 대한 지혜를 얻기 위함이다. 따라서 발전 지향적 미래를 건설하는 요소 중 우리 의식의 가장 기저에 자리 잡는 것이 역사의식이다. 우리는 역사를 공부함에 따라 다음과 같은 사항들을 얻을 수 있다.

첫째 : 삶의 교훈과 지혜를 얻을 수 있다. 인류는 오랜 세월을 겪어 오면서 다양한 상황에 직면하여 그때마다 문제점들을 지혜롭게 해결해 왔다. 만약 그 상황을 해결

하지 못했다면 더 이상 역사의 주체로서 존속하지 못했다. 이러한 인류의 삶을 해쳐나가는 지혜 중 생물학적인 사항은 인체의 DNA에 각인되어 후세에 전달되기도 하지만 인류의 사유와 행위는 기억이나 기록을 통하여 후세에 전승되었다. 문자가 발명된 이후 인류의 지혜가 매우 급속하게 발전된 것도 같은 맥락이다.

따라서 인류는 선조들이 경험했던 문제와 해결의 실마리를 역사를 통해 밝혀해 냄으로써 현재의 문제 해결의 단초를 열고 미래를 예측할 수 있는 슬기와 지혜를 얻을 수 있는 것이다. 이를 두고 공자는 '온고지신(溫故知新)'이라 했고, 베이컨(Francis Bacon, 1561~1626)은 '역사는 사람을 현명하게 한다.'고 했다.

둘째 : 나의 근원을 알고 미래를 설계할 수 있다. 역사 속에는 인류 문명이 걸어온 길, 즉 우리 선조들의 발자취가 고스란히 녹아 있다. 따라서 역사를 연구하면은 이러한 선조들의 발자취 속에서 나의 위치를 가늠해 볼 수 있는 기회가 제공되어 진다. 과연 나라는 존재는 어디서 왔으며, 내가 어떻게 이 자리에 있게 되었을까? 하는 문제에 대하여 답을 얻을 수가 있다. 그러므로 역사를 통해 나에 대한 근원적인 뿌리를 이해함으로써 정체성을 확립할 수 있을 뿐만 아니라 과거를 통하여 현재의 문제를 정확히 파악하고 앞으로의 문제에 대한 전망을 가능하게 한다.

셋째 : 역사적 사실의 원인과 관계를 통해 인간에 대한 이해와 사고력을 증진 시킬 수 있다. 역사는 인류 삶의 현장에 대한 기록이자 그림이자이다. 따라서 누대의 인류의 삶에 대한 연구를 통해서 인간 삶의 양태를 확인하고 그에 대한 이허의 폭을 넓힐 수 있다. 또한 인간의 제 역사적 사실을 연구함으로 해서 사회현상에 대한 '역사관'을 확립하고 비판적 안목이나 사고력을 함양할 수가 있으며 성숙한 인간으로 성장할 수 있는 토대를 형성할 수 있다.

넷째 : 다른 문화에 대한 전통을 이해하고 존중과 배려의 태도를 함양할 수 있다. 역사를 통하여 인류의 시원을 찾아 올라가다보면 그동안 활동했던 인류 선조들의 삶의 형태와 지혜가 매우 비슷하다는 것을 발견할 수 있다. 오랜 문화를 통하여 정제된 인류의 삶의 모습들은 과거와 현재가 또한 이 문화와 저 문화 간에도 별반 다르지 않다는 것을 알 수 있다. 이것이 인류의 동질성이다.

이렇듯 인류 문화는 비록 다른 선조와 지역에서 출발했지만 그 흐름은 시대적으로는 과거나 현재, 지리적으로도 여기나 저기나 모두 똑같은 인류로서의 동질성과 보편성을 띠고 있다. 따라서 인류는 문화의 차이는 존재하나 민족이나 국가 간의 우열이 없으며 동일한 인류로 이해된다.

역사에 대한 공부는 나와 내 국가뿐만이 아니라 인류에 대한 보편적 인식을 연구하게 하는 학문으로, 우리 전통 문화와 더불어 타 문화와 문명에 대한 존중과 배려도 자연스럽게 성숙된다. 따라서 올바른 역사 공부를 통해 올바른 역사의식(인식)을 가지고 있을 때 인류의 미래에 대한 희망 또한 기대할 수 있다.

☞ 역사의식(인식) : 사회 현상을 역사적 관점이나 시간의 흐름에 따라 파악하고 그 변화 과정에 주체적으로 관계를 형성하려는 의식으로 '역사를 보는 시각'이다.

3 시대 구분

역사에서 시대 구분이라 하는 것은 '역사를 바라보는 관점(사관)에 따라 역사를 흐름이 비슷한 단계로 구분하는 것'을 말한다. 크로체가 "역사를 생각하는 것은 역사를 시대구분 하는 것이다."라고 말한 바와 같이 장구한 역사를 어느 특질적인 일관된 시대로 구분하는 일은 역사 인식의 가장 기초적인 일이면서도 역사연구의 정점에 해당한다 할 수 있다.

하지만 역사 시대의 구분 자체는 절대적인 것이 아니며, 정확한 시점이나 일괄적으로 특징지을 수는 없는 문제이기도 하다. 지역이나 시기에 따라 다양한 형태의 문화가 존재함도 인정된다. 따라서 역사는 역사가의 관점에 따라 다향하게 시대 구분되어 질 수 있다. 특히 동양과 서양의 역사 흐름이 달라 서양의 역사구분법을 동양의 역사에 접목하기에는 무리가 따르기도 한다.

인류의 역사는 문자의 유무를 기준으로 하여 선사시대(先史時代, 인류의 원시시대)와 역사시대(문자시대)로 구분한다. 이는 인류의 삶이 문자로 기록되었느냐? 아니냐? 의 구분이기도 하다. 또한 인류 역사는 사용 도구의 재질에 따라 석기시대 - 청동기시대 - 철기시대로 구분되어진다(C.J 톰젠). 석기시대는 석기의 제작 특징을 들어 구석기(뗀석기) 시대와 신석기(마제석기) 시대로 나눈다(존 러복). 학자에 따라서는 구석기와 신석기 사이에 짧은 기간이지만 중석기 시대를 반영하기도 한다.

역사시대는 일반적으로 사회발전의 정도에 따라 5분법에 의하여 고대(古代, Ancient) – 중세(中世, Middle Ages) – 근세(近世, Early modern period) – 근대(近代, Modernity) – 현대(現代, Modern era)로 구분하는 방법이 많이 사용된다. 때로는 4분법에 의해 고대 – 중세 – 근세 – 현대로 구분하기도 한다.

고대는 선사시대 이후 인류의 지혜가 싹터 국가를 형성하는 시기로 서양사에서는 고대 그리스 시대로부터 서로마제국이 멸망(476)한 시기까지를 말한다. 중국에서는 신화시대 이후인 은(殷)·주(周) 시대부터 당(唐)까지, 한국사에 있어서는 청동기 시대인 고조선에서 후삼국 시대 종결까지로 보고 있다. 중세는 유럽 역사에서는 게르만의 이동(4~6세기)이 있던 5세기부터 르네상스(14~16세기)와 함께 근대가 시작되기 전까지인 15세기까지를, 중국에서는 몽고제국까지, 한국사에서는 대략 고려시대 까지를 포함한다.

근세는 중세와 근대 사이의 기간으로 인간에 대한 재발견의 기운이 일어나는 르네상스 시기부터 프랑스혁명(1789) 이전까지로 인식되고 있다. 중국사에서는 명나라와 청나라를 포함할 수 있으며, 한국사에서는 이 시기가 대략 조선 전기에 해당되는 시기이다. 다음 근대는 일반적으로 17세기, 18세기부터 시작하여 봉건주의의 잔재를 극복(개인의식, 자본주의. 시민의식 성장)하고 정치적으로는 민주주의와 경제적으로는 자본주의가 발전하는 시기로 서양에서는 통상 제1차 세계대전(1914~1918)까지로 상정한다. 한국사에서 근대의 출발은 대략 개항 전후(1876)로 보편화 되어있다.

현대는 사상과 그 밖의 것들이 지금과 유사하다고 생각되는 시기로 유럽에서는 제1차 세계대전이 종료된 시점부터, 중국은 신해혁명(1911)이후부터, 한국과 더불어 일본은 광복이후(1945)부터 현대로 설정하는 경향이 우세하다.

이외에도 역사시대를 구분하는 방법으로는 한국사에서도 자주 사용되는 왕조구분법이 있다. 또한 마르크스의 유물론에 의한 역사구분법이 요즈음은 많이 활용되고 있다. 마르크스는 그간 주로 시간을 중심으로 해서 구분하던 역사 구분에다가 유물론적인 기준을 더하여 원시공산제사회 – 고대노예제사회 – 중세봉건사회 – 근대자본제 사회 – 공산주의라는 시대구분을 하여 역사 인식의 새 지평을 열기도 했다.

☞ 선사시대 : 1883년 프랑스의 투르날이 기록이나 문자가 존재하지 않았던 시대를

지칭하여 '선사'라는 용어를 사용하였다. 이 선사시대는 구석기시대와 신석기 시대로 구분된다. 역사시대는 문자에 의하여 기록이 존재하는 시기를 지칭한다. 세계사적으로 최초의 문자는 대략 5000년 전 청동기 시대부터 문자가 사용 되었다. 한국사에 있어서는 철기시대부터 문자가 등장하고 있는 것으로 연구되고 있다.

☞ 중석기시대 : 구석기시대에서 신석기 시대로 전환되는 시기이다. 빙하기가 끝나고 온난해 지면서 작고 날쌘 동물들이 출현하였다. 이때 활과 이음도구 등의 잔석기가 만들어졌다. 하지만 우리나라에서는 중석기 구분이 명확하지 않다. 일부는 웅기 부포리와 통영 상노대 유적을 중석기 유적으로 보기도 한다.

☞ 세계 4대 문명 : 세계의 4대 문명(청동기 문명)은 메소포타미아 문명, 이집트 문명, 인더스 문명, 황하 문명 등이다. 이들 문명에서는 공통적으로 관개농업의 발달과 청동기의 사용 그리고 인류가 집단 거주하는 도시의 모습들이 발견되고 있다. 이들 문명은 문자를 사용하였으며 초기 국가의 형태를 보인다.

☞ 방사성 탄소 연대 측정법(放射性炭素年代測定法, Radiocarbon dating) : 고고학 유물의 연대 측정에는 탄소 연대 측정법이 가장 많이 사용된다. 탄소 연대 측정법은 탄소화합물 중의 탄소의 극히 일부에 포함된 방사성 동위 원소인 탄소-14(14C)의 조성비를 측정하여 그 만들어진 연대를 추정하는 방사능 연대 측정의 한 방법이다. 간단하게 탄소 연대 측정이라고도 부른다.

4 한국사와 국사, 그리고 세계사

우리나라의 역사는 한민족의 역사이기도 하다. 국가와 민족이 동일했기에 가능한 일이다. 우리나라 사람들이 우리의 역사를 부를 때 '국사'라고 한다. 국사는 역사를 우리 민족을 중심으로 하여 설명한다. 따라서 역사의 주체는 우리 민족이고 우리 민족의 흐름을 기준으로 하여 주변부를 이해한다. 따라서 국사와 민족사는 같은 의미가 될 수 있다.

이에 비해 한국사라 함은 타 국가의 역사와 한국의 역사를 구별하기위해서 사용하는 용어이다. 특히 국외를 대상으로 하는 연구 논문이나 발표 등에서는 한국사라고 표현해야 한다. '한국사'는 다른 나라의 역사와 대비되는 성격으로 '국사' 보다 객관성과 보편성이 가미된 의미로 해석된다.

그러나 국사이던 한국사 이던 우리 민족의 역사 무대는 지리적으로 한반도와 그 부속 도서는 물론 현재 중국의 동북 3성 지역인 만주와 요동 등을 포함하는 광대한 지역이었다. 우리민족은 이 지역을 중심으로 이동 없이 생활을 영위해 왔다. 이에 비해 유럽은 우리와 달리 민족이 이동하면서 민족이 혼합되면서 국가를 형성함으로 해서 민족 자체의 역사보다는 국토의 역사를 지향하고 있다. 이웃의 중국도 민족과 아울러 국토의 역사를 강조하는 특성을 보이고 있다.

역사는 단독적으로 발전하기보다는 인접 문명이나 문화와의 부단한 상호관계나 충돌 속에서 발전해 나간다. 따라서 한국사나 국사는 인류 문화사의 한 부분으로, 세계사의 흐름 속에서 그 보편성과 특수성을 찾아야 한다. 국가와 민족을 초월하여 인류 전체의 문화에서 나타나는 공통성을 인식하면서도 고유한 자연 환경과 역사 경험에서 비롯되는 특수성을 확인해야 한다.

한국사에서 찾을 수 있는 세계사적 보편성으로는 종교이자 문화사조인 불교나 유교를 받아들여 다른 문화와 동일한 이상을 공유하여 발전시켜 온 것과 한국사가 인류가 걸어온 보편적 역사 발전의 노정-고대 사회에서부터 현대까지의 전 과정-을 망라하고 있는 것 등을 들 수 있다.

한국사의 특수성으로는 자연현상에서 유래된 언어나 풍속, 종교나 사회제도 등을 들 수 있다. 예를 들어 두레, 씨름, 전통음악 등이 독자적으로 발전했다. 더욱이 같은 유교라 하더라도 중국은 인(人)을 강조하는 반면 우리나라는 삼강오륜의 덕목 중에서도 충·효·예를 강조하고 있다. 또한 같은 불교라 하더라도 우리의 불교는 현세구복적 성격과 호국불교의 성격을 내포하고 있다. 이러한 현상들은 한국사가 외래문화를 수입하면서도 모방을 넘어 주체적으로 문화를 수용하고 재창조한 결과라 할 수 있다.

5 한국사의 특질

한국사는 동아시아 문화권에 속하면서도 주변의 나라들과 구별되는 고유한 문화를 창조하였다. 이러한 과정에는 농경문화, 단일민족이라는 환경과 함께 사상과 문화에 대한 개방성 등이 작용하고 있었다. 그럼 고대로부터 우리 역사에 작용하고 있는 특질에는 어떤 것이 있는지 확인해 보자.

① 단일 민족

고대로부터 요령과 한반도를 지배해온 한(韓)민족은 우랄-알타이어족인 원시 퉁구스족의 한 갈래였다. 한민족은 신석기의 기술을 가지고 만주지방으로부터 남하하여 한반도에 들어와 거주하게 되었고, 남해안지방에는 바다를 통하여 일부 남방계통의 민족이 들어와 혼합되었다고 보여 진다.

청동기 시대에 고조선이 건국되면서 최초의 국가를 형성하였다. 중국의 옛 문헌에서는 고조선 강역에 있는 민족을 숙신(肅愼)·조선(朝鮮)·한(韓)·예(濊)·맥(貊)·동이(東夷) 등으로 지칭하고 있다. 고조선이 요령과 한반도 북부를 통치하고 있을 때 한반도 이남에는 진(辰)이 통치하고 있었다. 고조선 멸망 단계에서부터 만주와 한반도에는 부여(夫餘)·고구려·옥저(沃沮)·동예(濊) 등의 고대 부족국가가 건국되었다. 또한 고조선의 유이민이 남하하여 한강(漢江) 이남에 마한(馬韓)·진한(辰韓)·변한(弁韓)의 3한을 형성하고, 마한 목지국(目支國)의 진왕(辰王)을 맹주로 하여 연맹관계를 형성하였다. 이 지역은 다시 고구려, 백제, 신라로 통합되어 발전하였다.

한민족은 삼국시대를 거쳐서 7세기 중기에 통일국가를 이루었다. 고구려 멸망 이후 요동과 만주 일대를 실함하기도 했지만 발해는 고구려의 유민들이 지배층이 되어서 다시 요동 및 연해주를 통치하였다. 따라서 한반도 내로 한민족의 활동 무대가 축소된 것은 남북국 시대 이후(발해 멸망)부터이다. 이와 같이 상고사에서부터 만주와 한반도에서 역사 주체로 활동해 온 것은 한민족이었다. 역사적 변란이나 사회적 변동에 따라 이동하는 타민족과 다르게 한반도 일대는 오직 한민족만이 장구한 세월 동안 단일 민족으로서 주인 역할을 해냈다.

단일 민족의식은 각 국의 '국호'에 잘 나타나 있다. 고조선 멸망기 고조선 강역에서 부여가 개국(기원전 4세기)했고, 고구려의 시조는 부여로부터 이주해 왔다. 백제 또한 부여와 고구려를 바탕으로 개국한 나라이다. 왕의 성씨도 부여와 연관이 깊다. 가야도 최근 고고학적 발굴에서 부여와의 연관성을 강하게 시사하고 있다. 신라와 남북국 시대를 연 발해는 고구려 계승의식을 일본에 보낸 국서에서 '고려왕' 으로 표출했다. 또한 고려는 고구려를 계승한다는 뜻으로 국호를 '고려'라 했고, 같은 민족인 발해를 멸망시킨 거란을 철천지원수로 여겼다. 근세의 조선도 국호를 또 '조선'이라 했다. 그래서 근세의 조선과 구별하기 위하여 고대의 조선을 '고조선(일연은 『삼국유사』에서 단군 조선을 위만조선과 구분하기 위해 사용)'이라 이름 한 것이다. 북한 정권도 '북조선'이라 했다. 이렇듯 우리는 국가와 민족을 동일 시 하면서 발전해 온 배달민족이다.

② 사상과 문화의 개방성

한민족은 문화적으로 앞선 선진사상을 받아들이는 데 조금도 인색하지 않았다. 삼국시대 이래로 외래 종교이자 문화인 유교 · 불교 · 도교 · 천주교 · 기독교 등을 포용성을 가지고 받아들였다. 우리의 기존 종교는 대립보다는 조화를 중시하였기 때문에 외래종교 전래 시 극단의 반대는 없었다. 더구나 피비린내 나는 종교전쟁도 없었다.

삼국시대에 종교와 문화로 유교, 불교, 도교가 전래되자 우리의 전통 문화와의 절충이 있었다. 고려 시대에는 불교와 유교가 동시에 국가의 통치이념이 되었고, 도교도 민간신앙과 밀착되어 생명력을 유지했다. 조선 시대에는 성리학이 지배사상으로 변모하였지만 불교와 도교 등이 역시 공존해 왔다. 조선후기에 이르러서 성리학의 독선으로 인해 기타 사상(천주교 등)의 희생도 뒤따랐지만 이것은 제국주의의 침략성을 극복하기 위한 민족운동의 과정이기도 했다. 이때 천주교는 서학(西學)으로서 우리 스스로 학문 차원에서 받아들이는 진기한 현상을 보이기도 했다.

이렇듯 우리는 앞선 문화를 받아들이는데 조금도 주저하지 않았다. 적극적인 자세로 선진 문화를 받아들여 우리 실정에 맞게 새로운 문화의 꽃을 피웠다. 조선후기의 성리학이 신분제와 함께 폐쇄적인 면을 보이기도 하였지만 이후 우리 국민들은 매우 적극적인 태도로 신문화를 받아들였다. 따라서 지금의 우리 사회에는 다양한 형태의 문화가 존재한다. 원시의 우리 종교였던 삼신신앙이 강한 명맥을 유지하고 있고, 불교와 유교의 전통은 우리의 문화를 격조 있게 꾸며주고 있으며, 서양의 현대 문화는 우리를 풍요롭게 해주고 있다.

③ 외교 · 군사적 특질

국가를 방위하는 데 있어서 외교와 군사는 양 수레바퀴와 같다. 외교적으로 타국과 공존할 수 없다면 군사력으로 해결해야 한다. 우리 민족은 고조선 대에서부터 중국과 투쟁했다. 삼국시대에 들어서는 중국 및 북방 민족과 투쟁하는 가운데 성장했고, 치열한 외교전을 전개하며 실리외교를 추구하였다. 이 과정에서 돌궐·고구려·백제·왜의 남북세력이 당과 신라의 동서세력에게 무너지고 통일되었다. 고려 초기에는 중국(송)과 고려가 연합하여 북방민족을 공동의 적으로 하는 3각 관계를 형성했고, 몽고 침입 이후로는 북방민족과 다시 경쟁의 관계에 놓였다.

이러한 상황에서 고려·조선시대에 있어서의 외교정책은 사대(事大)와 교린(交隣)으로 집약된다. 문화적으로 앞선 국가에 대해서는 사대하여 실리를 얻고, 기타의 국가들과는 교린의 평화관계를 유지하고자 했다. 사대교린의 외교정책을 추진하는 가운데 국가의 안전을 도모하기위한 국방군 양성에는 비교적 소홀하였다. 문치주의가 진행되면서 국방력 건설에 소홀하기도 했으나 일단 유사시에는 총동원령을 내려 전 국민이 대처하였다. 특히 국난 시에는 하층의 노비부터 의병으로 봉기하여 국난을 극복했다.

6 한국사의 독소 요소

우리의 역사는 누대를 지속하면서 인접 국가의 영향을 받아 역사인식 상에 상당한 굴절을 가져왔다. 이러한 독소 요소의 대표로 중국의 역사기술 방식과 금나라의 영향을 받은 삼국사기, 그리고 일제에 의해 자행된 식민사관 등을 들 수 있다.

고대 우리 민족의 문자가 없고 기왕의 역사서마저 전란에 의해 소실되어버린 관계로 우리의 고대사 자료는 상당부분 중국의 사서에 의존하고 있다. 따라서 우리가 활용하는 고대사 자료는 당시의 진실이나 우리의 입장이 누락되거나 삭제되어 있고, 중국의 의도에 따라 기술되어진 부분이 상당부분 포함되어 있다.

공자는 『春秋』 에서 '춘추필법(春秋筆法)'이라 하여 존화양이(尊華攘夷)를 적용하여 중국 민족을 중화(中華)라 하여 높이고, 그 주변의 민족을 동이(東夷), 서융(西戎) 남만(南蠻), 북적(北狄)이라 폄하하여 기술하였다. 중국 역사서는 이러한 공자의 역사서술 방식을 이어받으면서 인접 국가에 대한 역사왜곡이 시작되었다. 물론 이 춘추필법은 공자가 어떤 외압에도 굴하지 않고 오직 대의명분만을 밝혀 오직 정사(正史)만을 기록한다는 신념으로 편년체의 효시인 『춘추』 를 완성하여 객관적인 사실에 초점을 맞추어 역사를 기록했다는 긍정적인 평가도 받고 있다.

하지만 춘추필법은 중화주의(中華主義) 역사서술의 악습을 잉태했다. 첫째는 '중국의 치욕적인 역사는 삭제'하고, 둘째는 '중국의 역사를 위해 주변국의 역사를 변조·왜곡·윤색'하는 전통이다. 따라서 중국 사서에 의존해야 하는 많은 주변국은 이미 중국에 의하여 굴절된 사료를 가지고 역사를 연구하게 되어 있다.

다음은 우리의 현존하는 최고의 정사인 『三國史記』 문제이다. 『삼국사기』는 고려 시대 기부식이 편찬하였다. 고려는 당시 여진족으로 중국을 정벌한 금나라에 사대하고 있었다. 고려 조정은 금나라와의 관계를 고려하여 여진족을 피지배층으로 삼았던 시대의 역사는 역사서에서 누락하거나 생략하게 되었다. 그리하여 『三國遺事 삼국유사』에 기술된 고조선과 발해사가 정사인 『삼국사기』에서는 제외되었다.

다음으로 근대 일본의 체계적인 한국사 외곡 문제이다. 한국 역사학이 근대적 연구 방법을 통해 본격적으로 연구된 것은 일본 제국주의의 학자들에 의해서였다. 이들의 한국사 연구는 일제의 한국 지배를 정당화하기 위한 왜곡된 황국사관을 바탕으로 시작되었다. 이 과정에서 빛나는 우리 역사는 삭탈되었고, 주변국의 비루한 역사로 변질 되었다. 이것이 식민사관이다. 따라서 근대 한국 역사학의 발전은 일제의 식민사관 극복의 과정이기도 했다.

사관이란 역사의 생명이다. 역사를 인식하는 관점을 달리할 때 역사해석은 사실과 판이한 결과를 가져온 한다. 일제의 관학 사학자들은 한국사를 왜곡하며 한국침략을 학문적으로 합리화 하면서 식민 지배를 정당화 했다. 이러한 식민사관의 문제점을 비판해 보면서 한국사의 정당성을 확인해 보자

식민사관의 주요 내용은 '정체성론'과 '타율성론' 그리고 '당파성론'으로 한국사의 일부분을 지나치게 침소봉대하여 왜곡하면서 한국사의 발전을 부정한 사관이었다. 먼저 정체성론은 한국 역사를 스스로의 힘으로 발전을 이룩하지 못한 상태로 정체되어 있는 사회라고 주장했다. 고대의 한국은 '강인한 촌락 공동체 유지'와 '중세의 지방 분권적 봉건사회가 결여된 사회로써 더 이상 세계사의 보편적 역사 추세에 따라 발전할 수 없다'는 논리로 선진적인 일제의 한국 지배가 당연하다는 논리이다. 이러한 정체성론의 배경에는 당시 일본 학자들이 서구 중심의 봉건사회를 지나치게 강조하여 서구와 같은 봉건사회가 한국사에 존재하지 않는 것을 트집 잡은 것인데 이는 지나친 서구 중심의 역사해석을 수용한 결과이며 근대화의 결과론적인 해석에 지나지 않는다고 할 수 있다. 사실 한국사는 장구한 기간 동안 내적인 발전을 통하여 지

속적이고도 역동적인 발전을 전개하여 왔기 때문이다.

다음은 타율성론이다. 이는 한반도가 역사적으로 자기의 운명을 스스로 결정하지 못하고 대륙과 해양의 역사 전개에 따라 타율적으로 전개되었다는 내용이다. 근거로 한국은 지리적으로 인접 대륙인 중국과 해양 세력인 일본의 사이에서 사대주의가 발생했다고 했다. 하지만 이러한 지리적 숙명론은 인간의 노력에 의하여 역사는 바뀔 수 있다는 진리를 무시한 괴변에 지나지 않는다. 그 대표적인 예가 반도국가로 세계 제국을 이룩한 로마를 들 수가 있으며, 한반도의 역사적 공간적 범주 또한 한반도를 넘어 만주와 산동, 일본 열도까지를 아울렀다는 역사적 사실을 애써 망각한 억지에 지나지 않는다. 특히 중국과의 사대관계는 전근대 동아시아에서 실시된 하나의 외교 형식이었지 이것이 어떤 속주나 예속을 의미하는 것이 아니었다.

다음으로 당파성론을 주장하고 있다. 한국 민족은 선천적인 당파적 민족으로 역사는 분열과 대립의 역사로 점철되어 있다는 내용이다. 이와 같은 대표적인 예로 조선시대의 당파싸움을 들고 있다. 하지만 정치에서 분열과 대립은 인류 역사의 보편적 현상임을 부인할 수 없다. 이러한 주장을 하는 일본은 전국시대를 거치면서 분열되어 싸웠고, 중국도 분열되어 싸우다 북방민족에게 패배한 경우가 종종 있었다. 조선시대의 당쟁은 오히려 정치사적인 면에서 붕당 정치로 민주주의 정치의 시발로 높이 평가될 수 도 있는 사안을 지나치게 폄하한 것에 불과한 것이다.

☞ 전근대시대 동아시아 외교 형식(사대) : 중국 주변의 국가들은 중국으로부터 책봉을 받아 왕이 되었고, 정기적으로 중국에 사절을 파견하여 곡물을 받쳤다. 중국은 이에 대한 회사의 방법으로 주변국의 무역을 충족시켰다. 이는 복속의 관계가 아니라 자주권이 보장된 동아시아 외교와 무역의 한 방편이었다.

☞ 당파성론 : 권위아래에 모이고 혹은 특수한 사회결합에 의존하여 당파를 맺는 것은 조선의 두드러진 국민성으로서…(중략)…언제까지나 의미 없는 대립으로 성과 없는 항쟁을 계속한다. 그 항쟁의 길이에 있어서는 세계적 기록이라고 하여도 과언이 아니다.

『조선사 개설』

2. 우리 문화의 우수성[2)]

역사상 지구상에는 많은 민족이 명멸해 갔지만 전통을 이어오며 우수한 문화를 후세에 남긴 민족은 그리 흔하지 않다. 하지만 우리 민족은 수천 년의 역사를 이어오며 세계사에서 가장 격조 있고 수준 높은 문화를 창조한 민족 중의 하나로 평가할 수 있다.

우리 민족은 고조선의 건국이념인 홍익인간으로부터 시작하여 전통윤리인 충효사상, 경천애인 사상 및 민본사상 등의 인간 존중 사상과 문화를 배타해 냈다. 또한 과학기술 분야에서도 세계 최초로 측우기, 거북선 등을 창조하였을 뿐만 아니라 도자기, 미술, 음악, 건축 등의 많은 분야에서 뛰어난 문화를 창조하였다. 특히 세계에서 가장 과학적이라는 글자인 한글을 창조하여 생활에 활용하고 있다. 문화의 척도라고 할 수 있는 유네스코의 세계기록문화 유산에는 문화강국 중국이나 일본보다 많은 문화유산을 등제시켜 놓고 있는 세계적인 문화 강국이다

이뿐만이 아니라 유네스코의 세계문화유산에는 고창·화순·강화 고인돌 유적지, 창덕궁, 수원 화성, 불국사, 석굴암, 경주 역사유적지구, 해인사 대장경판전, 종묘, 조선 왕릉, 하회와 양동 마을 등이 지정되어 우리의 문화적 우수성을 자랑하고 있다. 이러한 금자탑은 우리 민족의 우수성과 더불어 주어진 환경 속에서 새로운 문화 창조에 노력한 선조들의 피와 땀이 어린 노력의 결과라 할 수 있을 것이다.

1 자연 환경과 조화

한민족의 영역은 단군으로부터 근 3,000여 년간 만주 일대를 경략한 이후 10세기 초부터 현재의 한반도 내로 한정되었다. 따라서 한국의 역사와 문화는 지금의 한반도뿐만이 아니라 중국 동북지방의 자연환경을 배경으로 형성되었다. 우리의 역사는 북방의 수렵과 정복 등을 특성으로 하는 유목계열과 한반도 일대의 농경적 요소의 문

2) 한영우, 2005, 『다시 찾는 우리역사』, 경세원
최준식, 2007, 『세계가 높이 산 한국의 문기』, 소나무
KBS 역사스페셜
네이버 지식백과

화가 정치·사회적으로 융합되면서 하나의 사회로 통합되는 과정이었다.

현재의 국토인 한반도는 다른 문화권에 비해 자연 및 지리적인 면에서 독특한 특성을 유지하고 있으며 우리만의 독창적인 문화를 형성하는 밑바탕이 되었다. 한반도의 지리적 특성은 만주에 비하여 토지가 비옥한 편이지만 국토의 70% 이상이 산악으로 형성되어 있다. 북쪽으로 향할수록 높은 산악이, 남쪽으로 향할수록 구릉 형태의 평야가 발달되어 있다. 동북의 백두산에서부터 지리산까지 한반도의 남북으로 뻗은 백두대간과 그로부터 갈라진 산맥 축(정맥)이 서쪽을 향하여 주요 능선을 구성하고 있으며, 남서쪽으로 내려오면서 농경지를 이룬다.

따라서 한반도는 전형적인 동고서저의 지형으로 동쪽은 비교적 급경사면을 이루고 있고 서·남해안은 완경사를 이루고 있다. 이러한 지형적 특성으로 인하여 두만강을 제외한 대부분의 큰 강은 동에서 서 또는 남으로 흐른다. 한반도는 삼면이 바다로 형성되어 전형적인 반도 지형을 형성하고 있다. 이러한 현상은 우리 문화가 해양으로 발전하는데 크게 이바지 했다.

우리나라 기후는 사계절의 변화가 뚜렷하다. 겨울은 한랭하고 건조하며, 여름은 고온 다습한 온대 계절풍 기후로 강우는 주로 여름에 집중된다. 또한 예로부터 비옥한 토지와 인간 생활에 적합한 환경을 갖추고 있었고, 적절한 4계절은 사람들을 근면하게 만들었다. 특히 한반도는 재난 재해가 적고 산물은 풍부하여 사람이 생활하기에 필요한 최적의 조건을 갖추고 있다.

우리 문화는 장구한 세월동안 이웃 나라들과 해·륙을 통한 상호 관계를 유지하면서 발전해 왔다. 중국 및 북방 민족과는 협력과 대립을 반복했다. 특히 중국은 육지로 맞닿아 있을 뿐만 아니라 서해를 통해 상호 교류할 수 있어 예로부터 문화적으로 밀접한 관계를 유지할 수 있었다. 고조선 기에는 우리의 문화가 대륙으로 전파되었다. 이후 대륙의 문화가 우수할 때면 문화를 수입하여 우리의 독창적인 문화로 발전시켰으며, 대륙의 정치·사회적 변혁이 바로 이어 한반도에 영향을 미치기도 했다. 또한 동북 지방의 북방민족들은 고조선 시기에는 대게 동일 민족이었으나 이후 분파되어 독립된 생활을 영위하였다. 북방민족은 초원의 특성으로 인해 기마술을 이용하여 산물이 풍부한 평야지역에 침범하여 약탈을 자행하기도 했고, 일부는 교린정책에 의하여 동화되기도 했다.

반면 일본은 지리적으로 동아시아의 제일 끝에 위치할 뿐만 아니라 바다를 통해서만 한국 및 중국과 관계를 유지할 수 있었다. 따라서 일본은 비교적 대륙의 영향이 늦었고 문화의 발전도 그만큼 더뎠다. 하지만 일본은 한반도로부터 전수되는 문화를 통해 고대 문화 형성의 자양분을 얻었다. 통일 신라 이후 한반도가 안정되어 일본으로의 도래인과 전수되는 문화가 적어지자 일본은 선진 문화에 대하여 목말라 했다. 이로 인해 일본은 한반도 남단의 해로를 이용하여 한반도와 중국에서 문화를 수입하기도 했고, 이러한 여건이 충족되지 않으면 전쟁을 선택하기도 했다.

2 문화의 수용과 창조

① 언어와 문자

한국의 문화는 이웃인 중국이나 일본과 많이 닮아있다. 그래서 세뮤얼 헌팅턴(Samuel Huntington) 교수는 『문명의 충돌』에서 한국을 동아시아의 중국과 같은 문화권으로 분류해 놓기도 했다. 하지만 서양인의 눈으로 언뜻 같아 보이는 이러한 동질성과는 다르게 한국은 한국 스타일의 독특한 문화를 간직하고 발전시켜 왔다.

우선 문화의 특질을 대변하는 것이 언어와 문자이다. 문자의 경우 한국은 중국과는 상이한 형태로 발전시켜 왔다. 우선 중국어는 언어학상 지나-티베트계이나 우리 언어는 알타이어계에 속한다. 서로 완전히 다른 계열이다. 따라서 중국어와 한국어는 어순과 문법적 요소들이 매우 상이하다.

언어만 있고 아직 문자가 없던 우리민족은 삼국시대를 전후하여 중국의 한자를 받아들여 사용하게 되었다. 이때 문장 구조는 한국적으로 변용하여 사용하면서 한국적 한문이 형성되었다. 한문을 우리 언어로 읽어야 하는 필요에 의해 향찰(鄕札, 신라와 고려 시대, 한자의 음과 뜻을 빌려 우리말을 적던 글), 이두(吏讀, 신라시대부터 한자의 음과 뜻을 빌려 우리말을 적던 표기법) 또는 구결(口訣, 한문을 우리말로 새겨 읽을 때 한문의 단어 또는 구절 사이에 들어가는 우리말로서 토(吐)라고도 한다)을 빌려 우리말을 표기하였다.

우리 민족은 한문을 사용하여 생활하면서 중국에서 새로운 학술과 사상을 받아들여 한자문화권으로 편입되었으나, 우리의 언어와 종교, 풍습, 예술 등은 정체성을 잃지 않고 발전시켜 나갔다. 특히 문자에 있어서는 한문을 받아들여 사용하다가 생활에 불편함을 느끼고, 15세기에 세종이 우리의 독자적인 문자인 훈민정음(訓民正音)을 창제하였다. 창제 당시에는 부녀자 위주로 사용되었으나 현제는 그 사용의 편리함으로 인하여 한글 전용시대가 되었다.

더욱이 한글은 인체 지향적이면서 도 과학적인 글자 구성으로 속도를 생명으로 하는 디지털 시대의 총아로써 자리매김하고 있다. 한글(훈민정음)은 이미 세계 기록문화 유산에도 등재되었으며, 이러한 우수성으로 인하여 요즘 들어 일부 새로운 문자가 필요한 지역에서는 한글을 수입하려는 시도가 진행되고 있다.

② 종교

종교는 사람들의 생활과 정서에 지대한 영향을 미칠 뿐만이 아니라 삶 자체를 지배하기도 한다. 한국인들은 일찍이 고유 종교를 유지하면서도 외래의 고등종교를 수용하여 사회 발전과 통합의 계기로 활용했다. 이 과정에서 외래의 종교들은 우리의 고유 종교와 혼합되면서 토착화 되어갔다. 이와 같은 문화 특성으로 인하여 개화기의 선교사 헐버트는 한국인의 정신세계를 "한국인들은 사회적으로는 유교도이고, 철학적으로는 불교도이며, 고난을 당할 때에는 영혼숭배자이다." 라고 분석하여 상당한 공감을 불러일으키기도 하였다.

한국 전래의 고유 신앙은 삼신숭배(三神崇拜)이다. 삼신은 환인, 환웅, 단군으로 이 세신이 단군신화에 오버 랩 되어 있다. 환인은 천신(天神)이고 환웅은 천신의 아들이며, 단군은 환웅의 아들이다. 환웅은 곰이 쑥과 마늘만 먹고 21일간 햇빛을 보지 않은 끝에 인간으로 변신한 웅녀와 결혼하여 단군을 낳았다. 단군은 조선이라는 나라를 세워 민족의 시조가 되었으며, 1908년간 살다가 아사달에서 산신이 되었다. 이 신화를 통해서 한국 종교의 사상을 확인해 보면 우선 천손사상, 둘째는 홍익인간의 사해동포 정신, 셋째는 인간은 죽지 않는다는 낙천성 등이 반영되어 있다. 이러한 한국의 고대 종교는 면면히 민족의 숨결에 녹아 전승되어왔다. 삼신숭배는 고려시대와 조선시대에 국가차원에서 국조신앙(國祖信仰)으로 승화되어 외적을 격퇴하고 국가의 안녕을 기원하는 대상이 되기도 했다.

삼신사상은 이후에 도래한 고등 종교에 흡수되어 현대인에게도 전승되고 있다. 대표적인 예로 현재 한국 불사에는 우리 고유의 삼신을 숭배하는 삼신각(삼성각)이 놓여있으며, 우리 주변의 무당들이 모시는 대표적인 신중의 하나가 되어있다. 이러한 문화는 민간차원에서는 '무당'과 '굿'이라는 형태로 이어지면서 한국인의 정서에 깊은 뿌리를 내렸다. 이외에도 인류학에서 언급되는 원시 종교인 토테미즘과 샤머니즘(우리 역사에서는 인류학에서 의미하는 샤먼의 역할은 무당이 수행했다) 그리고 애니미즘 등이 광범위하게 확산되어 있었다.

한편 19세기 후반 조선 사회가 서구 문물의 도입과 더불어 탐관오리의 횡포와 탐학으로 민생이 도탄에 빠지고 가톨릭교를 비롯한 여러 서양 교파가 들어오자 위기의식에서 민족 종교인 동학이 창시되었다. 동학은 1860년 최제우가 인내천(人乃天) 사상을 근간으로 하여 창시하고, 1894년에 농민 전쟁에 큰 영향력을 끼쳤다. 동학은 1905년 천도교로 개칭하였으며, 3·1운동과 독립운동에 큰 역할을 담당했다. 일제 강점기인 1909년에는 나철이 단군신앙을 바탕으로 단군교를 만들고 이를 대종교로 개칭하였으며 민족을 하나로 묶는 데 큰 역할을 담당하였다.

〈삼신각〉

〈전통 한옥〉

☞ 샤머니즘(Shamanism) : 퉁구스족(族)의 토착어 샤먼(Shaman : 아는 사람의 뜻)에서 유래하였다. 주술적 힘을 가진 샤먼이 황홀과 망아(忘我)의 상태에서 신을 접하여 교감하고, 체험 내용을 속세의 신도에게 전하기도 하고 신탁을 수행하기도 하는 종교적 현상이다. 중앙아시아 지역을 중심으로 한 세계적인 현상이다.

☞ 토테미즘(totemism) : 인간의 동물 숭배사상이다. 토템이라는 말은 북아메리카 인디언인 오지부아족(族)이 어떤 종류의 동물이나 식물을 신성시하여 자신이 속해 있는 집단과 특수한 관계가 있다고 믿고 그 동·식물류를 토템이라 하여 집단의 상징으로 삼은 데서 유래한 용어이다.

☞ 애니미즘(animism) : 만물 숭배사상으로 무생물계에도 영혼이 있다고 믿는 세계관이다. 애니미즘이라는 용어는 라틴어의 아니마(영혼)에서 유래하였으며, 물신숭배, 영혼신앙, 만유정령설이라고도 한다.

③ 건축

우리 건축 특성은 가옥에서부터 왕조의 궁전과 대중의 염원이 담긴 사찰, 탑과 종, 군사시설인 성벽 등 다양한 분야에서 확인할 수 있다. 우선 사람이 거주하는 마을은 뒤로는 산을 등지고 앞으로는 물을 마주하는 배산임수의 지역에 자리 잡고 있다. 이는 도교의 영향과 더불어 자연을 이용하는 지혜를 보여주고 있다.

또한 가옥은 온돌을 이용하여 집을 데워 추운 겨울을 나고, 대청마루가 있어 여름을 시원하게 보낼 수 있다. 이는 북방식 생활방식과 남방의 생활방식이 적절하게 조화된 형태라 할 수 있다. 현대 과학이 발달 한옥이 자연 친화적이며 인체 생활에 유익하다는 것이 증명되면서 그 우수성이 입증되고 있다.

한국의 건축물 중 궁궐은 그 규모는 크지 않지만 아기자기하고 자연과 어울려 그려내는 조화로움이 아름답기 그지없다. 사찰 또한 주변의 자연 경관과 어울려 자아내는 풍광은 가히 독보적이다. 특히 우리의 건축물들은 곡선을 살려 건축하였다. 이 곡선은 여유와 아름다움을 겸비한 선으로 우리 주변의 너그러운 자연 형태에서 확인할 수 있다. 곡선은 우리 민족의 하늘숭배 사상과도 연결되는 것으로 대부분의 건출물에 곡선을 반영함으로써 우리만의 아름다움을 자아내게 되었다.

건축 분야에 있어서도 한국과 중국 그리고 일본은 유사성을 띠고 있다. 하지만 그 속을 들여다보면 많은 차이점을 발견할 수 있다. 이는 자연환경과 국민성으로부터 비롯된 것이라 볼 수 있다. 우선 건축물의 재료를 보면 한국은 돌을 비롯하여 나무와 흙을 주재료로 활용하고 있고, 중국은 벽돌, 일본은 목재를 이용하여 건축한다. 또한 한국의 탑은 석(石)탑이 주류이고, 중국은 전(塼)탑, 일본에는 목(木)탑 일색이다. 성(城)도 자연의 여향을 받았다. 중국은 산성 보다는 평야 지대에 성이 건축되었다. 반면 우리나라는 산이 많은 자연 환경으로 주로 성이 산에 위치한다. 이렇듯 건축물도 자연에서 얻을 수 있는 재료를 활용하여 특색 있게 건축되었다.

④ 음악과 미술

『三國志 삼국지』 위지 고구려전에 "其民喜歌舞(기민희가무) 國中邑落(국중읍락) 暮夜男女聚(모야남녀군취) 相就歌戲(상취가희)"라 하였다. 이는 "백성들은 노래와 가무를 좋아하여 나라 안의 촌락마다 저물어 밤이 되면 남녀가 떼를 지어서 서로 노래하며 유희를 즐긴다."는 뜻이다. 이와 비슷한 이야기가 같은 책인 『삼국지』 부여전에도 기록되어 있어 우리 민족은 예로부터 가무를 즐기고 어울리는 민족임을 알 수 있다.

역사적으로 한국 음악은 아악, 당악, 향악으로 나뉜다. 아악은 중국 송나라에서 유래한 정악으로 고려 후기에 쇠퇴하였다. 조선 세종 때에 박연이 중심이 되어 정리한 아악곡은 현재 '문묘제례악' 만이 전하고 있다. 당악은 당나라에서 전래된 음악과 더불어 송의 사악(詞樂)을 포함 한다. 현재 남아있는 당악은 〈보허자〉 와 〈낙양춘〉 두 곡이 있다. 향악은 아악과 당악을 제외한 한국의 재래 음악과 서역에서 전래된 음악을 총칭하나 판소리, 민요, 잡가 등은 포함되지 않는다.

현대에 들어 우리 고유 음악을 '정악'과 '민속악'으로 분류하기도 한다. 정악은 궁중음악과 민간 상류층에서 연주되어오던 음악이다. 정악은 의식 음악(제례악)으로 분류되는 종묘제례악과 문묘제례악, 궁중의 연례악, 민간 상류층에서 향유하던 풍류음악으로 분류할 수 있다. 민속 음악은 정악에 대칭되는 것으로, 민요와 판소리, 잡가 등이 포함된다. 크게는 불교의 종교 음악인 범패도 포함된다.

요즈음 한국의 전통 노래는 판소리와 민요로 대변된다. 판소리는 2003년 유네스코의 '인류구전 및 세계무형유산걸작'으로 선정되어 세계무형유산으로 지정되었다. 판소리는 자연의 소리로써 그 음폭이 매우 커서 타 장르의 음악인이 소화하기가 어렵다고 한다. 여기에 한민족 삶의 저변에서 애창되는 아리랑도 2012년 유네스코의 세계인류무형유산으로 지정되었다.

한국의 대표적인 악기는 종(鐘)이다. 통나무로 종을 때려 울려 퍼지는 종소리는 음향이 부드러우면서도 신비스러워 우리만의 독특한 음양을 자랑한다. 현악기인 가야금(가야국 가실왕)과 거문고(고구려의 재상 왕재산), 가죽악기인 장고와 북, 금속악기인 꽹과리와 징도 있으며 이들이 함께 어우러져 내는 소리는 참으로 신명나는 판을 만들어 낸다. 우리의 음악은 원래 신을 부르는 무당의 노래에서 연유하였다. 따라서 우리의 음악에는 무당이 접신(接神)하는 신바람과 흥이 베여있다. 이러한 문화적 전통은 오늘날의 세계적인 K-Pop 열풍을 생산하는 데도 무관하지 않으리라 보여 진다.

한국의 그림은 고대에는 무덤 속의 벽화를 통하여 당시의 사상(음양오행사상과 신선사상)과 사회상을 담아내었다. 이후 불교가 도입되면서 불화(불교 회화의 줄임말)를 중심으로 화려하게 꽃피웠다. 불화는 불교문화의 백미로 미술사적으로 매우 가치가 높아 우리 문화의 진수를 보여 주고 있다. 불화는 내용적으로도 당시의 종교관에서부터 서민들의 생활상 까지 다양한 모습을 담아내고 있다. 하지만 아쉽게도 불화는 우리나라에 정작 몇 점 없다. 대부분 일본을 비롯한 외국에 소장되어 있어 안타까움을 자아낸다.

조선시대에는 도화서에서 화원이 그린 그림과 일반 사대부들이 그린 문인화가 유행하였다. 조선 후기로 넘어 오면서 풍속화(신윤복, 김홍도)가 유행하고 산수화(진경산수화, 정선)가 그려졌다. 그림은 다양한 형태의 기와나 도자기, 의궤, 공예품 등에도 남겨져 있어 한국인의 고유한 자연관과 인생관을 잘 설명해 주고 있다.

⑤ 군사

우리 민족은 군사 분야인 무기 개발과 활용 면에서도 창조적 특성을 잘 나타내고 있다. 이미 고대부터 동이족은 활을 잘 쏘는 민족으로 정평이 나 있었다. 우리 민족의 별칭으로 불리던 夷(이)는 大(크다)와 弓(활)의 뜻으로 '활을 잘 다룬다'는 뜻이다. 고구려의 시조 주몽은 '활을 잘 쏘는 사람(善射)'을 지칭하는 것으로 활이 생활 전반에 자리 잡고 있음을 알 수 있다.

고조선은 당시 동아시아 지역에서 최고의 기술로 만들어진 갑옷과 무기로 주변국에 일대 돌풍을 일으켰다. 고조선의 동물 갑편과 청동 그리고 철제로 이어지는 갑옷은 주변국보다 먼저 생산되었다. 철의 생산과 제강 능력의 우위에 따라 무기도 주변국에 큰 영향을 미쳤음이 밝혀졌다(이 내용은 마지막 장에서 더 연구한다).

고구려에서도 활이 주 공격무기로 발전했다. 고구려의 활은 각궁(角弓, 현존)으로 여러 종류의 나무(대나무, 참나무, 뽕나무 등)와 물소 뿔, 쇠심줄 등 성질이 전혀 다른 것을 썩고 엮어서 탄력을 극대화 시켰다. 따라서 고구려의 활은 작지만 활의 생명이라 할 수 있는 탄력성만큼은 뛰어났다. 특히 발굴된 고구려 화살촉은 탄소 함유량을 측정한 결과 오늘날의 특수강에 해당하는 0.5%의 탄소가 함유된 것으로 밝혀졌다. 중국의 사서에는 동예의 단궁(말 위에서 사용하는 1m이하 크기의 활), 고구려의 맥궁(크기 1m이하로 고구려 소수맥에서 생산) 등이 매우 우수한 것으로 기록되어 있다. 이 활은 조선 말기까지 우리 민족의 전통 병기로 활용되었다.

삼국을 통일한 신라는 노(弩)라고 하는 쇠뇌를 개발하여 노당부대에 편제시켜 실전에 사용함으로써 전투에서 큰 승리를 거두었다. '천보를 날라 간다'고 기록된 소뇌화살은 그 크기와 무게가 일반 화살의 서너 배나 되어 파괴력을 증가시켰다(크기 : 일반 화살촉 12cm, 쇠뇌 화살촉 22.5cm, 무게 : 일반 화살촉 20g, 쇠뇌 화살촉 72g). 비록 소뇌 자체는 전해지고 있지는 않지만 발굴된 발사체를 이용하여 추정해 보면 여러 종류의 쇠뇌가 있었음을 알 수 있다. 벌장뇌는 활대를 190도 거꾸로 당겨 시위의 탄력을 증가시켜 관통력을 3~4배 증가시키고 사거리를 1,000보로 늘렸다. 이는 기마병 공격에 주효하였다. 또한 수노기는 사람의 완력으로 발사하는 것이 아니라 기계적인 힘에 의하여 발사하는 것으로 오랜 수련을 거치지 않아도 사용이 가능했고 명중률도 높았을 것으로 추정되고 있다(기존 활은 오조준 사격). 따라서 학자들은 매초(소)성 전투(675)에서 3만 신라군이 20만 기병의 당 군을 격파할 수 있었던 이유로 쇠뇌와 같은 신라 병기의 기술적 진보를 들고 있다.

고려 시대의 최무선은 원의 기술자로부터 화약의 원리를 터득한 후 우왕 3년(1377)에 화약을 개발했다. 최무선은 로켓의 원리를 이용한 주화(走火)를 제작하여 왜군과의 진포(군산, 1380) 해전에 사용하여 해상전의 신기원을 이루었다. 이 주화는 창과 같이 길이가 긴 화살의 앞부분에 화약통을 달아 250m 정도를 날아가 적을 화력으로 살상시키는 것으로 현대 해군의 기본 전투개념이 적용된 것이다.

조선시대에는 세종 30년(1448) 때에 신기전을 개발했다. 신기전은 고려에서 개발된 주화를 여러 개 연결하여 1.5km의 사거리를 나라가게 한 것으로 오늘날의 다연

〈천자총통〉

장포(MLRS)와 같은 효과를 얻을 수 있었다. 그 뿐만이 아니라 조선 전기에는 편전(片箭)을 개발하여 여진족과의 전투에서 활용하였다. 편전은 애기살이라 고도 하는 기존 화살보다 작은 화살이다. 이 화살을 덧살(편아)이라고 하는 보조 장비(현대의 총신 역할)를 활용하여 발사속도와 비산 거리를 크게 증대시켰다. 일반화살은 45°의 발사 각도를 유지하는 데 비해 편전은 직선으로 날아갔으며, 사거리도 380m에 이르는 것으로 밝혀졌다. 또한 편전은 발사되더라고 크기가 작어서 적이 발견하기가 어렵고, 더욱이 적이이를 회수하여 재활용할 수 없다는 장점을 가지고 있었다. 파괴력까지 증강된 편전은 조선 초기 여진족 격파의 주 무기로 활용되었다.

한편 조선은 화포의 개발에 주력하여 사전총통(四箭銃筒 ; 한 번에 화살을 네 발 발사), 지화통(紙火筒 ; 종이로 만든 오늘날의 수류탄), 천자・지자총통(天字・地字銃筒 ; 사거에 따라 분류) 등의 원거리 적을 살상하기 위한 장비들을 개발하였다. 임진왜란이 발발한 1592년 3월에는 세계 최초로 철갑선인 거북선을 건조하여 천자총통 등을 장착 강력한 화력으로 왜군의 누각선을 격파하고 승리할 수 있었다. 우리 민족은 이렇듯 국방 분야에 있어서도 당시 최첨단을 달리는 무기들을 개발하여 실전에 사용함으로써 외적을 물리치고 국난을 극복할 수 있었다.

☞ 각궁 : 활은 제작과정에서 단일궁과 합성궁으로 구분된다. 단일궁은 단일 재료로 만들고, 합성궁은 여러 소재를 조합하여 만든다. 우리나라의 활은 대부분은 합성궁이다. 이 합성궁 중 '각궁'은 최고로 여겨졌다. 각궁의 '각'은 물소의 뿔이다. 기다란 물소의 뿔(화살 하나에는 물소 한 마리의 뿔 소요)을 얇게 깎아서 나무 활대에 겹을 대어 붙여 탄성을 획기적으로 높였다. 또한 활은 탄성의 변화를 견뎌야 하는 데, 이를 위해 민어의 부레를 녹여 붙였다. 화살은 두께가 일정한 나무에

끝에는 꿩 깃털을 대달아 수평을 유지하면서 요구하는 방향으로 날아갈 수 있도록 했다.

3 독보적인 기록 문화

기록문화가 문화적으로 얼마나 중요한 일인가? 하는 것을 잘 대변해 주는 일화가 있다. 미국의 라이프지가 20세기를 보내면서 지난 천 년 동안 있었던 일 중 가장 의미심장한 사건 100가지를 선정하면서 그 중 1번으로 구텐베르크의 '금속활자 발명'을 꼽았다. 이는 기록 문화가 현대 인류 문명에 미친 영향을 대변한 결과라 할 수 있을 것이다.

따라서 한 나라의 문화 수준은 그 나라의 인쇄술과 밀접한 관계를 유지하고 있다고 할 수 있다. 이러한 의미에서 한 나라의 전통 기록 문화를 살펴보는 것은 그 나라의 전통 문화 수준을 가늠해 볼 수 있는 중요한 척도가 된다. 이러한 기록문화의 바로미터는 바로 '유네스코 세계기록유산'이다.

우리나라는 2011년 현재 유네스코 기록유산 분야에 9건을 등재시켜 놓고 있다. 이는 문화대국 독일 13건, 오스트리아 12건, 러시아 11건을 제외한 중국의 7건(중국 전통음악 녹음자료, 청 왕조 내각문서, 나시(納西)민족 동바(東巴) 고문헌 자료, 청 왕조 금방, 청 왕조 양식 전 기록물, 『本草綱目 본초강목』, 『黃帝內經 황제내경』)과 일본의 1건(사쿠베이 야마모토 컬렉션)을 능가하는 경이로운 일이 아닐 수 없다.

유네스코 세계기록문화유산에 한국은 1997년 최초로 훈민정음과 『朝鮮王朝實錄 조선왕조실록』 2건이 등재된 이래, 2001년 『승정원일기』와 현존하는 세계 최초 금속활자본인 『佛祖直指心體要節 불조직지심체요절』이 등재되었다. 2007년에는 조선왕조 의궤와 고려대장경판 및 제경판이, 2009년에는 1613년 허준이 간행한 초판 완질본 『東醫寶鑑 동의보감』이, 2011년에는 조선 후기 왕들의 일기라 할 수 있는 『日省錄 일성록』과 5.18 민주화운동 기록물이 각 각 등재되었다. 그럼 등재물 하나하나의 역사적 의미를 알아보도록 하자

☞ 유네스코(United Nations Educational, Scientific and Cultural Organization

국제연합교육과학문화기구의 영문 머리글자를 따서 UNESCO)의 세계기록문화유산(Memory of the World)은 유네스코가 인류의 귀중한 기록물을 보존· 용하기 위해 선정하는 문화유산이다. 1997년부터 매 2년 마다 문화적 영향력, 역사적 가 치, 기록정보의 중요성, 관련 인물의 업적, 비교 문화적 의미, 보존 상태와 희귀성 등을 고려해 가치가 있는 기록유산을 선정 한다

① 불조직지심체요절

우리나라는 목판인쇄와 금속활자 인쇄 분야에서 세계 최고(最古)의 경지에 올라있다. 먼저 목판인쇄물은 『무구정광대다라니경』 이 세계에서 가장 오래된 것으로 유네스코에서 공인받았다. 이 목판 인쇄물은 1966년 불국사 석가탑에서 두루마리 형태로 발견되어, 불국사 창건 연대인 751년 이전에 만들어 진 것으로 추정되고 있다.

또한 금속활자도 고려가 앞서 나갔다. 고려는 13세기 초 금속활자를 개발했다. 금속활자 인쇄 기록은 『남명천화상송증도가』 에 있는데, 이 기록에 의하면 1239년 이전에 이 책을 금속활자를 사용 이미 출간한 기록이 있다. 또한 이규보의 『동국이상국집』 에는 『詳定古今禮文 상정고금예문』 을 언급하고 있는데 이 책은 1234년에 출간된 것으로 판단되고 있다. 하지만 이 두 책은 현재 전하지 않고 있다.

현존하는 금속 활자 인쇄본 중 가장 오래된 책은 『불조직지심체요절』 (1137)이다. 하지만 직지심체요절이 세상에 알려지기 전까지는 독일의 구텐베르크 활자가 최고의 금속활자 행세를 하고 있었고, 현재도 이를 인정하지 않고 무지한 상태에 있는 학자들도 많이 있다.

이 불조직시심체요절이 세상에 알려지게 된 동기는 프랑스에 유학중이던 박병선 박사의 개인적 노력 덕분이었다. 그녀는 서울대 스승인 이병도 박사의 '프랑스군이 병인양요 때 약탈한 의궤를 찾아보라'는 언질을 기억하고 프랑스 국립 박물관에서 사서로 근무하면서 노력 하던 중 의궤는 물론 이 『불조직지심체요절』 을 발견했다. 이후 온각 노력을 다하여 1972년 유네스코가 지정한 '세계 책의 해'에서 직지심체요절을 세계 최초의 금속활자 본으로 발표하여 학계의 이목을 집중시키면서 세계 문화사를 바로잡았다.

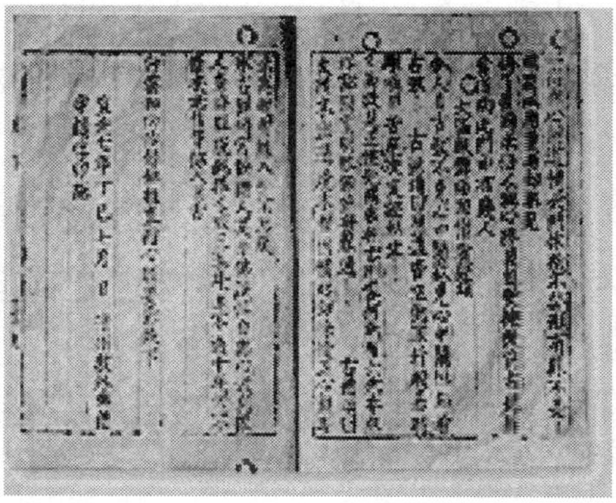

〈불조직시심체요절〉

하지만 이 금속 활자 인쇄술은 목판에 비하여 대량 생산이 곤란하여 지속적인 발전이 제한되었으며, 중국도 당시 기술력은 충분하였으나 같은 이류로 금속 활자에 관심이 적었다. 정수일 교수 등은 중국이나 고려의 인쇄술이 서양에 전파되었을 가능성에 대하여 언급하고 있어 좀 더 많은 연구가 기대된다.

② 대장경

고려 대장경 조판 사업은 몽골군이 고려를 침략하자 이를 격퇴하기 위해 무신정권이 시행한 국가적 사업의 일환으로 시작되었다. 몽골군의 제2차(1232) 침입 시 거란의 침입을 물리치기 위해 만든 초조대장경이 대구 부인사에서 불살라져 버리자, 고려는 고종(1236)때 다시 대장경 축조에 착수하여 이후 팔만대장경이라 불리는 대장경을 제작하였다.

이 사업은 민심을 한 곳에 모으는 일 뿐만이 아니라 고려의 문화적 수준을 대내외에 과시하는 목적도 있었다. 당시의 문화수준으로 대장경을 조판할 수 있는 국가는 중국과 고려 정도라고 한다. 따라서 대장경을 조판하여 민족 문화의 우수성을 과시하면서 민심을 한 곳으로 모아 외적을 격퇴하고자 하는 염원에서 대장경이 조판된 것이다. 대장경은 원래 인도에서 부처의 가르침이 구전으로 암송되다가 야자수 잎에 기록하고 이어 중국으로 전파되어 종이와 만나 책으로 기록되기 시작한 것이다. 이때 당의 현장이 불경을 번역 사업에 큰 역할을 담당했음은 주지의 사실이다.

고려대장경판은 한문으로 번역된 대장경 가운데 현재 세계에서 가장 오래되고(最

古), 가장 정확(正確)하고, 가장 완벽(最高)한 대장경판으로 산스크리트어에서 한역된 유일한 대장경 완본이기도 하다. 물론 고려는 북송으로부터 대장경을 받아들였으며, 이 과정에서 인쇄술도 발전하였다.

고려대장경은 이전의 송나라 대장경을 비롯하여 중국 및 일본에서 제작된 경전과 비교해 볼 때 제작과정에서 투입된 품질 관리에 대한 노력과 더불어 심오한 학술적 내용은 놀라운 수준이다. 그 많은 글자에도 불구하고 오탈자가 없을 뿐만이 아니라 글자가 미려하기로 정평이 나있다. 더욱이 목판 대장경은 800년 이상 원형 손상 없이 그대로 보존되어 그 보관소 자제가 과학적 설계를 자랑하고 있다. 따라서 대장경은 한국 불교를 넘어 초기 불교의 인도까지도 연결되고 있다.

한 방송 프로그램에서는 고려 대장경조판의 국책사업에 붓글씨 인원 5만 명(8만 1,258장의 경판에 5,233만 152자로 일일 1인 1,000자), 판각 인원으로 125만 명(5,200만자로 일일 1인 30～40자 판각)이 동원되어야 한다는 결론을 내리기도 했다. 이렇게 만들어진 대장경은 강화도 선원사에서 안치되어 보관되다가 이후 조선 초기 불상의 이유로 지금의 해인사로 옮기게 되었다. 이는 외적이 침입을 피하기에 최적의 조건을 갖춘 지역으로 이동시킨 것으로 보인다.

6·25 전쟁 시 공산군의 활동기지로 활용될 수 있는 해인사를 미 공군이 폭격하도록 하였으나, 다행히 이 지역을 담당한 한국군 조종사 김영환 대령이 문화재의 중요성을 인식하고 폭격을 하지 않은 일화는 유명하다.

☞ 대장경(大藏經) : 불교 경전을 모은 것으로 경(經) · 율(律) · 론(論)의 삼장으로 구성되어있다. 경은 부처님 말씀, 율은 교단과 승려가 지켜야할 계율, 론은 경과 율을 논한 훌륭한 스님의 저작을 기록하고 있다.

☞ 대장경의 편찬

구 분	편찬시기	편찬 의도	비 고
초조대장경	1011	거란의 2차 침입 격퇴	몽고침입 시 소실
속장경	1091	교종 입장에서 선종 통합	몽고침입 소실
팔만대장경	1236	몽고의 침입 격퇴	현재 해인사 보관

③ 훈민정음

훈민정음은 세종이 1446년에 창제하였다. 훈민정음은 한글이 창제 되었을 시의 공식 명칭이다. 한글은 쓰기 쉽고 읽기 쉬우며 대부분의 소리를 발음할 수 있는 글자로 세계의 유수한 학자들이 '과학적이다'라고 평가하고 있다. 유네스코에서도 세계 2,900여 글자 중에서 한글을 가장 우수하게 평가 했고, 1989년 6월 21일 '세종대왕상'을 만들어 지구촌의 문맹 퇴치를 위해 많은 노력을 한 단체나 개인을 선정해 표창하고 있다. 훈민정음은 현재 서울 간송미술관에 보관되어있으며, 책으로서의 훈민정음에는 음가와 문자 운용법을 기록한 『훈민정음예의본』과, 글자를 지은 목적과 사용법 등을 풀이한 『훈민정음해례본』이 있다.

④ 조선왕조실록

우리나라는 고려시대부터 실록을 편찬하였는데 이는 국가의 공식 기록으로 새로운 왕조가 개창된 뒤에 완성되는 정사의 기본 자료가 될 수 있는 기록물이다. 조선왕조실록은 조선 태조에서 철종까지 472년간의 역사적 사실을 각 왕 별로 기록한 편년체 역사서로서 '세계 최대의 단일 왕조 역사서'라 할 수 있다(중국, 일본, 베트남에도 실록은 있으나, 왕조 전체를 기록한 것은 중국에서도 『명실록』과 『청실록』 정도만이 있다). 글자 수가 대장경과 거의 같은 5,300만 자로 양이 많다. 활자본(필사본 일부 포함)으로 2,077책이며 1413년(태종 13)에 『태조실록』이 처음 편찬되었고, 25대 『철종실록』은 1865년(고종 2)에 완성되었다.

실록은 1대 뒤에 실록청이 만들어지고 작성되는 것이 관례로 되었다. 이때 사관은 자신들이 기록하여 보관하고 있던 사초들을 집에서 가지고 오고, 정부 각 기관의 문서를 3년마다 묶어 인쇄한『時政記 시정기』나『승정원일기』, 『비변사등록』, 『일성록』 등과 같은 기관의 자료를 참조하여 작성했다. 춘추관은 실록청에서 춘추필법에 의해 역사를 공정하고도 세밀하게 빠짐없이 기록하도록 하였다. 이것이 바로 조선왕조실록이 유네스코의 기록문화에 등제된 이유이다.

원래 조선왕조실록은 2부로 궁궐안의 춘추관과 충주사고에 보관했었다. 그러다가 1445년 전주와 상주에도 사고를 만들어 실록을 보관하게 되었다. 이어 1592년 임진왜란이 발생하여 전주사고의 실록만이 보존되었다. 전란이 발생하자 태인의 선비 안의와 송홍록은 실록을 지키기 위하여 전주 사고로 가서 이들을 확보하고, 경기전의 이성계 어진까지 내장산에 자력으로 운반하였다. 이렇게 실록을 보관하다가 정부에 인계하게 되었고, 전쟁이 끝나자 조선 정부는 1603년 다시 전주실록을 저본으로 하여 4권의 실록을 재출간하였다.

이리하여 춘추관(이괄의 난시 소실), 강화도 마니산, 봉화의 태백산, 영변의 묘향산, 평창의 오대산 등에 한 부씩 보관하다가 이괄의 난과 병자호란을 계기로 묘향산의 것이 무주의 적상산으로, 마니산 것은 정족산으로 위치가 변동되어 조선말에는 적상산, 정족산, 태백산, 오대산의 4개가 남게 되었다. 하지만 이도 일제 강점기에 들어 정족산과 태백산 것은 조선 총독부가 갖고 있다가 1930년 규장각 도서와 함께 경성제국대(현재의 서울대학교)에 통합 보관되었다. 적상산 것은 6 · 25전쟁 때 북한군이 가져가 김일성 종합대학에 보관 중이고, 오대산 것은 일본에 반출되어 1923년 관동 대지진 때 소실되고 그 일부만이 반환되었다.

⑤ 승정원일기

『승정원일기』는 조선시대에 왕명의 출납(왕이 지시 사항을 해당 부서에 전달하고 각 부처의 건의 사항을 왕에게 보고)을 관장하던 승정원에서 매일 취급한 문서와 사건을 기록한 일기로 필사본 3,243책으로 구성되어 있으며, 서울대학교 규장각에 소장되어 있는 세계 최대의 역사 기록물이다.

승정원일기는 실록을 기록하는 사관과 함께 주서라는 직책을 가진 자가 기록했다. 승정원일기는 주로 왕에 관한 사항과 승정원에 보고되는 사항을 위주로 하여 작성되어 있다. 일기에 기록되어있는 글자가 전부해서 2억 4천여 만 자에 달하여 분량이 중국 25사의 6배, 조선왕조실록의 4배 분량에 해당한다.

이렇듯 일기는 많은 부분에 대하여 세세하게 기록하였다. 예로 들어 날씨도 아주 세밀하여 세계적인 관심을 받고 있다. 하지만 승정원일기는 임진왜란과 이괄의 난을 겪으면서 태조부터 광해군까지의 일기가 소실되고, 인조 1년(1632년)부터 조선의 마지막 왕인 순종 4년(1910년)까지의 288년간 분만 남아있다. 이 승정원일기는 매우 자세하게 기록하면서도 국가 경영에 언제든지 참고 하였다.

⑥ 의궤

의궤 儀軌란 '의식(儀式)의 궤범(軌範)'이란 말로 '의식의 모범이 되는 책'이란 뜻이다. 의궤는 왕실과 국가에서 반복적으로 행하는 행사의 의식과 행사를 준비, 실행 및 마무리까지의 전 과정을 보고서 형식으로 기록한 것으로 그림과 함께 구성되어있다. 따라서 의궤는 조선시대의 생활상과 더불어 미술사, 복식사, 제도사, 서지학 등의 연구에 중요한 자료이다. 의궤는 임금이 보는 어람용과 분상용 두 가지를 만들었으며, 어람용은 고급스럽고 아름답기가 그지없어 하나의 예술 작품과도 같다.

의궤는 철저한 기록정신의 산물로서 예를 숭상하는 유교문화권의 핵심 요소가 담겨 있을 뿐만 아니라 조선시대 국가의 통치 철학 및 운영체계를 알 수 있는 소중한 자료이기도 하다. 의궤는 조선시대(1392~1910) 왕실의 주요 행사, 건축물 조성과 왕실 문화 활동 등에 대한 기록이 그림으로 남아져 있어 600여년의 조선시대 생활상을 시각적으로 이해할 수 있는 귀중한 자료로 주목받고 있다.

총 3,895 여권의 방대한 분량에 이르는 의궤는 왕실의 주요한 의식이 시기별, 주제별로 정리되어 있어서 국가의 통치철학을 그대로 드러내고 있으며, 조선왕조 의식의 변화 뿐 아니라 동아시아 지역의 문화를 비교연구하고 이해하는 데 중요한 내용을 담고 있다. 이러한 의궤는 다른 나라에서는 찾아볼 수 없는 우리만의 독특한 서지 양식이다.

화성은 세계문화유산으로 등재되어 있는데 이는 매우 특이한 경우에 해당된다. 화성은 정조 때 완성되었으나 일제와 6·25전쟁을 겪으면서 훼손이 심하였다. 하지만 우리는 화성의 설계도인 『화성성역의궤』를 참조해 가면서 화성을 복원하여 복제품으로 유네스코의 세계문화유산으로 등재를 받는 신기원을 이루었다. 이는 의궤의 정확성과 섬세함을 인정받은 것이라고 보아야 할 것이다.

임오군란 때 프랑스군(종군화가)은 강화도 외규장각에서 우리의 의궤를 보고 프랑스로 약탈하였으며, 박병선 박사가 이를 프랑스 국립박물관에서 확인하여 현재 우리나라로 되돌려 받는 절차를 추진하고 있으나 대여 형식으로 한국에서 전시되고 있다.

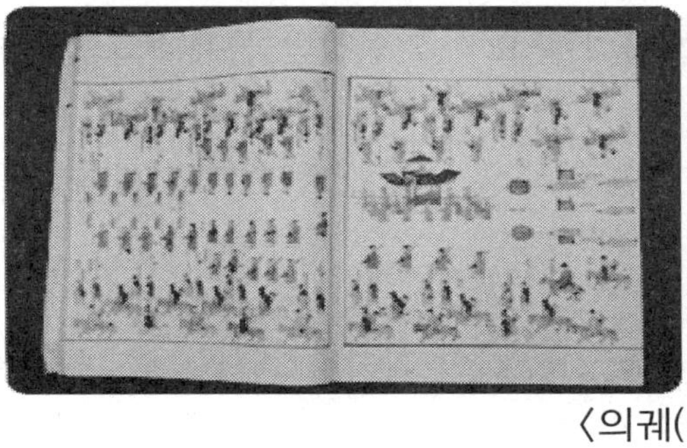

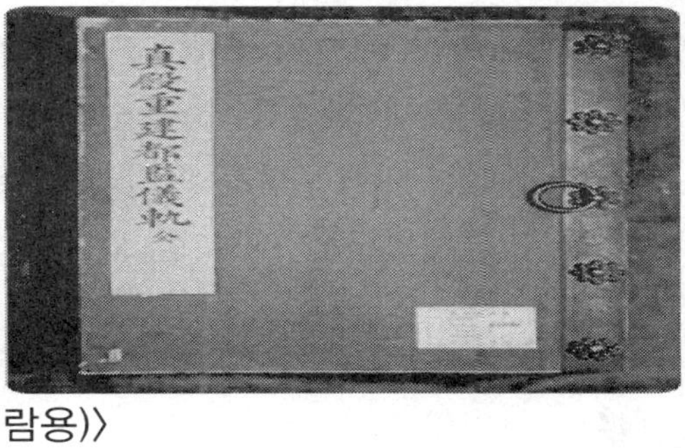

〈의궤(어람용)〉

⑦ 동의보감

보물 제1085호인 『동의보감』 은 1,610년(광해군 2년)에 25권 25책으로 완성된 것으로 현재 국립중앙도서관과 한국학중앙연구원에서 소장 하고 있다. 『동의보감』 은 임진왜란 이후 허준을 중심으로 국가에서 제작하여 보존 관리하였다. 동의보감은 중세 동아시아 의학을 집대성하였고, 이후 동양의학 발전에 지대한 영향을 미쳤다. 또한 다른 의서보다 체계적으로 기술된 독창성(오늘날 사전을 보면서 목록을 찾아 내용을 확인하는 방식으로 기술)과 지금까지 정확한 원본이 전해오고 있는 점 등이 고려되어 유네스코의 기록문화유산에 등제되었다. 동서양을 막론하고 의서가 기록문화유산으로 채택된 것은 『동의보감』 이 최초이다.

⑧ 일성록

국보 제153호인 『일성록』 은 책은 1760년(영조 36)에서 1910년(융희 4)까지 151년 동안의 국정 운영과 국왕의 동정을 일기체로 정리한 국왕의 일기로 서울대학교 규장각에 보관되어 있다. 『일성록』 은 임금의 입장에서(1인칭 사용) 펴낸 일기의 형식을 갖추고 있으나 실질적으로는 정부의 공식적인 기록물이다. 『일성록』 은 필사본으로 한 질만 편찬된 유일본이며, 총 2,329책으로 구성되어 있다.

⑨ 5 · 18민주화운동 기록물

5 · 18민주화운동 관련 기록물은 1980년 5월 18일부터 27일까지 대한민국에서 전개된 민주화를 요구하는 시민들의 일련의 활동과 이후에 이 사건의 책임자 처벌, 피해자 보상 등과 관련된 자료를 총칭한다. 5 · 18민주화운동은 우리나라의 민주화 발전에 크게 기여하였으며, 이후 동아시아 국가들이 민주화를 성취하는 데 적지 않은 영향을 끼친 것으로 여겨져 왔고, 그런 세계사적 중요성을 인정받아 유네스코 세계기록유산으로 등재 되었다.

이러한 장대한 기록문화를 확인해 볼 때 과연 역사상 어느 민족이 과연 문화 민족이었고 문명국이었나를 다시 한 번 생각해 보게 한다.

3. 민족 문화의 시원[3)]

인류의 출현은 신생대 제3기 말기인 약 500~400만 년 전이라 추측되고 있다. 인류는 지혜가 발전하면서 문자가 없던 선사(Prehistory)시대에도 다양한 석기와 토기 등을 사용하며 소박한 생활을 영위하였고 무덤이나 토기 등에 자신들의 생활과 염원을 표현하였다. 이러한 인류의 생활상은 고고학 자료를 통하여 밝혀지고 있다.

고고학에서는 인류의 발전기를 도구의 발전 정도에 따라 크게 세 개의 시대로 구분한다. 우리가 흔히 알고 있는 석기 · 청동기 · 철기시대의 구분이 바로 그것이다. 한반도에서 사람이 살기 시작한 것은 구석기시대부터였으며 신석기 인들과 청동기 인들은 현대 우리 인류의 직접적 조상으로 파악되고 있다(일부 학자들은 구석기시대 인들이 신석기시대에도 만주와 한반도 일대에 그대로 거주한 것으로 보고 있다).

1 구석기시대

한반도에서 구석기 시대는 약 70만 년 전부터 시작되어 약 1만여 전 전까지 진행되었다. 이들 구석기인들은 불을 이용하고 언어를 사용했다. 상원 검은모루동굴과 청원 두루봉동굴에서 볼 수 있듯이 주로 동굴이나 바위 그늘에서 생활 했고, 후기로 가면서 움집(막집)을 지었다(공주 석장리). 사회생활은 무리 사회로 이동 생활을 했으며 평등사회였다. 경제 활동은 수렵과 채집 생활에 의존했고, 뗀석기(타제석기)를 사용하며 최소 자립단위를 이루며 경험이 많은 지도자가 무리를 통솔했다.

자르개		동물의 살을 자르는데 사용한 조리용 도구
밀개	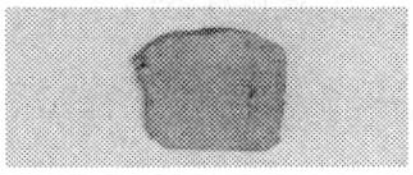	살을 저미거나 뼈를 깎는데 쓰는 도구

3) 김병석, 2011, 『고급 한국사』, 진영사
한영우, 2005, 『다시 찾는 우리역사』, 경세원
네이버 지식백과
두산백과

찌르개		짐승을 찌르거나 가죽에 구멍을 뚫는 도구
긁개		짐승의 가죽을 벗기거나 나무를 깎는 도구
주먹도끼		나무나 가죽, 뼈를 가공하는 다목적 도구
간석기		마제석기라 하며, 날 부분 또는 표면 전체를 갈아 만든 석기로 신석기시대 및 청동기시대에 주로 사용

〈석기의 종류와 활용〉

2 신석기시대

신석기 시대는 약 8천 년 전(혹은 1만여년 전) 시작되었다. 이때 신석기 혁명이라 불리는 농경과 목축이 시작되어 인류 생활에 획기적인 변화가 이루어지기 시작했다. 간석기(숫돌에 갈아서 표면을 매끄럽게 만든 마제석기)의 발전과 더불어 도구의 다양화가 이루어지고 토기의 개발로 곡물의 저장과 음식물 조리가 가능해졌다.

이 시기는 사냥과 고기잡이가 식량 획득의 주요 수단이 되었으며, 주로 강가나 바닷가에서 정착생활을 하였다. 농업 유적으로는 약 6천 년 전의 황해도 봉산군 지탑리 유적(돌가래, 돌보습, 돌낫 등의 농기구와 탄화된 좁쌀 발견)이 있다. 신석기 인들은 움집에 거주(5~6명, 가족 단위)하며 촌락을 형성하고, 혈연을 바탕으로 하는 씨족단위로 하여 부족사회(여러 씨족의 결합) 생활을 하였다. 결혼풍습은 족외혼(族外婚)으로 다른 씨족과 혼인하며 동성불혼 풍습을 유지하였다.

사회는 계급이 없는 평등사회로 연장자나 지혜가 많은 사람이 부족을 주도했다. 아직은 생산력이 낮아 잉여생산물이 부재했으며, 애니미즘, 토테미즘, 영혼숭배, 조상숭배 등의 신앙을 가지고 있었다. 우리의 신석기 문화 독자성은 '빗살무늬토기'로 대변되며 중국 지역의 '용산문화', '앙소문화', '대문구문화' 그리고 일본의 '조오몽 토기문화' 등과 구별된다. 예술품으로는 조개껍데기 가면, 토제 얼굴 인형 등이 있다.

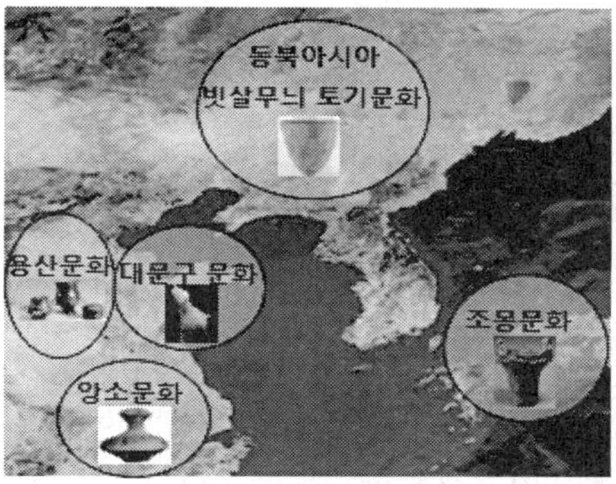

〈동아시아 신석기 문화〉

〈암사동 선사유적지(기원전 4,000~3,000년 전)〉

☞ 앙소문화 : 1921년에 허난성 멘츠현 양사오에서 발견되었다. 연대는 기원전 5000~3000년으로 밝혀졌다. 삽·도끼같은 비교적 발달한 간석기가 있으며, 뗀석기로는 돌칼과 반상기(盤狀器)·맷돌·숫돌 등이 있다. 조와 기장을 재배했다.

☞ 대문구문화 : 주로 산둥과 장쑤 북부에 분포되어 있으며, 기원전 4000년경이나 그보다 조금 늦은 시기에 시작되어 기원전 2600년경을 전후로 하는 시기에 용산문화로 넘어갔다. 동이족의 선조로 여겨지고 있다.

☞ 용산문화 : 산둥 성 룽산진에서 이름이 왔으며, 기원전 3000~2000년 중반 발전했다. 빠른 회전력을 지닌 물레를 이용하여 만든 후 불에 구운 양질의 난각(卵殼) 토기, 다수의 회도(灰陶), 사각의 마제석기가 발견되었고, 골점을 행했다.

☞ 조몽문화 : 약 1만여 년 전에 시작된 일본의 신석기 문화이다.

3 금속기의 사용과 고조선

① 청동기와 철기의 사용

동북아시아에서 청동기 사용 연대는 대략 기원전 20세기~15세기경으로 추정(학자에 따라 기원전 22세기부터 기원전 10세기 까지 추정)되고 있다. 신석기 시대 말기인 기원전 20세기경에 랴오닝 성, 지린 성, 연해주 지역 일대에서 유입된 덧띠새김무늬 토기문화가 이미 발전해 있던 빗살무늬 토기문화와 약 500여 년 간 공존하면서 기원전 15세기 말부터 본격적인 청동기 시대로 돌입하였다. 청동기 문화의 유입으로 생산경제가 이전보다 발달하여 사유재산 제도가 발생하고, 계급의 분화로 인하여 정치적 권력을 가진 자가 출현하여 막강한 힘을 행사할 수 있게 되었다.

철기는 기원전 5세기경(일부 학자들은 기원전 12세기경으로 주장한다.)부터 사용되었다. 철제 농기구의 사용으로 농업경제 기반이 확대되고 생산력이 증대되었으며, 정복활동이 더욱 활발하게 진행되었다. 철제 무기와 장비를 사용함에 따라 기존의 청동기는 의식용 도구로 전환되면서 더욱 세련되게 발전하였다. 특히 비파형 동검은 한국식 동검인 세형동검으로 발전하였으며, 거친무늬거울은 잔무늬거울로 발전했다. 청동 제품을 제작하기 위한 거푸집도 한반도 전역에서 발견되고 있다.

② 생활모습

〔 **청동기시대** 〕 청동기 사회는 농업 경제의 발달로 인해 생산량이 증대되어 잉여생산물이 발생하였다. 이러한 경제력의 차이는 사유재산제도와 빈부의 격차를 만들어 냈다. 또한 계급이 분화되면서 정치권력을 장악한 군장(족장)을 출현시켰다. 청동기 시대는 군장이 부족을 통치하면서 청동 방울이나 거울을 이용하여 부족의 평안과 농사의 풍요를 기원하는 제정일치 사회였다.

주거지는 구릉지 우물을 중심으로 밀집 취락이 형성되었고, 창고와 같은 저장 시설도 별도로 만들어졌다. 집터는 보통 4~8명 정도의 가족이 생활할 수 있는 크기로 만들어 졌으며 남녀의 분업(남자 : 농경, 전쟁, 여자 : 집안일 담당)이 발생하기 시작했다. 집터의 형태는 대체로 직사각형이었으며, 이전의 움집에서 지상 가옥으로 전환되었다. 화덕도 집안의 중앙에서 한쪽 벽으로 설치되었으며 움집은 주춧돌이 사용되기도 했다. 대규모의 집터들은 농업의 발달로 인구의 증가와 더불어 정착생활이 확대되고 있음을 보여주는 것이다. 또한 같은 장소에 다양한 넓이의 집터가 있는 것으로 보아 집터 외에도 공공장소로 사용된 것으로 보여 진다.

청동기 시대는 농경과 목축이 확대되면서 어로의 비중은 축소되었다. 조, 보리, 콩, 수수 등의 밭농사가 주류를 이루었지만 일부 지역에서는 벼농사가 시작되었다. 가축의 사육은 돼지, 소, 말 등이 주류를 이루었다. 청동 기술이 개발되면서 청동 제품이 제수용품이나 지위를 나타내는 도구, 전쟁 무기 등에 우선 활용되었다. 한편

이전의 석기인 간석기(생활도구, 반달 돌칼, 바퀴날 도끼)도 청동기와 함께 사용되었고, 돌도끼나 괭이 등으로 곡식을 심고 반달돌칼로 추수했다.

예술은 종교 및 정치적 요구를 반영하여 주술적 성격을 띠고 있다. 바위그림으로 울주 대곡리 반구대가 있으며, 사냥과 고기잡이의 성공과 풍성한 수확을 기원하는 염원을 담고 있다. 고령 양전동 알터의 바위그림에는 동심원, 십자형, 삼각형 등의 기하학무늬가 그려져 있어 태양 등을 상징하는 것으로 태양 숭배 사상을 엿볼 수 있다. 이러한 곳은 풍요로운 생산을 기원하는 주술적인 지역으로 보인다.

생전의 권력자는 사후에도 무덤의 크기와 껴묻거리에 영향을 미쳤다. 이는 청동기 시대의 무덤인 고인돌로 나타났다. 고인돌은 한반도 와 만주 일대에 분포해 있다. 이 고인돌을 만드는 데는 무게가 수십 톤이나 되는 돌을 채석하고 가공하여 이동시켜야 하기 때문에 당시 지배층의 권력과 경제력이 막강했음을 추측할 수 있다.

청동기 시대의 유적은 한반도와 만주일대로 중국의 랴오닝 성과 지린성성뿐만이 아니라 한반도내에도 광범위하게 분포하고 있다. 청동기 시대의 유물은 주로 집터와 고인돌, 돌널무덤, 돌무지무덤 등에서 발견되는 반달돌칼, 바퀴날돌칼, 홈자귀 등의 석기와 비파형동검, 거친무늬거울 등이 있고, 토기로는 미송리식 토기, 민무늬 토기(색은 적갈색으로 지역마다 모양새는 조금씩 다르다), 붉은간토기 등이 있다. 청동기 시대를 대표하는 비파형 동검은 만주와 한반도 전역에서 출토되고 있어 미송리식 토기와 함께 이 지역이 동일한 청동기 문화임을 보여주고 있다.

우세한 부족은 선민사상을 바탕으로 금속제 무기를 사용하여 주변 부족을 통합하거나 정복하는 활동이 빈번하게 발생하게 되었다. 청동기 시대는 군장국가 시대로 철기시대에 이르러 연맹왕국으로 전환되었다. 우리의 신석기 문화인 빗살무늬토기가 일본의 죠몽토기에 영향을 미쳤듯이 청동기문화인 민무늬토기는 일본의 야요이 토기에 영향을 미쳤다.

〔 **철기시대** 〕 철기는 처음에는 청동기와 함께 사용되다가 기원전 1세기경부터 철기가 널리 보급되었다. 철은 주로 무기와 생활도구를 제작 하는데 사용되었다. 고대인들은 담금질하여 철을 강하게 단련하는 법도 습득하고 있었다. 농기구는 이전의 목재나 석기 등과 함께 삽, 괭이, 낫 같은 철제 농기구와 칼, 창, 활 촉 같은 무기류, 끌, 톱, 도끼, 자귀 등의 공구류가 제작되었다.

철기시대에는 농업 기술의 발달과 함께 경작지의 개간도 쉬워져 수확량이 급속히 증가하기 시작했다. 정예화된 무기로 전쟁이 더욱 빈번하게 발생하게 되어 부족 간의 통합이 활발해졌다. 사회 각 계층이 전문화 되고 잉여 농산물이 증가되면서 만주와 한반도 주변에 국가가 출현하게 되었다. 토기는 민무늬토기와 덧띠토기, 검은 간토기 등이 사용되었다. 대표적인 무덤으로는 널무덤(구덩이 파고 나무널을 매장, 한반도 서북에서 남부지역으로 전파)과 독무덤(소형의 독을 이용 맞대는 형태로 영산강 유역은 대형 독무덤)이 있다.

청동기는 북방문화권의 영향을 받아 발전하였다. 철기는 한반도의 자체의 발전설과 중국 문화권의 영향을 받아 발전하기 시작했다는 주장이 있다. 철기의 사용과 더불어 중국과의 교류를 보여주는 명도전과 반량전, 오수전 등이 출토되고 있다. 당시 중국과의 교류와 한자 사용을 보여주는 붓이 경남 창원 다호리에서 출토되었다.

☞ 고인돌 : 고인돌과 선돌(입석)은 고대 거석문화의 일종이다. 거석문화로는 이집트나 마야의 피라미드, 대서양 연안의 거석렬(巨石列)과 영국의 스톤헨지 등이 해당된다. 고인돌은 일본어로 지석묘(支石墓), 영어로 dolmen(돌멘), 중국어로는 석붕(石棚)이라 하며, 유럽과 남아시아, 아프리카에도 분포하고 산둥 반도와 요령, 일본 큐슈 등에 분포하지만 한반도 일대에 4만여 기가 집중 분포한다.

고인돌 지역은 비파형 동검, 미송리식 토기 등이 출토되는 고조선의 강역과 일치한다. 고인돌은 형태에 따라 탁자식과 기반식으로 구분하며, 유네스코에서는 2,000년 고창과 화순, 강화의 고인돌 군을 세계문화유산으로 지정하였다.

③ 고조선

청동기 시대 생산력의 증대는 계급의 분화를 촉진하면서 족장이 지배하는 사회를 태동했다. 족장은 주변의 여러 족장 사회를 통합해나가면서 더 큰 족장으로 성장하여 정치적 권력을 강화해 나갔다.

족장 사회에서 가장 먼저 군장 국가로 발전한 것은 고조선이었다. 고조선의 건국은 우리나라의 『삼국유사』, 『제왕운기』, 『동국여지승람』 등에 기록되어 있으며, 중국의 고대서인 『관자』, 『산해경』, 『전국책』, 『삼국지』 등에도 기록되어 있다.

단군신화 최초의 기록서인 『삼국유사』 에 의하면 고조선은 청동기시대인 서기전 2,333년 단군왕검이 아사달에 건국했다. 당시 고조선은 요령 지방을 중심으로 성장하여 점차 한반도로 세력 범위를 확장해 나갔다. 청동기 시대의 대표적인 유물인 비파형동검과 탁자식 고인돌, 거친무늬 거울, 미송리식 토기 등이 발견되는 지역이 고조선의 영토로 비정되고 있다

고조선의 건국은 당시 사회의 투영물인 단군이야기가 역사적 사실을 잘 반영하고 있다. 단군 이야기는 오랜 세월동안 전승되면서 기록으로 남게 된 것이다. 고조선은 환웅 부족이 곰을 숭배하는 부족과 연합하여 건국되었으며 연합과정에서 호랑이를 숭배하는 부족은 배타되었다. 고조선은 기원전 5~4세기경에는 철기문화시대를 열었다. 고조선은 독자적인 문화를 발전시켜 왔으며 왕위를 세습하였다. 부왕, 준왕과 같은 강력한 왕이 고조선을 통제하였고, 국가 조직으로는 상, 대부, 장군 등과 같은 관직을 두고 있었다.

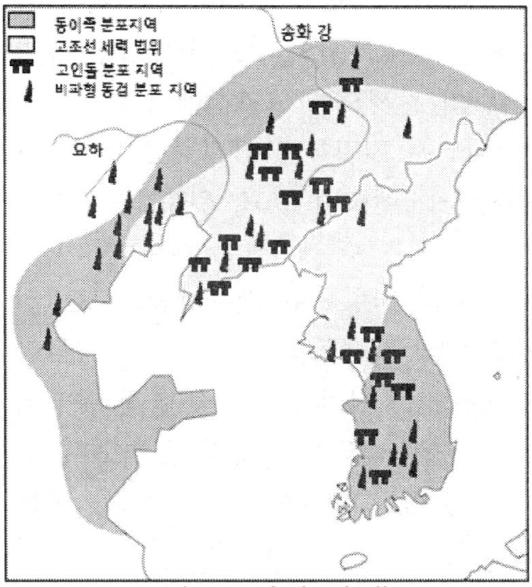

〈고조선의 강역〉

춘추시대(기원전 8세기)와 전국시대(기원전 5세기)이후로 중국에서 전란이 계속되면서 사회가 동요하자 지배층들이 고조선으로 계속하여 망명해 왔다. 이때 고조선은 전국 7웅(전국시대 중국의 패권을 차지한 7나라) 중의 하나인 연(燕)과 대립하였다. 고조선은 기원전 4세기 말에서 3세기 초 연의 장수인 진개의 공격으로 2000여 리를 빼앗겼고, 이때 중심지가 요령지방에서 대동강으로 이동한 것으로 보인다.(요령지방에서 출토되는 비파형 동검이 기원전 3세기 초부터 세련된 세형동검으로 발전하여 대동강 일대에서 많이 발견된다.)

중국의 진·한 교체기에는 또 한 차례 이주민이 들어왔고, 이 들 중 위만이 1,000여 명의 무리를 이끌고 들어오자 고조선의 준왕은 위만을 박사로 임명하고, 서쪽 국경의 수비를 담당하도록 했다. 하지만 위만은 이주민 세력을 규합하여 점차 세력을 확대하고 수도인 왕검성으로 진격하여 준왕을 몰아내고 스스로 왕을 칭하였다(기원

전 194). 이때부터 고조선은 위만조선의 단계로 접어들었다.

위만 왕조로 들어선 고조선은 고조선의 국호를 그대로 유지하고, 철기 문화를 본격적으로 수용하여 토착세력을 포용하며 안정적인 정권을 유지해 나갔다. 철기의 사용에 따라 강력한 국가로 성장한 고조선은 정복사업으로 광대한 영토를 확보해 나갔다. 또한 중국과 한반도를 잇는 지리적 이점을 이용하여 동방의 예나 남방의 진이 중국과 직접 무역을 가로막고 중계무역으로 이익을 차지하였다.

이러한 고조선의 부상은 중국을 통일한 한과 마찰을 빚어 대립하게 되었다. 진(秦)을 이어 중국을 통일한 한 무제(武帝)는 고조선의 성장에 위협을 느꼈다. 결국 한 무제는 기원전 109년 수륙 양면(육군 5만, 수군 7천)으로 고조선을 침략하였다. 1차 침입에서 한의 육군은 패수에서 대패하고, 수군은 고조선의 수도인 대동강 유역의 왕검성을 포위했으나 패배했다. 하지만 장기간의 분쟁으로 고조선에서는 우거왕이 피살되는 등 내분이 발생하여 왕검성이 함락되면서 멸망하였다(기원전 108). 한은 고조선의 일부 영토에 군현을 설치하고 토착민을 지배하려 했고, 일부 고조선 지배층은 남쪽으로 이주하였다.

고조선의 강역에 설치된 한사군은 지방 토착민들의 저항으로 만주지방으로 밀려나면서 세력이 약화되었고, 형식상으로 유지되던 낙랑군도 독립국 형태로 유지되다가 기원후 313년 고구려에 멸망했다. 하지만 한4군은 이 지역 문화발전에 자극이 되었다. 낙랑지역은 국제적인 도시로 변모하여 매우 호화스러운 생활을 영위했다.

전기 고조선의 생활상은 대략 청동기 사회의 생활상과 일치한다. 사람들은 구릉지대에 살면서 농사를 지어 생활하였으며 농사를 위한 자연현상을 관리하기 시작했다. 계급의 분화에 따라 지배자가 등장하면서 새로운 사회질서가 형성되었다. 후기로 가면서 철기가 보급되어 정복활동이 활발하게 진행되었으며 강력한 왕권이 성립되기 시작했다.

고조선의 사회상을 알려주는 것으로 8조 법이 전해지고 있다. 현재는 3개의 항목이 『한서지리지』에 전해지고 있으며 이를 미루어 당시의 사회상을 알 수 있다. 사람들 간에는 경제력의 차이가 나타나기 시작했고 재산의 사유화가 진행되었으며 이를 보호하기 위한 형벌과 노동도 발생하고 있음을 보여주고 있다. 한의 군현이 설치된 이후로 토착민이 군현에 대항하거나 이주하는 과정에서 사회가 분화되어 법 조항도 60조로 증가하였다.

☞ 단군신화

고기(古記)에 이런 말이 있다. 옛날 환인의 아들 환웅이 천부인 3개와 3,000의 무리를 이끌고 태백산 신단수 밑에 내려왔는데, 이곳을 신시라 하였다. 그는 풍백, 우사, 운사로 하여금 인간의 360여 가지의 일을 주관하게 하였는데, 그 중에서 곡식, 생명, 질병, 형벌, 선악 등 다섯 가지 일이 중요한 것이었다. 이로써 인간 세상을 교화시키고 인간을 널리 이롭게 하였다.

이때 곰과 호랑이가 사람이 되기를 원하므로 환웅은 쑥과 마늘을 주고 이것을 먹으면서 100일간 햇빛을 보지 않는다면 사람이 될 것이라고 하였다. 곰은 금기를 지켜 21만에 여자로 태어났고 환웅과 혼인하여 단군왕검을 낳았다.

중국의 요임금이 즉위한 지 50년이 되는 해 평양성에 도읍을 두고 조선을 세웠다. 그 후 단군은 백악산 아사달에 도읍을 옮겼는데, 1,500년간 나라를 다스리다 기자가 조선의 왕이 되어 장당경으로 도읍하였다. 그 뒤 아사달에 돌아와 숨어서 산신이 되었는데 나이는 1,908세였다.

『삼국유사』

☞ 단군 신화를 통해서 본 고조선

단군 : 하늘의 자손인 천손사상의 발로로, 집권세력의 우월성 과시 → 선민사상

풍백, 우사, 운사 : 농경에 관계되는 신을 부림 → 농경사회

단군(종교 지도자) + 왕검(정치 지도자) → 제정일치사회

곰, 호랑이 : 토템신앙을 가진 부족의 연합 → 토템이즘

홍익인간 : 널리 인간을 이롭게 하였다. → 건국이념

☞ 조선은 열양 동에 있고 바다 북쪽 산의 남쪽에 있다. 열양은 연에 속한다.

『산해경』

☞ 기자 동래설이란 : 중국 상나라와 주나라 교체기인 기원전 12~10세기 경 유교의 성인 기자가 동쪽으로 와서 조선의 왕이 되어 유교적 교화 정치를 펼쳤다는 내용이다. 『竹書紀年 죽서기년』, 『尙書 상서』, 『論語 논어』 등 중국의 선진시대(先秦時代 : 서기전 221년 이전) 문헌에 의하면 기자는 학문과 덕이 높았다는 기록

은 보이나 조선의 왕이 되었다는 기록은 보이지 않는다.

하지만 한(漢)나라 시대의 『尙書大典 상서대전』과 『사기』에서는 기자는 은나라(은나라는 상(商)이라고도 하며, 기원전 1760~1520년쯤에 건국하여 기원전 1122~1030년경에 주에 의해 멸망)가 망하자 주나라를 떠나 조선의 왕이 되어 예악을 발전시키고 여러 가지 제도를 실시했다고 기록하고 있다(일부는 주왕이 조선의 왕으로 봉했다고 한다).

☞ 위만 조선의 정체성 : 위만은 고조선으로 들어올 때 상투를 틀고 조선인의 옷을 입었으며, 왕이 된 후에도 나라 이름을 조선이라 그대로 하였고, 그의 정권에는 토착민 출신으로 높은 지위에 오른 자가 많았다. 따라서 위만의 고조선은 단군의 고조선을 계승한 것으로 볼 수 있다.

4 여러 나라의 성장과 발전

고조선 멸망 후 만주와 한반도에 철기문화를 바탕으로 하는 여러 나라가 건국되었다. 먼저 만주 지방에는 부여와 고구려가 성장하였고, 함경도와 강원도 북부에는 옥저와 동예, 한반도 남부 지방에는 목지국을 중심의 삼한이 성장했다. 이 가운데 부여와 고구려, 마한의 목지국 등은 연맹왕국의 단계에 이르렀고, 옥저와 동예를 비롯한 삼한의 소국들은 주변 강국들에 흡수되었다. 하지만 연맹왕국도 아직은 왕권이 미약하여 부족장들에 의하여 왕이 추대되거나 폐위되기도 하였다.

먼저 부여는 고조선이 강성했던 기원전 4세기경 만주 쑹화강 유역의 넓은 평야지대를 중심으로 성장하였다. 정치체제는 5부족 연맹체로 왕이 중앙을 다스리고 마가 · 우가 · 저가 · 구가 등이 별도의 행정 구역인 사출도를 다스렸다. 관리로는 마가 · 우가 · 저가 · 구가와 대사자, 사자 등이 있었다.

부여는 농경과 목축이 발달했고, 특산물로는 말, 주옥, 모피 등이 출산되었다. 풍속으로는 순장과 형사취수제, 우제점법 등이 성행했다. 법률로는 1책 12법(절도하면 12배로 배상)과 간음한 자와 투기한 자는 사형에 처한다는 등의 4조목이 전해진다.

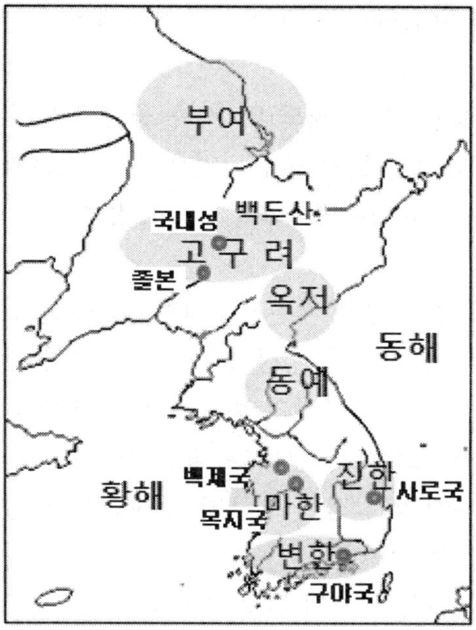

〈여러 나라의 위치〉

제천행사로는 수렵사회의 전통을 보여주는 영고(12월)가 있었다.

부여는 1세기 초에 왕호를 사용하였고, 중국과 외교관계를 형성하고 고구려와 대립 양상을 보였다. 부여는 3세기말 선비족의 침략을 받아 국력이 쇠퇴하고, 4세기경 고구려의 보호국으로 전락한 후 494년 고구려에 흡수되었다. 이로써 부여는 연맹왕국 단계에서 고대 국가로 발전하지 못하고 멸망하고 말았다. 하지만 부여가 우리 역사에서 차지하는 위치는 대단히 크다. 고구려의 건국신화를 통하여 잘 알 수 있듯이 고구려나 백제는 바로 부여로부터 건국세력이 출발하였다.

고구려는 주몽이 부여 내부의 분열과 대립 과정에서 남하하여 압록강 지류인 동가강 유역의 졸본(환런) 지역에 건국하였다(기원전 37). 고구려의 초기 정치체제는 소노부(전 왕족), 계루부(왕족), 절노부(왕비족), 순노부, 관노부 등의 5부족 연맹체로 구성되었다. 이들은 각각 사자, 조의, 선인 등의 관리를 거느렸고, 제가회의(귀족회의)를 통하여 국가의 중대사와 통치 문제를 결정했다.

고구려의 졸본지역은 대부분 산악지역으로 평야가 부족하여 2대 유리왕 때는 보다 넓은 국내성(지안)으로 이동했다. 이후 중국의 군현 또한 북방 유목민과의 투쟁을 통하여 요동지방으로 진출했고, 동쪽으로는 부전고원을 넘어 옥저와 동예를 정복하였다. 고구려의 경제는 약탈경제로 약탈물을 보관하는 부경이라는 창고가 있었고, 특산물로 맥궁이라는 활이 생산되었다. 조상신(주몽과 유화)을 모시면서 풍속으로는 서옥제(노동력 중시 제도)와 형사취수제, 추수감사제인 동맹(10월) 등이 있었다. 생존 수단인 수렵과 전투를 위해 말타기와 활쏘기를 즐겨했다.

옥저(함경도)와 동예(강원도 북부 동해안)는 변방에 위치한 까닭으로 선진 문화의 수용이 늦어지고 군장사회에 머물면서 각 읍락에는 읍군이나 삼로라는 군장이 부족을 통치했다. 결국 옥저와 동예는 연맹왕국으로 발전하지 못하고 고구려에게 정복당했다.

옥저는 해산물이 풍부했고, 민며느리제도(노동력 중시 제도)와 가족 공동묘의 전통이 있었다. 동예는 특산물로 단궁과 과하마, 반어피 등이 출산되었으며, 족외혼과 책화(씨족 사회의 전통으로 다른 부족이 생활권을 침범하면 노비와 소나 말로 변상)의 풍습이 있었다.

고조선의 남쪽 지역인 한강 이남에는 위만 조선이 있던 기원전 2세기이전에는 진(辰)이 발전하고 있었다. 진은 중국과 직접 교역을 하면서 성장했으나 고조선의 방해로 중국과의 무역이 저지되기도 했다. 하지만 고조선 사회의 변동으로 인하여 유이민이 계속 남하하여 새로운 철기 문화가 도입되고 토착 문화와 결합되면서 사회 발전이 촉진되었다. 이때 진에서 마한, 변한, 진한의 삼한 연맹체가 성장하게 되었으며, 이들은 한반도 남부의 고인돌 문화와 관련이 있다.

마한(목지국)은 54개의 소국으로 이루어져 있으며, 백제의 발전에 따라 중심 지역이 천안 · 익산 · 나주 지역으로 이동하였고, 모두 10만 호 정도였다. 그 중 큰 곳은 하호가 1만여 호에, 작은 곳은 수천 호였다. 이들은 4세기까지 백제(百濟)로 통합된 것으로 보인다.

진한은 대구 · 경주 지역을 중심으로, 변한은 김해 · 마산 지역을 중심으로 성장하였으며, 진한과 변한은 각각 12개의 국가로 이루어져 있었고, 모두 4만~5만 호를 거느렸다. 그 중 큰 나라는 5천 호, 작은 나라는 600~700호였다. 이후 진한은 사로국(斯盧國)에서 신라(新羅)로, 변한은 구야국(狗倻國)에서 가야(加耶)로 발전했다.

이 삼한 중 마한의 세력이 제일 강력했으며, 마한을 이루고 있는 목지국의 지도자가 마한왕 또는 진왕으로 추대되어 삼한을 주도했다. 삼한의 지배자 중 세력이 큰 것은 신지, 작은 것은 읍차라고 불렀다. 삼한에는 정치적 지배자 외에도 제사장인 천군이 있어 정치와 종교가 분리되어 있었다. 특히 천군은 신성 지역인 소도에서 농경과 종교적인 행사를 주관하고, 천군이 주관하는 소도는 죄인이 도망하여 이곳에 들어오더라도 잡아가지 못하였다.

삼한 사회는 철기 농기구와 함께 벼농사를 지었으며, 김제의 벽골제, 의성의 대제지, 상주의 공금지, 밀양의 수산제, 제천의 의림지 등의 저수지가 발달했다. 변한에서는 철이 생산되어 낙랑과 왜에 수출되었다. 풍속으로는 두레가 조직되었고, 수릿날(5월)과 계절제(10월) 등이 있었다. 무덤은 널무덤(토광묘)와 독무덤(옹관묘)가 널리 사용되었다.

☞ 여러 나라의 생활상

가. 부여는 나라에 군왕이 있으며 가축의 이름을 따서 벼슬 이름을 부르고 있다. 마가, 우가, 저가, 구가, 태사자, 사자 등이 있다. 읍락에는 호민(지방 세력가)이으며, 민과 하호는 모두 노복과 같이 여겼다. 제가는 사출도를 나누어 본다. 동이가 사는 지역에서 가장 넓은 평지이며 토질은 오곡을 가꾸기에는 알맞지만, 과일은 생산되지 않는다. 사람들은 체격이 크고, 성품이 강직하고 용맹하며, 근엄하고 후덕하여 다른 나라를 침략하지 않는다. 정월보름에 하늘에 제사 지낸다. 온 나라가 대회를 열고 연일 마시고 춤추고 노래하니 영고라 한다. 감옥의 죄인을 풀어준다. 살인한 자는 죽이고 그 가족은 노비로 삼는다. 도둑질한 자는 12배로 갚아야 한다. 음행한 자나 투기한 부인도 모두 죽인다.

나. 고구려는 큰 산과 깊은 골짜기가 많고 평원과 연못이 없어서 계곡을 따라 살며, 골짜기 물을 마셨다. 좋은 밭이 없어서 힘들여 일구어도 배를 채우기 부족하였다. 사람들의 성품은 흉악하고 급해서 노략질하기를 좋아했다. 나라 안의 대가가 만여 명이나 된다. 하호(평민 또는 노예)는 식량과 소금과 고기를 멀리서 져다 이들에게 바친다. 10월에 하늘에 제사 지낸다. 온 나라가 대회를 가지므로 동맹이라 한다.

다. 옥저는 큰 나라 사이에서 시달리다가 마침내 고구려에 복속되었다. 고구려는 그 나라 사람 중에 대인을 뽑아 사자로 삼아 토착 지배층과 함께 통치했다. 동예는 대군장이 없고, 한 대 이후로 후, 읍군, 삼로 등의 관직이 있어 하호를 통치했다. 예의 풍습은 산천을 중요시하며 산과 내마다 구분이 있어 함부로 들어가지 않는다.

라. 삼한에는 각각 장수가 있는데 그 가운데 큰 자는 자기를 신지라고 부르고, 그 다음가는 자는 읍차라고 한다. 마한은 50여 나라로 되어 있다. 그 가운데

큰 나라는 만여 호가 되고 작은 나라는 몇 천호가 된다. 5월에 파종하고 귀신에 제사를 올린다. 사람들은 모여 노래 부르고 춤을 추며 술을 마시고 밤낮 쉬지 않고 놀았다. 10월에 농사가 끝나면 다시 그와 같은 제사를 지내고 즐긴다.

『삼국지』 위지 동이전

☞ 성읍국가(군장국가) → 연맹왕국 → 고대국가 : 성읍국가(城邑國歌)는 한국사에서 처음 등장하는 국가형태를 지칭하는 용어로 고대국가에 이르기 전의 과도국가를 말한다. 이는 고대사회의 발전을 도시를 중심으로 설명한 M.베버의 국가발전론을 바탕으로, 고대 서양의 도시국가(polis)와 중국의 읍제국가(邑制國家) 개념을 한국사에 적용한 것이다.

1970년대 이후 종래 한국 고대의 국가발전을 설명한 부족국가론(부족국가 → 부족연맹체국가 → 고대국가)의 개념이 비판받으면서, 그 대안으로 삼국사기 등에 많이 등장하는 용어인 성읍국가를 사용하자는 의견이 이기백, 천관우 등에 의해 대두되었다.

즉, 국가형성 초기에 여러 집단이 각기 다른 지역에 나뉘어 존재하다가, 그 중 우세한 지역이 소국가의 중심지를 이루고 둘레에 성곽을 쌓은 뒤 왕궁·감옥 등의 공공시설을 설치하여 하나의 도시국가를 형성한다는 것이다. 성읍국가는 청동기시대에 등장한 것으로 주장되고 있지만 아직 성곽의 흔적이 발견된 경우는 거의 없다. 이같이 일정한 지연(地緣)을 중심으로 성립된 성읍국가는 다시 몇 개가 연합해서 하나의 연맹왕국(聯盟王國) 혹은 영역국가(領域國家)를 이루다가, 이후 고대국가로 발전한다고 하였다.

이후 학계에서는 성읍국가를 다시 군장국가로 부르자는 의견이 대두되었다. 우리 역사에서 동예, 옥저, 삼한은 성읍국가(군장국가) 단계에서 멸망했으며, 부여와 마한의 목지국 그리고 가야(초기 고대국가) 등은 연맹왕국 단계에 이르렀다.

두산백과

☞ 고구려 건국 설화 : 시조 동명성왕은 성이 고씨이고 이름은 주몽이다.…(중략)… 부여의 속어에 활 잘 쏘는 것을 주몽이라 하니, 이로서 이름을 삼았다.…(중략)…

주몽의 어머니가 비밀을 알고 아들에게 "장차 이 나라 사람들이 너를 죽이고자 하니 너의 재간으로 어디 간들 못살겠느냐?, 지체하다가 욕을 당하지 말고 멀미 도망하여 큰일을 이루어야 한다."라고 타일렀다. 주몽은 그를 따르는 세 사람과 함께 도망하여 강가에 이르렀다.

그러나 다리가 없어 강을 건널 수 없었고, 추격병이 뒤따라오고 있었다. …(중략)…물고기와 자라가 떠올라 다리를 만들어 주니, 주몽이 강을 건널 수 있었다. …(중략)…졸본천으로 갔다. 그 곳 땅이 기름지고 아름다우며 산천이 험하였다. 마침내 이곳에 도읍하기로 하였다.…(중략)…나라 이름을 고구려라고 하고 '고' 를 그의 성씨로 삼았다.

『삼국사기』

4. 민족의 통일[4)]

연맹왕국의 국가들은 철기문화를 수용하고 안으로는 국가의 기틀을 마련해 나가는 가운데 밖으로는 영토전쟁의 과정을 거쳐 고대국가로 성장해 나갔다. 특히 고구려, 백제, 신라의 삼국이 뚜렷하게 고대국가로 성장하였으며, 삼국은 번갈아 가면서 주도권을 행사하였다. 이후 우리 민족은 삼국뿐만이 아니라 중국의 수(隋)와 당(唐), 왜(倭)까지 포함된 동북아의 일대 전쟁을 겪으면서 하나로 통합되었다.

1 삼국의 발전과 항쟁

① 고구려의 성장

여러 국가 중에서 가장 먼저 국가 체제를 형성한 것은 고구려였다. 고구려는 이미 기원전 4세기부터 압록강 중류 지역 나(那)에서 부족국가 체제를 형성하고 있었다. 이후 기원전 1세기경 부여에서 남하한 주몽 집단이 압록강 유역의 토착민 집단과 연합하여 고구려를 건국(기원전 37)하였다.

고구려는 협소한 졸본성(환런)에서 국내성(지안)으로 도읍을 옮기고(2대 유리왕), 6대 태조대왕(47~165, 국조왕) 대에 이르러 정복활동을 전개하였다. 함경도 일대의 여러 성읍국가들을 복속(옥저 등)하고 만주지역에 대한 공세를 강화하였다. 이 정복활동의 과정에서 계루부가 왕권을 확립하여 고씨로 왕족을 고정하고, 부족적 성격의 5부 체제로 발전하였다.

2세기 후반 고국천왕(?~197) 때는 부족적인 전통의 5부가 행정적 성격의 5부로 개편되고, 왕위도 형제상속에서 부자상속제로 전환되었다. 이에 따라 왕권이 강화되면서 중앙집권체제의 성격을 보이기 시작했다.

3세기 중반 동천왕 때는 중국의 위・오와 우호 관계를 유지하면서 성장하여 나갔다. 위를 도와 공손씨를 공격(238)하였고, 요충지인 서안평을 공격하였다. 서안평 공격이후 고구려는 오히려 위의 침략(244, 관구검)을 받아 국내성이 함락되었고, 동

4) 국방부군사편찬위원회, 1991, 『고구려 대수・대당전쟁사』
안주섭 외, 2006, 『영토한국사』, 소나무

천왕은 남옥저까지 피난을 가는 국가적 위기를 맞이하기도 하였다.

이후 고구려는 중국이 5호 16국시대로 혼란한 틈을 이용하여 대외 팽창을 꾀할 수 있었다. 미천왕은 낙랑군을 완전히 제거(313)하고 압록강 중류에서 남쪽으로 진출할 수 있는 여건을 만들었다. 하지만 고국원왕이 평양성(371, 平壤城 : 지금의 평양 大城山城)까지 진격해 온 백제군을 맞아 싸우다 전사하고 위기를 맞이하였으며, 그 뒤를 이어 소수림왕(재위 371~384)이 즉위하였다.

소수림왕은 선왕 대의 대외 진출 기도의 실패 등으로 말미암은 고구려 사회의 동요를 극복하기 위해 일련의 체제 정비를 도모하였다. 소수림왕은 중국의 전진으로부터 불교를 받아들여 수용하고, 태학(太學, 중앙 교육기관)을 설립(373)하여 유교 교육을 강화하였다. 또한 율령을 반포(373, 고대 국가의 법률. '율'은 형벌 법규이고, '령'은 행정 법규)하면서 중앙집권적 귀족국가를 체제를 완성해 나갔다. 그리고 고구려는 4세기 경 각부의 관료조직을 통합하여 대대로 이하 10여 관등을 정비하였다.

② 백제의 성장과 흥기

백제(百濟)는 고구려 계통의 비류·온조 집단이 남하(백제 초기의 무덤 양식을 통해 확인 가능)하여 한강 유역의 토착 세력과 연합하여 성립되었다(기원전 18). 백제는 우수한 철기문화를 보유한 유이민 집단이 지배층을 형성하여 마한 54개 성읍국가의 하나인 백제국(伯濟國)에서 출발하였다.

3세기 고이왕(?~286)은 중국의 선진 문물을 받아들여 관등제(6좌평제. 12부와 16관등제)를 정비하고, 관복제를 도입하는 등 체제를 정비하여 중앙 집권 국가의 토대를 갖추었다. 대외적으로는 한강 유역으로 진출하려는 한사군(낙랑군과 대방군)의 진출을 저지하면서 한강 유역에 대한 지배권을 확립하였다. 또한 현 충남 마한 지역(직산의 목지국 세력 압도)으로 진출하여 신라와 경쟁하면서 영역을 확장하였다.

백제는 4세기 후반 근초고왕(?~375) 때에 이르러 삼국 중 제일 먼저 전성기를 맞이하였다. 남쪽으로는 전남의 마한을 병합하고 남해안에 이르렀고, 북으로는 고구려의 평양성을 공격하여 고국원왕을 전사 시키면서 고구려와 황해도 일대에서 대결하였다. 또한 가야 7국에 대한 지배권을 행사했다. 이때 부자상속제로 왕위가 확립되고, 역사서인 서기도 편찬하였다. 침류왕 때에는 불교의 공인으로 국민의 사상적 통합을 도모하였다.

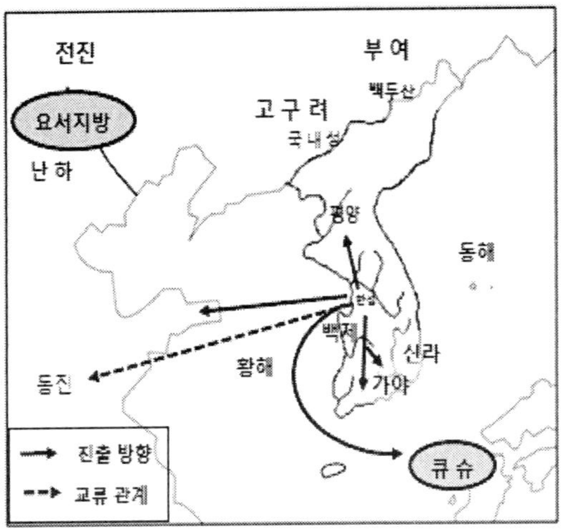

〈백제의 전성기〉

이리하여 백제의 영토는 경기·충청·전라도와 낙동강 중류지역, 강원·황해도 일부 지역을 포함하는 넓은 영토를 차지하고 전성기를 구가하게 되었다. 군사력을 통한 정복 활동을 통해 자신감을 확보한 백제는 수군을 양성하고 해외로 눈을 돌렸다. 고구려의 요동 진출에 자극받아 중국의 요서 지방으로 진출하였고, 중국의 산둥 지방과 일본의 큐슈 지방에 진출 중국 – 백제 – 왜를 잇는 무역루트를 개발하는 등 활발한 대외활동을 전개하였다.

③ 신라 · 가야의 성장

신라는 삼국 중 가장 늦은 시기에 출발했다. 진한 속국의 12개 성읍국가 중의 하나인 경주 분지의 사로국에서 출발한 신라는 경주 지역의 토착민과 여러 갈래로 유입된 북방의 유이민 집단이 결합하여 건국되었다(기원전 57, 혁거세). 이후 6부족 연맹체인 사로국은 석탈해 집단과 결합하여 박 · 석 · 김의 3성이 교대로 왕위를 차지하였다. 이때 유력 집단의 수장은 이사금으로 불렸으며, 일부 집단은 독자적인 세력을 유지했다.

신라는 4세기 내물왕(356~402, 대군장인 마립간 칭호 사용) 때 낙동강 동안 지역을 모두 차지하고 6부 연맹왕국이 완성되었으며, 김씨에 의한 왕위세습이 시작되었다. 또한 왜군이 침입(339)하자 광개토대왕이 친정하였는데 이를 계기로 신라는 고구려의 영향 하에 들어가게 되었고, 고구려를 통하여 중국의 문물을 받아들이기 시작했다.

하지만 5세기 눌지마립간 대에는 대외적으로 백제와 동맹을 맺어(433~533, 나·제 동맹) 고구려의 간섭으로부터 탈피하려 했고, 대내적으로는 왕위교체를 부자상속제로 전환하였으며, 6촌을 6부의 행정 구역으로 개편하였다. 지증왕 때는 국호를 신라로 교체하고 왕의 칭호를 마립간에서 중국식 칭호인 왕으로 바꾸었고, 우산국(울릉도)을 복속시켰다(지증왕 13년, 512).

낙동강 하류의 변한 지역은 2세기 이후 세형동검 등 철기문화가 전파되면서 정치세력이 등장하여 3세기경에 김해의 금관가야가 중심이 된 연맹왕국(전기 가야 연맹)이 발전했다. 금관가야는 김수로에 의하여 건국되었고(42), 세력 범위는 낙동강 유역 일대였다.

가야는 일찍이 벼농사가 시작되고 철이 생산되었다. 해상을 통하여 낙랑과 일본 큐슈를 연결하는 중계무역이 번성하였다. 하지만 4세기 백제와 신라의 사이에서 가야 연맹은 더 이상의 정치 체제로 성장하지 못하고 약화되기 시작했다. 4세기 말부터 5세기 초에 신라를 지원하는 고구려군의 공격으로 중심세력이 와해되고, 영역은 낙동강 서쪽 일대로 축소되었다. 5세기 후반에는 대가야 중심의 후기 가야 연맹이 성립되었다.

☞ 신라의 왕의 호칭 변천 : 신라의 왕호는 거서간, 차차웅, 이사금, 마립간, 왕 등으로 바뀌었다. 이는 정치적 의미인 군장과 제사장의 기능이 분리되면서 거서간(족장, 군장)과 차차웅(제사장)으로 그 칭호가 분리된 것으로 보고 있다. 이사금은 연맹장의 표현이고, 김씨 왕위가 세습화 되면서 왕권의 강화를 표시하기 위하여 대장군이라는 의미의 마립간으로 호칭하였다. 이후 왕위의 부자상속제가 완료되고, 6부를 개편하여 중앙집권화가 추진되면서 부터는 왕이라는 칭호를 사용하였다.

☞ 김수로의 설화 : 아직 나라가 없던 때 가락지역에서는 주민들이 각 촌락별로 나뉘어 생활하고 있었다. 42년 3월 하늘의 명을 받아 가락국의 9간(干) 이하 수백명이 구지봉(龜旨峰)에 올라가 하늘에 제사를 지내고 춤을 추면서 "거북아 거북아 머리를 내놓아라. 그렇지 않으면 구워 먹으리라"라고 노래했다. 그랬더니 하늘에서 붉은 보자기에 싸인 금빛 그릇이 내려왔는데, 그 속에 둥근 황금색의 알이 6개 있었다. 12일이 지난 뒤 이 알에서 태어난 사내아이들 가운데 키가 9척이며 제일 먼저 사람으로 변한 것이 수로였다. 주민들이 가락국의 왕으로 받들었고 나머지 아이들도 각각 5가야의 왕이 되었다. 수로는 즉위 후 관직을 정비하고 도읍을 정하여 국가의 기틀을 확립했다. 그리고 천신(天神)의 명으로 배를 타고 바

다를 건너온 아유타국(阿踰陀國 : 인도의 한 나라)의 공주 허황옥(許黃玉)을 왕비로 삼았다.

『삼국유사』

④ 고구려의 전성과 백제의 쇠잔

고구려는 4세기 전연과 백제 근초고왕의 침입으로 인하여 위축되었다. 하지만 소수림왕 때 내정 개혁을 통하여 국가체제를 정비하면서 고대국가로서의 면모를 갖추기 시작했다. 이어 광개토대왕은 본격적인 영토 정복 사업을 진행하였다. 우선 전연을 공격하고 숙신을 복속하여 요동 지역을 완전히 확보하였다. 이어 백제를 공격하여 한강 유역으로 진출하였다. 그리고 신라와 왜 그리고 가야 사이의 영토 분쟁에 개입하여 낙동강 일대에서 백제 - 가야 - 왜 연합군을 격파하고, 신라를 원조하면서 한반도 최남단까지 영향력을 발휘하였다.

〈고구려의 전성기〉

이후 장수왕(413~491) 대는 평양으로 천도하고(427), 남진정책을 추진(백제와 신라는 동맹 형성 ; 눌지 마립간과 비류왕, 433) 백제의 수도 한성을 함락(475)시키고 개로왕을 죽였다. 이때 고구려는 한강일대를 포함하여 남양만에서 죽령, 영덕 일대에 이르는 지역을 확보하였다. 이러한 고구려의 한강 이남으로의 남진 사실은 충주의 중원고구려비와 광개토왕비에 기록되어 있다.

만주에서는 흥안령 일대의 초원 지대를 확보하고, 중국 남·북조와 교류하면서 상호 견제 시켰다. 문자명왕이 등극한 5세기 후반에는 부여를 복속하여 고구려의 영토가 가장 넓게 확장되었다. 이로써 고구려는 만주와 한반도 일대에 걸친 대제국을 건설하고 동아시아 패자 위치로 올라섰다.

백제는 문주왕 대 고구려 장수왕의 남진정책에 밀려 웅진(공주)으로 천도를 단행했다(475). 백제는 경제가 위축되면서 귀족세력이 득세하고 왕권이 약화되었다. 5세기 후반 동성왕 때부터 다시 국세를 회복한 백제는 동성왕 때 신라와 결혼 동맹(493, 신라 소지마립간)을 체결하여 고구려에 대항하였다. 또한 무령왕은 지방에 22담로의 왕족을 파견하여 지방의 통제권을 강화하면서 재도약의 발판을 마련하였다.

성왕(재위 523~554) 대에 이르러 비좁은 웅진에서 대외 진출이 용이한 사비(부여)로 수도를 옮기고 국호를 남부여로 개칭하였다. 대내적으로는 지방 제도를 정비하면서, 대외적으로는 중국의 남조와 교류하면서 문화를 중흥하고 일본에도 불교를 전파하였다.

성왕은 고구려의 정세가 불안하자 신라와 연합하여 한강유역 일부를 탈환하였으나 신라에 이 지역을 빼앗기고(551), 신라와의 전쟁 중에 관산성(옥천)에서 전사하였다. 이로서 백제의 국세는 급속히 기울기 시작했다.

☞ 국강상광개토경평안호태왕 비문 : (영락) 9년(399) 기해에 백제가 서약을 어기고 왜와 화통함으로, 왕은 평양으로 순수해 내려갔다. 신라가 사신을 보내 왕에게 말하기를, "왜인이 그 국경에 가득차 성을 부수었으니, 노객은 백성 된 자로서 왕에게 귀의하여 분부를 청한다."고 하였다.…(중략)…10년(400) 경자에 보병과 기병 5만을 보내 신라를 구원하게 하였다.…(중략)…관군이 이르자 왜적이 물러가므로, 뒤를 급히 추격하여 임나가라의 종발성에 이르렀다. 성이 곧 귀순하여 복종함으로, 순라병을 두어 지키게 하였다. 신라의 □농성을 공격하니, 왜구는 위축되어 궤멸되었다.

⑤ 신라의 전성기

6세기 법흥왕(?~540)은 관직에 병부를 설치하고 군사권의 기반을 강화하였다. 율령 반포, 불교 공인(527), 17관등 정비, 공복 제정, 골품제도의 정비 등을 이루어 왕권을 강화하였다. 또한 건원이라는 연호를 사용(536)하여 자주 국가로서의 위상을 높이고 중앙 집권국가 체제를 완비하였으며 금관가야를 정복하여 낙동강까지 영토를 확장하였다.

진흥왕(재위 540~576)은 내부의 안정을 바탕으로 하여 활발한 정복활동을 전개하였다. 특히 진흥왕은 국가 발전을 위한 인재 양성을 위해 화랑도를 국가조직으로

〈신라의 전성기〉

확대하고, 불교 교단을 정비하였다. 진흥왕은 동맹을 맺은 백제와 함께 고구려로부터 한강 유역을 확보(551)하고 나제동맹을 파기하면서 이를 독점하였다. 이로서 신라는 중국으로 진출할 수 있는 발판을 마련하였다. 신라는 동해안으로는 함흥평야로 진출(562)하고, 고령 대가야를 정복 낙동강 서쪽을 확보했다. 이러한 진흥왕의 영토 확보는 순수비와 적성비(단양)를 통하여 잘 알 수 있다. 이로써 신라는 한반도의 중추를 장악함으로 해서 삼국간의 경쟁에서 유리한 주도권을 획득할 수 있었다. 하지만 신라의 이러한 무리한 영토 확장 정책은 고구려와 백제로부터 심한 압력을 받기 시작했다.

진평왕(재위 579~632) 때에 들어서는 국가 통치 조직을 보강하면서 한강을 통하여 수와 외교 관계를 수립하였다. 선덕여왕 때에는 친당 정책을 추진하면서 김춘추를 고구려에 파견하고, 첨성대와 황룡사 9층 석탑을 건립하였다. 하지만 신라는 고구려와 백제의 공격에 시달려야 했다. 선덕여왕 시기 서북쪽에서는 고구려의 공격으로 40여 개 성을 빼앗겼으며, 백제에게 대야성이 함락되고, 당항성이 공격받았다.

5세기 중기 가야 연맹이 해체되면서 김해, 창원의 남동부 지역으로 세력이 축소되었다. 5세기 후반 북부 지역인 고령, 합천, 거창, 함양 등지의 세력은 고령 지방의 대가야를 맹주로 후기 가야 연맹체를 이루었다. 가야는 6세기 초 백제와 신라에 버금가는 세력을 형성하고 신라 법흥왕과 결혼 동맹(522, 가야 이뇌왕)을 맺어 고립을 벗어나 활로를 찾으려 했다. 하지만 후기가야는 내부적으로 분열되고 신라 진흥왕에게 정복(562, 구형왕)당하면서 완전히 해체되었다.

2 고구려의 대 수 · 당 전쟁

고구려의 대 수(隋) · 당(唐) 전쟁은 6세기 말부터 7세기 중엽까지 약 50여 년 동안 고구려가 수의 4차례의 침입과 당의 양차에 걸친 침공에 맞선 동아시아 역사상 최대 규모의 국제 전쟁이었다. 이 전쟁으로 인하여 중원에서는 수가 멸하고 당이 들어섰으며, 한반도에서는 삼국일통의 민족적 성과를 달성하면서 만주 일원의 영토를 실함하는 결과를 초래하였다.

중국은 한나라 이후 위·진 남북조 시대로 나뉘어 있다가 양견(수 문제)이 분열된 중국을 통일(589)하고 수를 건국하였다. 고구려와 수는 요하를 경계로 하여 요서 지역은 한, 요동 지역은 고구려가 차지하고 대치하였다. 이 대치국면에서 수는 결국 요동으로의 진출을 도모했고, 이로써 동북아 지역의 패권을 차지하기 위한 漢(한)족과 韓(한)족의 전쟁이 시작되었다.

① 고 · 수 전쟁

수는 중원의 패자로서 초기의 대외정책인 북수남공정책(北守南攻政策)을 완료하자 북방으로 관심을 돌렸다. 이러한 수의 군사외교정책은 당시 동아시아의 군사적 강국이었던 고구려와 필연적인 충돌을 예고했다.

수에 위협을 느낀 주변의 제국들은 서로 연합하면서 위협에 대처하고자 하였다. 고구려는 중국 북쪽의 돌궐과 한반도 남쪽의 백제 그리고 바다 건너 왜와 연결하는 남북세력을 형성하였다. 이에 맞서는 수는 신라와 진평왕 때부터 외교관계를 수립하고 동서세력을 형성하였다. 한편 수는 고구려를 침공하기 이전 북방 변경지역의 돌궐 · 거란 · 토욕혼 등과 같은 이민족과 전쟁을 벌여 모두 제압하였다.

고구려는 국제 정세의 변화에 따라 이미 평원왕 말년부터 군비 증강에 박차를 가하고 있었다. 영양왕 9년(598)에는 어느 정도 전력을 보유하게 되자 요하를 넘어 수의 요서 지방을 말갈 군사 1만으로 선제공격 하였다. 이러한 선제공격은 수의 요서·요동 지역 영향력 강화에 따른 고구려 세력권의 동요(말갈 세력)를 차단하기 위한 목적이었다. 선제 기습을 달성한 고구려는 즉각 철수하였으나 수는 이를 명분으로 고구려를 침공하기 시작하였다.

하지만 고구려는 수의 움직임을 예의 주시하면서 지리적 이점을 포함한 효과적인 군사전략을 수립하였다. 고구려는 이미 수가 요하의 넓은 강과 소택지를 극복해야 하는 점을 알고 있었고, 장거리를 이동하여 작전을 전개해야 하는 약점을 간파하고 있었다.

〔 **수의 1 · 2차 침입** 〕 598년 수 문제는 30만 대군을 육군을 주력으로 하고 수군을 보조 부대로 편성하여 고구려를 침공하였다. 하지만 수의 육군은 요하 일대 소택지에서 홍수로 인한 굶주림과 전염병으로 철수해야만 했다. 철수하던 수군 역시 도중에 풍랑을 만나 많은 손실을 입었다. 이로써 수나라의 1차 침공은 고구려와 전투다운 전투도 한 번 해보지 못하고 실패로 끝나고 말았다.

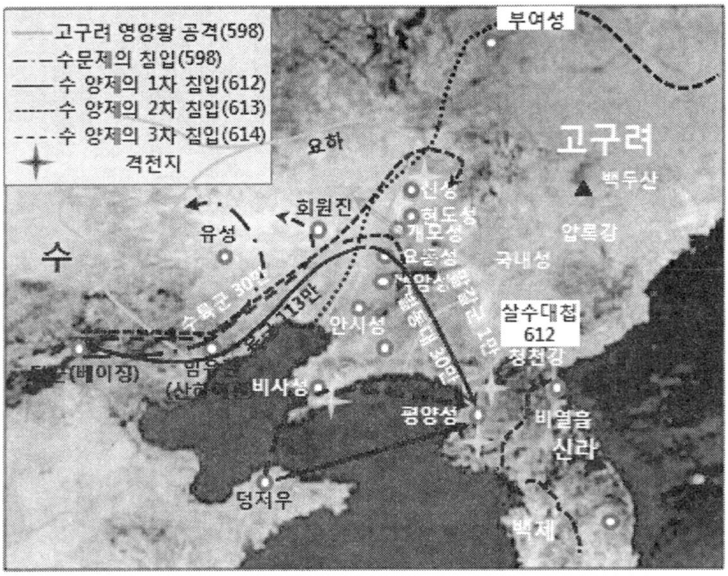

〈고구려 · 수의 전쟁〉

수 문제의 뒤를 이은 수 양제도 고구려 침공을 준비하여 612년 친정을 실시하였다. 제2차 침략군의 규모도 113만 명의 대군으로 수 · 륙 양면공격을 실시하였다. 하지만 주력인 육군이 요하 도하작전에서 고구려군의 완강한 저항으로 20여 일간 발이 묶여 예봉이 무뎌지면서 병참에서 문제를 드러내기 시작했다. 반면 고구려군은 요동 산성 방어라인의 제 성에서 방어준비를 할 시간을 획득하게 되었다.

수 군은 4월 하순부터 6월 초순 까지 요동성을 공격하였으나 전황은 타개되지 않았다. 설상가상으로 계절도 곧 우기철로 접어들고 있었다. 이에 따라 수양제는 전쟁을 조기에 종결시키기로 결심하고, 30만 별동부대를 선발하여 고구려의 수도 평양으로 신속하게 진출시켰다. 그러나 수군의 별동부대는 을지문덕의 유인격멸 작전에 걸려들어 살수(청천강, 살수대첩, 612)에서 전멸 당하고 말았다. 또한 수군도 산동반도에서 패수(대동강)를 가로질러 평양성을 공격하려 하였으나, 왕제 건무의 평양성 유인작전으로 많은 피해를 입고 본국으로 철수하였다.

〔 **수의 3 · 4차 침입** 〕 3차 고 · 수 전쟁은 613년 4월에 개시되었다. 수는 또다시 30만 정예군으로 고구려를 침략했고, 제2차 침입 시와 동일하게 만주 지역의 관문인 요동을 점령하기 위해 각 종 공성장비를 동원하여 공격했다. 하지만 20일이 지나도록 점령하지 못했다. 이때 한 군영 내에서 반란이 발생하여 군심이 동요하자 자진 철수 하였다.

수 양제는 계속되는 실패에도 불구하고 614년 마지막인 제4차 침공을 개시하였다. 하지만 전화에 시달린 수 제국 자체에서 농민반란이 발생하자 수는 고구려의 타협안을 받아들이고 요하에서 회군하였다.

이와 같이 고구려와 수 사이에는 20여 년에 걸쳐 4차례의 전쟁이 발발했고, 그 중 제2차와 3차는 대규모의 전투가 발생하였다. 하지만 고구려는 지형을 이용 적을 아군 깊숙이 끌어들이거나 농성 전술을 이용하여 수군의 진로를 차단함으로써 결정적인 전투에서 승리를 달성했다. 이와 같은 고구려의 대승은 급기야 수의 멸망(통치기간 38년)의 원인이 되었다. 고구려는 수와의 전쟁에서 승리함으로써 동북아의 패자로 군림하게 되었고, 대내외적인 입지가 강화되었다. 하지만 전쟁을 통한 민생의 도탄은 피할 길이 없었다.

☞ 을지문덕이 우중문에게 보낸 시(與隋將于仲文詩)

神策究天文	신책구천문	귀신같은 꾀는 천문을 구명하고
妙算窮地理	묘산궁지리	신묘한 셈은 지리에 통달했네.
戰勝功旣高	전승공기고	전쟁에 이긴 공은 이미 높으니
知足願云止	지족원운지	만족함을 알았으면 그치기를 바라오.

② 고 · 당 전쟁

〔 **전쟁 직전의 상황** 〕 수와 고구려의 전쟁 중에 수가 극도의 혼란에 휩싸이자 수의 북방을 담당하고 있던 태원 유수 이연(당 고조)이 관중(좁게는 섬서성 장안일대이며, 넓게는 중국 본토)을 점령하고 당 왕조를 세웠다(618). 이어 차남인 이세민이 형과 동생을 제거하고 제위에 올랐다. 당은 이어 이민족인 동돌궐(630), 고창국 · 서돌궐(640)을 복속시키고 서역까지 영향력을 확대해 나갔다.

신흥국가인 당 제국은 국내 정세가 안정될 때까지 고구려와 외교적 마찰을 피하면서 평화적 관계를 유지하고자 했다. 고구려 또한 그간 수와의 4차례의 전쟁으로 인적손실과 국가의 재정이 고갈된 가운데 영양왕이 사망하고 그의 아우 고건무(영류왕 : 618~641)가 즉위하였다.

이에 따라 고구려와 당은 초기에는 유화정책을 추진하였다. 양국은 고·수 전쟁의 마무리를 국서를 통해 포로를 상호 교환하는 진척을 보였으며, 당에서는 고구려에 도교를 전파하고 노자의 도덕경을 보냈다. 당시 당나라는 고구려, 백제, 신라에게 동시에 왕의 칭호를 부여하여 한반도에서 3국의 존재를 인정하고 있었다.

하지만 고구려는 백제와 신라에 대해서는 위압적인 자세로 임하여 백제의 무왕과 신라의 진평왕은 당에 사신을 보내어 고구려가 대당 교통로를 차단하고 사신의 왕래를 방해한다고 호소하기도 하였다. 이에 당은 삼국이 서로 화해 할 것을 종용하여 고구려는 화평하겠다는 뜻을 전하기도 했다.

한편 631년 초 이세민이 고구려에 사신을 보내어 고·수 전쟁에서 죽은 수나라 군사의 위령제를 지내면서 고구려가 세운 전승기념물인 경관(京觀)을 헐어버리는 사건이 발생했다. 이에 따라 양 국의 관계는 급속하게 냉각되어 갔고, 고구려는 즉시 전쟁준비에 착수했다. 고구려는 631년 2월부터 동쪽의 부여성(농안)으로부터 요동반도 남단 비사성(대련)까지의 천리장성을 16년의 공사 끝에 구축했다.

연개소문은 성곽 축조 작업의 감독직으로 근무하면서 요동 지방의 군사력을 장악하여 정권을 잡았다. 연개소문은 642년 10월 정변을 일으켜 영류왕과 중신들을 살해하고 영류왕의 조카를 보장왕으로 추대하고 스스로 대막리지가 되어 전권을 오로지 했다.

이때 한강 이남에서는 신라의 한강 유역 독차지로 인하여 백제와 고구려가 신라에 압력을 가하고 있었다. 신라는 642년(선덕여왕 11, 의자왕 2) 백제의 침공으로 서쪽 국경지대 40여 개 성을 빼앗기고, 8월에는 대야성(합천)이 함락되었으며 도독 품석(김춘추의 사위, 딸 고타소) 내외가 죽임을 당하는 등 백제와의 대결에서 열세에 놓여 있었다.

그래서 신라는 11월 왕족인 이찬 김춘추(김춘추는 대야성에서 사위 품석의 행실로 정치적으로 위축되어 있었다.)를 고구려에 보내(645)어 원군을 간청하였으나 연개소문은 오히려 김춘추를 구금하고 옛 한강의 고구려 영토를 반환할 것을 요구하였다. 이에 김춘추는 고구려의 요구를 수용하기로 하고 탈출하였으나 이내 신라는 고구려의 약속이행의 압박에 직면했다. 거기다 대중국 교섭 거점인 당항성 마저 함락 직전에 이르고 방어선이 경산까지 밀리게 되었다. 신라는 백제와 고구려로부터 양면 협공을 받아 존망의 기로에 서게 되었다. 이에 당은 고구려에게 신라는 우리에게 조공을 바치는 나라이니, 백제와 더불어 신라의 공격을 중지하라고 요구했다. 하지만 고구려 대막리지는 이를 거부하였다. 양국은 상호 파견한 사신들을 옥에 가두면서 분위기는 극도로 험악해졌다.

당은 640년 이후 서역지방의 공략이 끝나고 고구려를 침입할 수 있는 여력을 확보하게 되면서 전쟁의 시기만을 저울질하고 있었다. 당 태종의 전쟁 명분은 국왕을 시해한 연개소문을 응징한다는 것이었다. 하지만 전쟁의 주된 원인은 우선 당의 제국의 건설 야망이었다. 다음으로 같은 한족의 왕조인 수의 멸망에 대한 보복이었고, 마지막으로는 신라의 대당 원조 요청이었다. 이미 신라는 608년 제1차 고·수 전쟁 후 수에 고구려 침공을 위한 원병을 요청한 데 이어 643년에는 당에 군사를 요청하였다.

신라가 대당 외교를 강화하면서 고구려와 백제를 견제하자 고구려와 백제(왜)는 공동전선을 구축하여 신라의 기도를 저지하려 하였다. 따라서 6세기 중반의 동아시아는 또 한 번 남북 세력과 동서 세력의 대립양상이 나타나기 시작했다(십자외교).

〔 **당의 1차 침입** 〕 중국을 통일한 당은 당시 병농일치제인 부병제를 유지하면서 효율적으로 군사력을 유지하고 있었다. 하지만 고구려 역시 수 제국을 무너트린 실전 경험에다 천리장성을 위시한 새로운 방어시설이 증강되었던 만큼 당에 대해서도 자신감을 가지고 있었다. 고구려는 대성을 위주로 10만 여명의 기병과 20만에서 30만 명의 상비군을 확보하여 지역을 방위하도록 하였다. 당군이 성을 공격해 오면 민군이 성안에 농성하여 방어하면서, 인접한 성의 지원을 받아 측면을 공격하도록 계획했다. 수도인 평양을 중심으로도 5만에서 10만의 예비대를 포진시켰다.

제1차 고·당 전쟁은 645년 당군 10만이 동원되어 시작되었다. 이세적이 지휘하는 당군 주력은 4월 요하 북쪽의 통정진으로 우회 기동하여 고구려 군을 기만하고, 개모성과 전략적 요새인 요동성, 백암성을 차례로 점령하면서 남진하였다. 당시 개

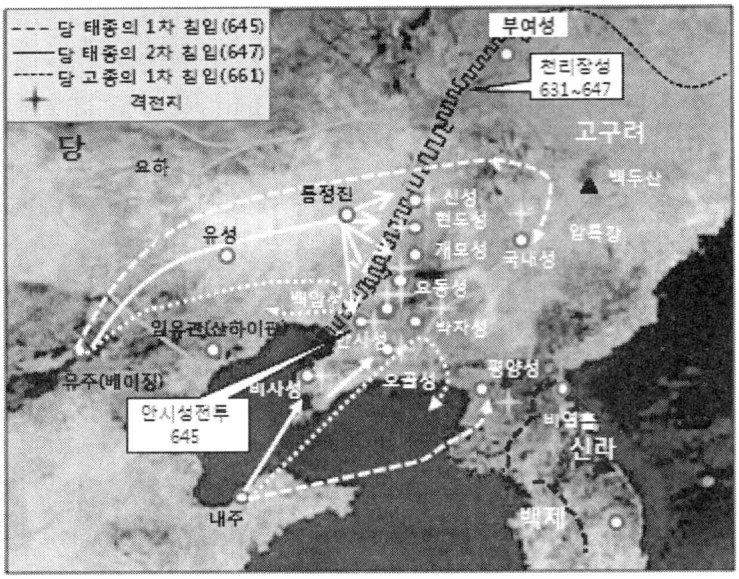

〈고구려와 당의 전쟁〉

모성은 10여 일간의 항전 끝에 패전하여 주민 2만 명이 포로가 되고, 10여 만석의 곡식을 당군에 탈취당하고 말았다. 당군이 안시성으로 향하자 고구려의 증원군인 고연수와 고혜진이 증원되었지만 당군의 유인전술에 걸려 궤멸되고 말았다. 한편 5월 초 요동반도의 비사성도 4만의 수군에게 공격받아 피탈되었다.

고구려의 기마 증원군을 격파한 당군은 8월 10일부터 본격적으로 안시성을 공격하였다. 당 군은 무차별적으로 안시성을 공격하였지만 고구려군은 성공적으로 방어해 내었다. 이에 당 태종은 60여 일 동안 연인원 50만 명을 동원하여 성 밖에 토산을 쌓았다. 토산이 완성되자 당 군은 성벽을 넘어 공격하려 하였으나 토산이 무너져 버렸다. 고구려군은 3일 동안의 격전을 통하여 토산을 확보하였다. 결국 당 태종은 동계가 다가오고 군량이 소진되자 9월 18일 전군에 철군을 명하였다(645). 이렇게 당의 고구려 1차 침입은 전쟁에 관해서 역사적 인물로 알려진 당 태종까지 직접 나섰지마는 전쟁은 소기의 목적을 달성하지 못하고 무산되었다.

〔 **당의 2차 침입** 〕 당군은 다음해인 647년(보장왕 6년)부터 제2차 침입을 개시했다. 이때는 대규모 부대의 운용에 따르는 실패를 교훈삼아 다양한 공격루트를 개발 소규모 부대를 우선 투입하여 전선의 불안을 조성한 다음 대군을 동원하여 수륙양면(이세적의 육군, 우진달의 수군)에서 공격하려는 계획이었다.

고·당의 제2차 전쟁은 647년 5월 당군 30만 명이 동원되어 변경 요란작전으로 시작되었다. 먼저 당의 육군이 북방의 변경지역인 남소성으로 진출하여 주변의 여러 성을 함락하고 초토화 시킨 후 중국으로 복귀하였다. 5월에는 수군이 해상으로 이동하여 요동반도에 대한 공격을 개시하였다. 이 지역에서 고구려 군을 격파한 당군은 자신들의 변방 교란 작전이 성공한 것으로 판단하고 귀국하였다. 648년에는 변경 요란작전의 2단계로 해상을 통해 압록강구로 진출하였다. 지역의 요새인 박지성을 두고 공방전이 전개되었다. 하지만 당 태종이 '고구려의 침공을 중지하라'는 유언을 남기고 사망(649) 함으로써, 고・당 전쟁은 일단 종료되었다.

당은 수차의 전쟁을 통하여 주변 이민족을 무력으로 굴복시켰다. 하지만 고구려만은 당의 뜻대로 굴복시키지 못했다. 당군은 결국 요동의 고구려 성 10여 개를 얻는 수준에서 전쟁을 마무리 지을 수밖에 없었다. 당은 전쟁의 여파로 전쟁을 주도했던 귀족들이 몰락하는 계기가 되었다. 고구려는 요동지역이 다시 당의 영토로 편입되고 영토가 축소되었다. 국토는 초토화되는 참화를 입었고 많은 인적・수행 하였다.

3 신라의 통일전쟁

① 7세기 신라의 고립과 나・당 동맹 결성

신라는 진흥왕(540～576)의 한강유역 확보(단양의 적성 확보, 관산성에서 백제 성왕 전사)로 중국과 직접 교섭하는 등 대외 진출에 물코를 텄지만, 한강 유역의 실함 당사자인 고구려와 백제로 부터는 강력한 압박을 받기 시작했다. 백제는 고구려가 수와 일진일퇴의 공방전을 벌이고 있을 때 신라에 대한 공세를 강화하고 있었다. 윤충의 1만 군사는 대야성을 비롯한 여러 성을 함락시키고 경산까지 진출하여 수도 경주를 압박했고, 신라의 당항성을 도모하려 했다. 또한 고구려도 신라의 청병외교(645)에 대하여 진흥왕이 가져간 한강 유역을 반환할 것을 요구하며, 당의 신라에 대한 충고를 받아들이지 않았다.

신라는 이미 진흥왕 때부터 화랑도를 국가적 조직으로 개편하고 인재를 양성하는 한편, 수와 당에 구원을 요청하였다. 수는 고구려와의 전쟁으로 멸망했고, 당 또한 고구려와의 2차에 걸친 전쟁에서 실패하여 스스로의 힘으로 고구려를 도모하는 것이 어렵다는 것을 잘 알고 있었다. 따라서 당도 고구려를 침략하기 위해서는 신라와의 군사적 협력이 절실하였다. 이해가 일치한 신라와 당은 나・당 동갱을 성립시켰다(651). 동맹 성립 이전에 김춘추는 이미 당 태종을 알현(648, 진덕여왕 2년)하고,

당과 신라가 고구려를 협공하고 대동강 이남의 땅을 인수하기로 합의하여 놓은 상태였다.

② 나 · 당 연합군의 백제 공격

나 · 당연합군은 660년 우선 국력이 약세 일로에 있는 백제를 먼저 공격했다. 신라군은 김유신이 5만의 병력으로 진천 - 보은 - 옥천 - 탄현(대전 동쪽)으로 진출한 이후 황산(黃山) 전투에서 계백이 이끄는 백제의 5,000 결사대를 궤멸시켰다. 이 전투로 인하여 신라군은 하루 늦은 7월 11일 당 군과 합류하였다.

바다로는 당군 소정방이 10만의 대군을 이끌고 덕물도(지금의 덕적도)에 도착한 후 백강(금강)에 상륙하여 사비성으로 향했다. 이후 나 · 당 연합군은 금강 하류 연안에서 백제군의 방어선을 돌파하고 수도인 사비성으로 진출하였다. 이전 백제는 기벌포와 탄현을 방어할 계책을 논의 하였으나 실기하고 말았다.

정치 질서가 무너지고 지배층의 향락으로 국가적 일체감이 사라진 백제는 이 전쟁으로 멸망하게 되었으며(사비성 함락, 660), 의자왕과 많은 귀족들은 당으로 끌려갔다. 백제가 멸망한 후 당은 이 지역에 웅진도독부(의자왕의 아들 부여 융을 웅진도독으로 임명)를 설치하여 통치하려 하자 백제의 각 지방에서는 부흥운동이 일어났다. 복신과 흑치상지, 승려 도침 등이 왕자 풍을 왕으로 추존(662)하고 주류성(전북 고창 등 여러 설이 있음)과 임존성(충남 예산) 등에서 부흥운동을 전개하였다. 이들은 한때 200여 성을 회복하고 웅진성과 사비성의 당군을 공격하면서 4년간 활동했으나, 나 · 당연합군에 의하여 제압되었다.

이때 왜의 수군이 백제를 지원하여 백강 일대에서 다시 한 번 나 · 당 연합 군과 백제 · 왜군 사이에 수전(663, 문무왕 3)이 전개되었으나 나 · 당 연합군의 승리로 종결되고 말았다(백촌강 전투 또는 백강구 전투, 백강 ; 금강 하류 또는 동진강). 이 백제의 많은 지식인들이 일본으로 진출하여 일본 문화가 한층 발전하는 계기가 되었다.

③ 나 · 당 연합군의 고구려 공격

백제를 멸망시킨 당은 이어 고구려의 요동과 압록강 그리고 평양 일대를 간헐적으로 공격했다. 당의 소정방이 661년 제1차로 평양성에 대한 공격을 단행하였으나 신라는 보급상의 문제로 인해 당과 연합공격에 실패하고 말았다. 고구려는 연개소문을 중심으로 굴하지 않고 계속 항전했다. 하지만 고구려는 연개소문 사후(666)에 내분에 휩싸이기 시작했다. 지배층은 권력 쟁탈에 혈안이 되었으며 국론은 분열되었고, 거란과 말갈은 당의 세력으로 복속되었다.

호기를 잡은 당군은 본격적인 고구려 침략을 시작하였다. 당 군은 요동의 신성을 함락한 이후 남소성, 목저성, 창암성 등을 깨트리고 평양 200 리 밖까지 도달했다. 신라도 한강에서 출발하여 평양성을 향하여 올라가던 중 당 군이 계절을 고려 철수하자 함께 철수했다.

다음 해인 668년, 당과 신라는 최후의 공격을 준비했다. 당군이 먼저 농안의 부여성을 함락했고, 요동의 당군은 압록강으로 집결하여 수군과 합세하여 평양으로 진출했다. 김유신의 신라군도 북으로 진출, 이세적의 당군과 연합하여 고구려를 협격했다. 분열된 고구려(연개소문의 큰 아들 남생이 지방에 순시 중인 틈을 이용하여 둘째 남건이 형의 아들을 죽이고 대막리지에 올랐다. 쫓기게 된 남생은 국내성 귀족과 함께 당에 투항하여 당군 공격 시 당군의 향도 역할, 연개소문 동생 연정토는 12성을 이끌고 신라로 투항)는 결국 한 달도 버티지 못하고 멸망하고 말았다(668). 이로써 동아시의 패자 고구려가 역사 속으로 사라지고, 결과적으로 요동 지역도 우리 역사에서 잃어버리는 결과를 초래하게 되었다.

당나라는 고구려를 멸망시킨 후 옛 땅에 안동도호부를 설치하여 지배를 강화하고, 20여 만 명의 고구려 백성을 당으로 끌고 갔다. 이때 보장왕의 서자 안승을 받든 검모잠과 고연무 등이 고구려 유민을 모아 한성(황해도 재령)과 오골성을 근거지로 하여 부흥운동을 전개하였다. 이들은 한때 평양을 탈환하고 신라의 도움을 받기도 하였으나, 안승이 검모잠을 살해하고 신라에 투항하면서 부흥운동은 실패하고 말았다. 신라는 금마저(익산)에 보덕국을 세우고 안승을 고구려왕으로 임명(674)하였다가 통일 후 폐지하였다.

4 나·당 전쟁과 삼한일통(三韓一統)

① 당의 한반도 지배 야욕과 나·당 전쟁

나·당 연합군이 고구려를 멸망시키면서 양 국은 갈등을 빚기 시작했다. 당이 신라를 이용하여 한반도의 백제와 고구려를 정복하고, 한반도 전체를 지배하려는 야심을 들어냈기 때문이다. 최초의 합의는 대동강이남 지역은 신라가 통제하는 것이었는데 당은 백제가 멸망할 때 1만의 병력을 사비성에 주둔시켰고, 의자왕의 아들 융을 웅진도독으로 삼아 신라에게 화친을 요구하게 하였다. 또한 당은 고구려 땅에 안동도호부를 설치하고는 신라에게 고구려로부터 이전에 빼앗은 성을 내놓으라고 요구했다. 더욱이 경주에는 계림도독부를 두고 신라 귀족의 분열을 획책하였다.

상황이 이렇게 진행되자 신라 문무왕은 당에 항의하고, 백제와 고구려 유민(遺民)들의 부흥운동을 배후에서 지원하며 당군을 공격하는 정면 대응책을 구사했다. 670년 3월, 고구려 유민군 1만 명과 신라 군대 1만 명이 압록강을 건너 옥골에 위치한 당 군을 선제공격 했다. 이로서 나·당 전쟁이 개시되었다. 전투 결과는 신라가 패하여 백성(대동강 하류이남)까지 밀리게 되지만 이때부터 신라는 당과 7년간의 한반도의 운명을 건 대격전을 치르게 된다.

이즈음 당은 서역에서 토번(吐蕃)이 동요하며 실크로드를 공격하자 토번 지역에 병력을 투입하기 위해 한반도로부터 주력을 철수해 갔다. 따라서 상황은 신라에게 유리하게 전개되었다. 신라는 670년 백제지역 웅진도독부의 55개성을 쳐서 당군을 축출하고, 671년 사비 인근의 석성에서 당군을 또 한 차례 격파했다. 당의 설인귀(薛仁貴)는 수군을 거느리고 백제지역으로 향하였으나 도중에 신라 수군에게 격파당했다. 이로써 옛 백제의 영토를 완전히 회복했다.

671년 당군과 말갈군이 압록강을 넘어와 672년 7월에 평양을 점령한 다음, 곧이어 8월에는 한시성과 마읍성을 점령하면서 신라를 위협했다. 674년 초 당 고종은 신라가 고구려 부흥군을 배후에서 지원하고, 백제의 옛 땅을 차지해버렸다고 하여 문무왕 대신하여 그의 아우 김인문(金仁問)을 신라왕으로 삼고 수십만의 군대를 보내 신라를 치게 했다. 675년 9월에 설인귀가 신라의 숙위학생(宿衛學生) 풍운을 앞세워 임진강까지 남하하여 천성에 쳐들어왔으나 신라군에게 크게 패하였다.

그해 9월말, 당은 이근행을 총사령관으로 하는 20만 말갈군을 육로로 이동하여 매초성(買肖城, 경기도 연천)에 주둔케 하고 총력을 기울여 신라에 대한 공세를 취했다. 하지만 설인귀의 수군이 신라군에 패하여 보급선이 붕괴되면서 매초성은 고립되었다. 이때 신라군의 대대적인 반격으로 매초성의 당군은 궤멸되고 말았다. 이 전투에서 김유신의 아들 김원술이 포함된 신라군은 군마 3만 380마리와 3만여 명분의 무기를 노획하는 전과를 거두었다.(중국 사학자들은 매초성 전투에서 신라군의 승리를 인정하지 않고 있다. 당군이 토번의 발호로 인하여 자진 철수했을 가능성과 아울러 신랑의 대승이었음에도 불구하고 한국 측 기록의 부실한 점과 중국 측 사료에 패전 지휘관의 처벌 사실 기록이 보이지 않음을 이유로 든다.)

당군과 신라군은 그 후에도 대소의 전투를 벌였다. 마지막 전투는 676년 11월, 신라의 후방을 기습하려던 설인귀의 수군과 기벌포 앞바다에서 벌어졌다. 여기서도 신라 수군이 일방적인 승리를 달성하면서 나당전쟁은 종료되었다. 결국 신라는 당나라의 안동도호부를 요동으로, 웅진도독부를 건안성(지금의 개평)으로 한반도에서 완전히 밀어내고 임진강에서 함경남도 원산만 까지를 연결하는 삼국통일의 위업을 달성할 수 있었다.

② 삼국통일의 의의

신라의 삼국통일은 수와 당이라는 외세를 이용하여 대동강에서 원산만을 경계로 한 이남의 땅을 차지하는 한계성을 지니고 있다. 하지만 신라는 당의 세력을 한반도에서 몰아내고 한반도의 영토를 지켜낸 자주적 성격을 유지했으며, 이후 고구려 백제의 백성과 문화를 수용하여 민족문화 발전의 토대를 마련하였다. 사실 당시는 지금과 같은 민족적 개념이 정립되지 않은 시기로 신라는 한반도를 통합하여 이후 민족이라는 울타리를 제공했다고 평가해야 할 것이다. 신라는 지리적으로 불리한 상황을 극복하고 내치와 화랑도를 통한 인재양성 등을 통하여 위기에서 국력을 신장시키면서 통일을 달성하는 저력을 보여주었다.

5. 삼국통일의 원동력 화랑도[5)]

〈화랑 상(김경승 작)〉

화랑도는 신라시대 '화랑'을 우두머리로 하는 청소년 수련단체였다. 여기서 화랑이라는 용어는 '꽃처럼 아름다운 남성'을 의미한다. 화랑도는 별칭으로 국선도(國仙徒), 풍월도(風月徒), 원화도(源花徒), 풍류도(風流徒) 등 다양한 이름으로 불리기도 했다.

『삼국유사』에 화랑도를 "무리를 뽑아 그들에게 효제(孝悌)와 충신을 가르쳐 나라를 다스리는 데 대요(大要)로 삼는다."라고 기술 된 바와 같이 화랑도는 국가 동량을 양성하기 위해 엄격한 규율을 바탕으로 강한 군사훈련을 수련하고, 관리가 되기 위해서 학문적 소양을 닦는 동시에 청소년들이 서로 사교하면서 교양을 닦는 일종의 청소년 무사 및 교육 집단이었다.

신라는 진흥왕 33년(572) 대 국력이 신장되고 인접 국가의 위협이 가중되던 시기였다. 따라서 기존의 화랑도를 재정비하여 운용함으로써 국가가 필요로 하는 인재를 지속적으로 보충할 필요가 있었다. 이후 신라 사회의 군과 정치의 중추로 성장한 화랑도는 신라가 삼국통일을 달성하는데 크나큰 원동력이 되었다. 물론 삼국이 항쟁하던 시기 화랑도와 같은 유사한 단체는 신라뿐만이 아니라 고구려에도 존재했던 것으로 파악되고 있다. 경당(扃堂)이라고 하는 단체가 바로 그것인데, 화랑도와 마찬가지로 경당에서 미혼 청년들이 도의를 닦고 무술을 연마하였다.

---

5) 이도학, 1990, 「신라 화랑도의 기원과 전개과정」, 『정신문화연구』 13-1, 정신문화연구원
이종욱, 1996, 「신라 중고시대의 화랑도」, 『성곡논총』 제27집, 성곡학술문화재단
조범환, 2008, 「신라 중고기 낭도와 화랑」, 『한국고대사연구』 52, 한국고대사학회
주보돈, 1997, 「신라 화랑도 연구의 현황과 과제」, 『啓明史學』 8.
네이버 지식백과

1 화랑도의 성립과 구성

① 화랑도의 기원

화랑도의 기원에 대해서는 삼한 시대의 소도제단(蘇塗祭壇)의 무사(武士)들이 화랑도화 하였다는 설과 고조선 고유 신앙단에서 연유하였다는 설, 원시 미성년 집회에서 연유(인류학적 고찰)하여 진흥왕 때 재편성 되었다는 설 등이 있으나 정설로 확인된 사항은 없다. 따라서 화랑도는 우리의 고유 신앙 및 정신세계를 바탕으로 성장한 전래의 청소년 조직에다가 국력 확장기 통일 전쟁을 위한 인재 양성의 현실적 문제 해결을 위해 국가 지원 아래 창설된 청소년을 대상으로 하는 특수 목적 집단이었다고 정의 할 수 있다.

② 화랑도의 성립과 발전

화랑도가 성립할 당시 신라의 대외적 상황은 국운 융성과 국가 위기가 교차하는 시기였다. 신라는 내물왕 시기부터 고구려의 남진정책으로 위축되어 있었다. 여기에 왜군 토벌 시 광개토대왕의 지원으로 신라에 대한 고구려의 영향력이 거세진 상황이었다. 신라는 이를 극복하기위해 대내적으로는 법흥왕의 제도정비에 이어 대외적으로는 진흥왕(540~576)의 영토 확장 정책이 실시되었다. 신라는 결국 백제를 따돌리고 고구려로부터 한강 유역을 독차지 하였다. 이렇게 신라는 진흥왕 때 한강 유역을 선점함으로써 바야흐로 국운 상승의 계기를 만들어 냈다.

하지만 백제 또한 일시 회복했던 한강유역을 신라에 상실하고 성왕마저 전사하여 절치부심하는 상태로 신라에 대한 공격을 강화 하고 있었다. 따라서 신라는 한강유역을 차지하면서 중국 대륙과 직접 교섭할 수 있는 지리적 이점을 획득하였지만 고구려와 백제 양국의 군사적 압력에 직면하고 있었다. 기회이자 위기였던 것이다.

이러한 국내외적 상황에 따라 신라는 국세가 신장되면서 참신하고도 젊은 인재가 지속적으로 보충되어야 할 시점에 이르렀다. 진흥왕은 이러한 신라의 상황을 직시하고 인재 양성을 위한 목적으로 민간에서 운용되던 화랑도를 주목하고 이를 국가적 차원으로 정비하기 시작했다.

당시 신라가 화랑도 제정을 서두른 것은 군 병력 보충과, 장기적으로는 이를 통해 국가가 필요로 하는 인재를 양성하기 위해서였다. 화랑도는 이처럼 급박한 신라사회에서 인재를 양성한다는 교육기관의 임무를 띠고 출발한 제도였다. 하지만 화랑도가 법률로서 제정된 정식적인 국가의 공교육 기관은 아니었다. 화랑도는 정확히는 반관반민(半官半民)적 성격을 띠는 조직체였다

화랑도의 공식적인 최초의 기록은 『삼국사기』에 진흥왕 562년 조에 "화랑 사다함이 대야성 공격에 큰 공을 세웠다"고 기록한 대목이다. 화랑도는 진흥왕 대 창설로부터 삼국통일이 완성된 문무왕에 이르는 약 1세기 동안 활발하게 활동하였다. 삼국 통일의 중차대한 시기에 강한 무사도 정신으로 국난을 극복하고 사회를 안정시키는 데 필요한 인재 풀(Pool) 역할을 담당하였다. 하지만 통일신라 기 사회가 안정되고 전쟁의 소요가 적어지자 차츰 쇠퇴하여 갔으며 그 명맥은 통일신라 멸망 시 까지 유지되었다.

화랑은 처음에는 '원화(源花)'라 하여 남모・준정의 두 여인을 택하여 이들을 중심으로 300여 명으로 조직하였다. 하지만 두 사람이 서로 질투하는 폐단이 생겨 이 원화제도를 폐지하였다. 두 원화는 서로 시기하다가 준정이 남모를 유인하여 억지로 술을 권해 취하게 한 뒤 강물에 던져 죽여 버렸다. 이 사건으로 준정도 사형에 처해지고, 원화는 해산된 것이다 이후 귀족 출신의 외양이 잘생기고 품행이 곧은 남자를 뽑아 곱게 단장하여 이름을 화랑이라 하여 받들게 하였다. 화랑은 화판(花判) · 선랑(仙郎) · 국선(國仙) · 풍월주(風月主) 등으로 불리기도 한다. 초대 화랑은 설원랑이라 전해지고 있다

③ 화랑도의 신분과 구성

화랑의 신분은 물론 귀족의 자제였다. 화랑이 되기 위해서는 낭도의 추대와 국가의 임명이 필요로 하였다. 화랑은 청소년기(15~16세)에 가입하였고 현재의 군사지휘관과 유사하게 낭도를 지휘하였다. 이때 국가에서는 낭도에게는 의복, 식량, 무기 등 생활과 지휘에 필요한 물자와 장비를 제공하였다.

화랑도의 초기 조직은 미미했으나 신라의 국방 정책에 따라 화랑도를 관에서 운영하게 되었다. 화랑도의 총지도자에 국선(國仙 : 源花・花主)을 두고 그 밑에 화랑이 있어 각 문호(編隊)를 편성하여 담당하도록 하였다 화랑도의 총 지휘자인 국선은 전국에 1명, 화랑은 보통 진골 귀족 3~8명이었고, 화랑이 거느리는 각 문호의 낭도는

수백에서 수천에 이르기도 했다. 김대문은 『花郎世記 화랑세기』 에 역대 화랑이 총 200명에 이른다고 했다.

낭도는 화랑을 따르는 무리로 승려낭도와 일반낭도로 구분되어 진다. 승려낭도는 하나의 화랑도가 만들어질 때 화랑이 고문 역할 정도로 초빙하는 제도였다. 승려낭도는 화랑을 보좌하는 위치에 있어 연장자로 임명하였고, 지휘권은 없어 오늘날의 참모 조직과 유사하였다. 일반낭도는 신분을 불문하고 화랑에게 혈연에 관계없이 자원하여 낭도가 되었으며(낭도의 신분 구성에 대하여서는 논란이 있음), 풍류황권(화랑도 단체의 소속 명부로 이 책에서 명단이 삭제되면 화랑도를 탈퇴한 것으로 연구되었다)에 등재하여 낭도의 지위를 획득했다. 이들은 전투 시에는 화랑의 지휘를 받아 전투에 참가하여 오늘날의 전투원과 같은 역할을 담당하였다. 『삼국사기』 와 『삼국유사』 에 기록되어 있는 대표적인 화랑은 사다함, 김유신, 죽지랑, 기파랑 등이 있다.

☞ 사다함(斯多含) : 진흥왕이 이찬 이사부로 하여금 가야를 정벌(562)하도록 명했다. 이때 사다함이 15~16세의 나이로 왕의 반대에도 불구하고 아버지 이사부를 라 종군하였다. 그는 국경 근처에서 기병 5,000명을 이끌고 기습 공격하여 대가야를 멸망시키는 데 공을 세웠다. 이 공으로 포로로 잡은 가야인 300명을 받았으나 곧 놓아주어 양인이 되게 했다.

☞ 김유신 : 가야국 김수로왕의 12대 손이다. 증조할아버지는 532년(법흥왕 19) 신라에 투항한 금관가야의 구해왕(仇亥王)이며 아버지는 대량주도독을 지낸 서현이다. 어머니는 지증왕의 증손녀이자 갈문왕 입종의 손녀이며 숙흘종의 딸 만명이다.

김유신은 고구려 백제와의 전쟁에서 혁혁한 전공을 세웠으며 삼극통일의 중추적 역할을 담당하였다. 또한 김춘추에게는 동생 문희(문명왕후)를 시집보냈고, 654년 진덕여왕이 후사 없이 사망하자 김춘추를 왕(태종무열왕)으르 추대하였다.

2 화랑도의 신조와 교육

① 화랑도의 사상과 신조

화랑도의 신조는 당시 생불이라 칭송되던 원광법사가 창안한 세속오계(世俗五戒)였다. 원광법사는 진흥왕~진평왕 때의 고승으로 진(陳)나라에서 유학한 후 귀국해서 경남 청도군 가실사에 머무르면서 세속오계(또는 화랑오계)를 만들었다. 원광법사는 중국에 파병을 위한 외교문서(걸사표)를 작성한 일화로도 유명한 인물이다. 따라서 세속오계는 불교적 사상체계에서 탄생하였고, 유교적 덕목을 더하여서 전장의 수칙을 반영한 계율이었다. 세속오계의 구체적 내용과 각 항목의 바탕 배경은 다음과 같다.

사군이충(事君以忠) : 임금을 섬김에 충으로 한다(국가, 충성).
사친이효(事親以孝) : 부모를 섬김에 효로써 한다(부모, 효도).
교우이신(交友以信) : 친구를 신으로써 사귄다(친구, 신의와 동기애).
임전무퇴(臨戰無退) : 전장에 임하여 물러남이 없다(전장, 용맹과 명예).
살생유택(殺生有擇) : 산 것을 죽임에 가려서 하라(생명, 자비와 생명존중).

② 화랑도의 교육

화랑도의 교육 내용은 『삼국사기』와 임신석기석(壬申誓記石)을 보면 대략 이해할 수 있다. 여기서 확인할 수 있는 교육목표는 군사로부터 관리 소양교육까지 전인교육이었다. 군사교육 측면에서로 체력단련 및 전국 지형지물을 숙지하고, 도덕 교육으로는 인격수양과 정서를 함양하며, 관리 소양교육으로 유학 교재를 공부하였다. 종교는 유교, 불교, 도교 등에 관한 사항 들이 망라되어 교육되었다.

『삼국사기』에서는 "혹 도의(道義)로써 연마하고, 노래와 음악을 즐겼는데, 산과 들에서 놀고 즐기니 멀리 이르지 않는 곳이 없었다."라고 하여 서로 도의를 연마하고 노래와 음악을 즐김으로 해서 인격을 수양했다. 또한 "산과 들, 물에서 놀고 즐겼다"함으로 해서 군사적 입장에서 볼 때 지상과 수상에서의 훈련을 했을 것으로 보인다. 또한 여기서 즐김의 유(遊)자가 유격(遊擊)훈련의 유자인 것으로 보아, 현재의 유격훈련과 유사한 체력과 담력을 기르는 훈련을 했다고 보아야 할 것이다. 그리고

〈임신서기석(경주 박물관)〉

"멀리 이르지 않는 곳이 없음" 이라고 하여 군사적 관점에서 볼 때 전국을 순회하면서 요충지에 대한 파악과 거점 성에 대한 제원과 지형지물을 숙지함으로써 유사시 활용할 수 있는 지형 안을 배양했던 것으로 보인다.

임신서기석에서는 두 화랑이 "심미년 7월 22일 크게 맹세 하였다. 시(詩)와 『尙書 상서』, 『禮記 예기』, 『春秋傳 춘추전』을 3년 간 차례로 공부할 것을 맹세하였다."라고 기록되어 있다. 이로써 화랑은 관리가 되는 자질을 함양하기 위해 역사와 제도 그리고 한시 등을 공부한 것을 알 수 있다.

화랑은 이뿐만이 아니라 약 3년 동안 명산대천을 순례하면서 무예뿐만이 아니라 노래와 춤까지 연마하여 그야말로 전인교육을 실천하였다.

☞ 사서오경(四書五經) : 유교의 경전인 『논어』, 『맹자』, 『중용』, 『대학』과 더불어 다섯 가지 경서인 『시경』, 『서경』, 『주역』, 『예기』, 『춘추』 말한다.

☞ 임신서기석 : 신라 소년 둘이 자신의 장래를 결정하고, 계약의 바위를 찾아 가 그곳에서 돌 하나를 주어 그들이 약속한 사연을 기록했다. 1935년 당시 경주보통학교 교장이던 일본인이 금장대에 소풍갔다가 발견했다.

"임신년 6월 14일에 두 사람이 같이 빌고 적으며 하늘에 맹세한다. 지금부터 3년 이후 충도를 지키고 과실 이 없기를 빈다. 만약 이 약속이 지켜지지 않을 때는 하늘이 큰 벌을 내릴 것을 다짐한다. 또한 만약 나라가 불안하고 난세가 되더라도 이 약속은 반드시 행할 것을 맹세한다. 또 앞서 신미년(辛未年) 7월 22일에 크게 빌었듯이 시(詩)·상서(尙書)·예기(禮記)·전(傳)을 차례로 배워 익힐 것을 맹서하되 3년 안에 완료하기로 맹세한다."

☞ 화랑의 사례

1. 황산벌 전투의 관창과 반굴 : 660년(태종무열왕 7) 신라군은 김유신을 비롯해 그의 아우인 흠순과 품일(品日) 등이 지휘하고 있었다. 하지만 황산벌 전투에서 계백 장군에게 고전하자 품일과 김흠순은 신라군의 사기를 드높이기 위해 각기 아들인 화랑 관창과 반굴을 전사하게 하여 백제군을 격파했다.
2. 석문 전투의 원술 : 김유신은 672년(문무왕 12)에 그의 아들 원술(元述)이 석문전투(황해도 서흥)에서 당과 싸워 패하고 돌아오자, 왕명을 욕되게 하고 가훈을 저버렸다 하여 아들을 죽일 것을 왕에게 탄원 했다. 비록 원술은 왕의 비호로 목숨을 구했으나 이후 아버지를 볼 수 없었으며, 아버지가 죽은 뒤에 어머니를 만나려 했으나 끝내 어머니의 허락을 얻지 못했다.

3 화랑도의 기능과 의의

① 화랑도의 기능

화랑도는 신라사회의 팽창기에 필요한 인재를 양성하면서 귀족과 평민의 사회 통합 기능을 수행하였다. 화랑도에 대하여 김대문은 『화랑세기』 에서 "어진 보필자(賢佐))와 충신이 이로부터 나왔으며, 훌륭한 장수(良將)와 용졸(勇卒)이 이로부터 생겼다."고 하였다. 따라서 신라는 국력이 팽창하고 있는 도전의 시기에 화랑도를 유지함으로써 능력 있고 유능한 인재를 지속적으로 충원할 수 있는 안정적인 인력 양성 제도로 활용되었다.

또한 화랑도는 신라 사회의 골품제의 제한된 신분사회에서 귀족과 평민이 통합될 수 있는 구심체 역할을 수행해 내었다. 즉 일반 평민도 신분에 관계없이 일반낭도의 지위를 갖출 수 있어 상호 계층 간에 소통과 완충작용을 할 수 있었다. 일반낭도가 화랑도의 무리로서 활동할 때는 사회적 신분의 관계보다는 화랑도라는 단체로 생활하고, 이후 화랑도를 떠난 이후에도 화랑의 생활과 개념이 유지되었다. 따라서 화랑도는 신라 사회의 혈연을 매개로한 특유의 신분제인 골품제의 모순을 다소나마 완화시키면서 사회통합의 기능을 수행했다고 볼 수 있다.

② 화랑도의 의의

화랑도는 문무를 겸비한 인재를 양성했다. 화랑도는 신라 팽창기에 인재 양성의 소임을 담당하여 지속적인 국가 발전의 동력을 제공할 수 있었다. 또한 화랑도는 신라 사회의 신분적 한계를 극복하고 전 신분계층이 일체감을 형성하는 역할을 수행하여 국민 대통합을 이었다. 이로서 신라는 국가 대업을 달성할 수 있었다.

하지만 화랑도는 신라 말기인 9세기에 들어 왕권이 약해지고 귀족세력이 득세하면서 귀족들의 사병집단으로 전락해 갔다. 이때부터는 화랑이라 하지 않고 선랑, 국선 등으로 불렸다. 이 전통이 고려시대로 이어져 팔관회에서 춤추는 사람을 선랑, 국선은 충렬왕이후 양반의 군역을 의미하게 되었고, 조선 시대에는 남자 무당을 화랑이라 칭하였다. 따라서 화랑의 기능은 시대를 내려오면서 그 전통이 변질되어 갔음을 알 수 있다.

하지만 화랑도는 인재양성과 사회 통합의 기능으로 신라의 국운을 상승시키고 삼국통일이라는 민족적 쾌거를 이룰 수 있는 원동력이었다. 이러한 신라 화랑도의 국가의 안전과 민족 수호를 위한 무사도(武士道) 정신은 고려와 조선을 거쳐 전승되면서 현대에 이르러 다시 한국 고유의 전통적 상무정신으로 자리메김하고 있다.

6. 영토 개척사[6)]

영토는 한 국가의 통치권이 미칠 수 있는 영역으로 협의로는 육지와 섬 등의 토지로써 성립하고 광의로는 영해와 영공도 포함한다. 대한민국 헌법 제3조에 "대한민국의 영토는 한반도와 그 부속 도서로 한다."고 규정하고 있다. 이는 국가의 구성 3요소인 국민, 주권과 함께 영토의 범위를 명기한 것이다.

현재 우리의 영토는 헌법에 명시된 바와 같이 한반도의 북한을 포함하는 지역으로 북으로는 압록강과 두만강을 경계(최북단 함경북도 온성군 유포진의 북위 43°1′)로 하여 중국 및 러시아와 국경을 하고 있고, 남으로는 제주도 남쪽의 마라도(북위 33°06′)를 포함한다. 또한 극서(동경 124°11′)로는 평안북도 용천군에 속하는 섬 마안도이고, 극동으로는 울릉도 동쪽의 독도(동경 131°52′)이다. 현재 우리의 영토 총면적은 22만1000㎢이며, 부속도서는 제주도를 포함하여 약 3,300개이다.

현대에 이르러 우리의 영토 개념은 우리의 고토였던 요동과 만주 일대에 대한 인식이 사라져 가고 있는 반면, 인접 국가들과는 독도, 이어도, 대마도 및 간도와 백두산 등에 대한 연고권 갈등을 빚고 있거나 조짐을 보이고 있다. 따라서 우리 강토에 대한 정확한 역사적 인식은 장차 우리 역사를 바로 알고 영토를 수호 하는 밑바탕이 될 것이다.

영토는 국력의 향배에 따라 변화한다. 우리의 영토도 고조선으로부터 현대에 이르기까지 긴 역사의 소용돌이 속에서 변화를 거듭해 왔다. 당초 우리의 역사 무대는 현재 중국의 요령을 중심으로 한 동북지방이었다. 고조선 이래 고구려와 발해까지는 이곳을 주 활동무대로 하여 활동하였으며, 요동과 만주를 실함한 고려시대 이후에는 현재와 같이 한반도 내로 영토가 한정되었다.

물론 약육강식(弱肉强食)의 국제무대에서 지금의 강토마저 아무런 대가없이 그냥 얻은 것이 아니었다. 우리 민족의 영토사는 요동을 놓고 중국 및 북방 민족과 벌인 투쟁의 역사였다. 중국의 한(漢)족이나 북방의 유목 민족이 통일되어 강성할 때는 요동과 만주를 내주었고, 그들이 분열하거나 다툴 때는 우리 한(韓) 민족이 요동과

6) 안주섭 외, 2006, 『영토한국사』, 소나무
한영우, 1997, 『다시 찾는 우리 역사』, 경세원
동북아역사재단 홈페이지 〈동북아의 역사이슈〉

만주를 통제했다. 즉 그들의 분열과 통일이 우리 영토의 변수였다. 또한 남쪽으로는 일본과 다투었다. 일본은 고대에는 한반도의 아류국이었으나 차츰 국력을 성장해 가면서 대륙으로 방향을 전환해 왔다. 그럼 시대별로 우리의 강역은 어디까지였고, 어떤 노력을 경주하며 영토를 경략했는지 알아보자.

1 상 · 고대의 영토

① 고조선의 영토

우리나라 최초의 국가인 고조선의 영토를 정확히 확정한다는 것은 쉬운 문제가 아니다. 이 역사적 작업은 시대적으로 너무 오래 되었을 뿐만 아니라 사료의 부족과 왜곡된 사관의 문제로 인하여 상당한 제한을 받는다. 더욱이 옛 영토라는 것이 지금과 같이 정확히 그어진 것도 아니었다. 따라서 고조선의 강역은 주로 고고학적 자료를 이용하여 그 강역을 비정하고 있다. 고조선 당시의 청동기 문화인 고인돌의 분포지와 미송리식 토기, 비파형 동검 등의 출토지역이 고조선의 강역으로 추정된다. 이로 보아 고조선의 강역은 요하 일대로부터 한반도의 북부 지역이 해당된다.

또한 단편적이지만 고대의 사서를 통해 대략적인 영토를 가늠 해 볼 수 있다. 하지만 사서에서는 '패수(浿水)를 경계로 했다.'하여 패수를 어디로 볼 것인가에 따라 고조선의 강역은 심하게 변동하게 된다. 패수의 위치는 하북성의 난하 설(초기 고조선의 위치), 대릉하 설(청동기 문화권 연계), 요하 설(안정복), 심지어는 청천강 설(일제 식민사학자) 등이 있다. 이는 평양의 위치 이동설과도 연계된 문제이기도 하다. 왜냐하면 평양이라는 지명이 시대적으로 동으로 이동하면서 여러 곳에서 나타나기 때문이다. 이 패수라고 하는 명칭은 우리 고대사에 고유명사가 아닌 보통명사로서 외부 세력과 대결하는 국경 지역의 강(변경의 강)을 이름 하지 않았나 하는 의견이 대두되고 있다. 이 패수 변경설을 받아들이자면 고조선이 점차 동쪽으로 이동하여 지금의 평양에 이르렀다는 설이 타당성을 얻게 된다.

이와는 새롭게 요즈음 북한은 고조선의 평양 중심설을 주장하면서 평양에서 요동과 만주로 진출해 나갔다고 주장한다. 하지만 이는 학문적 타당성보다는 정치적 의도가 엿보이는 대목이다.

기원전 2333년 건국한 고조선은 요하 지역에서 발전하여 주변을 통합하면서 발전했다. 기원전 4세기경인 중국의 전국시대에는 요동지역을 복속하면서 영토대국으로 성장하였다. 이때의 위치는 대략 서쪽으로는 요하, 동쪽으로는 동해안, 북쪽으로는 부여지역, 남쪽으로는 한강 일대였다. 당시 중국인들이 '교만하고 잔인하다'고 표현할 정도로 강력한 국가체제를 갖추었다.

고조선은 전국시대에 동쪽으로 영토를 확장해 오는 중국의 연과 요하에서 정면 대결하게 되었고, 이것이 우리 민족과 중국 세력이 최초로 대결하는 것이기도 했다. 이 요하 일대는 고조선 이후 고구려가 차지하여 우리 민족은 이 지역에 연고권을 가지게 되었고, 이를 근거로 여러 차례 요동 정벌을 단행하였다.

고조선은 기원전 4세기에서 3세기경 요하를 경계로 연과 대립하고 있었다. 이때 연의 진개가 고조선 지역을 침범하여 고조선의 땅 2천여 리를 잠식해왔다. 이는 요하로부터 만번한(滿潘汗 ; 요동의 어니하 및 그와 합류한 청하의 하류 지역에서 동북으로 성수산을 잇는 선을 중심으로 한 지역 일대) 즉 요동반도의 천산일대에 이르는 지역으로써 고조선은 이때부터는 요동반도에서 연과 대치하게 되었다. 이때 연은 요하로부터 천산일대의 고조선 지역을 관리하기위해 요동군을 설치했다. 요동은 동북아의 패권의 향방을 좌우하는 전략적 요충지였다. 고대 역사에서 요동을 차지하는 국가가 동북아의 패권을 잡을 수 있었다.

전국시대의 중국이 진(秦)으로 통일 되면서 진은 연이 설치한 요동군을 접수하고 천산을 넘어 고조선 영역으로 진출했다. 하지만 진은 관리를 파견하지 못하였고 급속히 붕괴되기 시작했다. 진을 30년 만에 무너트린 진승의 난을 계기로 고조선은 다시 영토를 회복해 나갔다.

진과 한이 교체되는 시기에 연 지역을 관리하고 있던 제후 노관이 한의 중앙집권 정책에 반기를 들고 흉노에 망명(기원전 195)하면서 이 지역은 걷잡을 수 없는 혼란에 빠져들었다. 이때 노관의 부관이던 위만도 조선으로 부의하였다. 이후 조선 변경을 수비하던 위만은 정변을 일으켜 위만조선을 건국하였다. 고조선은 이후 철기문화로 무장하고 활발한 정복사업을 진행했다. 압록강 유역의 진번, 개마고원 동쪽의 임둔, 동옥저 지역을 복속하였고, 동쪽으로도 일부 영토를 확장하여 영토가 사방 수천리에 이르러 재 부흥의 시기를 맞이했다.

고조선은 중앙정치조직을 갖추면서 한과 동방(예)와 남방(진)의 중계 무역으로 이익을 독차지하고 한과 대립하였다. 고조선과 흉노의 외교적 유착을 우려한 한 무제는 고조선을 회유하기위해 기원전 109년 섭하를 보냈으나 섭하가 오히려 고조선의 관리를 살해하여 외교적 타협은 힘들게 되었다. 이후 한 무제가 섭하에게 요동의 군사권을 주어 조선을 위협하니 고조선은 군대를 보내 섭하를 제거해 버렸다.

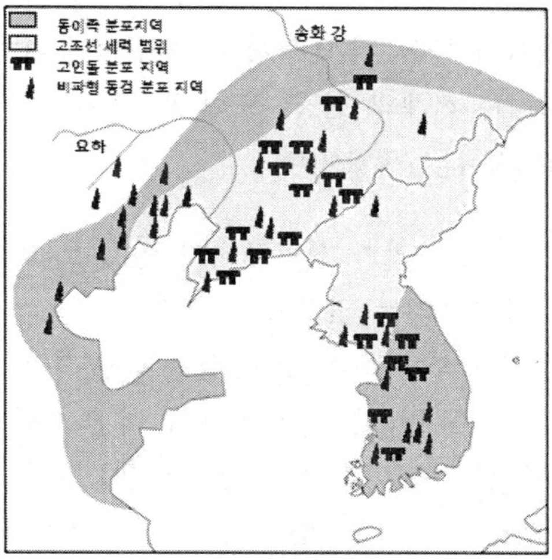

〈고조선의 세력도〉

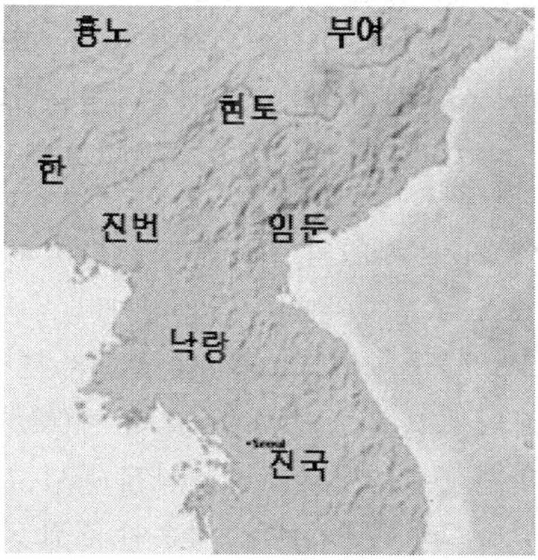

〈한사군의 대략적인 위치〉

결국 양국은 외교적 교섭은 파탄에 이르렀고 전쟁에 돌입하였다. 한은 기원전 109년 육로와 수로로 고조선을 공격했다. 고조선은 1년 여간 이를 잘 수비했으나 이듬해 한의 2차 침입으로 고조선 내부 지도층의 분열이 일어났다. 고조선은 한의 공격에 왕이 살해당하고 수도인 왕검성이 무너지면서 멸망하고 말았다(기원전 108).

이때 한은 고조선의 영토에 4개의 군을 설치하였으니 이들이 바로 낙랑군, 현도군, 임둔군, 진번군이었다(한사군의 위치에 관하여 만주로부터 한반도 남단까지 여러 설이 있다). 한사군의 설치로 인하여 한반도 북부가 한의 수중에 들어갔지만 토착민들은 이들을 받아들이지 않았다. 토착민의 완강한 저항으로 인하여 기원전 82년에는 임둔군이 낙랑군에 통합되고, 진번군도 현도군에 통합되었다. 7년 후에는 현도군마저도 압록강 중류에서 요동지역으로 축출되었다. 다만 낙랑군만이 약 400여년 동안 대동강 일대에서 잔류하게 되었다.

고조선의 멸망에 따른 요하지역의 실함은 2,000년을 이어온 민족의 터전을 잃어버리는 결과를 초래했다. 하지만 우리 민족은 계속 저항하여 한사군을 밀어내고 이후 고구려가 요동을 탈환하였고 대동강변의 낙랑군을 축출하였다.

☞ 고조선의 중심지로 다음 세 가지 학설이 주목된다.

가. 재요령설: 비파형동검의 분포지 주목, 실학자와 민족사학자 주장

나. 재평양설: 낙랑 유적지 중시, 고려시대이래 통설, 식민사학자, 북한학계 주장

다. 이동설: 비파형동검과 세형동검의 시간차, 진개의 침공. 또한 평양이라는 지명이 세군데 있다. 요서, 요동 그리고 지금의 평양이다.

☞ 옛 기자(箕子)의 후예인 조선후(朝鮮侯)는 주(周)나라가 쇠약해지자 연(燕)나라가 스스로 높여 왕(王)이라 칭하고 동쪽으로 침략하려는 것을 보고, 조선후도 스스로 왕호를 칭하고 군사를 일으켜 연나라와 대항해 싸우며 주 왕실을 받들려 하였으나, 그(조선)의 대부(大夫) 예(禮)가 간하여 중지하였다. 그리하여 예를 서쪽에 파견하여 연나라를 설득하게 하니 연나라도 전쟁을 멈추고 (조선을) 침공하지 않았다. 그 뒤 (조선의) 자손이 점점 교만하고 포악해지자, 연은 장군 진개(秦開)를 파견하여 (조선의) 서쪽 지방을 침공하고, 2천여 리의 땅을 빼앗아 만번한(滿番汗)에 이르는 지역을 경계로 삼으니, 마침내 조선의 세력은 약화되었다.

『三國志 삼국지』 동이전 한조에 인용된 위략

☞ 위만조선과 한나라의 전쟁 : (이때는) 한(漢) 효혜제, 여태후의 시대로, 천하가 처음으로 안정되니, 요동 태수는 위만을 외신으로 삼을 것을 약속하였다.…(중략)…이로서 위만은 군사의 위세와 재물을 얻게 되어 그 주변의 소국들을 침략하여 항복시키니, 진번, 임둔도 모두와 복속 그 영역이 사방 수 천리였다. 손자 우거에 이르러 유인해 낸 한나라 망명자들의 수가 대단히 많아지자 천자에게 입현치 않았고, 주변의 여러 나라들이 천자에게 알현하지 못하도록 했다.

원봉(元封) 2년 (천자는)…(중략)…우거를 토벌케 하였다. 우거는 군사를 일으켜 험한 곳에서 대항하였다.…(중략)…원봉 3년 니계상(尼谿相) 삼(參)이 사람을 시켜 우거를 죽이고 항복했으나, 왕검성은 함락되지 않았다. 죽은 우거의 대신 성이

(成已)가 한에 반란을 일으켜 공격했다. 좌장군은 우거의 아들 장항(長降)과 상(相) 노인(路人)의 아들 최(最)로 그 백성을 달래고, 성이를 죽이게 했다. 이로써 드디어 조선을 평정하고 사군(四郡)을 설치하였다.…(중략)…좌장군을 불러들여 공을 다투고 서로 시기해 계획을 어긋나게 한 죄로 기시(棄市)하였다. 누선장군 역시 제멋대로 군사를 풀어 많은 병사들을 잃었으므로, 주살함이 마땅하나, 속전(贖錢)을 받고 서인으로 삼았다.…(중략)…결국 양군이 함께 욕을 당하고 장수로 열후된 사람이 없었다.

『사기』

② 고구려의 영토회복

고조선이 해체되면서 지도층을 비롯한 일부는 한반도 주변으로 이동하여 진한 지역의 발전을 촉진하였다. 고조선이 옛 영토에는 부여, 고구려, 동예, 옥저 등의 새로운 나라들이 발전하게 되었고, 한반도 남부의 진한(삼한)도 발전하였다. 이 중 부여 계통인 고구려는 졸본(환런) 지방에서 건국(서기전 37)하여 국내성(집안)으로 이동했다. 고구려는 이어 한나라가 설치한 한사군을 축출함과 동시에 북방 민족과의 대결을 통해 강력한 영토국가로 성장해 나갔다.

〈고구려의 전성기〉

태조왕은 서쪽 만주지방으로 세력을 확장해 나갔고, 동쪽으로는 옥저를 복속하고 남쪽으로는 청천강까지 이르렀다. 이후 고구려는 3세기 중국에서 한이 멸망하면서 위·촉·오의 분열기에 위(魏)와 국경을 맞대게 되었다. 고구려는 동천왕 때 압록강 하구의 서안평(서안평은 중국과 낙랑을 연결하는 요충지)을 공격하여 함락시켰다(242). 위기를 느낀 위는 관구검을 보내 고구려를 침략했다(244, 동천왕 18년). 이때 고구려는 환도성(국내성 부근)이 함락되고, 동천왕은 개마고원과 황초령을 넘어 동해안 책성까지 피난을 가야만 하는 국가적 위기를 맞이하기도 했다.

3세기 후반 위가 멸망하고 진(晉)이 들어섰다. 4세기 초부터 북방민족인 5호 16국의 침입을 받아 낙랑군과 대방군이 와해되어갔다. 이러한 중국의 혼란한 틈을 이용하여 고구려는 대외팽창을 시도하였다. 미천왕 때는 현도군(302)을 공격했고, 서안평(311)을 점령했다. 또한 낙랑군(313)과 대방군(314)을 축출하고 대동강 일대까지 진출했다. 이로서 고구려는 한반도 일원의 외족 세력을 완전히 축출하게 되었고, 요동을 도모할 수 있는 교두보를 마련할 수 있었다.

고구려는 4세기 중엽(5호 16국 시대)에 선비족인 모용부와 국경을 대치하게 되었다. 고구려는 계속 영토 확장을 통하여 현도성을 점령하고(316) 전진해 나갔다. 선비족은 국호를 전연(前燕)이라 칭하고, 모용황이 고구려를 침략(342) 궁궐을 불태우고 고국원왕의 생모와 5만의 포로를 잡아갔다. 이로 인해 지금까지 확보했던 요동의 영토를 상실하는 결과를 초래하고 말았다. 설상가상으로 백제 근초고왕의 공격을 받아 평양성이 함락되고 고국원왕이 전사하는 상황에 이르기도 했다. 하지만 소수림왕(371~384)이 내치에 힘쓰면서 위기를 극복하고 4세기에는 북방세력과 대결하였다.

4세기 후반 전연이 멸망하면서 후연이 건국되었다. 고구려는 18세의 젊은 왕인 광개토대왕이 등극(392)하면서 다시 대규모 정복사업을 진행했다. 위대한 정복군주인 광개토대왕은 만주에서는 후연을 복속(398)하고 요동반도로 진출했다. 이어 광개토대왕은 후연의 침공을 격퇴하고 요하를 넘어 대릉하까지 진출했다(400). 또한 숙신과 농안으로 이동한 동부여를 굴복시켰다(410). 서북쪽으로는 거란을 공격하여 내몽고 동북부까지 영향력을 확대하였다. 이제 고구려는 중국과 북방 세력을 일소하고 요동과 만주일대를 차지하며 동아시아 최대의 영토 강국으로 부상하게 되었다. 이는 고조선 이래 잃어 버렸던 요동과 만주 일대를 다시 찾은 쾌거였다.

또한 광개토대왕은 남쪽으로 백제를 쳐서 한강 유역까지 영토를 확장하고, 왜구를 낙동강유역에서 격파하는 성과를 올리기도 했다. 이러한 영토군주의 위업은 중국 길림성 집안에 있는 광개토대왕비에 기록되어 있으며, 왜와의 전투는 호우명 그릇에서 확인할 수 있다.

이어 장수왕 때는 평양천도(427)도 등 남진정책을 추진하여 백제의 한성을 함락시키면서 한강유역을 완전히 점령하고, 아산만에서 죽령, 영덕을 잇는 대제국을 건설하였다. 문자명왕 때는 부여를 복속하고 가장 넓은 영토를 확보하면서 고조선의 영토를 대부분 회복하였다.

③ 백제와 신라의 영토 확장과 해외경략

고구려가 요동과 북방으로 영토를 확장하였다면 백제는 서남부와 바다로, 신라는 한강과 동북쪽으로 영토를 확장해 나갔다. 백제는 초기에는 한강이북의 낙랑으로부터 침략을 받고 마한에게 조공을 바치는 입장이었다. 하지만 4세기 근초고왕 때 이르러 서남부로 적극적인 경략을 시작 3국 중 가장 먼저 전성기를 구가했다.

백제는 근초고왕(346～375) 때 금강을 남하하여 노령산맥 이북을 확보하고(364). 천안에서 익산지방으로 이동한 마한을 정복했다(369). 이후 하동과 창원으로 진출하여 왜와 교역로를 확보한 다음, 방향을 서쪽으로 전환하여 강진과 해남, 나주 그리고 전남 해안 지역의 소국들을 복속해 나갔다.

이렇게 4세기 말까지 마한과 전남일대의 지역을 석권한 백제는 5세기에 이르러 바다 건너 현제의 제주도인 탐라국을 공략 복속시켰다(476). 탐라가 조공을 끊어버리자 동성왕은 직접 정벌에 나섰고, 정벌군이 진군하자 탐라는 재 복속을 자진해왔다. 이로서 탐라는 한반도와 한 영토가 되었고, 탐라에 속한 이어도(마라도에서 149km 이격한 수중 섬)도 우리 영토로 편입되었다.

백제는 바다를 통한 해상 활동이 활발한 국가였다. 근초고왕 때 일본과 해상 교역로를 열고 경제적 이득을 얻었다. 해상 활동에는 가야지방의 연맹왕국들도 가담하여 무역활동을 전개했다(일본 학자들은 백제서기를 인용하여 일본이 임나일본부라는 통치기관을 설치하고 한반도를 통치했다는 임나일본부설을 주장을 한다).

백제는 또한 해상 활동을 통해 중국의 요서와 산동을 경략하였다. 요서지방에는 요서군을 설치하고 고구려의 진출에 대비하였고, 산둥지방에는 상인들이 진출하여 중국과의 무역 전진기지로 활용했다.

이 지역은 예로부터 동이족이 거주하는 지역으로 어느 정도의 인종적, 문화적 동질성도 가지고 있는 지역이었다. 중국 사서에도 "백제 근초고왕의 태자가 서해를 건너 요서 지역과 북경이남 지역을 경략하여 요서와 진평의 두 군을 두었고, 근수구왕 때는 산동 지방으로 원정하여 강소와 절강지역에 여러 군현을 세웠다."라고 기록되어 있다(이는 중국 사료로 중국 측 학자들은 이 사실을 부정하고 한국 측 학자들 일부는 이 사료를 인정하고 있다).

한편 신라는 한반도의 제일 서남부에 위치하여 선진문화를 흡수하는 대는 지리적으로 불리한 위치에 놓여 있었다. 하지만 신라는 진흥왕(540~576) 때 한강 유역을 차지하여 국가발전의 전기를 마련하고, 화랑도를 국가조직으로 만들어 인재를 양성하여 통일의 여건을 조성하였다. 영토 확장에 주력한 진흥왕은 한강유역과 더불어 동해안을 타고 북상하여 568년 함경도의 황초령과 마운령에 도달하여 기념비를 세웠다.

이 과정에서 신라는 동해의 울릉도를 복속했다. 당시 울릉도는 우산국이라 불렸으며, 한반도나 일본의 통제를 받지 않고 독립적인 생활을 하고 있었다. 신라 이사부가 나무로 만든 사자를 이용하는 기지로 우산국을 복속시켰다(512, 지증왕 12). 이로써 동해도 한반도의 통제 하에 들어오게 되었으며, 울릉도와 지근거리에 있는 독도도 한반도의 영토로 편입되게 되었다.

☞ 백제가 중국에 진출했음을 기록한 중국 측 사서

백제국은 본래 구려(고구려)와 함께 요동의 동쪽 1,000여리에 있었다. 그 후에 고려가 요동을 차지하니, 백제는 요서를 차치하였다. 백제가 통치한 곳을 진평군(진평현)이라 한다. 『宋書 송서』

처음 백가로서 바다를 건넜다하여 백제라 한다. 진대(晉代)에 구려(고구려)가 이미 요동을 차지하니 백제 역서 요서, 진평 두 군을 차지하였다.

『通典 통전』

④ 신라의 삼국통일과 대동강 이북 상실

6세기 신라의 영토 확장 정책은 고구려와 백제에 심대한 타격을 입혔다. 고구려의 남진정책은 수포로 돌아갔고, 백제는 한강을 내주면서 신라에 주도권을 상실했다. 이에 따라 고구려와 백제는 신라에 대한 공세를 강화하기 시작했고, 신라 또한 양국의 공세에 따라 내치에 힘쓰면서 외교적 타개책을 모색하였다.

한편 중국에서는 5세기 들어 위진 남북조 시대가 수에 의하여 통일 되었다(589). 위협을 느낀 북방민족의 돌궐과 고구려, 백제 등이 세력을 규합하였고, 고구려와 수는 4차례의 전쟁을 치렀다. 특히 수는 제 2차 침입에서 113만 대군을 투입하고도 을지문덕에게 패배하였다. 결국 수는 지나친 외정으로 멸망했고, 고구려는 요동과 만주를 굳건히 지탱할 수 있었다.

수를 이어 중국을 통일한 당도 초기에는 고구려와 유화정책을 추진했다. 하지만 내치가 안정되자 고구려를 침략하기 시작, 당은 고구려에 대하여 2차의 원정을 단행했다. 당태종은 1차 침입인 644년 수로와 육로를 통하여 고구려에 대한 대대적인 공세에 돌입하였다. 고구려는 천리장성의 개모성, 요동성, 백암성 등이 차례로 무너지면서 요동 지역을 피탈당하고 많은 인원들이 포로로 잡혀갔지만 한반도 북방을 견고하게 지켜냈고, 당태종은 안시성 싸움에서 결국 승리하지 못하고 철수했다. 당 군은 647년(보장왕 6년)부터 제2차 침입을 단행하여 고구려는 요동을 상실했다.

이때 신라는 백제의 공격에 대야성을 상실하고(642) 당항성이 위험에 처했다. 위기에 처한 신라는 648년 김춘추를 당에 파견하여 당태종의 백제 공격 지원을 이끌어 냈다. 태종의 대를 이은 당 고종은 나·당 동맹을 체결하고 동맹군을 결성하였다. 당은 소정방이 13만 대군을 이끌고 백제를 침략(660)하였고, 신라는 김유신과 김춘추가 5만의 군사를 이끌고 백제로 향했다. 계백의 5,000천 결사대가 김유신에게 황산벌에서 붕괴되면서 백제는 순식간에 붕괴되었다. 백제를 멸망시킨 나·당연합군의 이제 고구려로 향했다.

고구려는 연개소문을 중심으로 일치단결하여 결사항전의 태세를 갖추었다. 당은 수시로 요동과 압록강 일대를 간헐적으로 공격했고, 신라는 군량을 지원했다. 하지만 연개소문이 사망(665년 추정)한 뒤 고구려에 내분이 일어나고 거란과 말갈족의 대부분이 당에 복속되어 요동방어선이 약화되었다. 이 틈을 이용 나·당연합군이 공격했다(667). 1차 공략은 기후와 보급의 문제로 실패하고 다음해 나·당 연합군은 재차 공격을 개시 고구려를 멸망시켰다.

당은 백제와 고구려의 옛 영토에 군정기관인 도독(호)부를 설치하고 지배력을 강화했다. 급기야 신라까지 속국으로 칭한 당은 옛 고구려 땅까지 내놓으라고 위협했고, 결국 양국은 전쟁에 돌입했다. 신라는 고구려와 백제의 유민들을 모아 백제 지역부터 탈환하고(670), 평양으로 공격 방향을 전환하였다. 신라는 먼저 1만 명의 병력으로 압록강을 건너 옥골의 당 군과 격돌하였다(670). 결국 신라는 서역의 토번

문제로 병력이 양분된 당 군을 매초성과 기벌포 해전에서 격파했다. 당은 676년 안동도호부를 평양에서 요동으로 철수시킴으로 해서 신라는 7년여의 나・당 전쟁을 승리로 이끌고 삼국 통일을 달성했다. 나당전쟁 직후 신라가 확보한 지역은 황해도 임진강 이북에서 멸악산맥 이남을 연하여 동해안 영흥만 최남단의 철관성(비열흘) 일대까지였다. 하지만 당은 신라가 당태종과 협의했던 대동강에서 원산 만까지(정평)의 영토는 100여년 후(735)에 인정해 준다.

신라의 당에 대한 승리는 사실 절반의 승리였다. 한반도 전체에 대한 중국의 지배를 불식시키고 민족문화를 전승 수 있는 여건을 마련한 것은 민족사적 쾌거였으나, 대동강에서 원산 만에 이르는 한반도의 북쪽과 요동 및 만주의 고구려 옛 영토 대부분을 상실한 것은 민족의 영토 대부분을 상실하는 결과를 초래하는 것이었다.

⑤ 남북국 시대의 만주 회복

신라와 함께 고구려를 멸망시킨 당은 고구려의 영토를 지배하게 되었지만 곧이어 고구려 유민의 부흥운동에 시달리게 되었다. 더욱이 고비 사막의 돌궐이 부흥하여 당을 압박했고, 이어 거란족이 돌궐의 지원을 받아 대릉하 상류의 영주를 공격하면서 요서 지역은 다시 동요하기 시작했다.

이때 고구려 계통의 대조영과 말갈의 걸사비우 집단이 당의 영향에서 벗어나 동쪽으로 이동해 갔다. 대조영은 추격해오는 당 군을 길림성 입구인 천문령에서 격파했다. 고구려가 멸망한 30년 만인 698년, 대조영은 목단강 유역의 동모산에서 발해를 건국하였다. 이로부터 한민족은 한반도의 신라와 함께 만주의 발해가 200년의 남북국시대를 열게 된다. 발해는 우리나라 문헌에서는 이승휴의 『제왕운기』 에서 처음 언급되었고, '남북국시대'라는 용어가 최초로 언급된 곳은 실학자인 유득공의 『발해고』 였다.

발해는 대조영을 비롯한 지배층이 고구려인들로 역대 왕들은 고구려왕을 자처했다. 대조영도 고구려 성씨로 고구려계를 자처했다. 이로서 고구려가 잃어버렸던 동만주의 일대의 영토가 다시 한민족의 영역으로 돌아왔다. 발해는 대조영부터 영토 확장을 시작하여 부족단위의 말갈인들이 거주하는 휘발하 유역, 백두산 북쪽, 함경북도 서북쪽 등을 영토로 편입시켰다(일부 민족주의 학자들은 요동도 발해의 영토로 보고 있다). 대조영의 뒤를 이은 무왕도 8세기 북쪽의 송화강 하류 일대와 흑룡강 일대를 모두 영토로 삼고 요동으로 진출하여 당이 고구려계 유민들을 회유하기위해 세운 소고구려국을 흡수하였다.

이때 신라도 이때 영토회복을 위하여 북쪽으로 진출을 모색하고 있었지만 발해와의 직접적인 대결은 없었다(발해와 신라 중간인 함경도에 말갈족 거주로 직접대결이 없었다). 그러나 733년 발해에 공격당한 당은 신라에게 발해공격을 요청했고, 신라는 출병하여 평양을 거쳐 압록강으로 이동하다가 대설로 인하여 발해와 정면대결 없이 철수하였다. 이로 인해 신라는 당으로부터 대동강 이남의 영유권을 정식적으로 인정받았다(735). 이후 신라와 발해는 서쪽의 대동강과 동쪽의 이하선을 연하여 국경이 형성되었고 신라도를 형성하여 상호 교류하였다.

〈남북국 시대의 형세도〉

발해는 9세기 초에 접어들어 고구려의 옛 영토를 대부분 회복하는 전성기를 구가하게 되었으며 이때의 발해를 해동성국이라 했다. 하지만 그간 발해 발전의 기반으로 작용했던 당과 돌궐이 멸망하면서부터 발해의 위치가 흔들렸다. 당 멸망이후 5대 10국의 혼란기가 지속되면서 야율아보기의 거란이 흥기했다.

거란은 서방 정벌이 완료되자 발해를 겨냥했고, 요동을 공략(925)한 후 발해를 공격해 왔다. 발해군은 농안에서 거란군을 맞이하여 싸웠으나 패배(926)하고, 수도인 홀안성도 곧이어 함락되어 멸망하고 말았다. 거란은 홀안성에 동단국을 세웠으나 발해 유민의 저항으로 동단국의 수도를 요양으로 천도(927)했다. 발해 유민은 이후 후발해를 세워 저항했다. 또한 10세기 중엽에는 압록강 중류에도 발해 유민들이 정안국을 세웠으나 거란의 공격으로 후발해와 함께 역사에서 사라졌다(985).

발해의 멸망으로 인하여 만주는 한민족의 역사무대에서 멀어졌으나 만주 지역에서는 발해의 문화가 오랜 기간 동안 지속되고, 이후 발해의 유민들이 대규모로 의식을 같이하는 고려로 귀의하였다. 이로써 고구려의 후신을 자처하는 고려는 발해의 정통성을 흡수하게 되었다.

☞ 대조영 : 발해 말갈의 대조영은 본래 고구려의 별종이다. 고구려가 망하자 대조영은 그 무리를 이끌고 영조로 이사했다. …(중략)…대조영은 드디어 그 무리를 이끌고 동쪽 계루의 옛 땅으로 들어가 동모산을 거점으로 하여 성을 쌓고 거주하였다. 대조영은 용맹하고 병사 다루기를 자하였으므로 말갈의 무리와 고구려의 남은 무리가 점차 그에게 들어갔다.

『舊唐書 구당서』

2 고려의 영토 개척

① 고려 초기

고려는 918년 송악(개성)에서 개국했다. 이후 후백제와의 투쟁을 마무리 지으면서(936) 약 50여 년간의 한반도 내분을 종료시켰다. 황해도 호족 출신인 왕건은 국호를 고구려를 계승한다는 뜻으로 고려라 했다. 이는 왕건이 지리적으로 고구려 지역 출신이라는 연고성과 더불어 고구려의 영토회복에 대한 강한 의지를 엿볼 수 있는 대목이다.

왕건은 즉위 즉시 영토 회복에 착수했다. 당이 멸망하고 5호 16국의 혼란한 시기와 발해의 퇴조를 호기로 고구려의 수도였던 평양으로 진출하여 서경으로 삼고, 북진정책의 발판으로 삼았다. 이후 왕건은 안북부(안주)에 성을 쌓고 청천강을 확보했다. 왕건은 이 지역에 거주하던 서여진(이전의 말갈, 백두산-동해안변에서 이북으로는 동여진)을 축출하고 청천강, 대령강, 구룡강 일대를 확보 태주-박주 선에 성을 쌓았다. 이후 청천강 이북으로의 진출은 정종과 광종 대에 이루어졌다.

〔 **강동 6주** 〕 순조롭게 북방으로 영토를 확장하던 상황은 동북아에 거란이 등장하면서 달라지기 시작했다. 요하 상류에 건국한 거란은 발해를 멸망(926)시키고, 동진정책을 실시하여 북진정책을 펼치는 고려와 충돌하게 된 것이다. 친 발해 정책을 펼

쳤던 왕건은 거란에 대한 시선이 고울 리 없었다. 고려는 거란이 보낸 사신을 귀양 보내고 낙타를 만부교 다리 밑에서 굶겨 죽였다. 이 만부교 사건으로 고려와 거란은 국교가 단절되었고, 이로부터 40년 후 거란은 고려를 침공하였다.

거란은 송을 정벌하기 위해 배후인 고려를 먼저 도모한다는 전략으로 침공했고(993), 고려・거란 전쟁은 3차에 걸쳐 30년간 지속되었다. 고려는 이를 예견하고 정종 때 광군(光軍)을 조직하기도 했다. 993년 제1차 침공 시 총사령관 소손녕은 거란이 고구려 후예라고 주장하면서 고려의 한반도 서북부 영토 확장은 거란 영토에 대한 강점이라고 주장했다. 이때 고려 조정은 항복론과 청천강 이북 할지론 등이 거론되었다. 하지만 서희가 소손녕과 외교적 담판으로 이 외환을 막아내었다.

서희는 소손녕과의 담판에서 압록강 일원의 여진족을 축출하고 나면 고려가 거란과 통교할 것이라고 제의했고, 소손녕은 이 제의를 받아들였다. 이리하여 거란은 철수하고 양국은 압록강을 사이에 두고 성을 구축하고 교통로를 구축하기로 했다.

이 회담으로 고려는 압록강 이남의 땅 280여 리를 얻었고, 여기에 흥화(의주), 용주(용천), 통주(선천), 철주(철산), 귀주(귀성), 곽주(곽산)의 강동 6주를 설치했다. 이는 영토사적으로는 고려가 거란에게 고구려 계승의 연고권을 내세워 고구려의 내강이었던 압록강에 도달한 것으로 커다란 국제적 의미를 가진다고 할 수 있다. 하지만 거란은 이 강동 6주에 대한 계속적인 반환을 요구하며 제2차(1011), 3차의 침입을 단행했고, 제3차 침입 때 귀주에서 강감찬에게 대패(1019)를 당했다.

〔 **9성** 〕 이어 고려는 거란과의 전쟁을 통하여 북방의 변경을 효과적으로 방어할 수 있는 수단으로 천리장성을 구축하였다. 1033년 축조되기 시작한 천리장성은 12년 후인 1044년 완성되었다. 이는 압록강 하구의 서해안에서 평로진과 영원 그리고 동해안의 도련포를 잇는 선이었다. 천리장성의 구축으로 동북부의 경계는 통일신라의 원산 만에서 130년 만에 도련포로 북상시킬 수 있었다.

고려는 천리장성 축조 후 적극적인 귀순정책을 시행하여 동여진의 3,208호를 받아들였다. 하지만 여진 부족 세력 간에 갈등이 발생했고, 이때 하얼빈 지역의 완안부(후에 금 건국)의 오아속이 진출하여 귀순주(함흥에서 두만강까지의 동해안 변)를 석권하는 사태가 발생하자 고려는 여진에 대한 강경책을 구사하기 시작했다. 고려는 1104년 별무반(기병, 보병, 승군으로 편성되고 전 신분층으로 구성된 17만 명)을 편성하고 윤관을 도원수로 하여 천리장성 이북의 함흥지방에 대한 정벌을 단행하여 5천여 명을 죽이고 5천여 명을 포로로 잡았다.

〈윤관 9성의 위치〉

윤관은 점령 지역에 함주, 영주, 웅주 길주, 복주, 의주, 동태진, 숭녕진, 공험진을 설치하고 이를 9성이라 했다. 이중 가장 북쪽은 공험진이 위치하고 있었다. 공험진은 현재 간도의 수분하 상류의 노송령으로 추정되고 있다. 하지만 9성의 위치에 대해서는 논란이 있다(이유는 9성의 설치 시와 돌려줄 때 9성의 명칭이 다르고, 일본 학자들이 9성의 위치를 함흥평야 일대로 추정하여 발표했기 때문이다).

고려는 바로 사민정책을 실시하여 9성에 약 6만 9천여 호의 주민을 이주시켰다. 하지만 근거지를 빼앗긴 여진은 계속 공격하여 왔고 길주와 공성진이 함락되기도 했다. 윤관이 재차 출병하였으나 별 소득이 없자 고려 조정은 1109년 성을 여진에 돌려주고 주민을 철수시켜 버렸다. 여진은 이후 우야소의 아우 아쿠타에 의해 강성해져 금(金)을 세워(1115), 거란을 멸망시키고(1125) 송의 황제를 잡아갔다(1127).

이후 강동 6주를 설치할 때 압록강 이남 임에도 불구하고 거란이 통제했던 보주(지금의 의주, 당시에는 압록강을 넘어 개경에 도달하는 최단거리 통로 지점이다.)도 거란과 금의 교체기에 신속히 점령하고, 금으로부터 소유권을 인정받아, 압록강 하류의 이남은 이때부터 고려의 영토로 편입 되었다.

1135년에 고려에서는 정지상, 평양 승려 묘청 등을 중심으로 수도를 평양(서경)으로 옮기고, 송이나 금과 대등하게 황제를 칭하고 금을 정벌하자는 북진정책을 강화하고자 했다. 하지만 김부식 등의 개경파 유신들이 이를 가로 막았다. 이에 묘청은 서경에 대위국을 세우고 대항했으나 김부식 등에게 1년도 못되어 진압되고 말았다. 이때 김부식 등이 묘청 등의 모험주의를 경계하면서 편찬한 것이 『삼국사기』 였다. 근세에 신채호는 이 묘청의 난을 우리 고유의 낭가사상이 유교사상에 패한 "조선 역사상 1천년 내 제1대 사건"이라 평가하면서 애석해 했다. 이때부터 민족주의가 쇠퇴했다고 판단했던 것이다.

☞ 9성 논쟁 : 윤관이 설치한 가장 북쪽의 성은 공험진 이었다. 『고려사』 에는 '공험진은 선춘령에 위치하고 있는데, 윤관은 선춘령에 비석을 세우고 여진과 경계로 삼았다.'고 했다. 윤관은 선춘령에 고려지경(高麗之境)이라는 비석을 세워 여진과 경계를 삼았다. 그러나 일제 식민사학자들은 "윤관이 진흥왕의 황초령 순수비를 조작하여 함흥평야의 연고권을 주장하였다'고 하면서 9성이 함흥평야에 설치되었다"고 했다. 하지만 그 이후 340리 나 더 북쪽에 있는 진흥왕의 마운령비가 발견되어 일본인 학자들의 주장은 무력화 되었다.

〈척경입비도, 여진족정벌 후 윤관 등이 국경비 건립(17세기 민화)〉

또한 고려가 당시 설치한 귀순주 자체가 이미 두만강에 다다랐었고, 고려의 17만 명이 함흥평야만을 정복하려고 출병한 것은 무리가 있다고 보아야 할 것이다. 또한 고려는 사민정책으로 6만 9천여 호를 이주시켰다고 했는데 함흥평야에만 그 많은 인구를 수용하기에는 너무 협소하다.

정작 고려와 조선 시대 국제사회는 공험진의 위치를 '두망강 북쪽 700리'에 위치하고 있었다고 인식하고 있었다. 그리하여 고려와 조선은 명과의 국경분쟁에서 이 사실을 논리로 내세워 두만강으로 국경을 확정지을 수 있었다.

② 원의 침략

13세기에 들어서 금이 쇠퇴하고 원(元)이 등장하면서 북방은 또 한 번 요동쳤다. 원에 쫓긴 금군이 고려의 강동성에 들어오자 원군과 고려는 협공하여 금군을 함락시키면서 고려와 원이 처음 접촉했고, 고려는 공물을 원에 보냈다. 하지만 원의 사신 저고여가 귀국 도중 암살당하자 원은 이를 고려 침략의 구실로 삼았다. 몽고 침략은 1231년부터 1259년까지 6차에 걸쳐 진행되었으며 약 40 년간 항쟁했다.

몽고와의 전쟁과 원의 간섭기에 국토의 많은 부분이 상실되었다. 북쪽으로는 자비령과 철령 이북 그리고 제주도를 몽고에 빼앗겼다. 원은 자비령 이북에는 동녕부(서경, 1270~1290), 철령 이북에는 쌍성총관부(동해안 화주, 1258~1356), 제주도에는 탐라총관부(1273~1294)를 설치하여 직할령으로 삼았다. 이로서 고려의 영토는 신라의 삼국통일 시기와 비슷하게 축소되었다. 하지만 몽고와의 관계가 개선되면서 자비령 이북은 20년 후인 1290년에 되찾았다. 제주도도 곧 돌려주었다가 묵호의 난(1362)으로 직할령으로 다시 전환되었으나 곧 돌려받았다.

③ 공민왕의 북진정책

14세기에 들어서면서 강성하던 원도 쇠퇴하기 시작했다. 당시 고려의 공민왕은 중국의 원(元)·명(明) 교체기에 원의 지배에서 벗어나기 위한 반명자주정책을 수립했다. 우선 원과의 연락 기관이던 정동행성을 철폐하고, 잃어버린 영토를 탈환하기 위한 북진정책을 시행하였다.

〈공민왕의 영토수복〉

1356년 공민왕은 부원파인 기철 일당을 소탕하기 위해 압록강을 건너 요양에 이르는 동파점을 점령하고, 쌍성총관부를 탈환하기 위해 유인우를 화주로 파병했다. 쌍성총관부를 공격할 때 이자춘은 고려군을 도와 큰 공을 세웠고, 탈출한 조소생은 만주에서 원의 잔여 세력을 끌어들여 쌍성총관부를 공격하였다. 이때 이성계가 원을 격퇴하고 동북부 국경선을 북상시켰다.

이로서 1364년 고려의 동북부 국경선은 마천령에서 길주 일대에 이르게 되었다. 바로 이 길주가 이후 조선시대 두만강 일대에 6진을 설치하는 기반을 제공하였다. 또한 길주와 강계의 중간인 갑산(갑주)을 확보하여(1391), 고려의 북방 영토선은 동으로부터 강계-갑주-길주로 이어졌다.

명이 건국(1368)한 이래 명과 고려 사이에는 몽고가 차지했던 지역을 두고 영토 문제가 발발했다. 명은 기존 원 지역(자비령과 철령 이북 지역)을 지배하기위해 철령위를 설치했고, 고려는 명의 조치에 대해 외교적 해결을 원했으나 무위로 끝나고 말았다. 결국 고려는 1,370년 이성계로 하여금 동북면에서 황초령을 넘어 압록강 중류의 우라 산성을 공격시켰다. 이성계는 동년 8월에는 압록강을 넘어 동녕부를 정복하고, '요하 이동은 우리 강역'이라 하여 주민 2천 3백 호를 귀환시켰다. 이후 최영 등은 요동정벌을 주장하여 또 한 차례 이성계에게 10만 군대를 편성하도록 하여 요동으로 출병시켰다. 하지만 이성계는 압록강의 위화도에서 4불가론을 들어 철수했고, 곧이어 조선을 개창했다.

3 조선의 영토 회복과 간도 상실

① 명과의 영토 분쟁

조선은 1392년 개창되었다. 조선은 명과 친선정책을 추진하였지만 영토문제 만큼은 양보하지 않았다. 요동을 차지하려는 명의 영토 확장 정책에 맞서 조선도 북진정책을 추진하였다. 명이 조선에서 보낸 외교문서를 트집 잡아 북벌정책을 주도한 정도전을 명으로 압송하라고 으름장을 놓았고, 조선도 요동정벌을 단행을 계획하여 양국은 첨예하게 대립했다. 그러나 이방원이 일으킨 1차 왕자의 난으로 정책 추진자인 태조가 물러나고 정도전이 주살되면서 양국의 관계가 호전되었다.

하지만 명의 정복군주로 알려진 성조(베트남 정복, 정화의 항해)가 즉위(1402)하면서 다시 영토분쟁이 시작되었다. 명은 압록강과 두만강 일대의 여진을 통치하기 위하여 건주위(建州衛)를 설치하고, 여진인들의 조선 입공을 금지했다. 1403년에는 명이 압록강의 지류인 파저강에 건주본위를 설치하였고, 두만강 일대까지 통치하려 하였다. 사태가 여기에 이르자 조선의 태종은 고려실록에서 윤관이 여진을 정벌하고 공험진에 선춘령비(두만강 북쪽)를 세운 사실을 들어 영토분쟁의 논리를 준비했다. 또한 여진에 대한 물질적 공세를 감행하는 회유책으로 명의 세력으로 변하는 것을 막았다. 결국 명은 공험진 이남이 조선에 귀속된다는 조선의 주장에 동의하게 되었으며 이후로 별다른 영토분쟁은 없었다.

② 세종의 영토회복

명은 성조 이후에는 재정적 부담으로 인하여 대외 팽창에 한계에 다다랐다. 역으로 조선은 기회였다. 세종은 보다 근본적인 북방 개척을 위한 대책을 수립하였다. 발호하는 여진족을 토벌하면서 국경을 확장하기위해 압록강 상류에는 최윤덕을, 두만강 일대에는 김종서를 보내 대대적인 여진 정벌을 단행 4군 6진을 개척했다.

고려 말 조선 초의 국경은 의주에서 강계와 갑산, 길주를 연하는 선이었다. 최윤덕은 강계 북방에 우예(1433), 자성(1433), 무창(1430) 등의 3군을 설치하고 태종 때 설치한 여연군과 더불어 4군을 완성했다. 두만강 일대의 6진은 김종서에 의하여 설치되었다. 갑산과 길주를 전초기지로 하여 두만강 일대의 여진족을 축출하고, 경원도호부(1434), 회령 도호부(1435), 종성 도호부(1441), 온성 도호부(1441), 경흥도호부(1443), 부령 도호부(1449)를 설치하여 6진을 개척했다. 이 4군 6진의 설치로 인하여 현재와 같은 압록강-두만강에 이르는 북방 경계를 형성할 수 있게 되었다. 하지만 4군은 경계의 어려움으로 곧 폐지하였지만, 영토는 그대로 임을 천명하였다.

고려 말 조선 초에 북방의 국경문제도 문제이지만 남쪽에서는 왜구가 큰 골칫거리였다. 그 중에서도 대마도가 왜구의 중심지로 고려 말에는 수도인 개경까지 위협할 정도였다. 왜구의 발호가 심해지자 위화도에서 회군한 이성계는 1389년 박위로 하여금 대마도를 정벌하도록 하였다.

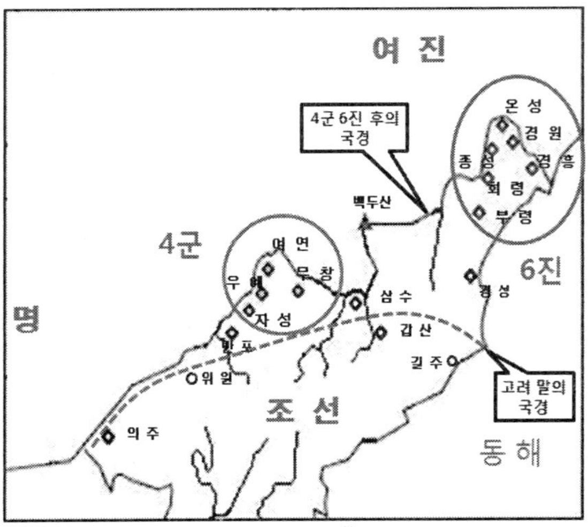

〈4군 6진〉

조선의 왜구 정책은 회유책이었으나 계속 노략질을 진행하자 세종은 대대적인 왜 구 정벌을 계획하여 이종무가 병선 227척과 1만 7천여 명의 병력을 이끌고 대마도를 공격하였다(1419). 조선은 대마도가 조선에 완전히 항복하던지 일본 본주로 돌아가든지 양자택일 하도록 요구하였고, 대마도 주는 경상도의 속주가 되겠다고 서계를 조선에 올렸다. 이 서계 문제는 조선과 일본의 외교문제로 비화되었으나 조선이 대마도의 속주 문제를 고집하지 않음으로써 양국의 긴장은 해소되었다. 하지만 대부분의 조선인들은 근세기 이전까지 대마도를 조선 영토로 인식하였고, 이러한 국토관은 동국지도 등에 대마도를 조선의 영토로 반영하고 있다.

③ 일제치하의 간도상실

일제는 대한제국의 국권을 약탈하고 우리의 영토인 간도를 청에게 귀속시켜버리고 말았다. 원래 간도는 고대부터 읍루와 옥저, 고구려, 발해의 영토였다가 이후 여진족이 수렵을 하면서 살고 있었다. 하지만 조선 후기부터 조선의 유민들이 들어가 개척하여 농사를 지었다. 청 개국 후 백두산을 중심으로 한 조선과 청사이의 국경선 문제가 발생하여 숙종 38년(1712) 때에는 '백두산정계비'를 세워 서로의 극경을 확인하였다.

19세기 중엽에 들어 청나라의 봉금과 조선의 월경 금지가 소홀해지고 함경도민들이 두만강을 넘어 농사를 짓기 시작하면서 다시 국경선 문제가 야기되었다. 이에 조선과 청 사이에는 국경선 문제로 외교 분쟁이 재 점화 되었다. 조선은 백두산정계비에 의거하여 '토문강'이 쑹화강 상류에 있는 지류인 토문강(해란강)을 가리키므로 간도는 조선 영토라 주장했고, 청은 두만강이 '토문강'이라 주장했다.

대한제국이 성립된 이후에도 우리나라는 간도에 대한 영유권을 강력하게 주장했다. 그러나 일제는 국권을 빼앗아 간 뒤인 청으로부터 남만주철도 부설권(선양-다렌)을 보장받는 대가로 백두산정계비에 대한 청측의 해석을 그대로 인정하는 '간도협약(1909)'을 체결하여 간도를 청에 귀속시키고 말았다. 이로써 간도는 우리 영토에서 사라지고 말았다.

7. 군사사[7)]

모든 것이 역사가 있듯이 군사(軍事)에도 역사가 있다. 따라서 군사사(軍事史)는 군사에 관련된 역사를 의미한다. 이러한 군사 분야에는 군사사상, 군사제도, 전략과 전술, 무기체계, 전투시설 등 실로 다양한 분야가 망라된다. 군사 또한 다른 분야와 마찬가지로 과거의 역사에서 혁신적 창조를 위한 자양분을 공급받는다.

더욱이 군사를 운용한다는 것은 단순한 용병술만의 문제가 아니다. 군사는 국가체제와 사회구조 그리고 이를 운용하는 사람과 자연 환경 속에서 발생되는 문화와 이를 건설하는 사람들의 의식과 매우 밀접한 상관관계를 유지하면서 운용된다. 문화가 군사를 이끌고 군사 또한 문화를 변동시킨다. 따라서 군사는 당시의 사회상이나 사상과 밀접한 관계를 유지하면서 발전해 나간다고 볼 수 있다.

"兵者 國之大事 死生之地 存亡之道 不可不察也(전쟁이라 하는 것은 국가의 중대사로서 나라의 창성과 폐업 그리고 흥하고 망하게 하는 것으로 중요하게 여기지 않을 수 없다.)"라고 한 손자병법의 기록처럼 어느 시대를 막론하고 전쟁은 국가의 운영을 크게 좌우해 왔다. 우리 역사도 이 문제에서 예외일 수는 없다. 우리 역사는 주변국과 많은 군사적 격돌을 극복하면서 발전하였고, 그때마다 군사의 향방에 따라 국가의 운명이 바뀐 적이 여러 번 있었다. 따라서 우리의 군사는 이러한 전통위에서 우리만의 독특한 군사체제와 전통이 뿌리내리고 있다.

이 점에 유의하면서 우리의 군사사가 역사의 변화·발전과 더불어 어떠한 과정을 거쳐 변천되어 왔는지를 살펴보도록 한다.

1 고대의 사상과 제도

① 성읍국가 시대

군장국가(성읍국가)는 청동기 문화의 도래와 함께 시작하였다. 따라서 당시의 선

7) 대한민국 부사관 총연맹, 2007, 『알기 쉬운 군사사상』, Global
송요태 외, 1999, 『군사전략개론』, SUN CORPORATION
육군본부, 2012, 『한국군사사』, 경인문화사
육군사관학교 전사학과, 1987, 『한국전쟁사』
위키백과

진 기술인 청동제 무기를 보유한 집단이 우수한 무기체계를 갖추고 지역의 강자로 등장하였다. 성읍국가 시대의 군사조직은 아직은 체계가 갖추어지지 않은 비교적 단순한 조직으로 지배자나 군사적 능력자가 지휘관 역할을 병행하였다. 전투원들은 전투 수행능력이 있는 사람들로 평등한 수평적 관계로 파악되고 있다. 장비로는 활과 창이 주류를 이루었고, 지역적인 거점에 성곽을 구축하여 수성전(守成戰)을 수행하였다. 아직은 기마군 보다는 도보 위주의 부대로 편성되었다.

이는 『삼국지』 동이전 동옥저에 “대장군은 없으며 읍락에는 각기 대를 잇는 장수가 있었다.”는 내용과 “사람들의 성질은 질박하고 정직하며 굿 세고 용감하다. 소나 말이 적고 창을 잘 다루며 보전을 잘한다.”는 내용, 또 같은 『삼국지』 동이전에 “길이가 3장(丈)이나 되는 창(矛)을 만들어 때로는 여러 사람이 함께 잡고 사용하기도 하며, 보전에 능숙하다. 낙랑의 단궁(檀弓)이 지역에서 산출된다.”와 “그 나라 안에 할 일이 있거나 관가에서 성곽을 쌓게 되면 모든 젊고 용맹하며 건장한 자들은 등가죽을 뚫고 한 장쯤 되는 나무 막대기를 매달고, 온 종일 소리 지르며 일을 하는데 아프게 여기지 않는다. 그렇게 작업하기를 권장하며, 또 이를 강건하다고 여긴다.” 등에서 확인할 수 있다.

이 시대부터 우리 민족의 주 무기는 활이었다. 활은 수성전이나 기마전과 어울려 효과를 발휘하였으며 화약무기가 도입되는 임진왜란 이후에도 효과적인 살상무기로 인식되어 조선 말기까지 지속적으로 사용되었다.

② 연맹왕국

고대국가(연맹왕국)의 지배세력은 곧 군사 집단의 중심이 되었고, 제한적이지만 금속무기의 생산으로 전쟁이 비교적 활발하게 진행되었다. 철기는 지배층만이 소유하였고 전투는 명망군(名望軍, 전쟁에 참여를 긍지로 여김)으로 참여하였는데, 전투 참여는 구성원의 의무이자 권리였다.

부여는 “활·화살·칼·창으로 병기를 삼고 집집마다 스스로 갑옷과 무기를 보유한다.”(『삼국지』 동이전 부여)라고 기록되어 있고, 고구려의 기록으로는 “적이 침입해 오면 제가는 몸소 싸우고 하호(下戶)는 양식을 져다가 음식을 만들어준다.”와 “대가(大家)로서 전작하지 않고 좌식(坐食)하는 자가 만여 인이었으며, 하호(下戶)가

멀리서 식량과 어물·소금을 짊어져다 공급하였다.(『삼국지』 동이전)라고 기록하고 있다.

이를 분석해보면 왕과 고위 귀족들이 군사지휘체계를 장악하고, 귀족 계열의 호민들이 전투원의 중추로 참가했으며, 일반 백성들(하호)은 전투를 조력하거나 후방지원 등의 다양한 방법으로 군역에 봉사하고 있는 것으로 파악할 수 있다. 즉 부족 공동체를 방어하기위해 부족생활 자체가 하나의 생활 집단이자 군사조직체로서 역할을 수행하며, 자전자수체제(自戰自守體制)를 형성하여 군사력을 건설하고 운용했다.

③ 삼국시대 군사사상과 제도

삼국은 고조선, 부여, 삼한 등의 초기 국가들이 쌓아놓은 문화적 토대위에 귀족 중심의 고대국가로 성장하였다. 이때는 민족이 통일을 완성하는 시기로 가장 처절한 영토전쟁을 겪었던 시기로 다양한 군사사적 발전이 이루어졌다.

삼국은 공통적으로 중앙군과 지방군을 편성하여 국방력을 건설하고 운용하였다. 중앙군은 초기에는 주로 왕경인(王京人) 이었으나, 5~7세기에 이르면 군사적 필요에 의하여 전 신분을 대상으로 충원하는 총력전 양상으로 전환하게 되었다. 각 지방에는 중앙에서 파견된 성주들이 행정권과 군사권을 가지고 있었으며, 중앙에서 파견된 왕경군과 더불어 지방의 주민들이 참여했다. 또한 거점단위로 종심 깊은 성을 구축하였다. 이때는 왕을 중심으로 하는 중앙집권 체제를 형성하였으나 지휘관과 병사들은 사적관계로 형성되었다. 노비들은 주로 주인을 돕는 종복(從僕)으로 정규병사는 아니었다.

구 분	성읍국가	연맹왕국	고대국가
군사권	지배자	국왕 및 고위귀족	국왕 및 귀족
병력 구성	전투 가능 남자	지배층(귀족+호민)	왕경인+지방인
조직 운영	평등-수평관계	국왕과 귀족의 권력 분점	국왕-일반민의 일원적인 군사조직

〈사회 발전단계에 따른 군사력 건설〉

〔 **고구려** 〕 고구려는 지리적으로 산악지역에 위치하여 농경보다는 수렵생활 위주

의 경제활동이 유지되었다. 따라서 국가의 발전 목표는 주변의 농토를 확보하는 것으로 주변의 부족들을 복속하면서 성장하여 나갔다. 이 과정에서 고구려는 자연스럽게 상무정신의 진취적 기상을 습득하게 되었다. 또한 국가에서도 상무적 기풍을 장려하여 석전(石戰)이나 활쏘기, 사냥 등 전투적 경기를 적극 권장하였다.

고구려는 중앙집권적 고대국가를 형성하지 못했던 초기에는 중앙군이 편제되지 않고, 부족군이 부족의 공동의 이익을 위해 싸웠다. 하지만 제6대 고이왕 때부터 고대국가의 형태를 갖추면서 전국적인 군사조직을 구축하기에 이르렀다. 국왕을 최고사령관으로 하고, 수도에는 5부(내부, 동부, 서부, 남부, 북부)를 두고 가와 대가들이 군사권을 장악하였다. 대모달과 모사라수지 등의 직책이 사령관 역을 수행하였고, 미객, 미락 등의 중간관리직이 있었다.

고대국가 체계를 완성하면서 지방군도 5부의 지방제도를 중심으로 편성되었다. 부 밑에는 여러 성을 두고 중앙에서 파견한 지방 장관인 성주(처궁근지 王는 도사) 휘하에 여러 관리를 두어 지방의 행정과 더불어 군사권을 처리했다(큰 성에는 욕살 임명). 군역은 초기에는 가나 대가 등만이 명망군으로 전투에 참가하였으나 고대 국가가 완성되면서 국민개병제로 변모하였다.

〈고구려의 고분벽화(무용총)〉

병종은 초기 보병에서 후기에는 보병과 기병이 조화를 이루었다. 고분벽화(안악 3호분) 행렬도에서 볼 수 있는 바와 같이 철갑옷과 장창을 든 중장기병, 갑옷을 입지 않고 장창을 든 경기병, 철갑옷과 방패를 든 중장보병, 그리고 경보병 등이 있었다. 경기병과 경보병은 적의 측면을 공격한 것으로 보인다. 고구려의 기병용 활은 단궁으로 크기가 1m를 넘지 않았으며, 파르티안 사법(배사법 ; 말위에서 뒤로 돌아 활을 쏘는 방법)을 구사하고 있는 것이 무용총 수렵도에서 확인되고 있다(파르티안 사법을 구사하는 파르티아는 카레 전투에서 로마군을 대파했다). 육군과 더불어 광개토대왕이 백제의 서해안에 상륙하고, 수와 당이 수군으로 공격한 것으로 보아 수군도 보유했을 것이다.

고구려는 대륙의 한족과 북방민족들과의 오랜 투쟁을 겪으면서 나름의 전략과 전술을 완성해 나갔다. 인구수에 비하여 광대한 영토를 방어하기 위한 고구려의 전략은 청야입보(淸野立堡)와 이일대로(以逸待勞)였다. 고구려는 평시에는 주요한 요충지에는 성을 쌓았고 생업에 힘쓰면서, 적이 내습한다면 곡식을 모두 거두어들여 적이 사용할 수 없게 한 다음 성으로 들어가 농성작전(籠城作戰 ; 성문을 닫고 싸우는 전투)을 수행했다. 이후 적을 아군이 작전하기에 유리한 지점까지 끌어들여 적의 보급선을 신장시키고 피로하게 한 다음 공격하여 격퇴하는 것이었다. 즉 먼저 수비하고 난 후 적을 공격하는 선수후공(先守後攻)의 전략이었다.

성은 변경지대를 연하여 쌓되 거점단위로 종심을 유지하도록 했다. 주로 요동을 중심으로 하는 성진과 북부의 성진, 북동부의 성진, 그리고 한반도 남쪽의 신라와 백제를 대비한 성진들이 거점방어 형태로 종심 깊게 편성되었다. 각 성은 축차적으로 적의 공격력을 약화시킬 수 있었을 뿐만이 아니라 상호지원면에서도 상당한 효과를 발휘할 수 있었다. 이 성에는 수비군이 상주하였으나 기본적으로 지역 주민과 협동하여 방어하는 민・군 합동방위개념이었다. 관군과 지역 주민과의 혼연일체로 싸우는 전투는 병력이 부족한 고구려에게는 효율적인 전투방식이었다.

〔 **백제** 〕 백제는 한강유역에서 발전 북쪽으로는 낙랑과 대방군의 위협을 극복하고, 남으로는 마한 지역의 여러 소국들을 흡수하면서 고대 국가로 성장해 나갔다. 백제는 한반도의 중심지인 한강 유역을 확보하고 삼국 중 제일 먼저(4세기) 한반도 내 영토전쟁에 뛰어들었다.

백제의 군사체제도 고대국가가 완성되면서 중앙군과 지방군으로 편성되었다. 중앙군은 5부(상, 중, 하, 전, 후)로 편성되어 달솔이 지휘하였다. 각부는 다시 5권으로 편성되었으며 각 부의 인원은 500여 명이었다. 지방군은 행정제도와 일치하게 5방(方)으로 편성했다. 방은 주성(방성) 하나를 정하고, 군(郡)이라 하는 행정구역에 10여개 이내의 성을 두어 군대가 주둔 하면서 거점을 편성하도록 하였다. 방성에는 중앙에서 파견된 방령달솔이 행정권과 군사권을 유지하고 있었고, 700~1,200명의 병력이 주둔하였다. 백제는 이러한 성을 고구려와 백제의 접경지역을 중심으로 종심 깊게 설치하고 지역별로 주민들과 연계하여 전쟁을 수행하였다.

백제는 고구려의 힘이 강성하기 이전 고구려를 쳐서 고국원왕을 전사시키는 가하면 해외로 눈을 돌렸다. 고구려가 요동을 차지하여 국세를 확장시키자 이를 견제하기 위해 요서를 경략하여 요서군과 진평군을 설치하였고, 산등반도를 상업 활동의 근거지로 삼았다. 또한 가야 지역을 잠식해 가면서 한반도 남서부 일대를 확보하고 일본으로 진출 해상무역을 전개하였다. 이는 백제의 해군력의 강성을 추측할 수 있는 사례이다. 백제는 한강이라는 전략적 요충지를 확보하고 해군력을 양성하여 동아시아의 지중해라 일컫는 황해와 남해에 대한 제해권을 확보하였다.

백제의 전쟁은 한강유역을 확보하기위한 전쟁과 가야 지역 일대를 확보하기 위한 전쟁이 주류를 이루었다. 백제는 전성기에는 인접국들을 공격하여 한강과 가야 일대를 확보하고 해외로 진출하였지만, 국력이 약해졌을 때는 지역 확보를 위한 수성전을 전개하였다. 특히 계백의 5천 결사대에서 볼 수 있는 구국정신은 전통의 상무정신으로 이어지고 있다.

〔 **신라** 〕 신라는 한반도의 동남부 지역으로 선진문물의 수입이 지연되어 고구려와 백제로부터 문화를 수입하면서 4세기 내물왕 때부터 고대국가의 면모를 보이기 시작 법흥왕 때에는 고대국가로 완성되었다.

〈9주 5소경〉

신라는 최초 고대국가로 발전하기 전에는 사로국을 중심으로 하는 6촌(村) 사회였다. 이 전통에서 6부(部)의 소속원으로 6부병을 모집하여 중앙을 수비하였다. 진흥왕 때는 6부를 통합하여 대당(大幢)을 편성하였다. 이후 6세기 중반 영토 확장과 더불어 점령지에 주(州)를 설치하면서 주마다 군단을 설치 5개의 정(停)이 설치되었다. 이 군단과 중앙의 대당을 합하여 6정이라 한다. 이 정에는 중앙에서 파견된 도독이 행정과 군사력을 통제하였으며, 전투원들은 주 출신들이었다.

신라는 진흥왕이 한강유역을 차지하면서 본

격적으로 삼국통일을 위한 격전에 뛰어들었다. 고구려, 백제와의 투쟁을 겪으면서 많은 인재가 필요함에 따라 화랑도를 체계화하여 국가 중흥의 발판으로 삼았다. 특히 화랑도는 충성과 신의를 바탕으로 한 세속오계의 정신으로 무장하여 임전무퇴의 기상을 유지하였다.

왕권이 강화되면서 친위부대를 정비하여 시위부(진평왕 창설)를 재편했다. 신문왕 때는 신라인을 위시하여 백제와 고구려 그리고 말갈, 보덕국의 유민을 포함한 천민군(賤民軍)으로 왕궁 시위를 위한 중앙군인 9서당(誓幢)을 조직하였다. 지방에는 10정이 설치되었는데 이는 통일신라의 행정구역에 따라 각 주에 1개 정을 설치하고, 변경지역인 한주(漢州, 여주, 이천 지역)는 군사적 요충지로 인하여 2개 정을 설치하여 운영하였다.

신라도 백제와 마찬가지로 요충지를 따라 성을 종심 깊게 유지하고 지역 주민과 상비군이 상주하면서 수비하였다. 신라는 자체 국방력이 미약했던 관계로 인하여 전통적으로 인접국가와의 연대를 활용하였다. 백제의 압력이 강했던 시기에는 고구려와 연합했고, 고구려가 남하 할 시는 백제와 동맹 등을 통하여 연합하였다. 또한 이민족인 수, 당과도 연합을 마다하지 않고 백제와 고구려를 공격하여 국가의 안전을 지켜내고 삼국을 통일하였다.

2 고려의 군사사상과 제도

고려는 태조의 유언에 따라 군사력을 건설하기 시작하여 광종 때 중앙집권화가 이루어지고, 성종 대에 이르러 중앙군을 완성하였다. 이때 이루어진 중앙군이 바로 2군(軍) 6위(衛)였다. 2군과 6위는 총원 45,000명의 정원으로 45개의 영(嶺, 1,000명)이 몇 개씩 편성되었고 지휘관은 상장군, 부지휘관은 대장군이라 불리었다.

2군은 왕의 친위군으로 응양군과 용호군으로 편성되었으며, 응양군의 최고 지휘관은 무반의 수장이라는 의미에서 반주(班主)로 불리었다. 2군은 의장과 경호를 담당하였으며 6위보다 지위가 높았다.

6위는 국경과 왕도의 수비를 담당했다. 편성은 좌우위, 신호위, 흥위위(이상은 중앙군의 32령이 소속되어 있는 주력부대로 변방 수비와 개경 수비 등을 1년 단위로 교대), 금오위(수도 치안의 경찰 임무), 천우위(국왕을 시종하는 의장부대), 강문위(도성문과 주요 시설 경계) 등으로 편성되었다. 여기에는 정용(精勇) · 보승(保勝) · 역령(役領) · 상령(常領) · 해령(海領) 등의 병종이 있었다.

중앙군은 고려 초기에는 직업군인으로 편성되어 군인전이 지급되고 군역이 세습되는 중류층의 신분이었다. 하지만 중기 이후에는 일반 농민으로 충원되면서 질적으로 저하되었다. 중방은 2군 6위의 상장군과 대장군으로 구성되는 최고 무관 회의기관이었으나 무신정변이후에는 권력의 중추기관으로 부상하였다.

지방군에는 주현군(州縣軍)과 주진군(州鎭軍)이 있었다. 주현군은 다섯 개의 도(道)와 경기 일원에 배치되어 지역 지방관의 통제를 받았고, 병력은 병농일치의 민병들이었다. 이들은 치안을 유지하고 노역에 동원되다가 유사시 전투에 참가하였다. 또한 양계인 북계와 동계의 국방 요새에는 상비군인 주진군(지휘관 도령)이 배치되었다. 병마사가 군정과 민정을 통제하며 평시부터 임전태세를 유지하고 있었다. 편성은 초군(抄軍, 精勇)·좌군·우군으로 마군과 보군의 병종이 전투력의 주축을 형성하였다.

특수부대로 정종 때에는 거란의 침입에 대비하여 광군사를 조직하여 상비군으로 청천강 일대에 배치하였다. 숙종 때에는 여진 정벌을 위하여 17만의 별무반(別武班)을 설치했다. 이는 마군(馬軍), 보군(步軍), 승군의 특수부대로 구성되었다. 별무반은 신분적 구성면에서 귀족으로부터 천민까지 전 신분이 망라되어 편성되었으며 여진과의 대적을 가정하여 기병을 중시하였다. 윤관은 이 부대를 기반으로 여진족을 수차례 정벌하고 함흥 일원에 9성을 쌓아 이후 두만강까지 영토를 확장하는 계기가 되었다.

고려는 후기로 가면서 무인정변 이후 사병(私兵)이 출현하였다. 이 사병은 국토의 방위나 북진개척과는 거리가 먼 최씨 일가의 정권유지를 위한 개인의 부대였다. 하지만 삼별초 등은 원의 간섭기가 시작되자 김통정 지휘아래 진도와 제주도로 근거지를 옮기면서 끈질긴 투쟁을 전개하여 우리 민족의 자주 정신을 보여 주었다.

원의 간섭기 이후 공민왕이 쌍성총관부를 수복 시 양계 지역에 익군(翼軍)을 조직하였다. 익군은 통주(統主, 10명 통괄) - 백호(百戶, 100명 통괄) - 천호(千戶, 1,000명 통괄)의 조직으로 북방 민족의 영향을 받은 조직으로 편성되었다. 이 익군도 병농일치의 군제로 운용되었다.

이러한 고려의 군사력 운용을 종합해 볼 때, 고려는 전 기간 동안 고토회복의 북벌의지를 가지고, 북방의 정세를 판단해 가면서 군사력을 건설 운용하였다. 또한 군사외적인 불심을 이용하여 국토를 보존하려 했던 것도 사실이다. 고려는 항상 북방 이민족의 침입을 맞이하여 주진을 전투단위로 하여 고수 전술을 구사하였다. 그래서 고구려 시 사용하던 청야전술을 다시 사용하게 되었고, 성안의 주민들은 군사들과 더불어 총력전을 전개하였다. 따라서 이민족이 고려로 진출하기 위해서는 종심 깊게 설치된 양계의 여러 성들을 공격해야 했고, 이들의 축차적인 저항에 많은 전투력이 소진되고 병참선은 신장되어 많은 피해를 입어야만 했다.

3 조선의 군사사상과 제도

신생 조선 왕조는 왕조의 확고한 안정을 위해 신속히 국방력을 재정비했다. 우선 건국 초기의 중앙집권화 시책으로 고려 말의 삼군도총제부(三軍都摠制府)를 새로이 의흥삼군부(태조 2년, 1393)로 교체하면서 군사지휘계통의 확립을 이루었다. 또한 고려 말 이래 왕족이나 권신들이 보유하고 있던 사병(私兵)을 혁파하고(정종 2년, 1400), 경외(京外)의 군마(軍馬)를 모두 삼군부(三軍府)에 귀속시켰다.

① 개항이전의 군사제도

〔 **중앙군** 〕 조선의 중앙군은 1437년(세조 3년) 고려 시대의 2군 6위(8위)를 계승한 5위였다. 5위는 도총관을 수반으로 중・전・후・좌・우의 5개 군단으로 구성되었으며, 각 위는 부(部) - 통(統) - 여(旅, 125명, 기간단위부대) - 대(隊, 25명) - 오(伍. 5명) - 졸(卒)로 편제되었다. 5위에는 선발시험을 통한 갑사(甲士, 간단한 시험을 거쳐 선발된 일종의 직업군인으로 근무 기간에 따라 품계와 녹봉을 받았다)가 중심을 이루었고, 양인가운데 병역의무로 상경하여 시위하는 정병(正兵)이 함께 구성되었다.

5위의 기능은 국방보다는 주로 궁궐 수비와 수도의 치안유지 등을 담당하였고, 각기 분담된 지방 병력을 통괄하였다. 5위의 군정권은 병조, 군령권은 5위도총부가 가지고 있었으나 문신 중심의 정치 구조 속에서 실질적으로는 병조가 우위에 있었다. 이러한 5위의 성립과정은 조선 초기 왕권강화와 중앙집권적 정치제도의 확립과 일치하는 것이었다.

조선 전기의 중앙 군사조직은 15세기 군정이 문란해지면서 약화되었고, 임진왜란을 겪으면서 와해되어 5군영 체제로 개편되기 시작했다. 임진왜란이 진행 중인 선조 때 류성용의 건의로 훈련도감을 설치(1594, 선조27년)하여 조총을 쏘는 포수(砲手), 활을 쏘는 사수(射手), 창 · 칼을 쓰는 살수(殺手)의 3수병(三手兵)으로 개편되었다. 이는 명나라 척계광의 『기효신서』에 있는 부대편성을 참고한 제도였으며, 이들은 모병제(募兵制)로 모집한 직업 군인의 성격을 지니고 있었다.

임란 후 인조 때(1624)는 만주족의 흥기에 따라 경기 북부의 방위를 위하여 15,000여 명의 총융청과 남한산성의 수비를 위하여 16,000명 규모의 수어청을 설치했고, 1628년 이괄의 난을 계기로 임금을 시위하기 위하여 어영청(1624)을 설치하였다. 어영청은 정원이 3,000이었으나 효종의 북벌계획에 의해 20,000명으로 증강되었다. 그리고 궁성수비를 위해 설치된 금위영(1682, 숙종 8)이 설치됨으로써 5군영으로 정비되어, 초기의 5위 체제를 대신하였다.

〔 **지방군** 〕 지방군은 처음에는 중앙에서 통제하였다. 1395년(태조 4)에는 각 도에 병마사(兵馬使 : 2품)나 병마단련사(정·종3품) 등을 파견 직접 통제하게 하는 동시에 서울에 있는 각도 담당의 절제사의 통제를 받도록 했다. 이때 각 지방은 주진(主鎭) 이외에는 연해와 국경 등 국방상 중요한 곳에만 진을 두었다.

지방관은 군사직을 겸직하였으며, 지방에는 병영(兵營, 병마절도사 지휘. 위치하는 곳이 主鎭)과 수영(水營, 수군절도사)을 설치하고 그 아래 여러 진영이 속해 있었다. 함경도와 경상도는 여진과 일본의 내습 위험이 도사리는 변방지역으로 병영과 수영을 각각 둘씩 두었으며, 전라도에는 수영을 2개 편성했다. 그리고 진영에는 그 크기에 따라 절제사·첨절제사·동첨절제사·만호 등의 직책이 통제하고 있었다. 이 직책은 대부분 문관인 수령들이 겸하고 있었으며, 평안·함경도의 국경지대와 해안의 요지만 전문적인 무직으로서의 첨절제사가 배치되었다.

지방군은 세조대에 이르러 전 국토를 독립된 통수권과 작전지역을 보유하게 하는 진관체제(鎭管體制)로 정비하였다. 변진(邊鎭)만을 수비하다 무너지면 방어할 수단이 없을 것을 고려하여 각 도의 내륙지방에도 몇 개의 거진(巨鎭)을 두고 부근에 있는 고을을 제진(諸鎭)으로 편성 지휘하는 체계였다. 즉 진관체제는 각 도의 주요 고을(거진)이 소속 고을(제진)의 군사업무를 관장하고, 수령이 진장(鎭將) 겸임하도록 하고, 유사시 모든 군인을 거주지 진관 단위로 징발하여 대처하는 제도였다. 즉 행정단위인 읍을 곧 군사단위인 진을 편성하고 수령을 진장으로 하여 자전자수하는 지역방위체제라 할 수 있다.

그런데 진관체제는 성종이후 수령들이 불법으로 방군수포(放軍收布 ; 복무하는 지방의 군사를 귀향시키고 그 대가를 베로써 거두어들인 제도)제를 자행하면서 인적자원이 부족하여 15세기에 들어와 붕괴되기 시작했다. 이렇게 되자 진관체제는 이른바 제승방략(制勝方略) 체제로 대체되어갔다.

제승방략 체제는 유사시 수령들이 각 지방의 군사를 이끌고 미리 할당된 방어지로 가서 대기하되, 도원수, 순변사, 방어사 등 중앙으로부터 파견되는 경장과 본도의 병사, 수사가 그 지휘관이 되도록 하였다. 이는 그동안 왜구를 비롯한 외적들의 침입통로가 일정하고 소규모였기 때문에 일정지역에 집중적으로 군대를 배치시켜 중앙의 경장과 합세(중앙군이 화약 관리 및 통제)하고 하도록 하여 외적을 격파한다는 전략이었다. 그러나 이는 대규모의 적이 침공해왔을 시 후방지역에는 예비대가 없어 일차 방어선이 무너지면 걷잡을 수 없이 붕괴될 수 있는 약점을 지니고 있는 방어체제였다. 결국 제승방략의 문제점은 임진왜란에서 터지고 말았다.

임진왜란이 소강 상태였던 1594년(선조 27) 무너진 지방군의 재건에 착수하였다. 조정은 유성용의 건의에 의하여 지방군을 양반으로부터 노비에 이르는 모든 장정을 속오군(束伍軍)으로 편성하였다. 속오법에 따라 황해도부터 시작해 1596년 말에는 거의 전국적으로 조직이 완성되었다. 진관 중심으로 각 이촌(里村)의 사정에 따라 편성되어 훈련하고 정유재란 때는 실전에 투입되기도 했다.

그러나 속오군은 양난이후 양반들이 하류 계층과 함께 편성을 꺼려하고 민생을 고려 훈련은 거의 전폐되어, 속오군은 점차 천인 부대화 되었다. 속오군은 군역을 면제하는 수미법(收米法 ; 공납의 문제점을 시정하기 위해 공납을 쌀로 바치는 제도)이 적용되어 18세기 이후 약화되었다. 그 결과 홍경래의 난과 같은 민란이 발생했을 때 동원 가능한 병력이 없어 조기 진압을 하지 못하였으며, 의병을 모집하거나 중앙군을 현지에 파견하여 진압할 수밖에 없게 되었다.

조선시대에는 왕의 친위병인 겸사복(兼司僕)·내금위(內禁衛), 직업군대인 훈련도감 등 특별한 경우를 제외하면 부병제(병농일치제)를 채택하여 장정을 윤번으로 징집하여 이에 충당시켰다. 현역복무에 필요한 비용의 조달을 위해서 일정한 수의 봉족(奉足) 또는 보(保)가 지급되었다. 국역의 대상은 양반계층은 면제되고, 피지배 계층에 속하는 양인으로 16~60세 이상의 남정(男丁)이었다. 군역의 종류에는 정병(正兵)과 봉족(奉足)이 있었으며, 정병은 절대다수의 의무 군역이었고, 봉족(정남 2명을 1보로 삼아 정병에게 병종에 따라 보를 배당하여 일정량의 면포를 제공함으로써 정병의 가족을 돕게 함)은 현역병인 정병의 가족을 재정적으로 보조한 군역이었다.

〔 **기타 군사** 〕 조선 전기는 기마전술의 완성도가 높게 나타났다. 특히 고려 말기의 원의 영향으로 기마전술이 발전하게 되었다. 조선 전기의 전술은 이러한 기병과 활이 결합된 전술로써 여진족을 격파할 수 있었다. 활은 임진왜란 이후에도 효율적인 무기로 사용되었으며, 무과 시험에 중요한 과목으로 채택되었다.

한편 지방에서 일어나는 긴급한 사태를 중앙에 알리기 위한 봉수제(烽燧制, 불과 연기로 군사적 위급 사태를 알리는 제도)와 역참제(驛站制, 물자 수송과 통신을 위한 정거장과 같은 역에 딸린 일종의 여관인 참을 운용)가 운용되었다. 잡색군(雜色軍)이라는 예비군을 두어 전직 관료·서리·향리·교생(校生)·노비 등 모든 계층이 평상시에는 본업에 종사하면서 일정기간 군사훈련을 받고 유사시에 향토를 방위했다.

〈서울 남산의 봉수대〉

조선의 전술은 야전보다는 수성전 위주로 진행되었다. 국토가 좁다보니 요충지나 주요 산악에 성을 쌓고 대비하는 전략이었다. 이는 임진왜란의 3대 대첩 중 2개의 전투(진주성과 행주산성의 전투)가 수성전이었다는 대서도 증명된다. 또한 임진왜란 때에는 관군이 무너지자 의병이 전국 각지에서 분연히 의거하였으며 일본군에게 심대한 타격을 가했다. 민군이 혼연일체가 되어 지역을 방어하며 외적과 대항하는 것은 우리 민족의 전통적인 국가보위의 정신이었다.

조선은 강력한 수군을 유지했다. 조선 초기 이종무나 박위의 대마도 정벌을 비롯하여 임진왜란 당시에는 이순신의 활약으로 일본군을 패퇴시킬 수 있었다. 이는 조선 수군의 전략과 더불어 조선(造船) 기술과 화포가 일본보다 앞섰던 결과였다. 당시 조선의 거북선은 세계에서 최초로 탄생한 철갑선이었으며, 판옥선은 일본의 누각선보다 기동성과 안정성이 훨씬 뛰어났다. 화포는 단거리 살육전을 전개하는 일본군보다 원거리에서 적의 함선을 공격할 수 있는 여건을 마련하여 일본군 함선을 화력으로 격파할 수 있었다.

☞ 제승방략(制勝方略) : 제승방략은 김종서가 북방의 여진족을 효과적으로 방어하기 위하여 저술한 병서의 명칭이다. 선조 16년(1583) 니탕개(尼蕩介)의 난을 겪고, 선조 21년(1588)에 북병사 이일이 증수하였다. 16세기에 이르면 군역체제가 문란해져 진관체제의 정상적 운영이 불가해졌다. 그래서 니탕개의 난 이후, 제승방략이 효과적이었다고 판단하고 남방에도 적용하도록 하였다.

② 개항이후

1876년 개항된 이후 조선 군제는 역사상 가장 급격히 변모하기 시작했다. 서구 열강의 제국주의 물결이 밀려오면서 조선의 군제는 근대화되기 시작했으나 외세에 휘둘리고 말았다. 특히 나라의 멸망과 함께 국가보위의 보루인 군대가 먼저 해산(1907)되는 비운을 맞이하기도 하였다.

개화기 군사력 건설과 운용은 제국주의로부터 조국의 안위를 지켜내기 위한 노력을 경주하였다. 기존의 군사조직인 5군영을 2영(무위영과 장어영)으로 통합하였으며, 신식군대인 별기군을 창설(1881)하였다. 이 별기군은 사관생도를 양성하기 위한 것으로 일본인 교관을 채용하여 근대적 훈련이 실시되었다. 인원은 양반 자재로 구성되었으며 400명 규모였다. 또한 연무공원(1888~1894)을 설치하여 사관 양성을 위한 군사훈련을 실시하였다.

갑오개혁으로 모든 사회적 체제가 신식으로 전환되는 가운데 군사에서도 변혁이 일어났다. 2차 갑오개혁(1894. 5)에서는 훈련대와 시위대를 설치하고, 을미개혁(1895. 4)에서는 중앙에는 친위대, 지방에는 진위대를 설치하였다. 그리고 초급지휘관이 요구됨에 따라 1906년 육군무관학교를 설치하였다. 하지만 외세의 득세에 따라 1896년 까지는 일본과 청국의 군제가 반영되었고, 1896년부터 1899년까지는 러시아, 1899년 이후에는 일본, 러시아 군제가 혼재되다가 일본 군제의 영향 하에 들어갔다. 이들 외세의 군제개혁은 자국의 군제를 이식하면서도 조선과 대한제국의 진정한 군사력 강화는 오히려 방해하였다. 따라서 당시의 전투력 자체는 큰 의미가 없었다.

일제는 대한제국과 정미 7조약(한·일 신협약)을 체결(1907. 7) 부수각서로 군사해산 조안을 집어넣어, 1907년 8월 구 한국군을 해산하고 말았다. 이 과정에서 박승환 참령은 권총으로 자결하였으며, 시위 제1연대와 제2연대 장병들은 무기를 탈취하여 일본군경과 한양에서 시가전을 전개하였다. 이때 전국적으로 해산된 군인들은 의병활동의 기폭제가 되었다. 당시 의병들은 조직 면이나 전술·무기 활용 면에서 열악하였으나 해산 군인들이 가담하게 됨으로써 활동에 활기를 띨 수 있게 되었다.

이후 의병들은 일제의 토벌작전에 많이 희생되자 일제의 영향력이 적은 한반도 북부의 만주로 이동하여 활동을 전개하면서 다시 광복을 위한 처절한 투쟁을 전개했다. 이때 만주에서 청산리 전투나 봉오동 전투와 같은 전사에 길이 빛날 승리를 달성하였고, 중국인들을 비롯한 제 민족과 대일 작전을 수행하기도 하였다.

이후 대한광복군은 미국, 영국, 중국군과 연합작전을 수행하며 해방노력을 지속적으로 전개하였다. 특히 미군과 연합작전 하에 한반도 진공작전까지 계획했으나 일본의 항복으로 작전이 실행되지는 못했다.

4 대한민국

대한민국 국군을 창설하기 위한 준비는 해방이후 미 군정청 내에 국방사령부를 설치하면서 가시화 되었다. 당시 난립한 사설 군사단체들을 해산하고 1946년 1월에 경찰임무를 겸비한 상비군 성격의 남조선 국방경비대가 창설되었고, 동년 6월에는 조선 해양 경비대가 창설되어 육군과 해군의 모습을 갖추기 시작했다.

조직된 군사력은 1948년 대한민국 정부 수립 이후 미군으로부터 지휘권을 인수받아 국군으로 편입하였고, 같은 해 11월 정부 조직법 및 국군 조직법이 공포되어 군정권은 국방부장관이 군령권은 각 군 참모총장이 행사하게 되었다. 그리고 다음해인 1949년에는 해병대가 창설되고 공군이 육군에서 독립하였다.

1950년에는 북한의 불법 남침에 따라 국군이 위기에 처하기도 했으나 유엔군과 함께 절대 절명의 위기를 극복하고, 대한민국의 버팀목이 되었다. 전쟁 시부터 시작된 미군과의 연합작전은 누란의 위기를 모면하는 계기가 되었고, 휴전이후인 1953년 10월 1일 미국과 한 · 미 상호방위조약(Mutual Defense Treaty Between the Republic of Korea and the United States of America)을 체결하여 국토를 수호하게 되었다.

군사력 건설 면에서 한국군은 국민 개병제를 실시하여 자원을 충당하고 있으며 일부 군 간부들은 모병제로 확보하고 있다. 또한 자주국방의 기치아래 신장비와 무기를 도입하여 전력을 강화하고 있다.

군사력 운용 면에서 국군은 한국전쟁 당시부터 수세적 또는 방어적 사상에 입각하여 군사력을 운용하였다. 그 결과 기습 공격을 허용하였고 전쟁이후에도 각종 도발에 시달려왔다. 이로써 호전적이고 도발적인 집단에게는 공세적 군사력 운용이 필요하다는 것을 확인하는 계기가 되었다.

한국군은 1964년에는 베트남전쟁에 파병되어 1973년까지 20여만 명이 참여하였다. 이때 얻은 실전 경험은 대한민국을 수호하는 데 큰 자산이 되었다. 이후 자주국방의 기치아래 각 종 장비를 방산화 하고, 훈련기를 비롯한 함정 등을 생산하여 수출하는 단계에 이르렀다. 군사적인 면에서도 경제적 위상에 걸 맞는 국제 활동을 강화하여 1991년 걸프전에는 공병부대가 비전투요원으로 참여하였으며, 1993년부터 유엔의 다국적군의 일원으로 세계 각지에 파병되어 국위를 선양하고 있다.

☞ 군정권(軍政權) : 군사행정에 관한 국가 행정권으로 군의 편성 · 보충 · 동원 · 병역 · 인사 · 복무 · 병기 · 경리 · 교육 등을 망라하는 업무이다.

☞ 군령권(軍令權) : 군의 정보·작전에 관련한 명령권이다.

☞ 통수권(軍令權) : 군의 최고 사령관으로서 군을 지휘 통솔할 수 있는 권한으로 우리나라는 대통령에게 통수권을 수여하고 있다.

8. 고려의 국난극복[8)]

고려는 건국 시부터 대내적으로 과거제도 등을 도입하여 중앙 귀족국가로서의 면모를 보이면서 대외적으로는 친 발해정책을 수행하고 고토회복의 노력을 경주하면서 성장해 나갔다. 고려는 발전과정에서 두 번의 커다란 외침이 있었다. 먼저 중기에는 북방에서 흥기한 거란의 침략을 받기도 하였으나 이를 격퇴하고 오히려 강동 6주를 회복하여 압록강 일대까지 국토를 확장시켰다. 또한 무신시대 말기에는 몽고의 침략을 받아 40여 년이나 투쟁하는 등 민족의 끈질긴 저항력을 보여주었다. 고려는 이러한 외세의 침략에 슬기롭게 대처하여 국토를 확장하고 민족 문화를 발전시켰다. 무엇보다도 고려는 통일신라에 이어 우리 민족을 하나로 묶는 역할을 수행해 내었다.

1 거란과의 전쟁

① 개요

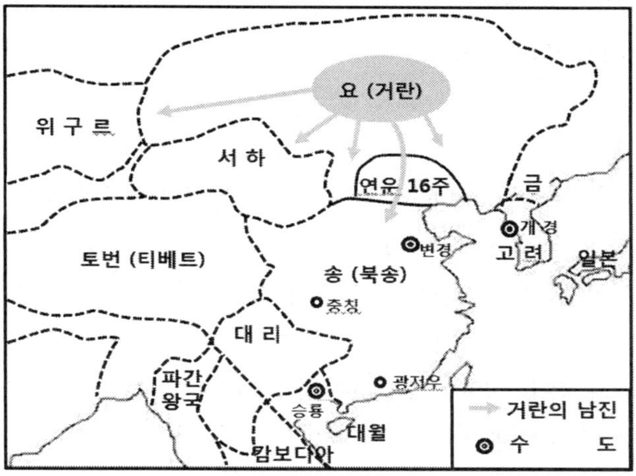

〈10세기의 국제 정세도〉

10세기 들어 동북아 지역은 전운이 감돌고 있었다. 거란이 698년에 건국한 발해를 멸망시켰고(926), 중국의 연운 16주(현재의 베이징과 텐진 일대의 장성 남쪽)를 차지하였다. 거란은 5세기 이래 요하 상류인 시라무렌 유역에서 여러 부족으로 분열되어 거주하고 있었다. 당 혼란기에 야율아보기가 부족을 통일(916)하고

8) 김위현, 2004, 『고려시대 대외관계사연구』, 경인문화사
김윤곤, 2004, 「삼별초정부의 대몽항전과 국내외 정세 변화」, 『한국중세사연구』 17, 한국 중세사학회
박경안, 2005, 「고려전기 다원적 국제관계와 국가·문화 귀속감」, 『동방학지』 129, 연세대학교 국학연구원
최종협, 2008, 「대몽항쟁·원간섭기 山城海島入保策의 시행과 治所城 위상의 변화」, 『단군학보』 제105호, 단군학

거란제국(요, 947)으로 성장했고, 이어 거란은 986년에는 정안국까지 멸망시키면서 동북아의 패자행세를 하고 있었다.

또한 중원에서는 송이 건국(960)한 후 연운 16주를 회복하기 위한 북벌을 시도하여 거란과의 충돌을 예고하고 있었다. 이에 따라 송은 고려와 수교(926)하고 거란과 여진 등 북방민족을 견제하려고 했다.

고려의 외교적 입장도 송과 일치하고 있었다. 고려는 광종 13년에 외교적·경제적·문화적 목적으로 송과 수교관계를 개시하였다. 더욱이 형제국으로 여기고 있는 발해를 멸망시킨 거란을 적대시 하며 북진정책을 시행하고 있는 고려는 송과 함께 거란을 견제하고자 했다. 오랜 기간 적대시 하던 중국 민족과 우리 민족이 북방 민족의 압력에 따라 협력자로 전환되는 시기였다.

거란은 이러한 국제 역학관계 속에서 북진정책을 추진하고 있는 고려에 대해 의혹의 눈초리를 보내고 있었으며, 고려를 경계하기 시작했다. 거란이 주위의 여러 나라들과 외교관계를 맺어가던 중 942년(태조 25)에 고려에도 사신을 보내 낙타 50필을 보내왔다. 그러나 고려는 거란이 발해를 멸망시킨 무도한 나라 하여 사신들을 섬으로 유배하고 낙타는 개성 근처의 만부교 아래에서 굶겨 죽였다. 이로써 고려와 거란의 외교관계는 단절되었고 상호 적대감이 불타올랐다.

② 1차 침입

거란은 세 차례에 걸쳐 고려를 침략해 왔다(993~1018). 1차 침입은 성종 대인 993년 송과 고려의 외교 관계를 차단할 목적으로 소손녕이 80만 대군으로 침입하였다. 이때 고려 조정에서는 서경 이북의 땅을 거란에게 떼어주고 절령(岊嶺, 자비령 ; 현재 황해도 황주군 위치)을 경계로 삼자는 할지론(割地論)이 대두되어 성종도 할지론을 따르려 했다. 하지만 서희는 거란의 출병이 영토의 확장에 있지 않음을 간파하고, 직접 적진에 나아가 소손녕과 담판하게 되었다.

이 담판에서 소손녕은 "고려는 신라 땅에서 일어났는데 우리가 소유하고 있는 고구려 땅을 차지하고 있으며 자기 나라와 땅을 연접하고 있으면서도 바다 건너 송을 섬기고 있다."는 논리를 내세우며 "만약 땅을 떼어 바치고 조빙을 닦으면 무사할 것"이라고 으름장을 놓았다.

이에 대해 서희는 “우리나라는 고구려를 옛 터전으로 했음으로 고려라 이름하고 평양을 도읍으로 한 것이다. 지계(地界)로 논한다면 상국(上國)의 동경(東京)도 모두 우리 경역 안에 있는 셈인데 어찌 침식했다고 할 수 있겠는가? 압록강 안과 밖도 역시 우리 경내였는데 여진이 그곳에 자리 잡고 있어 도로의 막히고 어려움이 바다를 건너는 것보다 심하다. 조빙을 통하지 못한 것은 여진 때문이다. 만약에 여진을 쫓아내고 우리의 옛 땅을 되찾아 성보(城堡)를 쌓고 도로가 통하게 된다면 감히 조빙을 닦지 않겠는가?”라고 응수했다.

이러한 서희의 조리 있는 변론을 들은 소손녕은 군사를 돌리고, 약속대로 고려가 압록강 동쪽 280리 땅을 회복하는 데도 동의했다. 이때 설치한 강동 6주는 흥화진(의주), 귀주(귀성), 용주(용천), 철주(철산), 통주(선천), 곽주(곽산) 등이다. 강동 6주는 압록강 하류로 변방의 요새 지역이다. 이 지역이 점령당하면 서경과 개경까지 바로 진격할 수 있는 요충지였다. 더욱이 강동 6주를 둘러싼 압록강 일대의 지역은 여진·송·거란·고려 간의 교역의 중심지로 이 지역을 통하여 송은 무기, 말, 모피 등의 전략 물자를 획득했고, 거란은 식량, 모직, 종이 등의 생필품을 고려나 여진에서 구입해갔다. 이렇듯 강동 6주는 당시 국방의 요충지이자 국제 무역의 중심지였다.

〈서희가 되찾은 강동 6주〉

서희가 이렇게 침략해 온 적장에게 당당하게 강동 6주를 고려 영토라고 주장할 수 있었던 것은 당시의 국제 역학관계를 누구보다도 잘 꿰뚫고 있는데서 나온 혜안이었다고 할 수 있다. 이때 서희가 담판하여 찾은 강동 6주 남안이 우리 영토로 편입되었으며, 이는 민족 영역의 확보이자 고구려 계승의식의 발로였다. 또한 고려가 고구려를 계승했다는 인식이 국제적인 외교관계에서도 인정된 것이라 할 수 있다.

③ 2차 침입

거란은 송과 전연의 맹약(1004, 송은 요에게 매년 은 10만 냥, 비단 20만 필을 준다는 내용)을 맺고, 고려가 계속적으로 송과 통교하자 고려에게 강동 6주의 반환을 요구했다. 이러던 차에 고려에서 강조의 정변(1009년, 목종 12, 목종의 모후 천추대후와 김치양이 사통하여 왕위를 찬탈하려 하자 목종을 폐위)이 발생하자 이를 구실로 고려를 재침했다. 이번에는 거란의 성종이 직접 40만 대군으로 고려를 공격하여 양규의 항전으로 흥화진 공격은 실패하고, 통주로 진격하여 고려 주력을 지휘하던 강조를 잡아 죽였다. 이후 거란군은 계속 남진하여 개경이 함락되었지만 병참선과 퇴로가 차단되었다. 결국 거란군은 고려 현종의 입조를 조건으로 퇴군하였다. 이때 퇴군하는 거란군을 양규가 귀주에서 퇴로를 차단하고 격퇴하였다(양규는 거란군 8천 여 명을 목 베고 포로로 잡혀가는 1만 여명의 양민을 구출하고 전사했다).

④ 3차 침입

거란은 고려가 현종의 입조 약속과 강동 6주를 반환한다는 강화조건을 지키지 않자, 현종 1018년 3차 침입을 시작하였다. 이때는 소배압이 10만 대군을 이끌고 침입했으나 고려는 강감찬을 상원수, 강민첨을 부원수로 하여 20만의 대군을 준비했고, 흥화진(평안북도 의주)으로 나아가 기병 1만 2천을 복병으로 배치해 놓고 하천을 소가죽으로 꿰어 막았다. 그런 다음 거란군이 건너기를 기다렸다가 일시에 물을 터트려 흘려보내고 복병으로 하여금 거란군을 공격하여 서전을 승리로 장식하였다(흥화진 전투). 소배압은 계속 진출하여 다음 해 개경에 도달했고, 강감찬은 요지에 병력을 배치하여 진출하는 거란군을 약화 시켰다. 결국 소배압은 개경 앞에서 철수를 단행했고, 철수로인 귀주에서 강감찬이 다시 맞섰다. 이 전투에서 거란군은 강감찬에게 패하여 수천 명만이 살아 복귀할 수 있었다(귀주대첩, 1019). 이로 인해 거란은 다시 고려를 침략할 수 없었고 강동 6주를 고려의 영토로 인정하였다. 고려도 거란에 친요단송(親遼斷宋)의 약속을 하며 국교를 정상화 했다.

이 거란과의 전쟁으로 대외적으로는 동북아에서 고려·송·거란 3국이 안정적으로 정립하게 되었다. 고려는 대내적으로는 강감찬의 건의에 의거 개경에 나성(성 밖에 겹으로 쌓은 성)을 축조(1029, 현종 20년)하였고, 압록강 입구에서 동해안의 도련포까지 천리장성을 축조(1033~1044)하여 거란과 여진의 침입에 대비하였다. 또한 불력으로 외적의 침입을 격퇴하기 위해 현종 2년(1011)부터 대장경을 조판하기 시작하여 선종 4년(1087)에 완성하였다(몽골의 2차 침입으로 소실, 1232).

거란의 3차에 걸친 침입을 막아낸 고려는 약 1백년간 대외관계에 있어 이민족과의 큰 마찰 없이 평화 상태를 유지했다. 고려는 거란과의 전쟁을 통해 민족사의 공간을 압록강까지 확대하였고, 국가 정책으로 삼던 고구려 계승의식을 유감없이 표출 민족사의 정체성을 확인하였다.

☞ 서희와 소손녕의 담판 내용

소손녕 : 너희는 신라 땅에서 일어났으니, 고구려의 땅은 거란의 것이다. 또 거란과 국경을 마주 하나 송나라와 교류하고 섬기니 거란이 정벌하러 온 것이다.

서 희 : 우리는 고구려를 계승하여 국호를 고려로 하고, 평양에 도읍을 정했 으니, 오히려 거란의 땅도 우리 것이다. 여진이 길을 막아 교류하지 않았으나, 강동 6주를 주면 교류하겠다.

『고려사』

☞ 강조의 정변 : 성종 사후 목종이 즉위하였으나 목종의 생모 천추왕후가 섭정하면서 외척인 김치양과 사통해 사생아를 낳았다. 그리고 이를 목종의 후사로 삼으려고 음모를 꾸미자 목종은 대략군 순을 후사로 삼고자 서북면 도순검사 강조에게 호위를 명했으나 강조는 입경하여 김치양, 천추왕후를 제거하고 목종까지 폐하며 대량군을 즉위시키는 정변을 일으켰다.

2 몽고와의 항쟁

13세기 초에 몽골지방에서는 몽골족의 족장인 칭기스칸이 부족을 통일하고 대제국을 건설하였다(1206). 그런가 하면 금과 몽고의 대립을 틈타 거란족의 야사부가 대요수국(大遼收國)을 건국하고, 금의 장수 포선만노(蒲鮮滿奴)가 여진족의 후신으로 동진국(東眞國, 두만강 유역)을 건국하였다. 이에 따라 잠잠하던 동아시아 정세가 13세기 들어 다시 한 번 요동치기 시작했다.

이러한 상황에서 고려와 몽고의 첫 접촉은 몽골에 쫓긴 거란족이 고려에 침입하면서 이루어 졌다. 거란족의 처음 고려 침입 시에는 김취려가 이를 격파하였으나, 거란군이 재차 침입하였을 때는 강동 6주와 인접한 압록강 이남의 강동성에서 고려·동진국·몽고군이 이를 포위하고 협공하여 섬멸(1219, 강동의 역)하였다. 이때 몽고군과의 첫 접촉이 이루어졌다.

이 강동의 역 이후 고려는 몽골에 협약을 맺고 몽골에 조공을 바치기로 협약하였다. 하지만 몽고의 지나친 조공 요구에 따라 대몽 감정이 악화되어갔다. 1225년에는 금의 잔적에 의한 몽고 사신 저고여의 피살 사건이 발생하였다. 이때 몽고는 배후로 고려를 지목하고 있었다.

한편 몽고에서는 칭키스칸이 1229년 사망하고, 뒤를 이어 오코타이 칸(大汗)이 즉위하여 대고려 강경정책을 펼치기 시작하였다. 이는 금을 도모하기 앞서 배후의 위협세력인 고려를 견제하기 위한 전략적 판단이었다. 당시 고려에는 무신정권이 집권하고 있었다. 무신 정권 또한 몽고의 강경책에 맞서 물러서지 않았다. 당시 고려는 몽고를 야만족으로 치부하며 절대 항복이 불가하다고 결정하고 있었고, 몽고는 고려를 금나라 공격의 장애물로 여기고 있었다.

몽고와의 전쟁은 6차에 걸친 전쟁(1231~1259)으로 근 40여 년의 장기전으로 진행되었다. 전쟁은 2개기로 구분하여 볼 수 있다. 1기(1231~1232)는 몽고의 1~2차 침입 기간이다. 이 시기는 몽고가 금나라 공격을 위한 준비기간으로 고려에 항복과 조공을 요구하였다. 2기(1235~1259)는 몽고의 3~6차 침입으로 고려의 완전 복속을 요구하며 침입하였다. 이때 항전한 고려는 국토가 초토화되고 많은 국민들이 전쟁의 참화를 입었다.

① 1~2차 침입

몽고의 1차 침입은 1231년(고종 18년) 8월에 시작되어 다음 해 3월까지 진행되었다. 명분은 저고여 살해사건에 대한 국가적 응징을 내걸었다. 이는 앞에서도 언급했던 중원의 금을 경략하기위한 우선순위에 의한 것이었다.

몽고군은 기병 3만여 명으로 살리타가 지휘하고 있었다. 이에 맞선 고려의 장수는 박서였다. 주요 전투는 함흥진(의주)과 철주, 귀주, 자주 동선령(황주), 안북, 광주, 충주 등에서 발생했다. 항전은 관군과 더불어 민군(광주, 충주)이 주도했다. 고려는 자주, 동선령, 광주, 충주 등지에서 선전하였으나 몽고군이 개경을 포위했다.

고려는 막대한 조공과 인질 및 사신 파견 등을 조건으로 화의를 체결하였고, 몽고군은 서북면(서경 주변) 40여 성에 72명의 다루가치(達魯花赤, 고려의 내정을 간섭하기 위해 설치한 민정 담당자)가 잔류시키고 복귀하였다. 이때 고려는 충주까지 몽고군의 피해를 입었으며, 무신정권의 수장인 최우는 강화도로 천도하고 대항몽책을 강구하기 시작했다.

몽고의 2차 침입은 1232년(고종 19년) 8월부터 같은 해 12월까지 진행되었다. 2차 침입의 명분은 강화 천도와 조공 거부, 다루가치 축출 등 대 몽고 강경책이었다.

몽고군은 기병 1만여 명을 살리타가 인솔하고 있었다. 몽고군은 별다른 저항 없이 남진하였고, 처인성(용인)에서 민군인 김윤후가 화살로 살리타를 사살했다. 이로 인해 몽고군은 지휘체계가 와해되어 고려와 강화를 맺고 퇴각하게 되었다. 이때의 피해는 몽고군의 별동대가 충주를 거쳐 대구까지 가서 초조대장경을 불살라 버리는 피해를 입었다. 이로부터 몽고군은 30여 년에 걸쳐 계속적으로 침입하였다.

② 3차~6차 침입

이후 몽고의 침입은 1235년(고종 22)~1259(고종 46)까지 지속되었다. 제3차 침입이 1235년 시작되어 1254년에는 마지막인 6차의 침입이 있었다. 3차 침입 시에는 당올대가 경주까지 침입하여 부인사 대장경과 경주 황룡사 9층탑이 소실되는 피해를 입었다. 몽고는 제6차 침입(1254~1259)까지 무차별적인 침입을 반복하여 고려는 많은 피해를 입었다. 몽고가 지속적으로 고려를 침략한 이유는 기본적으로는 몽고의 세계화 정책의 일환으로 남송 경략책의 일환이었다. 여기에다 계속된 출륙·입조·조공 거부 등 고려의 대몽 강경책에 대한 불만이었다.

대몽 항전의 주체는 관군보다는 민군들이었다. 주요 전투는 죽천(3차), 춘천 · 충주(5차), 진주 · 충주 · 아산만(6차) 등 전국 각지에서 있었다. 전란의 피해지역도 제주도를 제외한 전국이었으며. 6차 침입 시에는 20만 명이 포로로 잡혀가는 등 엄청난 인적 피해를 입었다.

③ 삼별초의 항쟁

몽고와 고려는 6차에 걸친 전쟁을 치르면서 상호 강화의 필요성을 느끼기 시작했다. 몽고는 전쟁의 장기화로 인하여 전략적 차질을 빚게 되었고, 고려 역시 막대한 인적·물적 손실로 인하여 국토는 피폐하고 민심은 흉흉하였다. 이에 따라 그간 몽고와 항쟁을 주도했던 무신정권이 몰락하면서 개경 천도가 결정되었다(1270). 이에 앞서 강화 회담에서 고려는 몽고군의 철군을 조건으로 태자가 몽고 조정에 입조하고 풍속과 제도를 그대로 유지하는 형식적인 복속을 약속했다.

하지만 무신 정권의 30년간 누적된 반몽 의식은 쉽게 사라지지 않았다. 여기에 굴욕적인 출륙에 대한 반발이 거세게 일어났다. 거기다 정권을 차지하고 누렸던 지위와 특권도 하루아침에 사라질 위기에 처하게 되었다. 배중손을 중심으로 하는 삼별초 군은 해산을 거부하고 왕족 승화후 온을 추대하여 반몽·반정부 봉기의 기치를 내걸었다(1270~1273).

삼별초는 3개의 별초인 좌별초, 우별초, 신의군으로 구성되어, 관군에서 천민까지 포함하고 있었다. 배중손은 강화도에서 탈출자들이 증가하자 거점을 전남 진도로 옮기기로 결정하고 1,000여 척의 배로 이동했다. 삼별초는 진도로 이동한 뒤 용장성을 축조하고, 남해안 일원을 석권하며 항쟁준비를 서둘렀다. 또한 안전지대로 제주도를 확보하였다. 외교적인 면에서도 고려 정부의 정통성을 자처하여 칭제하고 일본에 사신을 파견하기도 했다. 이에 따라 밀양, 개경, 대부도 등의 여러 지역에서 삼별초에 호응해 왔다.

하지만 여몽 연합군이 진도를 공격하자 삼별초는 김통정의 지휘아래 거점을 제주도로 이동하여(1271) 계속 투쟁하였다. 삼별초는 제주도에 성채를 구축하면서 약 1년여 동안 항전하였으나 여몽 연합군의 공격에 패하여(1273) 반몽 세력은 소멸되었다. 제주도를 평정한 몽골군은 여기에 탐라총관부를 설치하고 목마장을 설치하였다(1273).

이러한 삼별초에 대한 역사적 평가는 시대에 따라 극명하게 엇갈리고 있다. 『고려사』는 혹평하여 삼별초의 지도자인 배중손을 무신집권자인 정중부·이의방·이의민·최충헌 등과 동일하게 반역 열전에 수록하고 있고, 근대의 역사적 평가는 민족의 자주적 정신을 높이 평가하고 있으나 최근의 재평가는 정권 보위군에 주목하기도 한다.

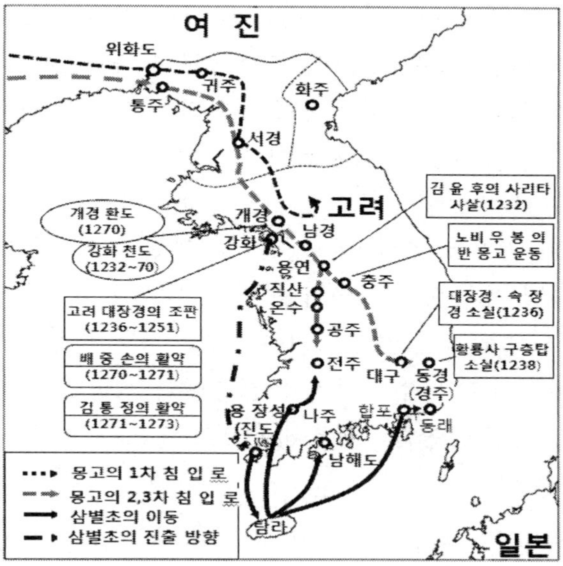

〈몽고와의 항쟁〉

몽고의 침입에 따른 영향으로 국토의 대부분은 황폐화 되었고, 귀중한 문화재는 소실되었다. 대구 부인사의 대장경이 2차 침입 때 소실되고, 황룡사 9층 목탑이 3차 침입 때 소실되었다. 농촌 경제는 파탄상태에 이르렀고, 백성의 생활은 피폐하였다. 정치적으로는 최씨 정권이 몰락(고종 45년, 1258)했다.

몽골와 강화한 다음 강화 환도(1270, 원종 11년)가 이루어졌다. 몽고와의 투쟁에서 민군(하층민)들의 투쟁 정신은 높이 평가되며, 삼별초의 항쟁도 고려 무인정권의 배몽 사상의 정수로, 고려의 전통적 자주정신의 표현이었다.

④ 대몽 전쟁 수행 전략

몽고는 초기에는 중원 경략을 위한 고려의 항복 입조와 공물을 요구하였다. 하지만 중 · 후기로 넘어가면서 고려의 강화조약 불이행에 대한 분풀이 식의 무차별 살육과 약탈, 국토에 대한 무자비한 초토화 작전으로 일관하였다. 그러나 몽고군은 초원의 군대로 수전을 피해 천도한 강화도에 대한 공격은 자제하였다.

이에 대한 고려의 전쟁 수행방식은 민간인 중심의 항전이 이어졌다. 몽고의 1차 침입 시 박서의 귀주성 전투(5천명으로 1만여 병력에 의한 3차례 공격을 저지)를 제외하고는 관군의 역할이 극히 미미했으며, 몽고와의 항쟁은 주로 농민과 천민들이 주축이 되어 진행되었다. 이로 인해 고려 후기에는 천민과 농민들이 지위가 향상되었다.

전술은 주로 거점을 중심으로 한 방어전이나 산성 및 섬으로 들어가 몽고군에 대항하였다. 이때 고려 조정의 역할은 강화도 천도를 통한 항전과 외교적 노력의 병행, 후기에는 철군을 위한 외교적 노력에 불과 하였다. 고려는 군사력 이외에 문화적 우월성을 앞세워 몽고와 대항하려는 전략도 수립하였다. 호국불교의 특성을 살려 불심을 모아 외적의 침략을 격퇴하기 위하여 몽고의 3차 침입 시부터 불타버린 대장경을 대신하여 강화도에서 다시 대장경을 조판하여 완성하였다.

☞ 몽고 : 13세기 이전 몽고고원 일대의 몽고족은 몽고부, 타타르부 등 5개부로 나뉘어져 거주 하고 있었다. 이들은 북방 유목제국인 요와 금의 간접적인 영향력이 작용하는 가운데, 대립과 갈등으로 분열되어 있었다. 1206년 몽고부의 추장이었던 태무진이 5부족을 통일하고 칭기스칸으로 추대되면서 전통적인 씨족 공동체가 해체하고, 군정일치의 통치체제를 구축하였다. 이를 바탕으로 몽고는 세계 제국으로 성장할 발판을 마련하게 되었다.

☞ 몽고와의 전쟁 때 민군 예1) : 처음 충주 부사 우종주가 매양 장부와 문서로 인하여 판관 유홍익과 틈이 있었는데, 몽골군이 쳐들어온다는 말을 듣고 성 지킬 일을 논의하였다. 그런데 의견 상 차이가 있어서 우종주는 양반별초(兩班別抄)를 거느리고, 우홍익은 노군(奴軍)과 잡류별초(雜類別抄)를 거느리고 서로 시기하였다. 몽골군이 오자, 우종주와 유홍익은 양반 등과 함께 다 성을 버리고 도주하고, 오직 노군과 잡류만이 힘을 합하여 쳐서 이를 쫓았다.

『고려사』

☞ 몽고와의 전쟁 때 민군 예2) : 김윤후는 고종 때의 사람으로 일찍이 중이 되어 백현원에 있었다. 몽골 군사가 이르자, 윤후가 처인성으로 난을 피하였는데, 몽골의 원수 살리타가 와서 성을 치자 윤후가 이를 사살하였다. 왕은 그 공을 가상히 여겨 상장군의 벼슬을 주었으나 이를 사양하고 받지 않았다.

『고려사』

☞ 몽고와의 전쟁 때 민군 예3) : 몽골군의 5차 침입시도 천민들은 충주성 전투에서 큰 승리를 거두었다. 이때에 적을 맞아 싸운 장수는 김윤후였다. 몽골군의 포위로 성 내의 식량 사정이 위급하게 되자, 김윤후는 "만일 힘을 다하여 잘 싸우면 귀천을 가리지 않고 관작을 줄 것이다."고 약속하고 병사들을 독려하였다. 이어 그는 관노의 문서를 가져다가 태워버리고, 몽골군으로부터 빼앗은 소와 말을 관

노들에게 나누어 주었다. 관노들은 감격하여 용전분투한 결과 침략군을 격퇴하고 끝까지 성을 지켜냈다.

『고려사』

☞ 진도의 입지 조건 : 진도는 개경에서 멀리 떨어진 섬으로 강화도에 비하여 안정성이 높았다. 하지만 고려 정부가 몽고와 결탁한 상황에서 강도의 수비는 취약점이 많았다. 남해안 일대는 최씨 무인 정권의 경제적 기반이 있던 지역(진도, 순천, 보성, 강진)이었기에 삼별초에게 경제적 도움의 가능성이 기대되었다. 또한 진도는 경상도와 전라도의 세곡이 조운을 통하여 개경으로 운송하는 해상의 요충지로 물자 획득에 유리한 입지적 조건을 갖추고 있었다.

9. 조선의 건국과 양반사회의 성립[9)]

조선 시대의 역사는 현대를 사는 우리에게 시사하는 바가 매우 크다. 조선은 역사시대 중 중세에서 근세로 지향했던 시기이기도 하거니와 현대와 가장 근접하여 우리에게 많은 영향을 미친 시대이기 때문이다.

우리 역사에서 왕조 교체는 외부의 영향보다는 새로운 사회를 개창하기 위한 내부적인 동력에 의해서였다. 사회발전의 동력이 고갈되어 새로운 사회 창조를 위한 대안이 필요했을 때 자연스럽게 새로운 활력이 품어져 나오면서 시대가 요구하는 새로운 왕조가 들어서곤 했다

조선도 이와 같은 우리 전통의 역사 교체와 맥을 같이 한다. 고려 말기 원 간섭 이래 쌓였던 내부적 모순이 새로운 시대 탄생을 요구하고 있었던 것이다. 조선 주창세력들은 바로 이러한 고려의 모순 속에서 새로운 세계를 빚어냈다. 고려 왕조에서 조선 왕조로의 교체는 우리 역사에서 어떠한 의미를 갖는지를 확인해 보자

1 조선의 건국

① 고려 말의 개혁정치

고려는 몽고와의 전쟁이후 강화도에서 환도(원종 11년, 1270)를 단행하면서 무인정권은 몰락했다. 이후 몽고는 고려의 영토 일부를 직접 지배하였고(쌍성총관부, 동녕부, 탐라총관부), 일본 원정을 위해 설치한 정동행성(征東行省)을 원정 포기 이후에도 존속시키면서 지속적으로 내정을 간섭했다. 行省)을 원정 포기 이후에도 존속시키면서 지속적으로 내정을 간섭했다.

몽고는 고려 왕자를 인질로 삼아 원의 수도인 대도에 머물게 하고(禿魯花 독로화 ; 인질) 몽골의 부마(왕의 사위)로 삼았다. 따라서 고려는 황제국에서 부마국(駙馬國)으로 전락(짐을 고로, 황제를 전하로, 태자를 세자로, 왕의 묘호를 조·종 대신 충○왕으로)하는 처지가 되었으며, 인적 수탈의 자행으로 많은 피해를 입었다. 또한 원은 부원세력을 육성하고 남만주 일대의 고려인(유민과 포로 등) 통치를 구실로 고

9) 한국고중세사사전, 2007, 『한국사사전편찬회 엮음』, 가람 기획

려 왕족을 심양왕으로 임명하여 분열정책을 시도하기도 하였다.

원 · 명교체기에 원이 쇠퇴 조짐을 보이자 공민왕(1352~1374)은 왕권강화 노력을 경주하면서 반원자주정책을 추진하였다. 외교적으로도 명과 사신을 교환하면서 정동행성을 철폐하여 관제를 복구하였다. 그간 원이 지배하던 쌍성총관부를 탈환하고 동령부를 공격하였다. 권문세족의 억제책으로 정방(政房)을 폐지하고 국왕이 인사권을 장악하였다. 경제적으로는 전민변정도감을 설치하고 신돈을 중용하여 권문세족의 토지와 노비를 회수하기도 하였다.

그러나 공민왕의 개혁 정책은 원의 압력과 권문세족의 반발로 성과를 얻지 못하고 종료되었다. 이 권문세족들은 고려 전기의 문벌귀족이 이어진 경우와 고려 후기 무신정권과 원을 배경으로 성장한 계층으로 중앙에서 막강한 영향력을 행사하고 있던 인사들이었다. 특히 부원세력으로는 몽고어에 익숙한 역관 출신과 매를 사육하던 응방출신, 삼별초나 일본 정벌의 무관(김방겸 등) 출신, 원 왕실과 혼인관계를 유지한 자(기철) 등이었다. 권문세족은 면세와 면역의 특권을 유지하고, 부재지주로서 전국 각지에 국유지와 자영농의 토지를 침탈하고 토지를 겸병하면서 국가 재정의 악화를 초래하고 있었다.

② 신진 사대부와 신흥 무인세력의 등장

이 시기에 신진사대부들이 성장하고 있었다. 사대부(士大夫)의 의미는 학문적인 교양과 정치적 실무 능력을 갖춘 학자적 관료를 의미한다. 이들 사대부는 유교적 소양과 행정 실무 능력을 갖추고 무신집권기 이래 과거를 통하여 중앙 관리로 진출한 부류들이다. 이들의 대부분 지방 향리 또는 중·소지주 출신들이었다.

신진사대부들은 친원적인 권문세족에 반대했으며, 공민왕의 개혁정치에 동조하면서 당시 발호하던 홍건적과 왜구의 토벌로 힘을 얻고 있는 신흥 무인세력과 결합하였다. 이들은 그간 권문세족의 인사권 독점으로 인하여 관직 지출이 제한되고, 과전과 녹봉도 제대로 지급 받지 못하는 처지였지만 신흥 무인세력과 결합하면서 새로운 사회 태동의 주체세력으로 성장하게 되었다.

고려 말 정치기강이 문란해지고 백성들의 생활은 파탄 상태에 이르렀다. 사원 경제의 비대화로 국가 재정난이 가중되었고, 홍건적(머리에 붉은 두건을 둘렀다)과 왜구의 침입으로 혼란이 가중되었다.

홍건적은 원 말에 한 족의 비밀결사인 백련교도를 이끌고 반란을 일으켰다가 원에 쫓기자 압록강을 넘어 고려에 침입해 왔다. 1차 침입(공민왕, 1359)으로 서경이 점령되었으나 이승경 등이 격퇴하였고, 2차 침입(1361)은 최영·이성계 등이 격퇴하였다. 또한 고종 때부터 침입을 시작하던 왜구는 공민왕에서 우왕 때 가장 극성을 부렸다. 이 왜구의 침입으로 연안 지방이 황폐화 되고 국가 조운이 마비되었다. 이에 따라 공민왕은 수군을 창설하고 해안을 경계하는 사수사를 설치했으며, 우왕(1377) 때에는 화통도감을 설치하고 화약 무기를 제조하였다.

이러한 홍건적과 왜구의 발호를 격퇴하는 과정에서 최영, 이성계 등의 신흥 무인 세력이 등장하였다. 우왕(친원책으로 선회) 때 이성계와 신신사대부의 지원으로 이인임 일파를 축출하면서 최영이 집권세력으로 등장하였다.

③ 조선의 개창

하지만 개혁의 방향을 둘러싸고 신진사대부의 내부에서 세력 갈등이 발생했다. 이때 온건파는 최영 · 이색 · 정몽주 · 길재 등이었고, 급진파는 이성계 · 정도전 · 조준 등이었다. 개혁의 주체세력들은 '요동정벌론'을 두고 대립하게 되었다. 우왕 때 명이 사신 피살 사건과 친원 정책에 대한 보복으로 쌍성총관부 관할 하에 있던 철령 이북의 땅을 명의 직속령으로 하겠다고 통보해 왔다. 이에 친원파인 우왕과 최영 등이 요동 정벌을 주장하였고, 친명파인 이성계 등은 4불가론을 들어 반대하였다.

이성계는 요동정벌을 위해 출병하였으나 압록강 위화도에서 회군(1388)하여 최영 등을 제거하였다. 곧이어 이성계는 우왕과 창왕을 신돈의 혈통이라 하여 폐위하고 공양왕을 추대(1389)하였다. 정권을 잡은 이성계 일파는 즉시 전제 개혁에 돌입하였다. 급전도감을 설치하고 조준의 사전 개혁안을 중심으로 토지제도 개혁에 착수하여 전국적인 양전사업을 실시하였다(1389). 전국의 토지를 재측량하고, 공사전적을 소각(1390)하여 모든 토지를 국유화 하여 권문세족의 경제적 기반을 붕괴시켰다.

이어 1391년에는 국가재정의 확보와 신진관료의 경제적 기반 마련 및 농민생활 안정의 목적으로 과전법(科田法)을 공포하여 경기도에 한정하여 관료들에게 토지를 지급하였다. 이성계는 정도전 · 배극렴 · 조준 등 혁명파 사대부의 추대와 도평의사사의 의결을 거쳐 선양의 형식으로 왕위를 계승하고 국호를 조선(1392)이라 하였다. 한양으로의 수도 천도는 1394년에 이루어졌다.

☞ 진포 대첩 : 우왕 6년(1380) 8월 왜구는 500여 척의 함선을 이끌고 진포로 쳐들어와 충청 · 전라 · 경상도의 3도 연해를 돌며 약탈을 일삼았다. 고려 조정에서는 나세 심덕부 등이 나서서 최무선이 만든 화포로 왜선을 모두 불태워 버렸다.

『고려사』

☞ 황산대첩 : 그때에 나이는 겨우 15~16세 되고 외모가 단아하며 영용무쌍한 적장 한 명이 나타나서 백마를 타고 창을 두르며 돌격하니 가는 곳마다 삼대처럼 쓰러지며 감히 대전하는 자가 없었다. 아군은 그를 아직발도(阿只拔都)라고 부르며 모두 피해 달아났다 태조 이성계는 그의 용맹함을 아끼어 이두란에게 생포하라고 명령하니 이두란이 말하기를 "죽이지 않으면 반드시 사람을 상하게 할 것이요, 그리고 그는 견고한 갑옷을 입었고 면상에는 구리 면(面)을 쓰고 있어서 조금도 틈이 없습니다."라고 하니 태조 이성계는 말하기를 "내가 적장의 투구 윗꼬지를 쏠 터이니 투구가 떨어지면 네가 쏘아라" 하고 말을 달려 나가며 쏘니 바로 그 꼭지를 맞아서 투구 끈이 끊어지며 한편으로 기울어졌다. 이어 적장은 급히 투구를 바로 잡아 썼으나 즉시 태조 이성계가 쏘아서 또 다시 투구 꼭지에 명중되어 투구가 드디어 떨어졌다. 그 순간에 이두란이 쏘아서 그를 죽였다.

『고려사』

☞ 이성계의 4불가론

가. 작은 나라로 큰 나라를 치는 것

나. 농사철에 군사를 일으키는 것

다. 요동을 공격하게 되면 왜구에게 침입할 틈을 줄 것임

라. 여름철이라서 비가 자주 내리므로 아교가 녹아 활이 눅고, 군사들은 질병이 만연할 것임

2 양반사회의 성립

① 양반사회의 성립

〔 **성리학의 전래** 〕 조선은 여말선초의 신흥 사대부들이 중심이 되어 세워진 나라이다. 신흥사대부들은 조선 건국 후 양반이라고 하는 특수한 신분층으로 자리 잡으면서 그들의 학문이념이자 정치이념인 성리학을 국가 교학으로 확립시켰다.

흔히 조선의 성리학은 망국의 정치이념으로 이해되고, 고루한 정치철학으로 치부되는 경우가 왕왕 있었다. 하지만 건국 초기의 성리학의 이상은 높았다. 유교의 이상주의적인 국가를 건설하기위한 정치이념으로 손색이 없었다. 이러한 성리학은 양반 중심의 사회체제와 결합하여 독특한 정치와 문화체제를 형성하고 우리 문화를 한 단계 성숙한 단계로 끌어 올렸다. 여말에 들어온 성리학은 유학의 한 갈래였다. 북송(北宋)이래 학설을 남송의 주희가 집대성하여 철학의 체계를 세운 것이 성리학이다. 이는 일명 주자학(朱子學, 신유학)이라고 불리기도 한다.

주자학으로서의 성리학은 우리나라에 고려 말 충렬왕 대 원나라로부터 안향에 의해 전래되었다. 당시의 사회풍조인 노불사상(老佛思想)의 지나친 신비주의를 배격하고 새로운 학풍으로 원나라의 예속에서 벗어나 자주적 독립성을 강조하는 데 있어서도 주자학은 윤리적이며 합리적이고 문화적인 활력이 될 수 있다는 점에서 환영을 받았다. 성리학은 고려 말에 안향 · 백이정 · 권부 · 이색 · 정몽주 · 길재 등에 의해서 계승되었다. 고려가 멸망하고 조선이 새롭게 개창되는 과정에서 성리학은 '배불숭유(排佛崇儒)' 운동으로 더욱 발전하게 되었다.

〔 **통치제도** 〕 조선 초기는 양반 사회의 통치제제였다. 좁은 의미로 양반(兩班)이라 하는 것은 문반(文班)과 무반(武班)을 일컫는 말로 국왕이 조회를 받을 때, 남향한 국왕에 대하여 동쪽에 서는 반열(班列)을 동반(東班 : 문반), 서쪽에 서는 반열을 서반(西班 : 무반)이라 하고, 이 두 반열을 통칭하여 양반이라 하였다.

그러나 양반관료체제가 점차 정비되면서 문·무반 직을 가진 사람뿐 아니라 그 가족, 가문까지도 양반으로 불리게 되었다. 그리하여 관제상의 문·무반을 뜻하는 본래의 양반 개념은 지배 신분층을 뜻하는 양반 개념으로 바뀌게 되었다. 이러한 경향은 양반 간의 폐쇄적인 통혼과 신분의 세습, 거주지 구분, 서얼 및 지방(함경도, 평안도) 차별 등의 문제점이 드러나기도 했다.

조선의 통치를 위한 중앙 정치기구는 의정부(議政府)와 육조(六朝)가 있었다. 의정부는 고려의 도평의사사의 후신으로 발전하였고, 3정승(영의정, 우의정, 좌의정)의 회의기관이었다. 6조는 이 · 호 · 예 · 병 · 형 · 공조로 정치적 실무를 구분하여 담당하였다. 세종 때는 성리학적 왕도정치(인과 덕을 바탕으로 하는 정치로 유교에서 이상으로 삼는 정치)에 따라 의정부 사서제(왕의 권한을 의정부에 넘겨준 제도)를 시행하여 청백리인 현명하고 유능한 재상을 임명하여 국정을 위임하여 통제하게 하였으나 세조 때 다시 육조직계제(6조의 판서가 정무를 왕에게 직접 보고하도록 한 제도)로 변경되어 정착되었다.

승정원은 국왕의 비서기관 역할을 수행하였으며, 중요 권력기관으로 자리 잡았다. 3사(司)는 의정부와 6조를 견제하였다. 홍문관은 집현전의 후신으로 학술기관이자 국왕의 고문기관으로 경연(국왕에게 경서를 가르치는 제도)을 담당하였다. 사헌부는 감찰기구로서 현실정치를 비판하고 조정의 풍기 · 풍속을 교정하였다. 사간원은 현실 정치 및 관원의 임명을 비판하여 정도의 정치를 구현하고자 하였다.

지방 8도는 경기, 충청, 전라, 경상, 황해, 강원, 함경, 평안도로써 현재와 거의 유사한 체제였다. 행정은 도(관찰사)-부(부윤)·목(목사)·군(군수)·현(현감)으로 말단 행정기관까지 중앙에서 행정관원이 파견되어 중앙 통치체제를 완비하였다. 또한 군·현의 향청(향소 또는 유향소라 이름 한 지방자치기관, 지방의 덕망 있는 자를 수령이 임명, 임기는 2년)에는 좌수와 별감이 있어 수령 보좌 및 향리 규찰을 하면서 지방 양반들이 영향력을 행사하였다. 지방 행정단위에도 6조를 모방한 6조가 있어 지방의 토착 향리가 업무를 수행하면서 수령과 지역 양반의 교량 역할을 담당하였다.

당시의 왕도정치는 안정적인 경제를 바탕으로 성리학적 견지에서 인심을 통한 정치를 구현하고자 하였다. 따라서 국왕의 도덕적 자기 수양과 더불어 도덕정치가 강조되었다. 이를 위해 왕은 성균관에서 경학의 소양을 쌓아 만백성의 어버이로서 자질을 갖추도록 경연에 참가하는 것이 큰 일과였다.

관리들은 성리학적 소양을 중심으로 한 측정을 통해서 관직에 등용되었다. 이러한 과거시험의 종류에는 문과와 무과 잡과와 기타가 있었다. 문과는 소과(생진과 또는 사마시)에서 초시와 복시를 거쳐 생원과 진사를 선발 하급관리로 임명하거나 성균관에 입학하여 대과에 응시하도록 하였다. 다음 대과에서 소과 합격생과 성균관 유생들이 삼시제(초시와 복시 그리고 전시)를 거치도록 했다. 복시에서 33명을 선발하고 왕 앞에서 치르는 전시에는 갑·을·병과의 등급을 결정하여 홍패를 지급하였다. 1등인 장원은 종 6품인 참상관에 제수되었고, 관직에 있는 자가 합격하면 1~4등급을 올려주어 성리학적 학문에 힘쓰도록 고무하였다. 이렇게 경학을 연구한 관료들이 대거 정치에 입문하여 조선사회를 이끌어 갔던 것이다.

무과는 삼시제로 복시에서 28명을 뽑아 전시에서 등급만을 구분하였으며 합격자를 선달이라 하였다. 잡과에서는 해당 관청에서 주관하여 역과, 의과, 율과, 음양과 등 4과가 있었다.

시험 시기는 3년 마다 실시하는 정기시험인 식년시와 국왕 즉위 시에 시행하는 증광시. 기타 국가 경사시의 별시, 국왕이 봄, 가을 성균관 문묘석 존례에 참석한 뒤 실시하는 알성시가 있었다.

조선 왕조는 다양한 정책과 문물제도의 정비로 백성들의 삶의 질을 향상하기 위해 노력했다. 지리지에 대한 정비와 훈민정음 등이 창제되었다. 조선은 농본주의 경제 정책을 통해 재정확충과 민생 안정을 추구하여 왕도정치의 이상을 실현하려 하였다. 토지제도는 직전법(세조)과 관수관급제(성종)로 전환하면서 국가의 토지 지배권을 강화하여 양반들이 토지를 빌미로 하여 토지와 농민을 지배하는 방식이 소멸되었다.

② 대외정책

조선의 대외정책은 사대교린(事大交隣)이었다. 사대는 세력이 강하고 큰 나라는 받들어 섬기는 것이었고, 교린은 이웃 나라들과는 사귀어 안정을 도모한다는 정책으로 조선 건국 이래의 정책이었다.

조선은 개국 초부터 매년 정기적으로 명에 하정사(정월 초하루), 성절사(황제 생일), 동지사(동짓날) 등을 파견하여 사대의 예를 보였고, 이밖에도 사은사(고마운 일이 있을 때), 주청사(특별한 보고 시), 진하사(황실 경사), 진위사(황실에 불행) 등을 수시로 보내 진상(필마, 인삼, 피물, 포자 등)하면서 외교관계를 유지하였다.

이 사행(使行)에는 중국 황실에서 답례로 주는 회사(回賜, 비단, 자기. 약재, 서적)가 있었다. 이때 상인들이 동행하여 무역을 진행하였다. 명은 이러한 관무역(官

貿易)외에 사무역을 허락하지 않아 조선은 사신을 보내 조공을 하면서 적극적으로 경제, 문화, 인적인 교류를 하였다. 따라서 이는 조선 후기의 맹목적인 사대와 달리 선진문물을 흡수하기위한 조선의 필요에 따른 적극적 외교의 표현 방식이었다. 이러한 외교 관례는 조선뿐만이 아니라 당시 동아시아 정치체제의 한 형태로 진행되었다.

한편 조선의 대(對)일본 교린은 왜구 방지를 위한 평화적 회유책이었다. 이는 교린정책으로서 이웃과 평화롭게 지낸다는 정책이었다. 조선은 개국 초부터 대일교섭을 통하여 노략질하는 왜구의 출해 금지를 요구하였고, 일본도 조선 정부의 요구에 응하는 한편 통교를 요구하며 사신을 파견하였다. 조선도 통신사·회례사를 보냈다. 또한 왜구의 근거지인 대마도의 도주(島主) 소씨(宗氏)에게도 왜구 금압의 책임을 지우는 한편 조선에 대한 무역통제의 특권을 주었다.

여진도 국경지대에서 노략질을 못하도록 달래는 회유정책이었다. 여진의 실력자에게 관직을 하사하고 조선에 들어와 국왕에게 예를 갖추게 함으로써, 형식적인 종속관계를 유지하였다. 또한 귀화의 장려와 무역의 허락으로 그들에게 필요한 물자를 공급하였다. 조선은 북평관을 세워 조공무역을 허락했고, 경성과, 경원에 무역소를 설치했다. 결국 여진도 조선과 마찬가지로 실질적으로는 그들이 가지고 온 물건의 진상과 그에 대한 회사로 이루어지는 관무역에 관심이 있었다.

하지만 왜구와 여진에 대하여 필요에 따른 강경책을 구사하기도 했다. 세종 대에는 압록강 유역에 4군(최윤덕)과 두만강 유역에 6진(김종서)을 개척하여 압록강과 두만강을 연하는 오늘날의 국경선을 확정하였으며, 사민정책으로 삼남지방의 주민들을 함경・평안도로 이주시켜 북방지역을 확보하고 국경선을 확정지었다. 세종 대에는 대일 강경책으로 왜구의 근거지인 대마도를 정벌(이종무, 1419)하였고, 세종 8년(1426)에는 삼포(부산포, 염포, 제포)를 개항하여 무역을 허락하였다. 이밖에 류큐(오키나와), 시암(태국), 자와(인도네시아) 등과도 교류하며 조공과 진상 형식으로 교역하였다.

이와 같은 조선의 외교 정책은 사대로 큰 나라를 섬김으로써 국가의 존립을 보장받고, 이웃과 평화를 유지하면서 국방상의 문제점들을 해소하는 교린에 그 특징이 있었다. 하지만 그 실질적인 내용은 진상과 회사 형식의 물물거래의 무역행위였다.

☞ 유향소와 경재소 : 조정에서는 유향소를 설립하여 풍속을 바르게 하고 부정한 관리를 규찰하였다. 경재소를 설립하여 유향소를 감독하였다.

고을에는 각 자리 잡은 성씨가 있는데 서울에 살면서 벼슬하는 사람 중에서 경재소가 구성되었다. 경재소에는 각 고향에 살고 있는 토박이 성씨 중에서 강직하고 총명한 자를 선택하여 유향소에 두어 사무를 보도록 하거나 간사한 향리의 범법행위를 서로 규찰하여 풍속을 유시시키는데 그 유래가 오래 되었다.

『성종실록』

☞ 조선 시대 왕의 하루

04:00~05:00 기상
06:00 문안인사(대왕대비, 대비, 선왕)
07:00 아침 식사
08:00 아침공부(조강)
10:00 아침조회
11:00 오전업무
12:00~13:00 점심 식사
14:00 낮 공부(주강)
15:00 신료 접견
15:00 궁궐 숙직자 확인
16:00 저녁 공부(석강)
17:00 저녁 식사
20:00 저녁 문안
20:00 상소문 읽기
23:00 취침

☞ 선비의 하루

02:00~04:00 하계 기상 및 공부
04:00~06:00 동계 기상, 문안 인사, 독서
06:00~08:00 독서, 자녀 교육(글공부)
08:00~10:00 식사, 사색과 성찰
10:00~12:00 손님접대, 독서
12:00~14:00 일꾼 관리
14:00~16:00 독서와 사색
16:00~18:00 식사, 묵상
18:00~20:00 일기, 자녀 교육
20:00~22:00 취침

3 사림세력의 등장과 붕당의 발생

① 훈구세력의 지배와 사회변화

조선은 15세기에 이르러 훈구(勳舊)세력이 정치의 주도권을 잡기 시작하였다. 훈구세력은 혁명파 사대부(정도전)에서 기원하기 시작하여 성균관이나 집현전을 통하여 양성된 관학 출신(관학파)들이었다. 이들은 조선 전기의 왕자의 난과 세조 즉위, 중종반정 시 공을 세워 토지와 노비를 지급받고 왕실과 혼인관계를 유지하며 의정부와 6조를 장악하고 경제적으로는 대다수의 농장을 차지한 대지주 출신이었다(이들은 성종 때부터 중앙정치에 참여하지 않고 지방에서 학문과 교육에 힘쓰던 사림파로부터 비난을 받기 시작하여 이후 4차례의 사화를 일으켰다).

훈구세력은 중앙 집권체제를 강조하면서 부국강병과 민생안정을 추구하였다. 단군 숭배 등의 자주적 민족의식을 가지고 있었으며, 타 사상에 개방적인 면모를 보이면서 조선 초기에 민족문화 발전에 크게 공헌하였다.

훈구세력은 대토지를 소유하여 노비뿐만이 아니라 그 주변의 농민에게 경작시키고 절반씩 나누어 가지는 병작반수의 소작이 성행하였다. 또한 16세기 이후 수취제도가 문란하여 몰락하는 농민이 증가하였는데, 중앙 관청의 관리들이 공물을 대납하고 그 대가를 과다하게 징수(방납 : 防納 백성이 직접 공물을 납부하는 것을 방해한다는 의미)했다. 군역은 요역(徭役 : 국가나 사회의 공공복지를 위해 필요한 공사 등에 백성들이 무상으로 동원되는 것)화 되었고, 대립제(代立制 : 대신 군에 가서 복무하는 제도)가 성행하자 이를 양성화한 방군 수포제(농민이 국가에 1년에 군포 2필을 납부하고 군역을 면제받는 제도)가 성행하였다.

② 사림의 등장과 중앙정계 장악

사림은 재야의 독서인으로 기원은 고려 말 사대부인 정몽주와 길재의 학통을 이어받았다. 이들은 향촌의 유향소 혹은 향청을 통해 지방 정치에 참여하면서 지방 사학을 중심으로 양성되었다. 15세기 말 성종이 훈구세력을 견제하기 위해 김종직 등을 등용하면서 중앙 정계에 진출하기 시작했다(김굉필, 정여창, 김일손 등).

이들은 과거를 통해 전랑(조선시대 문무관의 인사행정을 담당하던 이조와 병조의 정5품관인 정랑(正郎)과 정6품관인 좌랑(佐郎)직의 통칭)과 3사의 언관직에 등용되면서 훈구 세력의 비리를 비판하기 시작했다. 사림세력과 훈구세력은 사상적・정치적으로 대립하게 되었는데, 훈구세력과 사림세력 간에는 연산군 대부터 명종 대까지 4차례의 사화(士禍, 많은 선비가 화를 입음)가 발생하여 주로 사림세력이 큰 피해를 입었다. 하지만 사림파는 선조 때 훈구파를 제압하고 중앙 정계로 진출하였다.

사화에서 얻어진 정치비판과 반대파의 복수 관념은 서원의 발전과 더불어 조선후기의 당쟁을 격화시키는 원인 중의 하나가 되었다. 사림 세력은 사화로 인하여 큰 피해를 보았으나 사림 세력의 기반인 서원과 향약(鄕約)으로 향촌에 대한 유교 도덕 이념 구현과 지배를 확대하고 16세기 후반 중앙정계로 진출하여 정권을 잡았다.

☞ 무오사화(戊午士禍, 1498, 연산군 4) : 연산군 초 김종직의 '조의제문(弔義帝文 ; 수양대군의 왕의 찬탈을 비난한 글)'을 김일손이 사초(史草)에 게재한 것을 구실로 유자광 중심의 훈구세력이 김일손 등 사림을 제거한 사화이다.

☞ 갑사사화(甲子士禍, 1504, 연산군 10) : 연산군의 생모 폐비 윤씨의 복위 문제를 둘러싸고 연산군이 궁중 측근세력의 충동으로 발생시킨 사화로 훈구와 사림의 세력이 약화되었다. 이후 연산군의 폭정으로 중종반정(中宗反正)이 발생했다.

☞ 기묘사화(己卯士禍, 1519, 중종 14) : 훈구파의 중종반정에 대한 공훈에 비판적이던 조광조(趙光祖) 등의 사림파들이 위훈삭제사건(僞勳削除事件)을 일으켰다가, 조광조 등의 사림세력이 축출되었다.

☞ 을사사화(乙巳士禍, 1545, 명종 원년) : 왕실의 외척인 윤임(尹任), 즉 대윤(大尹)과 같은 파평(坡平) 윤씨인 윤원형(尹元衡), 즉 소윤(小尹) 사이의 권력 다툼에 많은 선비가 희생되었다.

③ 붕당의 발생

중앙 정계에 진출하여 중심 세력이 된 사림은 학문적 입장과 학통에 따라 파당을 형성하고, 정치적 이념과 학문적 경향에 따라 집결하여 16세기 선조 때(1575, 선조 8) 붕당(朋黨)을 형성하였다.

붕당은 명종 때의 외척의 정치 청산을 둘러싼 기성 사림(훈구 세력과 연합)과 신진 사림(후구 세력의 배척) 사이의 갈등과 문관의 인사를 천거하는 이조전랑의 임명 문제를 두고 대결하면서 시작되었다. 이들은 동인과 서인으로 자기 분화하면서 세력을 형성하였다.

동인은 신진 사림으로 선조 때 정계에 등장한 김효원 및 신진관료 들로 척신정치 개혁에 적극적이었으며, 이황과 조식 그리고 서경덕 등의 학풍을 계승하고 도덕적 신념을 중시하였다. 이에 비해 서인은 신의겸 등의 기성 사림으로 척신정치의 개혁에는 소극적 입장을 견지했다. 이이와 성혼의 학풍을 이어 받아 현실 문제 해결에 관심을 보였다.

붕당정치는 정파적, 학파적 성격을 공유하고 상호 견제와 비판을 인정하며, 책임 정치로 정책 실패 시에는 정권이 교체되는 원리였다. 붕당정치는 여론을 중요시 하여 비변사를 통해 여론을 수렴하고 지방 사족의 공론을 수렴하기 위해 서원과 향교를 중시하였다. 이러한 붕당 정치는 정치의 활성화와 폭 넓은 여론을 반영할 수 있었었고, 상호 비판적인 견제와 균형이 가능하였다.

하지만 공론은 대다수의 백성의 의견이 아닌 지배층의 의견을 수렴한 공론이었으며, 왕권이 약화될 때는 백성의 복리보다 대립과 분열로 당파의 이익을 우선하는 문제가 발생하였으며, 초기의 건전한 이념보다는 학벌과 지연에 치우치는 악순환이 반복되었다.

☞ 동인, 서인의 분당

김효원이 알성 과거에 장원으로 합격하여 (이조) 전랑의 물망에 올랐으나, 그가 윤원형의 문객이었다 하여 심의겸이 반대하였다. 그 후에 (심의겸의 동생) 심충겸이 장원 급제하여 전랑으로 천거되었으나, 외척이라 하여 효원이 반대하였다. 이 때, 양편 친지들이 각기 다른 주장을 내세우면서 서로 배척하여 동인, 서인의 말이 여기서 비롯하였다. 효원의 집이 동쪽 건천동에 있고 의겸의 집이 서쪽 정도에 있기 때문이었다. 동인의 생각은 결코 외척을 등용할 수 없다는 것이었고, 서인의 생각은 심의겸이 공로가 많을 뿐더러 선비인데 어찌 앞길을 막느냐는 것이었다.

『연려실기술』

10. 조선의 국난 극복[10)]

조선 시대의 '양난'이라 함은 크게는 임진왜란과 병자호란의 전쟁만을 의미하는 것이나 세부적으로는 임진왜란에는 정유재란, 병자호란에는 정묘호란을 포함하고 있다. 임진왜란과 정유재란은 왜(倭)가 발생시킨 전쟁이었고, 정묘호란과 병자호란은 호(胡, 만주족 또는 오랑캐)가 일으킨 전쟁으로 연이어 발생하였다.

이 양난은 외적의 침입에 대항하여 투쟁한 민족사적 의미와 더불어 역사적으로도 시대를 가르는 중요한 분기점으로 작용하고 있다. 양난을 기점으로 조선 사회의 전기와 후기로 나누는 시대구분이 되고, 조선은 이 양난을 극복하고 근세 국가에서 한 단계 더 성숙한 문화 창조와 더불어 근대국가로 이행하게 되는 시점이 되기도 한다.

1 왜의 침략과 극복

① 개요

왜(倭)는 1185년의 가마꾸라 막부(幕府)가 1336년 무로마치 막부로 계승되면서 무가정치(武家政治)의 전통을 이어갔다. 그리고 1467년 이후에는 120여 년간 다이묘(大名)들 간의 대립과 항쟁 시대인 전국시대로 접어들었다. 1573년에는 오다 노부나가(織田信長)가 형식적으로 존속하던 막부를 멸망시키고 통일을 추진하던 중 암살되고(1582), 오다의 부장이었던 도요토미 히데요시(豊信秀吉)가 그 지위를 계승 전국시대를 종료 짓고 통일(1590)을 이루었다.

전국을 통일한 도요토미 히데요시는 아직은 불안정한 일본 정국을 외국과의 전쟁을 통해 해소하고자 하려는 의도와 더불어 중국을 정복하여 대륙으로 진출하고자 하는 욕망으로 조선에 '정명가도(征明假道)'를 요구하며 전쟁을 발발시켰다. 전쟁 전 일본은 3포(부산포, 제포, 염포)왜란(1510, 중종, 비변사 설치)과 을묘왜변(1555, 70

10) 金九鎭, 2005, 「조선 시대 6鎭 방어 전략 -制勝方略체제의 연구-」, 『白山學報 』71, 白山學會
金璘純, 2008, 「이순신의 전쟁수행에 관한 인간학적 고찰」, 『軍史』 第66號, 국방부군사편찬연구소
趙湲來, 2007, 「정유재란과 順天倭城論 재검토」, 『文化史學』 제27호, 韓國文化史學會
이찬희, 2006, 『동아시아의 역사분쟁』, 동재
오수창, 2006, 「오해 속 병자호란, 시대적 한계 앞의 인조」, 『내일을 여는 역사』, 서해문집

여 척의 배로 전남 연안 지방을 습격)을 일으킨 바 있었고, 내전과 대항해 시대 이후로 동양으로 진출하는 유럽의 상인들로부터 신식 무기를 받아들이며 전투력이 증강되어 있었다.

개국 이래 조선은 일본에 대하여 교린 정책을 기본으로 하여 강경책(세종, 이종무의 대마도 정벌)으로 왜구를 격멸하기도 하고, 회유책으로 제한된 무역을 허용하고 삼포를 개항(1426)하고 계해약조(1443, 대마도 주의 간청으로 다시 삼포를 개항하며 구체적인 협약 내용을 명시하여 재발 방지)를 체결하고 있었다.

하지만 조정에서는 동서분당이 진행되어 국론이 분열되고 있었다. 붕당으로 인하여 유성룡을 중심으로 한 동인은 이이를 중심으로 한 서인의 10만 양병설에 반대하였으며, 일본의 정세를 파악하기위해 파견한 통신사(황윤길은 통신사로 일본에 파견되어 풍신수길을 접견하고 부사인 김성일과 상반되게 일본의 내침을 예견하는 보고서를 올렸으나 동인이 세력을 형성하고 있는 조정은 서인인 그의 의견을 무시하였다.)마저 붕당 간의 인식차이가 발생하여 일본의 침입에 적극적인 대응을 하지 못하고 말았다. 특히 군정(조선시대 군사행정인 군적과 군사재정의 근원인 군포에 관한 일을 총칭하여 이름)에서 군역과 요역이 문란 해 지면서 방군수포제가 성행하여 국방력의 약화를 초래하고 있었다.

② 육군의 패전

왜군은 도요토미 히데요시의 명에 따라 조선 침공을 개시했다. 편성은 총 9번대(番隊) 158,700명으로, 선봉은 1번대 고니시 유키나카(小西行長) 군 18,700명, 2번대 가토 기요마사(加藤清正) 군 22,800명, 3번대 구로다 나가마사(黑田長政) 군 11,000명 등 52,500명 규모였다.

왜군은 선조 25년인 1592년 4월 13일 저녁 왜군 1번대가 700여 척의 군선을 이용하여 부산 앞바다에 당도하였다. 다음 날 아침 왜군은 부산포에 상륙하여 부산성을 함락시키고, 15일에는 동래성을 함락시켰다. 이때 정발(부산진)과 송상현(동래성)이 싸웠으나 순절하고 말았다. 왜군은 18일에는 밀양, 20일에는 대구로 진격하였다.한편 2번 대와 3번 대는 4월 19일 부산과 낙동강 하구에 상륙하였다. 2번 대는 21일에 경주를 함락시키고 북상하였다.

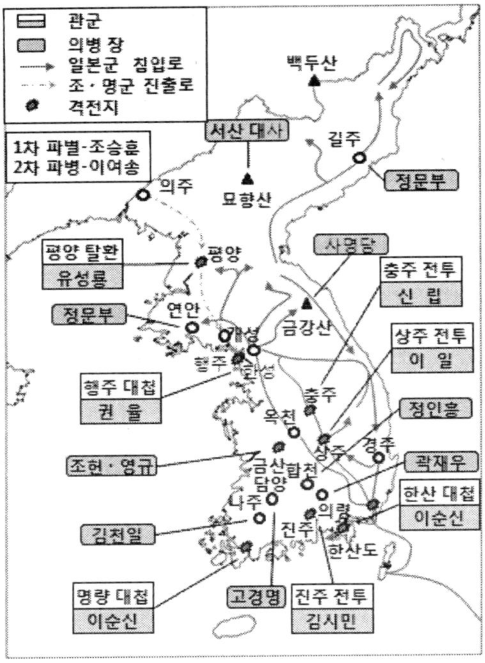

〈임진왜란도〉

당시 조선은 제승방략체계를 적용하여 전쟁이 발발하면 총사령관을 임명하고 총사령관에게 예비 병력을 제외한 대부분의 군대를 지휘하여 전투를 수행하게 하는 체계였다. 관군은 초전 패배이후 상주에서 4월 24일 다시 한 번 왜군과 격돌하였다. 하지만 이일이 패배하였고, 제승방략체계에 따라 중앙에서 파견된 조선 육군의 총사령관 신립은 문경세재의 험지를 버리고 충주 탄금대 습지에서 왜군과 격돌하여 조총부대에 패배(동년 4월 28일) 당하면서 전사하고 말았다. 이로써 조선의 관군은 궤멸되었으며, 일본군은 파죽지세로 한양을 향하여 북진하였다.

선조는 파천(播遷, 4월 30일)하였고, 8월 23일 의주에 도착하였다. 임금이 떠난 경복궁은 성난 조선 백성들에 의해 불태워 졌다. 왜군은 텅 빈 한양에 부산 상륙 14일 만인 5월 2일 무혈 입성했다.

③ 의병의 활약과 수군의 연승

육군이 연전연패 하고 있을 때 수군은 연전연승하고 있었다. 전쟁이 개시되었을 시 조선 수군은 250여 척의 함선에 병력 약 1,5000여 명 을 보유하고 있었다. 조선 수군은 대부분 판옥선이었고, 귀선(龜船)이라 불리는 거북선을 몇 척 보유하고 있었다. 당시 지휘관으로서는 전라좌수사 이억기, 전라우수사 이순신, 경상우수사 원균, 경상좌수사 박홍 등이 있었다.

이들 지휘관 중에 이순신은 이미 전쟁준비에 착수하여 함선을 건조하고 수군을 조련하며 전쟁에 대비하고 있었다. 해전에 임하여 이순신은 평소의 군사 조련과 적정 탐지의 정확성, 지형과 조류를 이용한 적절한 전술 운용으로 왜군을 격파하기 시작했다. 이순신은 초기 4차례에 걸친 출동에서 혁혁한 전승을 달성했다. 이순신의 함대는 1차~4차 출동에서 적선 319척을 격파하는 경이적이 기록을 세웠다.

가. 1차 출동 : 1592. 5. 4~8 옥포·합포·적진포에서 왜선 37척 격파

나. 2차 출동 : 동년 5. 29~6. 10 사천·당포·당항포·율포에서 왜선 72척 격파, 거북선 사용

다. 3차 출동 : 동년 7. 6~13 한산도 앞바다에서 거북선을 앞세운 학익진(鶴翼陣)으로 왜선 70여척 포위 전멸(한산대첩), 안골포 해전에서 적선 40여 척 격파

라. 4차 출동 : 동년 8. 24~9. 2 절영도, 부산 내항 등에서 적선 100척 격파

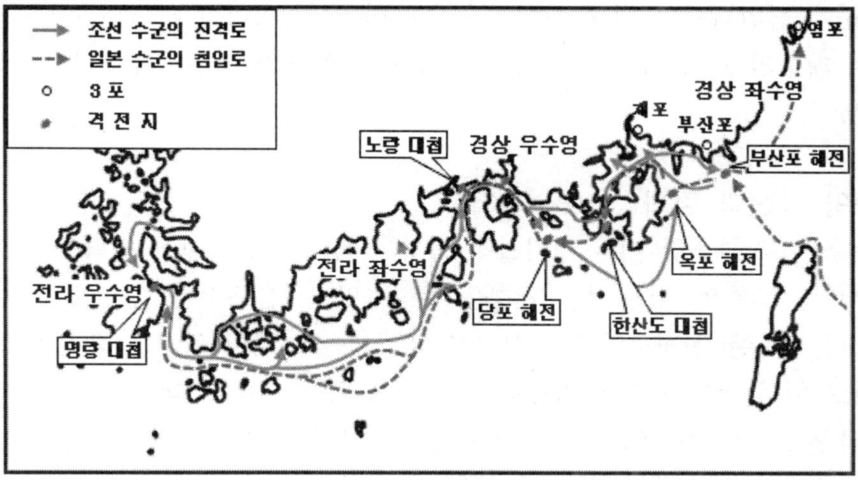

〈임진왜란 해전도〉

이렇게 해전에서 승리를 달성할 수 있었던 것은 이순신의 지휘 통솔력과 조선 수군이 보유한 전선의 기동성 그리고 성능이 우수한 무기를 보유하고 있었기 때문에 가능한 일이었다. 왜군의 전선은 누각선으로 조선의 판옥선 보다 안정성이 뒤떨어졌고, 왜군이 조총으로 인명 살상에 주력한 반면 조선은 일본군 보다 사거리가 큰 화포와 화전으로 원거리에서 적선을 격파하였다. 또한 거북선을 이용 적의 함선에 돌격하여 충격으로 적선을 깨트리는 전술을 사용하였다.

이러한 수군의 승리로 인하여 육지에서 진군하는 일본군은 큰 차질을 빚었다. 남해에서 제해권이 상실되자 서해 방면으로 진출이 차단되었다. 또한 왜군이 관군을 궤멸시키며 북진하고 있을 때 각 지역에서는 4월부터 의병이 자생적으로 조직되어

활동하기 시작했다. 의병은 유교의 근왕정신(勤王精神 ; 왕이나 왕실에 충성하는 정신)에 입각하여 전·현직 관료들과 승려가 중심이 되어 조직되었다. 전투원은 이들의 명망을 따르는 농민이 주축이 되었고, 천민까지 포함되었다.

의병은 향토지리에 익숙하여 지형을 활용한 유격전술을 사용하여 왜군에 커다란 피해를 입혔고, 후방의 보급선을 위협하여 일본군으로서는 전방에 모든 전투력을 집중할 수 없었다. 당시 활동했던 의병들은 영남과 호남, 그리고 경기와 해서지역, 관서 및 관북 지역으로 전국적인 봉기가 이루어 졌다. 시간이 지나면서 이들 의병들은 관군에 편입되거나 협동으로 싸우기도 하였다. 이러한 의병의 활약은 북으로 신장되는 왜군의 보급선 차단과 유격전 유도로 왜군의 전투력을 분산시키는 결과를 가져왔다.

④ 명군의 참전과 강화

선조는 의주로 파천한 이후 왕자들을 함경도 지방으로 보내어 병력을 초모하도록 했다. 이때 이항복은 명에 원군 요청을 주장하였고, 윤두수는 명군의 피해를 우려 반대했으나 선조는 청병하기로 결심하고 유성용을 보내어 원군을 요청하였다.

명나라도 이미 일본의 조선 침공을 멀리 류크 등을 통하여 감지하고 있었다. 하지만 일본의 진출 속도가 예상외로 빠르게 진척되자 조선까지 의심하고 있는 상황이었다. 결국 청은 일본의 다음 목표가 명이라는 사실을 확인하고, 왜군의 명 침공을 사전에 차단하기 위해 파병을 결정했다. 명의 입장에서는 국외의 조선에서 일군과 일전을 벌이는 것이 유리하다고 판단한 것이다.

명은 1차로 요동군 3천여 명을 파견하였다. 일군은 이미 대동강을 넘어 평양성에 주둔하고 있었다. 요동군은 평양성 탈환 작전을 전개 했으나 실패하고 말았다. 1593년 1월에는 이여송을 도독으로 하여 정동군 4만 5천명이 파병되었다. 조·명(朝·明) 연합군은 즉시 반격하여 평양성을 탈환(1593. 1. 9)하였다. 하지만 서울로 진격하던 연합군은 벽제에서 왜군의 기습으로 패배(동년 1. 27)하였고, 명군의 진격 의지는 저하되었다.

조·명 연합군이 일군과 벽제 일원에서 대기하는 동안 정비가 완료된 조선 관군과 의병들이 활약하기 시작했다. 경남 진주에서는 목사 김시민 지휘 하에 진주대첩

(1592. 10)을 승리로 장식하였고, 한양 인접의 고양에서는 순찰사 권율 지휘 하에 행주대첩(1593. 2)을 승리로 장식했다. 이 양대 대첩은 이순신의 한산대첩과 함께 임진왜란의 3대 대첩으로 기록되고 있다.

왜군은 행주산성 전투 이후 명군에 가로막히고 조선의 관군과 의병의 반격이 거세지면서 보급선이 차단되어 더 이상 전투를 수행하기 어렵다고 판단했다. 소서행장은 강화를 제안 하면서 8월 이후 왜군을 남해안으로 철수시켜 수성전술로 전환하였다. 이때 명의 입장도 일본과 같았다. 명군은 조선에서 왜군의 진출을 저지시킨 만큼 더 이상의 확전을 원하고 있지 않았다. 명도 왜군의 강화회담을 낙관하고 주력 부대를 철수시켰다.

하지만 조선의 입장만은 달랐다. 조선군은 왜군을 완전 섬멸할 계획으로 강화를 반대하고, 왜군에 대한 공격을 계속 진행하였다. 1593년 3월부터 5년여 동안 명의 심유경이 명·왜 양국을 왕래(1593～1598)하며 강화회담을 추진하였지만 결국 양국의 입장 차이(왜는 황제 칭호 사용 및 조선 분할 요구, 명 반대)로 회담은 결렬되고 말았다.

⑤ 정유재란과 일군의 패퇴

조선 조정은 1593년 이순신을 삼도수군통제사에 취임시키고, 이듬해에는 훈련도감을 설치하여 전력을 강화하고 있었다. 명과의 강화회담이 결렬되자 왜군이 재침하여 정유재난이 발생했다.

1597년 1월 14만 여명의 왜군이 600여 척의 배로 부산에 재상륙했다. 왜군은 이번에는 호남 지역을 집중적으로 공격하기 시작하여 전주가 함락되었다. 이에 따라 명군이 재 파견되었다. 명군 5만 5천이 파병되기로 했고, 먼저 선발대 5천여 명이 도착(1597년 5월)하여 남원 전투에 투입되었다. 그러나 남원전투에서 패배하고 남원은 일군의 만행으로 초토화 되었다(만인의 총). 이후 9월에는 직산에 또 한 번 왜군과 전투가 벌어졌고, 이번에는 왜군은 대패했다. 이 이후 일본군은 더 이상 북상하지 못했다.

1597년 1월 삼도수군통제사 이순신이 하옥되는 사건이 발생했다. 동년 7월에는 칠천량 해전에서 이순신의 후임자 원균, 전라수사 이억기, 충청수사 최호 등이 대패하면서 전사하였다. 수군의 전선은 단지 12척만이 가용했다. 조정은 이순신을 복직시켰고(白衣從軍), 이순신은 명량(울돌목, 진도)으로 적선 130여척을 유인하여 대파시켰다.

1598년 8월 일본에서는 풍신수길이 죽자 왜군은 9월부터 퇴각하기 시작했다. 왜는 협상을 통해 철수하고자 했으나 이순신을 끝내 왜군을 가로 막아섰다. 이순신과 명의 진린이 이끄는 연합 수군은 동년 11월 18일 전남 순천일대에서 철수하는 왜군과 노량(경남 남해)에서 맞섰다. 이순신은 정유재란의 마지막 전투가 된 이 전투를 승리로 이끌면서 전사하였다.

⑥ 양난의 결과

임진왜란과 정유재란은 명과 조선 그리고 일본이 참가하여 치러진 신라 통일전쟁 이후의 또 다른 동아시아 국제 전쟁이었다. 특히 조선과 일본은 국가의 사활을 건 총력전으로 임했다.

먼저 전쟁의 참화가 휩쓸고 간 조선의 피해는 실로 엄청났다. 호구수가 급감(중종 38년, 1543 전국의 호수 : 836,669호, 인구 4,162,021명, 인조 17년, 1639, 전국의 호수 : 441,827호, 인구 1,860,484명)했다. 물적 피해도 대단히 컸다. 전란으로 토지는 황폐화(임란 전 170만여 결이 임란 후에는 54만여 결로 축소)되었고, 토지대장이 소실되어 사회 기반체제 자체가 흔들렸고, 문화재 또한 다량 손실을 입거나 약탈당했다. 전주 사고를 제외한 춘추관・성주・충주 사고 등의 소실 뿐만이 아니라 왕릉의 도굴과 귀중한 서적과 도자기에 대한 약탈이 자행되어졌다. 특히 신분제의 붕괴로 인하여 조선 사회는 전기에서 후기로 넘어가는 새로운 전기를 맞게 된다.

조선은 외교적으로는 대명사대가 심화 되었으며, 군사적으로는 신 병법이 도입(기효신서 『紀效新書』, 척계광의 속오법과 삼수병법의 도입으로 훈련도감이 신설) 되었다. 난중에 비격진천뢰와 화차 등이 개발되었고, 왜군으로부터 조총 등의 화약 병기 기술을 획득했다.

국제적으로 전쟁을 일으킨 왜는 도요토미 막부가 다이묘에 대한 통제력을 상실하고, 도쿠가와 이에야스의 에도 막부가 성립되게 되었다. 전쟁이후 왜는 비약적인 문화 발전을 이루었다. 일본에 성리학(퇴계집을 비롯한 전적)과 인쇄술이 전래되었다.

특히 포로가 된 유학자들은 일본 퇴계학의 발전을 이끌었다. 왜로 끌려간 도공들에 의해 도자기 기술도 획기적으로 발전했다. 한편 전쟁에 참여했던 명은 누적된 부정부패와 전비로 인하여 위축되었고, 만주족이 누르하치에 의해 쇠망의 길로 들어섰다.

☞ 다이묘(大名) : 일본에서 헤이안 시대에 등장하여 19세기 말까지 각 지방의 영토를 다스리고 권력을 행사했던 유력자를 지칭하는 말이다. 초기 무사계급의 우두머리로 출발했으나 점차 그 권한이 확대되어 지역 내에 군사권 및 사법권, 행정권, 경제권을 가지기에 이른다. 에도 시대 서약을 통해 쇼군 아래로 편입되었으나 자신의 성에서 가신들을 거느린 봉건 영주의 삶을 살았다.

☞ 지역별 의병장 : 영남지역: 곽재우(의령), 정인홍(합천), 김면(거창), 성안의(창령), 호남지역: 고경명(장흥), 김덕령(담양), 김천일(나주), 호서지역: 조헌(옥천), 칠백의사, 경기지역: 홍언수(수원), 우성전(강화,인천), 해서지역: 조광정(해주), 김만수(봉산), 관서지역: 조호익(평양), 김짐수(중화), 관북지역: 정문부(경성), 박사제(삼가), 승병 : 영규, 유정(사명대사), 휴정(서산대사)

2 호란의 발발과 극복

① 개요

임진왜란과 병자호란을 겪고 난 조선은 광해군(1608~1623)을 중심으로 사회 안정화 정책을 추진하였다. 토지대장과 호적을 재작성하고 대동법을 실시하는 한편, 사고의 정비와 『삼강행실도』, 『동의보감』 등을 편찬하였다.

하지만 광해군의 실정(계모인 인목대비 폐비와 이복동생 영창대군 살해)이 이어지면서 북인 집권체제와 중립 외교에 대한 서인 세력의 불만이 증폭되어 김자점, 이괄 등이 인조반정(1623)을 일으키고 광해군을 폐위시켰다.

외교적으로도 동북아의 정세변화가 일어나고 있었다. 여진족의 성장(1616)으로 후금과 명의 대립이 가시화 되었다. 이에 따라 광해군은 실리외교를 추진하여 중립외교를 지향하였다. 명의 요청에 따라 만주에 강홍립을 파병하면서도 상황에 따라 적절하게 대처하도록 하여(형세에 따른 향배 결정으로 강홍립이 후금에 항복) 전쟁 발발을 최대한 억제하기위한 정책을 추진하였다.

이때 인조반정으로 대북파를 축출하고 정권을 잡은 서인들이 향명배금(向明排金) 정책을 추진하면서 조선은 후금의 위협에 직면하고 있었다. 이와 같은 국제 및 국내의 상황 하에서 후금은 정묘호란과 병자호란을 일으켜 조선을 침탈하게 되었다.

② 정묘호란

후금의 공세로 요동 지방을 상실한 명은 후금이 차지한 요동을 탈환하기 위하여 평안북도 철산 앞바다의 가도에 모문룡 지휘 하에 병력을 주둔(1622)시키고 있었다. 이때 조선 조정에서는 인조반정 1년 후 논공행상을 하는 과정에서 일부 서인들이 불만을 가지게 되어 이괄의 난(1624)이 발생하였다. 이때 이괄 일당의 망명은 후금에게 조선 침략의 빌미를 제공했다.

조선이 가도의 명군을 원조하려는 형세를 보이자 중원으로 진입하려던 후금은 배후를 위협하는 조선을 제압하여 후환을 없앨 필요를 느꼈다. 또한 후금은 명나라와의 전쟁으로 인하여 물자부족에 시달리고 있어 조선과의 통교로 이를 해결하려 하고 있었다. 때마침 반란을 일으켰다가 후금으로 달아난 이괄의 잔당들이 광해군의 억울함을 호소하면서 조선을 칠 것을 종용하여 후금 태종은 결전을 굳히게 되었다.

후금은 1627년 1월 아민인 이끄는 3만의 군대로 조선을 침입하여 이전 항복한 강홍립 등을 향도로 삼아 황해도 황주까지 공격하였다. 이것이 거의 무방비로 후금의 공격을 받은 정묘호란이다. 조선은 장만을 도원수로 임명하고 싸웠으나 평산에서부터 후퇴를 거듭, 그 본진이 개성으로 후퇴하였고 인조는 강화도로 피하고 소현세자는 전주로 피란하였다. 이후 후금과 조선은 강홍립의 주선으로 정묘약조(1627년, 인조 5)를 체결하였다. 또한 후금은 가도의 명군을 공격하여 명군을 패퇴시켰다. 이로써 양국은 형제국의 관계를 맺고, 이후 후금과 명과의 관계에서 엄정 중립을 지키되 조선은 명을 적대시 않기로 하였다. 이때 중강개시(의주)와 회령개시를 설치하여 무역을 개시하였다.

③ 병자호란

후금은 만주일대를 석권하고 1632년 만리장성을 넘어 북경을 공격하면서 조선에 대하여 이전의 형제지국에서 군신지국의 관계를 요구하였다. 또한 명 정벌에 필요한 군량미와 정예병 3만을 요구하였다. 이에 따라 조선 조정은 주전파와 주화파로 구분되어 갈등을 겪으면서 청의 요구를 거부했다. 이후 후금은 국호를 청(淸, 1636)으로 바꾼 뒤 칭제건원하고, 왕자와 척화론을 주창하는 자들을 압송하라는 최후통첩을 보내왔지만 조선은 주전으로 국론을 결정하고 이를 묵살했다. 이에 청나라는 조선에 재차 침입해왔는데 이것이 병자호란이다.

1636년 12월 2일 청 태종은 청·몽골·한인(漢人)으로 편성된 10만을 거느리고 압록강을 넘었다. 조선에서는 의주 부윤 임경업이 백마산성에서 청군을 대비하였으나 청군 선봉장 마부대는 이를 우회하여 한양으로 진격하였다. 조선 조정은 13일 에서야 청의 침략을 알게 되었다. 청군은 14일 개성을 통과하였다. 별다른 대책이 없는 조선은 왕자는 강화도로 피신하였고, 인조와 주요 관료들도 강화도로 피신하려다가 청군에 길이 막혀 남한산성으로 피신했다.

12월 16일 청군은 남한산성을 포위하였고, 해가 바뀐 다음 해 1월 1일 청 태조의 지휘 하에 20만 청군이 남한산성에 집결하여 성내의 조선군 1만 3천여 명은 고립되고 말았다. 성내에는 겨우 50일 정도 지탱할 수 있는 식량이 있었고, 의병과 명의 원병은 기대할 수 없었으므로 청나라 군과의 결전은 불가했다.

〈병자호란과 정묘호란도〉

결국 주화파 최명길 등의 강화론이 결정되어 1월 30일 인조는 삼전도(송파)에서 청의 태종에게 굴욕적인 항복의 예(삼전도의 치욕, 삼배구고두 ; 三拜九叩頭)를 올렸다. 이때의 강화 내용은 청과의 군신관계 수립이었다. 그리고 두 왕자와 척화론자의 인질 조치, 명과의 관계를 중단하고 명을 칠 때 출병을 요구하면 응할 것 등이었다. 청나라는 소현세자와 빈궁과 봉림대군 등을 인질로 하고 척화 주모자인 삼학사(홍익한, 윤집, 오달제)를 잡아 2월 15일 철군했다.

전쟁에서 청의 전략은 치밀한 단기속결전쟁이었다. 압록강 도강에서 전쟁 종료까지 3개월에 불과한 짧은 기간이었다. 하지만 전쟁 자체는 동아시아의 국제전적 성격으로 청과 몽고군 대 조선과 명의 전쟁이었다. 가도의 명군도 조선군의 공격을 받았다. 전쟁이후 이전의 양극화 국제질서가 파기되고 동아시아의 세력판도가 청을 중심으로 재편되었다.

이 전란으로 인하여 조선은 명나라와의 관계를 청산하고 청나라에 복속하게 되었다. 이와 같은 외형적 복속관계는 1895년 청·일 전쟁에서 청나라가 일본에 패할 때까지 계속되었다. 조선 내부적으로는 국토가 황폐화 되었고(특히 서북지방), 청에 대한 반감이 고조 되었다. 또한 많은 고아들의 양육 문제와, 청에 납치당한 이들의 속환문제가 사회문제화 되었다(청나라 군은 납치한 양민을 전리품으로 보고, 속가(贖價)를 받을 목적으로 주민들을 되는대로 납치).

1645년 심양에서의 10년의 볼모생활 끝에 소현세자와 봉림대군은 환국하였으나, 소현세자는 2개월 만에 죽었다. 인조의 뒤를 이은 효종(봉림대군)은 볼모생활의 굴욕을 되새기며, 북벌계획을 추진하였으나 뜻을 이루지 못했다. 북벌론은 이후 서인집권 체체의 명분으로 변질되어 서인 일당 전제화의 도구로 이용되기도 했다.

조선에서는 중화주의가 팽배하여 우리 민족문화의 자긍심을 고취하기도 하였다. 그리하여 국학이 대두되고 우리나라의 강산과 문물에 대한 관심이 증대되었으며, 양난의 극복이후 새로운 문화를 창조하며 조선후기의 왕조 중흥과 근대사회로의 이행으로 이어졌다.

☞ 윤집의 척화론 : 화의로 백성과 나라를 망치기가…(중략)…오늘날과 같이 심한 적이 없습니다. 명은 우리나라에 있어서 곧 부모요, 오랑캐(청)는 우리나라에 있어서 곧 부모의 원수입니다. 신하된 자로서 부모의 원수와 형제가 되어서 부모를 저버리겠습니까? 하물며 임진왜란의 일은 터럭만한 것도 황제의 힘이어서 우리나라가 살아 숨 쉬는 한 은혜를 잊기 어렵습니다.…(중략)…차라리 나라가 없어질지라도 의리는 저버릴 수 없습니다.…(중략)…어찌 화의를 주장 할 수 있겠습니까?

☞ 최명길의 주화론 : 화친을 맺어 국가를 보존하는 것보다 차라리 의를 지켜 망하는 것이 옳다고 하였으나, 이것은 신하가 절개를 지키는데 쓰이는 말입니다.…(중

략)…늘 생각해 보아도 우리의 국력은 현재 바닥나 있고, 오랑캐의 병력은 강성합니다. 정묘년(1627)의 맹약을 아직 지켜서 몇 년이라도 화를 늦추시고, 그 동안을 이용하여 인정을 베풀어 민심을 수습하고 성을 쌓고 군량을 저축하여 방어를 더욱 튼튼하게 하되, 군사를 집합시켜 일사분란하게 하여 적의 허점을 노리는 것이 우리로서는 최상의 계책입니다.

『지천집』

☞ 삼전도의 굴욕 : 30일 인조께서 세자와 함께 서문으로 나가셨다. 성에 있던 사람들이 통곡하니 울부짖는 소리가 하늘에 사무쳤다.…(중략)…한(청 태종)이 황금으로 된 의자 위에 걸터앉아 전하로 하여금 걸어서 들어오게 하시니 (인조는)백보는 걸어 들어가셔서 따라온 신하들과 함께 뜰 안 진흙 위에서 배례를 올렸다. 신하들이 돗자리 깔기를 청하니 임금께서 말씀하셨다. "황제 앞에서 어찌 감히 자신을 높이리오." 세 번 절하고 아홉 번 고개를 조아리는 예를 행하시고 성에 오르셔서 서쪽을 향하여 제단 위에 앉으셨다. 한은 남쪽을 향하여 술과 안주를 차려놓고 군악을 연주하게 하고 전하께 담비 가죽옷 두 벌을 주셨다. 임금이 한 벌을 입으시고 뜰에서 세 번 절하고 신하들은 네 번 절하였다.

『산성일기』

11. 세계질서 편입과 국권수호[11)]

조선은 실학운동과 영·조의 개혁정책을 시행하면서 사회적 도약의 기회를 맞이했으나 이내 왕권이 약화되면서 1860년대를 전후하여서부터는 쇠락의 징후를 보이기 시작했다.

우선 국내에서는 순종, 헌종, 철종의 3대 60여 년간의 세도정치로 말미암아 정치기강은 문란해졌고(왕권 약화, 매관매직, 탐관오리의 백성 수탈), 삼정(전정 ; 조선 후기 모든 토지에 부과하던 토지세를 일괄하여 수취하는 전결세 수취행정제도, 군정 ; 군사행정인 군적과 군사재정의 근원인 군포에 관한 일을 총칭, 환곡 ; 흉년 또는 춘궁기에 곡식을 빈민에게 대여하고 풍년·추수기에 갚게 하는 구호제도)이 문란하여 국가재정이 붕괴되고 백성의 생활은 도탄에 빠졌다. 이에 따라 홍경래의 난(1811)과 농민봉기(임술 농민봉기, 1862)가 발생하고 있었다.

외부적으로는 천주교의 교세가 확장되는 가운데 서양 문물이 유입되고, 1830년대부터 이양선이 출몰하여 통상을 요구하고 있었다. 청은 이미 아편전쟁(1840) 패배에 이어 난징조약(1842)을 체결하였고, 일본은 미·일 화친조약(1854)을 체결하여 문호를 개방한 상태였다. 러시아도 연해주를 차지(1860)하고, 조선과 국경을 맞대어 있어 외세에 의한 위협이 고조되는 시기였다.

1 개화와 주권수호 운동

① 대원군의 개혁과 쇄국정책

흥선 대원군(조선시대 왕이 형제나 자손 등 후사가 없이 죽고 종친 중에서 왕위를

---

11) 김명호, 2005, 『초기 한미관계의 재조명 -셔먼호 사건에서 신미양요까지』, 역사비평사
박성순. 2002, 「병인양요와 이항로의 척사상소」, 『한국독립운동사연구』 19. 한국독립운동사연구소
박재우, 2002, 「한말 20년간의 의병항쟁이 근대사회에 미친 영향」, 『인문학연구』 5, 관동대인문과학연구소
신영우, 2001, 「동학농민혁명 총설, 『동학의 현대적 이해- 동학연구 총림』, 한국동학학회.
왕현종, 2003, 『한국 근대국가의 형성과 갑오개혁』, 역사비평사
황선희. 2003, 『한국 근대사의 재조명』. 국학자료원
한국사학회, 1998, 「개화기 조선의 초기개화정책 형성과정과 청의 영향」, 『사학연구』 55,56합집(죽전 신재홍박사 정년퇴임기념논문집)

계승하는 경우, 신왕의 생부에게 주던 존호) 이하응(1820~1898)은 아들 고종의 즉위로 섭정을 하게 되었다. 대원군은 우선 전제 왕권의 강화와 민생 안정을 추구하였다. 통치 체제를 재정비하여 세도 정치를 타파(안동 김씨 축출)하고 능력에 따른 인재를 등용하였다. 정치 기구에 대한 개혁으로 비변사의 기능을 축소하여 조선 초의 의정부와 삼군부를 부활하였으며, 대전회통과 육전조례의 법전을 편찬하여 국가 기강을 바로잡고자 하였다.

그간 붕당의 근거지가 되었던 서원을 47개만 남기고 철폐하고, 소속의 토지와 노비는 몰수함으로써 국가 재정을 확충하고 양반의 횡포를 차단하였다. 삼정을 개혁하고 삼정 중 가장 폐단이 심한 환곡은 사창제(마을단위로 실시하여 농민의 부담경감)를 실시하고 호포법을 실시하여 양반에게도 군포를 징수하였다. 또한 양전(고려·조선 시대 토지의 실제경작 상황을 파악하기 위해 실시한 토지측량 제도)의 실시로 은결(토지대장에 누락된 토지)을 색출하여 세금을 부과하고 양반의 토지 겸병을 금지하였다.

왕실의 권위를 회복하려는 목적으로 경복궁을 중건(1865~1872)하고 공사비 마련을 위해 한양의 4대문에 대한 통행세를 징수하였다. 이 경복궁 중건 때 전국 각지에서 올라온 일꾼들에 의하여 민요 아리랑이 유행하게 되었다. 원납전이라는 기부금을 징수하였고, 또한 양반의 묘지림을 벌목하고, 백성들을 강제 노역에 징발하기도 하였으며 당백전을 발행하여 물가가 폭등하기도 했다. 이러한 대원군의 개혁 정책은 국가 기강을 확립하고 민생을 안정시키는 데는 기여하였다. 하지만 이 개혁은 전제 왕권을 위한 전통체제 내에서의 개혁이었으며, 정권 유지를 위한 개혁이었다. 따라서 성리학적 한계 내에서 당시 급변하는 세계사적 흐름과는 역행되었다.

서양 제국의 통상요구와 프랑스 선교사들의 활동이 진행되고 있을 때 집권한 대원군은 프랑스를 이용하여 러시아를 견제할 목적으로 천주교에 관대한 정책을 추진했다. 하지만 러시아가 연해주를 획득하고 중국에서는 베이징이 함락(1860)되면서 천주교는 더 이상 보호받지 못했다. 프랑스 신부 9명과 8천 명의 신도가 처형되는 병인박해(1866)가 발생했고, 미국의 상선 제너럴셔먼호가 대동강 상에서 통상을 요구하다 평양 주민들에 불살라졌다(1866).

프랑스는 병인박해를 구실로 강화도에 내침하였고(1866, 로즈 제독, 7척의 함대),

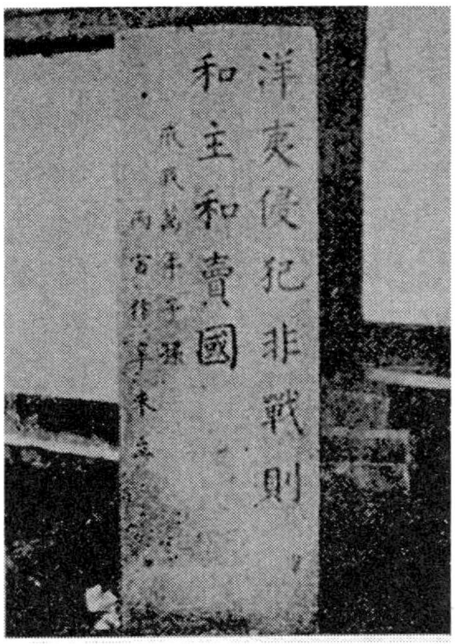

〈척화비〉

조선은 강화도의 문수산성(한성근)과 정족산성(양헌수)에서 이를 격퇴되었다. 이때 프랑스는 강화도 외규장각 문서 등 서적과 문화재를 약탈해 갔다(현재 프랑스는 모두 191종 296권의 외규장각 도서를 보관중인데, 이 가운데 63권은 한국에는 없는 유일본이다). 독일의 오페르트는 충남 덕산의 남연군묘를 도굴하여(1868) 흥선 대원군 통상 거부 의지를 강화하게 하는 계기가 되었으며 서양인은 오랑캐라는 인식이 확산되었다.

미국도 1871년 제너럴셔먼호에 대한 배상과 통상을 요구하며 강화도로 내침하였으나 광성보와 갑곶(어재연)에서 퇴각시켰다. 이때 흥선 대원군은 전국 각지에 척화비를 세우고 위정척사 의지를 굳건히 하였다. 군사적으로도 한양을 방비할 수 있는 강화도에 군대를 배치하고, 이를 유지하기위해 심도포량미를 부과하였다.

이러한 대원군의 쇄국 정책은 반외세 자주 운동으로 민족의 자주권을 지켰으나 일시적이었으며, 조선은 국제 정세에서 뒤처짐으로 해서 새롭게 형성되는 국제질서에 편입되지 못하고 근대화에 지장을 초래하였다.

☞ 이양선 출몰 : 올해 여름과 가을 이래로 외국의 선박이 경상, 전라, 황해, 강원, 함경 5도에 몰래 출몰하매 쫓으려 해도 따라갈 수가 없었다. 그중에는 상륙하여 물을 길어가기도 하고 때로 고래를 잡아먹기도 하는데 그 선박의 수는 헤아릴 수가 없다.

『헌종실록』

☞ 서원 철폐 : 백성을 해치는 자는 공자가 다시 살아난다 하여도 내가 용서 못한다. 하물며 서원은 우리나라의 선유(先儒)를 제사지내는 곳인데 어찌 이런 곳이 도적이 숨는 곳이 되겠느냐? 팔도의 선비들이 서원을 설립하여…(중략)…무리를 모아 교육을 시키는데 그 폐단이 백성의 생활에 미쳤다.…(중략)…수만 명의 선비들이 대궐 앞에 모여 만동묘(임란 때 조선을 도와 준 명의 신종을 제사시내는 사당으

로 충북 괴산군 화양동에 있었다.)와 서원을 설립할 것을 청하니, 대원군이 크게 노하여 병졸로 하여금 한강 밖으로 몰아내고 1천여 개소의 서원을 철폐 하고 그 토지를 몰수하여 관에 속하게 하였다.

『대한 계년사』

☞ 척화비 : 洋夷侵犯 非戰則和 主和賣國(서양 오랑캐가 침범하는 데도 싸우지 않으면 화친하는 것이요, 화친을 주장하는 것은 매국하는 것이다.)

② 고종의 개화정책과 세력균형

흥선 대원군이 최익현의 상소를 계기로 하야하고(1873), 고종의 친정이 시작되었다. 새로이 민씨 정권이 수립되면서 청과의 전통적인 복속관계를 인정하고 봉건특권을 인정하며 외국기술을 받아들이는 정책이 시행되면서 통상 개화론이 대두되었다. 이때 조선은 북학파의 실학사상을 계승한 개화사상의 선구자들(양반 박규수, 역관 오경석, 승려 이동인, 중인 한의사 유홍기)을 이어 부국강병을 위한 문호 개방을 주장하는 양반 자재위주의 개화파가 형성되었다(1870년대). 이들은 강화도 조약 체결과 이후 개화파에 영향을 끼쳤다.

개화파는 온건 개화파(수구당, 사대당)와 급진 개화파(개화당, 독립당)로 구분되었다. 온건 개화파는 김홍집, 김윤식, 어윤중으로 친청적 민씨 정권과 결탁하고 있는 집권세력이었다. 이들은 동도서기론(東道西器 ; 성리학적 유교 질서인 동도를 지키는 가운데, 서양의 우수한 군사・과학기술인 서기를 수용함으로써 국가체제를 유지하고자 하는 내용으로 중국에서는 중체서용, 일본에서는 화혼양재라 한다.)에 바탕을 두고 점진적 개혁을 추구하고자 했으며, 청의 양무운동(청에서 1861년부터 1894년까지 일어난 근대화 운동으로 서양의 문물과 기술을 수용해 부국강병을 이루려는 운동)을 모델로 하고 있었다.

이에 비해 급진 개화파는 김옥균, 박영효, 홍영식, 서광범 등으로 청의 간섭과 정부의 사대에 반대였다. 이들은 문명개화론(서양의 기술과 기기뿐만이 아니라 문화와 사상까지 도입해야 한다는 주장)에 바탕을 둔 급진적 개혁을 추구하면서 일본의 메이지 유신을 모델로 한 입헌군주제를 추구하려는 세력이었다.

이미 메이지 유신(明治維新, 1868 ; 메이지 왕 때 막번 체제에서 왕정복고를 단행하고, 프로이센을 모방한 근대적 중앙 집권체제로 탈바꿈)으로 개화한 일본 내부에서는 정한론(征韓論)이 대두되어 조선 침탈의 기회를 노리고 있다가 운요호 사건(1875, 미국의 선례를 모방한 함포 외교로 초지진과 영종도 포격)을 일으켜 조선과 강화도 조약(1876, 조 · 일 수호 조규 ; 병자 수호 조약)을 체결하였다. 이 강화도 조약은 조선 최초의 근대적 조약으로 불평등 조약이었다. 강화도 조약으로 조선에서 일본의 경제, 정치, 군사적 침략의 발판 마련되었으며, 이후 조선이 서구 열강과 맺게 되는 조약의 선례가 되었다.

조약 내용은 일본의 조선 침탈 의도가 그대로 반영되었다. 조선이 자주의 나라이며 일본과 평등한 권리를 가진다고 하여 청과 조선의 종속적인 관계를 부인, 청의 간섭을 배제하려 하였다. 또한 부산, 인천, 원산(러시아 견제)의 3개 항구를 개방하여 경제적 목적과 더불어 군사적 침략을 위한 거점을 확보하였고, 조선의 해안을 자유롭게 측량하도록 하여 영토주권을 회손 하였다.

경제적으로도 일본 상인들이 조선의 통제를 받지 않고 마음대로 상행위를 할 수 있도록 하며 모든 조선 내 일본인에 대한 치외법권을 보장하여 약탈적 무역행위를 보장하는 내용이었다. 부속 조약에 따라 일본 화폐가 유통되고, 양곡의 무제한 유출과 일본 상품에 대한 비과세가 이루어졌다. 조선은 일본에 이어 미국과도 서양과는 최초로 불평등 조약을 체결(1882)하고, 연이어 영국, 독일, 프랑스, 러시아 등과도 동일한 불평등 조약을 체결하였다.

조선은 개화파를 기용 자주적 개화 정책을 추진했다. 청의 양무운동 추진 기구인 총리아문을 모방하여 통리기무아문을 설치(1881) 개화정책을 총괄하면서 근대 문물을 수용하도록 하였다. 이 통리아문은 외교(사대사, 교린사), 군사(군무사, 군물사), 산업(통상사), 외국어 교육(어학사) 등을 담당하는 부서를 두고 운영했으며, 군사 분야에서는 기존의 5군영을 2영으로 통합하고 별기군을 창설했다. 근대시설로 기기창(근대무기 생산), 박문국(한성순보 발행), 우정국(근대식 우편업무) 등을 설치했다.

조선은 개항 이후 세계정세를 파악하기위해 수신사와 시찰단을 파견하였다. 1차 수신사(1876, 김기수)는 『일동기유』를 저술하여 일본의 문물을 소개하였고, 2차 수신사(1880, 김홍집)는 청의 관리인 황쭌셴(黃遵憲)의 『조선책략』을 소개하였다.

시찰단으로는 일본에 신사유람단(1881), 청에는 영선사(1881), 미국에는 보빙사(1883, 유길준)를 파견하였으며, 일부는 유럽까지 시찰하였다. 이때 유길준은 미국과 유럽을 조선인으로서는 처음 여행하고 유학하게 된다. 하지만 이러한 조선의 개화 정책은 재정 부족과 해외 파견 학생들의 한계로 난항을 겪었다.

☞ 개화의 당위성 : 제 세계가 상업을 주로 하여 서로 생업의 많음을 경쟁하는 때를 맞이하였으니, 양반을 배제하여 그 폐단의 근원을 모조리 없애는 데 힘쓰지 않으면 국가의 패망이 기다릴 뿐입니다.

김옥균이 일본에서 올린 상소문

☞ 조선책략 : 조선의 땅은 실로 아시아의 요충을 차지하고 있어 형세가 반드시 다투게 마련이며, 조선이 위태로우면 중국도 위급해질 것이다. 러시아가 영토를 넓이려고 한다면 반드시 조선으로부터 시작할 것이다.…(중략)…그렇다면 오늘날 조선의 책략은 러시아를 막는 일보다 더 급한 것이 없을 것이다. 러시아를 막는 책략은 무엇인가? 중국과 친하고(親中國), 일본과 맺고(結日本), 미국과 이어짐(聯美邦)으로써 자강을 도모해야 한다.…(중략)…미국을 끌어들여 우방으로 하면 도움을 얻고 화를 풀 수 있을 것이다. 이것이 바로 미국과 이어져야 하는 까닭이다.

황쭌셴, 『조선 책략』

③ 개화정책에 대한 반발

개화정책에 따라 개화를 반대하는 위정척사운동이 전개되었다. 위정척사운동은 정학(正學, 성리학)을 지키고, 사학(邪學)과 이단(천주교와 서양 문화)을 배척하자는 운동이었다. 즉 성리학의 화이론(華夷論 ; 중화사상)을 바탕으로 조선의 봉건적 질서를 지키면서 서양과 일본의 침략 세력을 물리치려는 반침략·반외세 운동으로 보수적 유생 층(이항로, 기정진 → 유인석, 최익현)에서 주장되었다. 하지만 위정척사운동은 조선 왕조의 봉건적 질서를 고수하면서 전통적인 문화와 사상을 고수하며 개화와 개항을 반대하는 사상으로 당시의 시대조류에 역행하고 있었다. 이러한 위정척사사상은 이후 항일의병운동의 사상적 기반이 되었다.

고종의 개화정책에 따라 흥선 대원군 지지 세력의 반발이 고조되었고, 영남만인소 사건(1881, 위정척사를 주장하는 영남의 많은 유림들이 서양 세력과 교류하지 말 것을 왕에게 올린 상소 사건)이 발생했다. 특히 개화 정책의 추진과정에서 차별대우(13개월 월급 미지급, 실직)를 당한 구식 군인과 피해를 입은 하층민(일본 상인 침투, 양곡 유출)들이 개화 정책 추진에 불만을 표출하기 시작했다.

1882년 구식 군인들이 민겸호 등 정부 고관과 일본인 교관을 살해하고 일본 공사관을 공격하는 임오군란이 발생하였다. 여기에 도시 빈민층이 합세하여 민씨 정권의 왕궁과 고관을 습격하여 명성황후는 충주로 피신하였다. 흥선 대원군이 일시 집권(개화 정책 중단, 5군영 부활, 통리기무아문과 별기군 폐지)하기도 하였지만, 민씨 정권의 요청으로 청이 개입하면서(대원군 압송) 민씨 정권이 재집권하였다. 이러한 임오군란은 개항 이후 조선 민중이 외세의 침탈과 개화 정책에 대하여 전개한 최초의 투쟁이라는 데 의의가 있다.

임오군란의 영향으로 민씨 정권의 친청 정책과 청의 내정 간섭이 심화되었다. 조선에는 청군이 주둔(위안스카이, 3,000명)하게 되었으며, 청이 추천한 외교, 정치 고문(마젠창, 묄렌도르프)이 파견되었다. 청은 이때 '조·청 상민 수륙 무역 장정'을 체결(1882)하고 조선에 대한 경제 침략을 본격화했다. 체결 내용은 종주국과 종속국 간의 관계로 청 상인의 특권 허용하는 것이었다. 이때부터 조선 내부에서는 청 상인과 일본 상인의 치열한 경쟁이 시작되었다. 또한 조선은 일본과 제물포 조약을 체결하여 임오군란 때 불탄 일본 공사관과 일본인 교관 등에 대한 배상금을 지불하고 일본 군대의 주둔을 허용하였다.

☞ 통상 반대론 : 대개 우리나라에 잠입하여 사학을 전파하려고 하는 자는, 그 무리를 이 땅에 심어 앞뒤에서 서로 호응하며 우리의 허실을 살피고, 군대를 거느리고 침입하여 우리의 옷을 더럽히고 우리의 재물을 탈취하여 큰 탐욕을 채우려는 것입니다

이항로의 상소문

☞ 영남 만인소 : 수신사 김홍집이 가지고 와서 유포한 황쭌셴의 사사로운 책자를 보노라면 어느새 털끝이 일어서고 쓸개가 떨리며 울음이 복받치고 눈물이 흐릅니다. …(중략)…중국은 우리가 신하로서 섬기는 바이며 해마다 옥과 비단을 보내

는 수레가 요동과 계주를 이었습니다. 신의와 절도를 지키고 속방의 직분을 충실히 지킨 지 벌써 200년이나 되었습니다. …(중략)….

일본은 우리에게 매어 있던 나라입니다. 삼포왜란이 어제의 일 같고 임진왜란의 숙원이 가시지 않았습니다. 그들은 이미 우리 땅을 잘 알고 수륙 요충 지대를 점거하고 있습니다.

…(중략)…미국은 우리가 본래 모르던 나라입니다. 잘 알지 못하는데 공연히 타인의 권유로 불러들였다가 그들이 재물을 요구하고 우리의 약점을 알아차려 어려운 요청을 하거나 과도한 경우를 맡긴다면 장차 이에 어떻게 대응할 것 입니까? 러시아는 본래 우리와 혐의가 없는 나라입니다. 공연히 남의 말만 듣고 틈이 생기게 된다면 우리의 위신이 손상될 뿐만 아니라 만약 이를 구실로 침략해 온다면 장차 이를 어떻게 막을 것 입니까?

④ 갑신정변

조선의 개화당(임오군란 전후 형성된 김옥균 · 홍영식 · 서재필 · 서광범 등의 단체로, 당시의 사대당과 대립하여 청과의 종속 관계를 끊고, 일본의 메이지 유신을 본받아 내정을 개혁하고 자주 독립 국가를 수립하려고 한 무리로 독립당·일본당·혁신당·개화파로 불린다.)은 박문국과 우정국을 설치하고 일본에 유학생을 보내는 등 개화정책을 추진하였다. 여기다 개화의 속도를 더하기 위해 일본에서 차관을 도입하려 하였으나 실패하였고, 친청 민씨 정권으로부터 탄압을 받고 있었다. 또한 조선에 주둔하던 청군이 베트남 문제를 둘러싼 청 · 프 전쟁(1884. 8)에 투입(3,000명 중 절반)되어 조선에 대한 군사력 통제력이 약화되었다.

이때 김옥균을 비롯한 급진개화파는 개화사상을 바탕으로 조선의 자주독립과 근대화를 목표로 갑신정변(1884)을 일으켰다. 이는 조선에 있어 최초의 근대국가 설립 운동이었으며 위로부터의 개혁이었다. 갑신정변은 일본 공사의 군사적 · 재정적 지원 약속을 받은 개화당이 우정총국 낙성식 축하연에서 정변을 단행하면서 발생했다. 개화당은 즉시 정부를 수립하고 14개 조의 개혁 정강을 발표 했다. 하지만 개화당의 정변은 청의 개입으로 말미암아 3일 만(3일천하)에 실패로 끝나고 주도 세력은 일본으로 망명하였다.

14개조 정강의 주된 내용은 청에 대한 사대를 폐지하며, 내각 제도를 수립하고 입헌군주제의 근대 국민국가를 만드는 것이었다. 호조로 하여금 재정을 일원화 시키고 봉건적 신분제를 폐지하여 능력에 따라 관리를 임명하고 평등사회로 이전하여 국민의 평등권을 확립하고자 하였다.

〈1883년 미국 시찰직전 일본에서 개화파〉

갑신정변은 개화당이 취약한 기반을 극복하기 위해 일본에 의존하여 일으킨 정변으로 대다수 관리와 국민의 지지를 받지 못한데다가 청군이 신속히 개입하여 실패하고 말았다. 정변으로 인하여 조선과 일본은 한성조약(1884)을 체결하고, 조선이 일본에 배상금을 지불하고 공사관 신축비용을 부담하기로 했다. 또한 청과 일본은 톈진조약(1884)을 체결하고 양국군은 조선에서 공동 철병하고, 이후 조선에 군대를 파병할 시는 사전 통보하기로 하였다. 이에 따라 청의 간섭은 더욱 강화되었고 개화 세력은 약화 되었다.

갑신정변에 대해서는 상반된 평가가 존재한다. 하나는 민족주의 근대화 운동의 선구로 국민 주권을 지향한 최초의 정치 개혁 운동이었으며, 위로부터의 개혁 시도와 일본과의 결탁은 당시 상황에서 어쩔 수 없는 선택이었다는 입장이다. 또 하나는 확고한 근대 사상의 정립 없이 정권 탈취의 목적으로 진행된 정변으로 일본을 끌어들인 잘못과 민중 지지를 받지 못한 한계를 지녔으며, 결과적으로 이후 보수 세력의 장기 집권을 가능케 함으로 오히려 개화 운동의 맥을 단절시키고 외세 지배를 촉진시킨 측면이 크다는 평가이다.

갑신정변이후 조·러 조약이 체결되고 러시아가 적극 진출을 꾀하였으나 청의 방해로 실패했다. 영국이 거문도를 점령(1885~1887)하여 러시아를 견제하는 등 한반도에서 열강의 세력 경쟁이 치열하게 전개되었다. 이 가운데 독일 영사 부들러와 유길준 등이 주장하는 한반도 중립화론(1885)이 대두되었다.

☞ 텐진 조약(1885)

제1조 중국은 조선에 주둔하는 군대를 철수하며 일본국은 공사관의 호위를 위하여 조선에 주둔한 병력을 철수한다.

제2조 장래 조선국에 만약 변란이나 중대 사건이 일어나 중·일 양국 혹은 어떠한 국가가 파병을 요할 때는 응당 그에 앞서 쌍방이 문서로 통지해야 한다. 그 사건이 진정된 뒤에는 즉시 병력을 철수하며 잔류시키지 못한다.

⑤ 동학농민운동

조선은 민씨 정권 때에도 개화와 수구의 갈등 속에 지배층의 수탈과 문란은 계속되고 있었다. 일본 상인의 곡물 유출로 곡물 값은 상승하고 일본의 상품으로 조선의 수공업은 위축되는 등 경제는 파탄 상태에 이르렀다. 여기다가 조선 조정은 임오군란과 갑신정변 이후의 막대한 배상금 지불과 근대화 비용을 농민에게 전가함으로써 농민계층에서 반외세·반봉건의 기운이 싹트고 있었다. 또한 농촌 사회의 정치·사회적 의식은 급성장하여 사회 변혁을 요구하게 되었고, 새로 일어난 동학이 확산일로에 있었다.

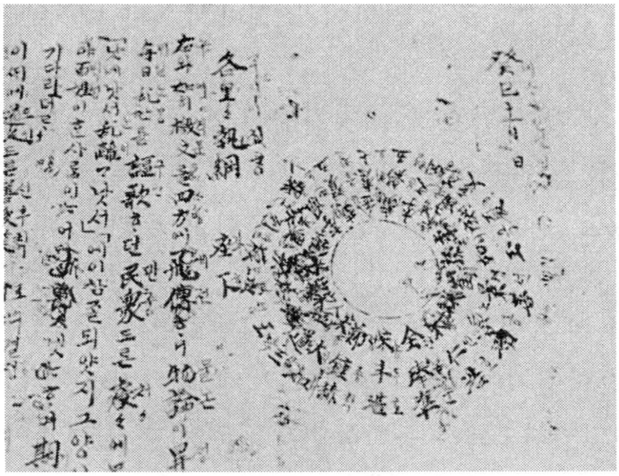

〈동학의 사발통문〉

동학은 인내천(인간 존중, 평등사상) 사상을 교리로 하여 사회개혁사상(후천 개벽)을 담고 있었다. 동학은 경주 몰락 양반인 최제우가(1860)가 보국안민과 제폭구민의 정신으로 창시였다. 하지만 교조는 혹세무민의 죄로 처형되고, 2대 교주 최시형 때에는 삼남 일대에 포접제(동학의 포교 조직망)로 교단을 조직하였다. 이후 억울하게 죽은 교조 최제우의 명예회복인 교조신원(敎祖伸寃)운동을 전개하여 탄압 중지를 요구하는 삼례 집회

(1892) 이후 보은 집회(1893)를 개최하고 농민 중심의 정치 운동(탐관오리 숙청, 서양과 일본 세력 축출 주장)을 전개하였다.

동학운동의 직접적인 계기는 고부 군수 조병갑의 학정(만석보 사건 : 고부군수 조병갑이 기존의 보를 허물고 새 보를 만들어 물세를 올리자 농민들이 반발한 사건)이었다. 동학군은 사발통문으로 봉기계획을 수립 1천여 명의 농민으로 고부 관아를 점령(1894. 1. 10)하고 탐관오리들을 징벌한 뒤 해산하였다. 하지만 안핵사가 봉기 관련자를 역적으로 몰아 탄압하면서 전봉준, 손화중, 김개남 등이 백산에 재집결하여 고부 황토현과 장성 황룡촌 전투에서 관군에 승리하고 전주성을 점령하여(1894. 4. 27) 동학농민운동이 절정에 다다랐다.

결국 조선 조정은 청군의 지원을 요청했고, 텐진 조약에 따라 청군과 일군이 아산과 인천에 상륙했다. 동학군은 조선 조정과 전주화약을 맺고 청·일 양군의 철수와 폐정 개혁(개혁안 12조, 불량한 지주와 부호 처벌, 신분 질서 해체, 치안 유지 등)을 조건으로 1차 봉기는 자진 철수 하였다. 동학농민군은 전주 화약이후 내정 개혁을 위해 전라도 53개 군에 집강소를 설치하고 민정을 실시하였다. 이는 우리 역사에서 처음으로 농민이 지방 자치권을 행사한 사건이었다.

이때 일본군은 조선의 철수 요구를 거부하고 청 · 일 전쟁(1894. 6～1895. 4)을 발발 시켰으며, 경복궁에 난입(6. 21)했다. 조선과 만주에서 진행된 양국의 육전과 해전에서 일본이 승리하고 시모노세키 조약(1895)을 체결하여 조선에서 일본이 주도권을 행사하게 되었다.

2차 봉기는 일본군의 경복궁 점령과 청·일 전쟁으로 내정간섭이 심해지자(농민이 개혁안 처리를 위해 설치한 교정청 폐지) 농민군이 삼례에서 재봉기, 남·북접 부대가 논산에서 연합하여 공주를 거쳐 서울로 진격하였다. 하지만 동학군 주력 부대가 공주 우금치 전투에서 일본군과 관군에 패배(전봉준, 1894. 11)하고, 청주성 공략에 실패(김개남)하였다. 전봉준은 순창에서 체포되고 지도자 들이 처형되었다.

동학운동은 소규모 농민운동에서 시작되었지만 이후 조직적인 체계를 갖춘 우리 역사상 최대 규모의 농민 운동으로 전개되었다. 특히 동학농민운동은 하층 신분층인 농민으로부터 시작된 '아래로 부터의 개혁운동'이었다. 또한 탐관오리를 엄징하고 신분제도 철폐와 무명의 잡세 폐지를 주장하여 이후 진행되는 갑오개혁에 영향을 미쳐 봉건질서 붕괴를 촉진시켰다. 일본과 내통하는 자를 엄벌하는 동학의 전례는 이후 의병운동에 영향을 미쳤으며, 반침략·반외세의 성격을 지니고 있다. 하지만 동학농민운동은 근대 국가 건설을 위한 구체적인 방안이 제시되지 않은 채 진행되었고, 다른 신분층과도 연계되지 못한 한계를 지니고 있다.

☞ 전봉준 격문 : 우리가 의(義)를 들어 이에 이름은 그 본의가 전연 다른 데 있지 아니하고 창생을 도탄에서 건지고 국가를 반석 위에 두려고 함이라. 안으로는 탐학한 관리의 머리를 베고 밖으로는 횡포한 강적의 무리를 쫓아 내몰고자 함이라. 양반과 부호의 앞에 고통을 받는 민중들과 방백과 수령의 밑에서 굴욕을 받는 소리(小吏)들은 우리와 같이 원한이 깊은 자이라. 조금도 주저하지 말고 이 시각으로 일어서라. 만일 기회를 잃으면 후회하여도 미치지 못하리라.

『동학사』

☞ 시모노세키 조약 : 동학농민 운동을 진압하기 위해 조선에 출병한 후 조선과 만주에서 벌어진 청·일전쟁의 전후처리를 위해 1895년 4월 17일 일본의 시모노세키에서 일본의 이토 히로부미와 청의 이홍장 간에 체결되었다. 정식명칭은 '청·일 양국 강화조약'으로 하관조약 또는 마관조약이라고도 한다.

조약 내용은 "청국은 조선국이 완전한 자주 독립국임을 인정하고, 청국은 랴오둥 반도와 타이완을 일본에 할양한다."는 내용이다. 이 조약으로 인하여 조선에서의 정치적 주도권은 일본으로 넘어갔다

⑥ 갑오·을미개혁(1894-1895)의 추진

조선 정부는 동학농민운동 이래 농민의 개혁 요구와 국왕과 온건 개화파의 개혁의지 등이 포함된 자주적 개혁의지와 더불어 일본의 침략기반 마련을 위한 내정개혁 강요로 일대 개혁을 단행하게 되었다.

갑오개혁은 2차에 걸쳐 진행되었으며 이후 을미개혁이 추진되었다. 제1차 갑오개혁(1894)은 온건 개화파가 주도한 김홍집 내각(1차)이 군국기무처를 중심으로 자주적으로 추진하였으며, 갑신정변의 정강과 동학 농민군의 개혁 요구가 반영되었다. 주된 내용은 정치 분야에서 왕실과 정부 사무를 분리(입헌 군주제 추구)하였고, 6조

를 8아문으로 변경하면서 경무청(경찰제도 시행)을 창설하였다. 또한 청의 연호를 폐지하고 개국 기원을 사용하였으며, 대간제와 과거제를 폐지하여 능력사회를 추구하였다. 경제적으로는 재정 일원화(탁지아문)와 은 본위 제도 시행, 도량형 통일, 조세의 금납제를 단행하였다. 사회적으로는 신분제를 철폐하고 조혼금지와 과부재가 허용 그리고 연좌제 등을 폐지하였다. 하지만 토지와 조세 제도 분야의 개혁은 소홀하였다.

일본이 청·일 전쟁에서 승리하고 내정 간섭이 본격화 되면서 제2차 갑오개혁(1894. 5)이 시행되었다. 박영효, 김홍집 연립 내각이 성립(2차 김홍집 내각)되어 군국기무처 폐지를 폐지하고, 우리나라 최초의 헌법적 성격인 홍범 14조를 반포하였다. 정치적으로는 의정부를 내각으로 개칭하여 내각 제도를 실시하고, 지방관의 권한을 축소(사법권, 군사권 배제)하였다. 지방제도를 개편하였고(8도 → 23부), 재판소를 설립(사법권 독립)하고 고종의 교육입국 조서에 의하여 한성사범학교를 설립하였다. 군사제도 개혁을 시도하였으나(훈련대와 시위대 창설) 일본의 견제로 인하여 큰 성과는 없었다.

러·프·독의 삼국 간섭(1895, 청일 전쟁에서 승리한 일본 제국이 요동 반도를 점령하자 러시아, 독일 , 프랑스 등이 일본의 철수를 요구하여 관철한 사건)으로 일본 세력이 약화되면서 박영효가 실각되고, 온건 개화파와 친러파의 연립 내각(제3차 김홍집 내각)이 들어섰다. 연립내각은 일본의 내정간섭을 배제하고 배일 정책을 강화하였으며, 이 과정에서 을미사변(1895, 일본 공사 미우라가 일본 세력 확장을 위해 낭인들을 사주하여 경복궁에 난입 명성황후를 시해한 사건)이 발생했다.

을미사변 이후 친일적 성격이 강화된 김홍집 내각(4차)이 급진적 개혁을 실시하였다. 을미개혁은 건양이라는 연호를 제정하여 사용하고, 단발령 발표, 태양력 사용, 소학교 설치 등을 단행하였다. 군사적으로는 친위대와 진위대 설치하기도 하였다. 하지만 개혁은 아관파천(1896, 을미사변이후 고종이 러시아 공사관으로 피신하여 정무를 봄)으로 친일 내각이 붕괴되면서 중단되고, 친러 내각이 들어서게 되었다.

갑오개혁과 을미개혁은 긍정적 측면에서 조선의 개화 세력과 동학 농민군의 개혁 의지가 반영되어 사실상 조선의 개화파 관료들에 의하여 자주적으로 추진된 개혁이라 평가할 수가 있다. 특히 정치, 경제, 사회면에서 기존의 봉건적 질서를 타파하는 근대적 개혁의 추진이었다. 부정적 측면으로는 일본 제국주의 세력에 의해 개혁을 강요당하여 일본의 조선 침략을 용이하게 마련해 준 타율적 개혁이었으며, 민중과는 유리된 위로부터 시작된 급진적인 개혁으로 평가된다.

☞ 홍범 14조

제1조 청에 의존하는 생각을 버리고 자주 독립의 기초를 세운다

제2조 왕실 전범(典範)을 제정 왕위 계승의 법칙과 종친과 외척과의 구별을 명확히 한다.

제3조 임금은 각 대신과 의논 정사를 행하고, 종실, 외척의 내정 간섭을 용납하지 않는다.

제4조 왕실 사무와 국정 사무를 나누어 서로 혼동하지 않는다.

제5조 의정부(議政府) 및 각 아문(衙門)의 직무, 권한을 명백히 한다.

제6조 납세는 법으로 정하고 함부로 세금을 거두지 않는다.

제7조 조세의 징수와 경비 지출은 모두 탁지아문(度支衙門)의 관할에 속한다.

제8조 왕실의 경비는 솔선하여 절약하고, 이로써 각 아문과 지방관의 모범이 되게 한다.

제9조 왕실과 관부(官府)의 1년 회계를 예정하여 재정의 기초를 확립한다.

제10조 지방 제도를 개정하여 지방 관리의 직권을 제한한다.

제11조 총명한 젊은이들을 파견하여 외국의 학술, 기예를 견습시킨다.

제12조 장교를 교육하고 징병을 실시하여 군제의 근본을 확립한다.

제13조 민법, 형법을 제정하여 국민의 생명과 재산을 보전한다.

제14조 문벌을 가리지 않고 인재 등용의 길을 넓힌다.

⑦ 독립협회와 대한제국

개화정부 붕괴와 아관파천으로 국가의 자주성이 크게 회손 되고 열강의 이권 침탈은 심화되었다. 조선은 아관파천 이후 친러파(이완용, 이범진, 윤치호 등)가 등장하면서 을미개혁은 중단되었다. 고종은 명성황후 시해와 단발령을 계기로 발생한 을미의병에게 해산 권고 조칙을 내렸다.

조선의 근대 문물 수용 의지에 따라 서재필이 중추원 고문으로 임명되었다. 서재

필은 독립 협회를 조직(1896. 7)하고 전국에 지회를 설립하였으며, 독립신문을 창간(1896. 7)하였다. 이 조직에는 정부 관료(이완용, 이범진), 도시 빈민층, 학생, 노동자, 여성, 천민 등 각계각층이 다양하게 참여하였다.

주요 활동으로는 민중 계몽 운동(독립신문 발간, 영은문 자리 독립문 건립, 강연회, 토론회 등), 자주국권 수호 운동(이권 수호 운동, 만민 공동회 개최)으로 민족주의를 지향하였다. 또한 자유 민권 운동으로 민주주의를 지향하고, 자강 개혁 운동(관민 공동회 개최. 의회 설립 운동)으로 자본주의를 지향하는 운동으로 전개되었다. 하지만 보수 관료들의 모함으로 고종이 독립협회에 해산명령을 내리고, 독립협회 간부들이 투옥되었다. 이에 따라 만민공동회를 개최 항의하였으나 정부가 황국협회를 동원하여 탄압(1898. 12)하고 군대를 동원하여 해산시켰다(1899).

독립협회는 민중의 지지를 받지 못한 갑신정변, 갑오개혁의 한계를 뛰어넘는 운동으로 최초의 자유 민주주의적 정치운동이자 자주적 근대화 운동으로 애국 계몽 운동에 영향을 미쳤다. 독립협회는 외세 배척을 내세웠지만 일본과 미국에 우호적 입장이었고, 동학이나 농민운동에는 부정적인 태도를 취하였다. 또한 제국주의 논리인 사회진화론(H. 스펜서가 다윈의 『종의 기원』을 인간사회에 적용해 사회의 진화를 설명하려는 이론)을 어느 정도 인정하고 있었다.

자주 독립 국가를 건설하려는 독립협회와 여론은 고종의 환궁을 요구하고 러・일간의 세력 균형에 따라 고종이 경운궁(덕수궁, 1897. 2)으로 환궁하였다. 고종은 연호를 '광무'로 하여 원구단에서 황제로 즉위하면서 대한 제국을 선포하였다(10. 12). 이어 대한국 국제를 발표하고(최초 헌법, 1899. 8. 17), 황제권을 강화한 구본신참(舊本新參 ; 옛 법을 근본으로 삼고 새로운 것을 참고한다는 서양문물 도입 논리)의 광무개혁을 추진하였다.

광무개혁은 전제 왕권을 강화하여 근대 주권 국가를 이룩하려는 노력이었다. 광무개혁은 외세의 간섭 없이 자율적으로 시행된 개혁으로 국방, 산업, 기술, 교육 분야에 중점을 두었다. 농민 생활의 안정과 재정 확보를 위하여 토지 소유자들에게 토지에 대한 근대적 소유권을 인정한 지계(地契)를 발급했다. 상공업 발전을 위해 회사와 공장, 은행 등을 개설하고 실업학교를 열었다. 군제를 개편하여 황제가 육·해군을 직접 통솔할 수 있도록 원수부를 설치하고, 고급 장교의 양성을 위해 무관 학교도 설립했다. 하지만 집권층의 보수적 성향과 열강의 간섭으로 큰 성과는 없었다.

2 일제의 국권 침탈과 대항

① 러 · 일 전쟁과 국제 정세

한반도에서 청 · 일 전쟁으로 주도권을 확보한 일본이 삼국간섭(한반도에서 일본의 세력이 후퇴하고, 청은 열강에 의하여 침략이 확대되는 계기가 되었다.)으로 후퇴한 가운데 러시아의 세력이 비등하게 되었다. 러시아는 블라디보스토크와 뤼순을 연결하는 중간 기지로 마산과 목포 등을 조차하려다 일본의 반대로 무산되었다(1899).

일본과 영국은 청에서의 영국의 이권과 조선에서의 일본의 이권을 상호 브장하고 러시아의 한반도 진출을 저지하게 위해 제1차 영 · 일 동맹을 체결(1902)하였다. 러시아는 1903년에는 압록강 어구 용암포를 조차하려는 시도를 하다가 일본의 방해로 또한 실패하였다.

러시아는 일본에 대한제국의 북위 39도선 이북의 땅을 중립지대로 하자고 제한하였으나 일본은 압록강 이남의 이권은 일본이 확보해야 한다고 주장하여 협상은 결렬되었다. 대한제국은 중립을 선언하였다. 이때 일본은 기습적으로 요동 반도의 뤼순에 있는 러시아 군을 공격(1904. 2)하여 러 · 일 전쟁이 발발하였다. 대한해협에서 러시아의 발틱 함대를 격파한 일본은 전쟁의 주도권을 확보했고, 러시아의 페테레스부르크 혁명(1905)으로 전쟁은 조기에 종료되었다.

이 전쟁은 한국과 만주(중국 동북지방)의 주도권을 두고 싸운 것이지만, 그 배후에는 영 · 일 동맹과 러 · 프 동맹이 있었으며, 제1차 세계대전(1914)의 전초전이었다. 러시아는 패배의 결과로 혁명운동이 진행되었고, 전쟁에서 승리한 일본은 한반도에 대한 지배권을 확립하고 만주로 진출할 수 있게 되었다.

② 일제의 국권 탈취

러 · 일 전쟁으로 한반도에서 주도권을 확보한 일본은 본격적인 한반도 침탈에 돌입하였다. 우선 1904년 한 · 일의정서를 체결하여 한반도의 군사기지 사용권을 장악하고 대한제국의 중립국 선언을 무효와 시키면서 제3국과 조약 체결을 금지시켰다. 동년 8월에는 제1차 한 · 일 협약을 맺어 메가다(재정)와 스티븐슨(외교)을 임명하여 고문정치를 시작하였다. 바로이어 미국과는 카스라 · 테프트 조약(1905. 7, 미국은 필리핀 지배 인정)과 제2차 영 · 일 동맹(동년 8월), 러시아와 포츠머스 조약(동년 9

월)을 체결하여 국제적으로 일본의 대한제국 지배를 인정받았다.

이어 1905년에는 을사조약(11. 7, 을사늑약)을 체결하여 조선의 외교권을 박탈하고 보호국화 했으며, 이토 히로부미를 통감으로 임명하여 통감정치를 실시하였다. 고종은 을사조약 비준을 거부하였다. 따라서 이 을사늑약은 불법적인 조치였다. 일제는 을사늑약을 반대하는 고종을 강제 퇴위(1907. 7)시키고, 한·일 신협약(1907. 7, 정미 7조약)을 체결하여 각 부에 일본인 차관을 배치하여 조선의 내정을 장악하는 차관정치를 실시했다.

또한 정미 7조약의 부수 각서에 따라 8월에는 군사권을 박탈하고 군대를 해산시켰다. 이어 4대 악법이라 불리는 신문지법(1907), 보안법(1907), 학회령(1908), 출판법(1909)을 발효하고, 기유각서(1909)로 사법권을 박탈한 이후 경찰권을 박탈하였다. 이어 신문에 대한 강제 폐간 후 한 · 일 병합 조약(1910. 8. 29, 경술국치)을 체결하여 대한 제국의 주권을 완전히 박탈하였다.

이 과정에서 국민적인 저항이 계속되었다. 조약 파기 조치를 주장하는 것부터 시작하여 순국자결하는 자가 등장하고(민영환, 조병세), 장지연은 언론활동으로 시일이야방성대곡을 게재하여 많은 사람들의 호응을 얻었다. 을사조약체결에 앞장선 5적을 처단하려는 암살단이 조직(나철, 오기호) 조직되었고, 일본의 조선 침략을 정당화한 스티븐슨은 장인과 전명훈이 처단하였다. 특히 안중근은 조선 침략의 원흉이라 할 수 있는 이토 히로무비를 만주 하얼빈 역에서 사살하였고, 고종은 헤이그에 특사를 파견하여(이준, 이상설, 이위종) 을사조약의 불법성을 알리고 만국에 호소하기 위해 특사를 파견하였으며, 은밀하게 의병활동을 지원하였다.

이 시기 거족적인 항일운동은 크게 두 가지 방향으로 진행되었다. 하나는 유생이 지도하는 농민층과 동학의 잔여 세력이 가담한 의병운동이었고, 하나는 도시 시민과 지식인층을 중심으로 진행된 실력양성운동이었다.

③ 항일 의병 운동의 전개

우리나라는 외세의 침략을 받을 때마다 의병이 일어나 나라를 구하는 전통을 가지고 있다. 구한말 때도 일제의 침탈이 가속화 되자 일제에 항거하여 전국에서 의병이 일어났다. 이때의 의병은 대체로 3기로 나누어지는데, 그 신분은 주로 유학자 · 구식 군인 및 관리, 그리고 일반 민중들이었으며, 후기로 갈수록 차츰 농민이 의병항쟁을 주도했다.

첫 번째의 을미의병(1895)은 명성황후 시해 사건과 단발령이 계기가 되었다. 주도세력은 보수적 유생층이 주도(유인석, 이소응)하였고, 일반 농민, 동학 농민군의 잔여 세력이 가담하였다. 유생들은 위정척사 사상을 계승한 근왕적 의병 투쟁을 유지하고 있었다. 이러한 사상적 한계로 인하여 유생 의병장들은 아관파천 후 단발령 철회와 고종의 의병 해산 권고 조칙으로 대부분 해산하였다. 하지만 의병 해산 이후에도 활빈당, 영학당 등의 농민 무장 조직은 계속적으로 반봉건, 반침략 투쟁을 전개하였다.

두 번째의 을사의병(1905~1906)은 러・일 전쟁 발발 직후 일본의 침략이 본격화되고 을사조약이 체결되면서 봉기하였다. 을사의병은 국권 회복을 위한 무장 투쟁을 전개하였으며, 이때부터 평민 의병장이 등장 하였다. 이 당시의 대표적 의병장으로는 전직 관리 출신인 충남 홍주성의 민종식과 유생인 전북 태인의 최익현(쓰시마에서 순국), 그리고 평민인 경북 강원 일대의 신돌석 등을 들 수 있다.

세 번째 의병인 정미 의병(1907)은 고종의 강제 퇴위와 군대 해산이 계기가 되어 의병전쟁으로 발전하였다. 특히 해산 군인의 의병 가담으로 전투력 강화되고, 다양한 신분층이 참여하여 전국으로 확산되었다. 이인영, 허위 등 유생 의병장의 주도로 13도창의군을 결성(경기도 양주 집결)하여 서울 진공 작전(1908)을 전개하였다. 하지만 신분적 한계를 극복하지 못하고, 평민 의병장인 신돌석, 홍범도 등이 제외되어 화력이 우세한 일본에 패배하였다.

〈의병의 모습〉

정미 의병은 호남지역에서 가장 활발하게 진행되었는데 이는 일제의 수탈과 관련 있었다. 호남에서는 많은 평민 의병장이 활약하였고, 유격 전술로 일본군을 상대하였다. 일본군은 한국 주차군(駐箚軍)을 증강하여 남한 대토벌 작전(1909)을 전개하였다. 이에 따라 의병 활동이 위축되었고, 많은 주민들이 피해를 입었다. 일제의 토벌로 1910년대 중반이후 의병은 만주, 연해주로 이동하여 무장 독립군을 편성하였다.

구한말 의병은 일제 침략에 맞서 적극적인 투쟁 전개하여 민족의 강한 독립 정신 표출하고 항일 무장 투쟁의 기반을 형성하였다. 의병은 을사 늑약이후 무장독립운동으로 이어져 민족의 정기를 높이는 데 크게 이바지했다. 하지만 국제적으로 고립된 상태에서 봉건적 지배 질서를 벗어나지 못한 양반 유생층의 지도 노선으로 의병의 결속력이 약화되었다. 의병들은 근대화된 일본군에 무력적 열세로 인하여 만주 일대로 근거지를 옮겨야만 했다.

☞ 최익현 : "그들이 왜라면 마땅히 한번 결전을 벌여 보겠지만 왜가 아니고 관군이라면 이것은 우리가 우리를 치는 것이니 어찌 차마 할 수 있겠는가?" 최익현은 호남 지방의 대표적 의병장이다. 태인에서 일어난 최익현 의병 부대가 정읍, 곡성을 거쳐 순창에 진출하였을 때, 그 숫자는 1,000여 명에 이르렀다. 그러나 최익현 부대는 여기서 전투 없이 무너졌다. 전주 관찰사 한진창이 인솔하는 전주 및 남원의 진위대가 순창을 포위하자 최익현은 왕이 보낸 군대와 싸울 수 없다하여 항전을 중지하고 스스로 체포되었던 것이다. 그 후 최익현은 일본군에게 넘겨져 대마도로 끌려가 그곳에서 순절하였다.

☞ 박은식의 의병에 대한 평가 : 일반 민중들로 구성된 군대이다. 나라가 위급할 때, 정부의 군대 소집을 기다리지 아니하고 군대를 조직하여 적과 맞서는 사람이다. 이것은 털끝만치도 병역 의무와 무관한 것이었으며, 오직 충과 의를 받들면서 사방에 모여들어 죽음을 무릅쓰고 싸운 것이다. 앞사람이 쓰러지면, 뒷사람이 계속하여 적이 물러갈 때가지 싸웠다. 그러므로 의병은 한국 민족의 정수(精髓)라 할 수 있다.

『한국독립운동지혈사』

④ 애국 계몽 운동의 실력 양성 운동

대한제국의 민중은 일제의 침략에 대응하여 의병운동을 전개하는 한편, 개화 지식인, 개혁적 유학자, 관료 출신, 도시 빈민층이 중심이 되어 장기적인 민족 독립운동의 기반을 마련하기 위해서 계몽 활동을 통한 실력 양성 운동을 전개하였다. 이들은 사회 진화론의 영향을 받아 당시의 국제 사회를 양육강식과 적자생존의 원리가 지배하는 생존투쟁의 장으로 파악하고 입헌군주제를 통한 근대 정치 체제의 수립과 산업 진흥을 통해 민족의 근대적 역량을 배양함으로써 국권을 회복하려는 운동을 전개하였다.

당시 활동하던 애국 계몽 단체로는 보안회(1904)가 있었다. 보안회는 유생과 관료를 중심으로 일본의 황무지 개간권 요구 반대 운동을 전개하여 이를 관철시켰다. 헌정 연구회(1905)는 독립협회를 계승하여 의회 설립을 통한 입헌적 정치 체제의 수립과 민권 확대를 주장하다가 일제의 사주를 받는 일진회에 해산되었다. 헌정 연구회의 후신인 대한 자강회(1906)는 교육과 산업의 진흥을 통한 실력 양성 운동 전개하고, 고종의 강제 퇴위 반대 운동을 전개하다 해산되어 대한 협회로 계승되었다.

신민회(1907)는 안창호, 양기탁 등이 중심이 되어 당시 민족 운동가들을 망라한 항일 결사단체로서 국권 회복과 공화 정체의 근대 국민 국가 건설을 목표로 활동하였다. 신민회는 공개적으로 실력 양성 운동 전개하여 민족 교육(대성・오산 학교 설립)을 전개하고, 민족 산업을 육성(자기 회사, 태극 서관 설립)하였다. 일제는 신민회를 '105인 사건(1911)'을 조작하여 해산시켰다. 105인 사건은 일제가 안중근의 사촌 동생 안명근이 황해도 일원에서 독립 자금을 모금하다가 적발되자 이를 빌미로 항일 기독교 세력과 신민회를 탄압하기 위해 총독 암살 미수 사건을 날조하여 수백 명의 민족 지도자를 검거한 사건이었다.

애국 계몽 운동은 교육 분야를 우선시 하여 사립학교와 학회(서북 학회, 기호 흥학회 등)를 설립하고 야학과 강습소를 열어 근대 학문 교육과 민중 계몽 그리고 민족의식 고취에 노력하였다. 언론은 황성신문(시일이야 방성대곡 게재), 대한 매일 신보(영국인 베델과 양기탁 발행, 국채 보상 운동 전개) 등이 발간되었으며, 일제는 신문지법과 사립학교령으로 탄압하였다.

이러한 애국 계몽 운동은 국민들의 애국심과 근대 의식을 고취하여 실력을 양성하고, 독립운동 기지를 건설(독립전쟁론)하는 등 독립 운동의 장기적인 기반을 마련하고 독립 운동의 올바른 이념을 제시(국권 회복과 공화정체의 국민국가 건설)하기도 하였다. 하지만 국권 상실 위기의 원인을 민족의 실력 부족 때문으로 파악하여 의병 투쟁에 대해 비판적 태도를 유지하였다. 한편 사회 진화론을 신봉하여 제국주의 침략을 긍정하는 논리로 식민 지배를 인정하여 친일 단체가 등장하게 되었다.

☞ 신민회 취지문 : 신민회는 무엇을 위하여 일어남이뇨? 민습의 완고 부패에 신사상이 시급하며, 민습의 우매에 신교육이 시급하며, 열심의 냉각에 신제창이 시급하며, …(중략)…문화의 쇠퇴에 신학술이 시급하며, 실업의 초췌에 신모범이 시급하며, 정치의 부패에 신개혁이 시급이라, 천만가지 일에 신(新)을 기다리지 않는 것이 없도다. …(중략)…무릇 대한인은 내외를 막론하고 통일 연합으로써 그 진로를 정하고 독립 자유로써 그 목적을 세움이니…(중략)…오직 신정신을 불러 깨우쳐서 신단체를 조직한 후에 신국가를 건설할 뿐이다.

신민회 취지문

12. 일제 통치와 대한민국의 건국[12)]

한반도를 병탄한 일본은 조선을 일본 발전에 필요한 부수적인 생산기지로 삼는 다는 국가전략을 수립하였다. 일본은 당시의 국·내외적 상황에 따라 한반도 통치 전략에 변화를 주면서 치밀한 통치 체제를 구축해 나갔다.

1910년대는 식민통치의 중추기관으로 조선 총독부를 설립하고, 무단통치(헌병 경찰, 착검 교원 및 관리, 언론·출판·집회·결사의 자유 박탈, 우민화 교육)로 조선의 토지와 산업을 약탈하였다. 하지만 3·1운동이 일어나고 국제 여론이 악화되면서 1920년대부터는 문화통치(보통 경찰 통치, 친일파 양성, 부분적인 언론의 자유 보장, 한민족 분열 책 강구)로 전환하면서 경제적으로는 식량 수탈과 함께 일본 제국 자본의 조선 지배를 강화하였다.

1930년대에 들어서는 경제공항(1929), 만주사변(1931), 중·일 전쟁(1937)이 발발함에 따라 한반도의 병참기지화 및 인적·물적 자원을 수탈하는 정책을 추진하면서 조선 민족의 말살정책(황국신민화, 우리말 사용금지, 창씨개명)을 추진하였다.

이러한 일제의 정치, 문화, 경제 및 인적 침탈에 맞서 우리 민족은 평화적인 시위운동인 3·1운동과 실력양성운동을 비롯하여 광복군의 무장투쟁까지 다양한 독립운동을 전개하였다. 특히 3·1운동 이후 대한민국 임시정부가 중국에서 활동을 시작하여 독립을 위해 노력하는 여러 단체와 조직들을 아우르게 되었다.

제2차 세계대전이 종전되면서 우리나라는 독립이 되었고, 국토는 남과 북으로 분단되었다. 남북 간에는 사상적 대립을 극복하지 못하고 곧이어 6·25전쟁을 치렀다. 현재 대한민국은 민주주의 정치제제와 경제가 발전하고 있으나 북한은 봉건 왕조 세습의 정치체제를 보이면서 빈곤에 허덕이고 있다. 있다. 남과 북은 그간 대립의 과정에서도 통일에 대한 논의를 진행해 왔으나 아직도 해결해야 할 과제가 산적해 있는 실정이다.

---

12) 김병석, 2011, 『고급 한국사』, 진영사
변태섭, 2005, 『한국사통론』, 삼영사
이기백. 1999, 『한국사신론』. 일조각
한영우, 2005, 『다시찾는 우리역사』, 경세원

1 일제의 식민 통치 정책

① 1910년대

을사늑약으로 조선의 외교권을 강탈한 일본은 1910년 한일합병을 통해 한반도를 일본의 속방으로 만들었다. 통치기관으로 조선 총독부를 설치하여 데라우치를 총독으로 임명하고, 식민 지배의 중추 기관으로 삼았다. 총독은 일본 육·해군의 대장으로 임명하였으며, 총독부에는 총독 예하에 정무총감(행정 담당)과 경무총감(치안담당, 일본군 헌병사령관 겸임)을 배치하였다.

지방 행정 조직은 13도 12부 220개 군을 만들어 관리들은 친일 위주로 임명하였다. 또한 일본은 조선인을 회유하기 위해 중추원이라는 친일파로 구성된 총독부 자문기구를 설치하였으나 3·1운동 이전까지 한 번도 소집되지 않았다.

이때의 식민 통치는 무단통치였다. 헌병경찰은 즉결 처분권을 행사하고 독립 운동가를 색출하여 처단하였다. 조선인의 언론·출판·집회의 자유는 박탈되었으며, 교원들은 착검을 하고 교단에 섰다. 교육은 제1차 교육령(1911)에 따른 우민화 교육으로 보통 교육과 실업교육 위주로 진행되었다. 조선어 교육을 축소하고 조선 역사와 지리 수업은 배제되었다. 일본은 이러한 무단통치를 위해 2개 사단 규모의 병력을 한반도에 주차시켰다.

한편 일본은 경제적 수탈을 위하여 토지조사 사업을 진행(1912~1918)하였다. 토지조사를 위해 토지조사국을 설치(1910)하고 토지 조사령을 발표(1912)하여 토지를 약탈하면서 과세지를 늘려 막대한 지세 수입을 올렸다. 복잡한 서류 구비로 인하여 미신고한 토지나 증거가 불충분한 토지는 총독부가 탈취하여(전체의 40%) 동양척식회사나 일본인에게 불하하였다. 이때 일본인들의 한반도 이주가 증가하였다. 또한 식민지 지주제가 확대되어 지주의 소유권이 강화되는 반면 소작인의 권리는 약화되어(영구 소작권인 도지권 불인정) 농민들은 화전민으로 전락하거나 만주·연해주 등지로 이주하였다.

일본은 산업의 침탈도 개시하였다. 수탈이 용이하도록 간선 철도를 건설하고, 도로(신작로) 망을 확충했다. 회사령을 발표하여 회사 설립을 신고제로 바꾸고 일본인들은 전기·철도·금융업을 장악하는 반면 조선인들은 경공업에 한정되도록 하여 민족 자본의 성장을 방해하였다. 1915년에는 광업령을 발표, 광업권에 대한 허가제를 실시하여 경제성 있는 광산은 일본인이 독점하도록 하고, 소금, 인삼, 담배, 아편 등도 독점하였다.

② 1920년대

1920년대 대의 일본의 통치정책은 3·1운동의 발발과 일본 내의 민주주의 발전, 그리고 국제 여론의 악화에 따라 문화통치제도로 전환되었다. 이는 민족의 분열을 유도하여 식민지 통치를 용이하게 하려는 속셈이었다.

총독은 표면적으로는 문관 총독을 배치하였으나 실제로는 모두 군인 출신 들이었다. 경찰 제도도 보통경찰 제도를 실시하였으나 경찰 수는 이전의 4배로 증가시켰다. 여기다가 고등 경찰제를 도입하여 민족 운동을 탄압하고, 치안 유지법을 제정하여 사상을 탄압하였다.

교육에서는 조선인의 교육 기회를 확대하는 제도를 시행하였으나 우민화 교육을 계속 시행하여(초등 및 실업 교육 강화) 식민지 지배에 순응하는 노예적 인간이 양성되도록 하였다. 회유책으로 제2차 조선 교육령을 발표하여(1922) 조선어와 조선사를 필수 과목으로 지정하고, 경성제국대학을 설치(1924)하였다. 언론은 검열을 강화하여 기사를 삭제하고 신문 압수 및 정간과 폐간 조치하였다. 이러한 일본의 문화통치에 따라 일본이 의도한 대로 '민족 개조론'이나 '자치론' 등 타협적 민족 운동이 등장하여 민족 운동 내부의 분열이 초래되었다.

일본은 산미증산계획(1920~1934)을 추진하여 조직적으로 식량을 수탈해 갔다. 일본은 제1차 세계 대전 이후 급속한 공업화로 인해 식량부족 현상이 발생하고 있었고 이러한 사태를 한국의 쌀로 해결하려는 조치를 취하였다. 1920년부터 쌀 생산 계획에 착수하여 개간·간척 사업, 수리 시설 개선, 종자 개량, 화학비료 사용 등으로 쌀 생산량을 증대시켜 일본으로 반출하였다. 이에 따라 한반도에서는 쌀이 부족하여 식량사정이 악화되고 농민과 도시민의 고통이 증대되었다. 농민들은 해외로 이주하는 반면 지주의 이익은 증대되었다.

회사령이 폐지(1920)되어 조선 기업이 증가하였고, 일본의 독점 자본이 침투하여 북부 지방의 공업화에 적극적으로 투입되었다. 일본 상품에 대한 관세가 철폐(1923)되어 일본 상품이 밀려 들어왔으며, 민족 자본은 성장이 억제되었다. 일제의 경제수탈이 가중됨에 따라 범국민적으로 국산품 사용을 장려하는 물산장려운동이 발생하기도 했다. 조선인 소유의 은행들은 강제로 조선은행에 병합되어 민족 금융이 발전하지 못했다.

③ 1930년대 이후

1930년대 이후의 식민지 통치 정책은 민족 말살정책이었다. 일본은 1929년 발생한 경제 공항을 극복하기 위해 만주사변(1931)과 중・일 전쟁(1937)을 일으키고 전쟁에 필요한 인적・물적 자원을 수탈해 갔다.

조선 총독으로 부임(1936)한 미나미는 '내선일체'와 '일선 동조론'을 강조하면서 '황국시민서사 암송(1937)'과 '궁성요배(궁성을 보면서 절하는 것)', '정오 묵도'를 강요하고 소학교를 국민학교로 개칭하였다. 태평양 전쟁이 발발(1941)하자 제4차 교육령을 공포하여 교육과목에서 조선어와 조선사를 폐지하였다. 또한 사상통제와 창씨개명을 강제하면서 한글신문을 폐간 시켰다.

전쟁의 발발로 인하여 한반도를 일본의 병참기지화 하려는 정책이 추진되었다. 일본은 한반도에서 전쟁 물자를 조달하고 인적・물적 자원을 수탈하면서 한반도를 일본의 군수물자 기지로 만들었다. 이에 따라 한반도의 북부지방에는 중화학 공업이 집중 육성되고 농촌은 쌀 생산을 위한 식량 공급 기지로 전락되어 갔다. 따라서 많은 농민이 몰락하고 해외 이주가 진행되었으며 도시 빈민층도 증대되었다.

일본은 중・일 전쟁에 이어 태평양 전쟁으로 인력과 자원이 부족하자 지원병제(1938)와 학도지원병제(1938), 징병제(1944) 등으로 조선인 전투원을 징집하였다. 군에 투입되지 않은 청년들은 국민 징용령을 발효(1939)하여 탄광과 철도 건설 현장, 군수 공장에 투입시켰다. 또한 여자 정신 근로령(1944)으로 여성을 강제 동원하여 군수공장에 투입하거나 위안부 등으로 이용하는 만행을 저질렀다.

전쟁 물자 원료를 확보할 목적으로 각 종 세금을 부과하고 전쟁 물자와 장비를 만들기 위한 금속 재료를 약탈해갔으며, 식량도 군량미 확보 목적으로 미곡 공출 제도와 식량 배급제를 실시하였다.

2 민족 운동과 대한민국 임시 정부의 수립

① 1910년대 민족운동

1910년대 민족운동은 일제의 탄압으로 인하여 국내에서는 활동이 축소되면서 해외로 확장되는 시기였다. 1907년 이후 활성화 되었던 의병항쟁은 한반도 북부지방과 만주지방으로 전환(마지막 의병장 채응언, 1915년까지 활동하다 체포)되었고, 그 밖의 활동은 비밀결사 양상을 띠게 되었다. 비밀결사는 주로 도시의 지식인층과 중산층 그리고 학생이 주도하였고, 종교단체와 연결하여 독립군 자금 모금과 독립 전쟁을 통한 국권 회복운동을 시도하였다.

임병찬은 고종의 밀명으로 비밀조직인 독립의군부(1912)를 조직, 전국적인 의병전쟁을 계획하고 조선 총독에 국권반환 요구서를 제출할 계획이었으나 사전 발각되어 실패했다. 또한 박상진, 김좌진 등은 대한광복회를 조직(1915)하여 독립군 양성과 군자금 마련에 노력하였으나 조직망이 발각되어 해체되었다.

이렇게 국내 활동이 어려워지면서 해외 독립운동기지가 설치되기 시작했다. 만주의 서간도(삼원보, 경학사 및 부민단 등의 자치기관 운용)에는 신민회 주도아래 신흥무관학교가 들어섰고, 서로군정서가 활동하였다. 북간도(용정, 명동)에는 간민회(대종교)가 주도하여 서전서숙(이상설)과 명동학교가 개교하고, 북로군정서 대한독립군이 조직되어 국내진공작전을 주도했다.

또한 연해주(신한촌)는 국권피탈 전후 국외 의병활동의 중심지로 부각되었으며 권업회, 성명회 등이 후원하여 대한 광복군 정부(1914, 이상설, 최초의 망명정부), 대한 국민 의회(1919, 손병희), 한인 사회당(1918, 이동휘) 등이 활동하였다. 이 밖에도 북만주(한흥동)와 중국 본토의 상하이(신한청년당, 1918) 그리고 미주에 대한인국민회의(1910, 안창호, 이승만), 대조선 국민군단(하와이, 박용만), 흥사단(안창호), 숭무학교(멕시코) 등이 조직되어 활동했다.

② 3·1운동의 전개

국내의 비밀결사와 해외에서 민족운동을 전개하던 중 레닌이 민족 해방 운동 지원(1917)을 선언하고, 윌슨도 민족자결주의(각 민족은 정치적 운명을 스스로 결정할 권리가 있으며 다른 민족의 간섭을 받을 수 없다는 주장)를 제창하면서 다시 한 번 활발한 민족운동이 국내외적으로 전개되었다.

먼저 일본에 유학중인 한인 학생들이 2·8독립선언(1919)을 하였다. 이때 일본의 고종 독살설(1919. 2. 26 사망)이 나돌면서 민중 또한 분노했다. 이러한 국내외의 상황에 따라 종교계와 학생들이 연합하여 시위를 준비하였다. 천도교·불교·기독교의 종교 지도자를 중심으로 한 민족 대표 33인이 모여 독립선언서를 발표하면서(1919. 3. 1), 비폭력 만세시위는 도시에서 농촌으로 그리고 해외로도 급속도로 파급되었다.

〈3·1운동의 배경이 된 고종의 장례식〉

일제는 무력으로 시위운동을 진압하였다. 참가자 200만 명 중 유관순 등 7, 500여 명이 살해되고, 48,000여 명이 체포되었다. 일본군은 진압과정에서 경기 화성의 제암리 학살 사건(일본 군경이 1919년 4월 15일 만세운동을 한 수원 제암리 일대의 기독교도 및 천도교도 약 30명을 교회당 안에서 사살하고 방화) 등과 같은 비인도적 만행을 자행하였다.

3·1운동은 이후 국내외의 민족 운동에 활력을 불어 넣었다. 해외에서는 무장투쟁이 활성화 되었고 의열단과 한인 애국단 등의 의혈운동이 일어났다. 외교를 통해 독립운동을 쟁취하기위한 임시정부 활동이 개시되었다. 또한 민족주의 계열을 중심으로 경제와 문화 분야에서 근대적 역량을 배양하자는 실력양성 운동이 활발하게 전개되었으나 1930년대를 넘기면서 많은 인원들이 변절되었다. 민족 문화를 수호하기 위한 국학(역사, 국어) 분야가 연구되었고, 사회주의 활동과 연관이 있는 청년, 학생, 노동자들의 운동도 진행되었다.

3·1운동 이후 일본은 한반도 통치방식을 문화통치로 전환했다. 한편 3·1운동은 국제적으로 부각되어 중국의 5·4운동, 인도의 비폭력 불복종 운동 등 식민지 국가의 민족운동에 영향을 끼쳤다.

☞ 인도의 민족 운동에 영향을 준 3·1운동 : 조선 민족은 독립을 위한 항쟁을 줄기차게 전개하였다. 그 중에서도 중요한 것은 1919년의 독립 만세 운동이었다. 조선의 청년들은 맨주먹으로 적에 항거하여 용감히 투쟁하였다. 3·1 운동은 조선 민족이 단결하여 자유와 독립을 찾으려고 수없이 죽어가고, 일본 경찰에 잡혀가서 모진 고문을 당하면서도 굴하지 않았던 숭고한 독립 정신을 보여 주었다. …(중략)…조선에서 학생의 신분으로 곧장 대학을 나온 젊은 여성과 소녀가 투쟁에 중요한 역할을 했다는 것을 안다면 너도 틀림없이 감동을 받을 것이다.

『세계사 편력』, 네루가 딸에게 보낸 편지

③ 대한민국 임시 정부 수립과 활동

3·1운동이후 국내 및 국외에서 활발한 민족운동이 일어나자 효율적인 통제의 필요성이 대두되었다. 이에 따라 서울을 비롯하여 연해주, 상하이 등에서 임시 정부가 수립되었다. 여러 임시 정부의 통합과정에서 임시 정부 위치를 두고 독립 전쟁론(만주 주장)과 외교 독립론(상하이 주장) 사이에 갈등이 발생했다. 결국 임시정부 설립 위치는 중국의 상해로 결정되었고, 대한민국 임시 헌법을 공포(1919. 9)했다. 임시정부의 상하이 설립은 독립운동의 방향에서 외교노선의 정책이 높은 비중을 차지함을 의미하는 것으로 만주 지역 무장 독립군 단체의 적극적인 지지를 받지는 못했다.

〈임시정부의 이동〉

임시정부의 정체는 대통령 중심제로 삼권분립에 의한 민주 공화제였다. 초대 대통령으로는 이승만, 국무총리는 이동휘였다. 정부 운용에 필요한 자금과 정보는 교통국(임시 정부의 통신 기관)이 담당했으며, 연통제(국내의 비밀 연락 조직으로 군자금 담당)와 애국 공채나 의연금으로 충당하였다. 외교적으로는 파리 강화회의에 김규식을 파견(1919)하는 등 강대국을 대상으로 외교활동을 전개하였다. 군사적으로는 군무부를 설치하여 군사업무를 관장하고 상하이 무관학교 설립, 한인 비행사 양성소 설치, 육군 주만 참의부 결성, 광복군사령부를 결성(남만주, 1920)하고 독립이전인 1940년에는 한국광복군을 창설하였다. 우리 역사를 알리기 위해 『한일관계사료』(1921)와 박은식의 『한국독립운동지혈사』를 발간하고 독립신문(기관지 성격)을 발행했다.

하지만 임시 정부는 일제의 탄압으로 국내의 연락망이 붕괴되면서 자금난과 인력난에 직면하게 되었었다. 외교 독립론(이승만)과 독립 전쟁론(신채호, 이동휘) 그리고 실력 양성론(안창호) 등 독립노선에 대한 갈등이 심화되었다. 외교론에 비판적인 박은식 등이 이승만을 탄핵하면서 국민대표회의가 개최(1923)되어, 창조파(신채호 임시정부 해체)와 개조파(안창호, 조직 개편)로 대립되고 임시정부의 위상은 약화되었다. 이후 임시정부는 김구 등에 의하여 명 맥만이 유지되었다.

국민대표회의 이후 임시 정부는 조직을 개편하여 대통령 중심제에서 내각 책임제(1925), 국무위원 중심의 집단 지도 체제(1927), 주석제(1940)로 변모되어 갔다. 임시 정부는 중・일 전쟁이후 중국 각지로 옮겨 다니다가 장제스의 국민당과 함께 충칭(중경)으로 이동(1940, 충칭 정부)했다. 민족주의 계열 3개 정당(한국 독립당, 한국 국민당. 조선 혁명당)이 통합하여 한국 독립당을 결성(1940)하고, 한국광복군을 창설(1940)하여 대일 선전포고를 했다(1941, 태평양 전쟁 발발 직후). 한국광복군은 영국군과는 버마(미얀마) 전선 등에서 연합작전을 수행했고 미군과는 국내 진공작전을 준비했다.

④ 1920년대 이후 국내 민족운동

3 · 1운동이후 국내의 민족 운동은 항일 민족 운동, 실력양성 운동, 사회・문화적 운동, 6 · 10만세 운동 및 광주 학생 운동 등 다양한 방향으로 진행되었다. 또한 노동자 · 농민이 단결하여 일제와 자본주의를 타도하자는 사회주의 운동도 등장했다.

〔**6 · 10 만세운동과 광주학생운동**〕 6 · 10 만세운동(1926)은 일제의 수탈 정책과 교육 정책에 대한 반발로 순종 황제의 승하를 계기로 민족 감정이 고조되면서 발생하였다. 사회주의 계열과 학생층이 주도가 되어 준비하였으나 사회주의 계열이 사전 일본 경찰에 발각되었다. 하지만 만세 운동은 사전 계획대로 추진되어 순종의 장례식 날(인산일) 시위를 전개하였다. 6 · 10만세 운동은 비록 일제의 탄압으로 종결되

었지만 학생들이 만세 운동의 구심체 역할을 하며 대중적 민족 운동으로 발전하였다. 이는 민족운동에 있어 사회주의 계열과의 연대가능성을 확인한 것으로 이후 신간회 창설의 계기가 되었다.

광주학생 운동(1929)은 식민지 정책과 민족 간 교육 차별에 대한 불만에서 시작되었다. 일본 학생의 한국인 여학생 희롱 사건에서 한·일 학생 간의 충돌이 빚어지고, 신간회의 후원으로 전국적으로 확산되었다. 광주 학생 운동은 학생들이 주체가 되어 벌인 민족 운동으로 3·1운동 이후의 최대 규모의 민족 운동이 되었다.

〔 **실력양성운동** 〕 실력 양성 운동은 1920년대 교육·산업 분야에서 전개되었다. 이는 사회 진화론의 영향을 받은 것으로, 독립에 한계를 느끼고 민족의 실력 양성 필요성을 느끼면서 진행되었다. 민립 대학 설립 운동이 일제의 방해로 좌절되었으나 일제는 무마책으로 경성제국대학을 설립했다(1924). 또한 민족기업을 설립하려는 노력으로 경성방직주식회사(김성수), 백산상회 등이 설립되었다. 하지만 민족기업운동은 일제의 자본과 경영 우위, 1930년대 병참기지화정책으로 약화되고 말았다.

일제의 문화 통치 정책으로 민족주의자들의 변절이 나타나고 자치운동론이 대두되는 가운데 사회주의자들은 일본의 치안유지법(1925)으로 위기를 맞이했다. 이때 비타협적 민족주의자(이상재, 안재홍)와 사회주의 간에 단결하여 독립을 쟁취하려는 노력으로 신간회(1927)를 창설하였다. 이는 합법적인 단체로 전국에 지부(143개 지회, 회원 2만)를 두고, 민중 계몽 운동, 사회 운동 지원, 광주 학생 항일 운동 지원 등을 전개하여 민중들의 전폭적인 지지를 받았다. 신간회는 민족주의 계열과 사회주의 계열이 결성한 최초의 민족 유일당으로 최대 규모의 반일 사회단체로 활동했다. 신간회는 일제가 간부들을 민중 대회 사건으로 구속하고, 사회주의 계열이 이탈하면서 해체(1931)되었다.

무관세의 일본 자본이 진출하면서 민족 자본이 위기를 맞이했다. 이때 민족 기업 육성 및 경제적 자립을 추진할 목적으로 물산장려운동이 전개되었다. 평양에서 조만식을 중심으로 시작(1920)하여 전국적으로 확대, 국산품 애용과 근검·저축·생활 개선 등을 추진했다. 물산장려운동은 3·1운동 이후 국내에서 가장 폭넓은 민중의 지지를 받았지만 일본 제품 불매운동과 같은 적극적인 운동으로 발전하지는 못하였다. 일부 상인들의 농간으로 물가가 상승하고 사회주의 계열이 자본가를 위한 운동이라고 비난하면서 민중의 외면과 일제 탄압과 분열책으로 한계에 봉책 했다.

문화 · 사회적 운동으로 한글의 연구와 보급 운동이 있었다. 조선어 연구회(1921)는 한글 보급과 대중화 노력을 하면서 '가갸날'을 제정하고 잡지 '한글'을 발간하였다. 조선어학회(1931)는 조선어 연구회를 개편하여 '한글 맞춤법 통일안'과 '우리말 큰 사전'을 편찬하려하였으나 조선어학회 사건(1942, 한글 학자들을 민족의식을 고양시켰다는 죄목으로 내란죄를 적용하여 투옥한 사건, 이희승, 최현배 등 투옥)으로 해체되었다.

한국사의 연구는 민족사관에 의하여 한국사의 주체적 발전과 정신을 강조한 박은식(『한국독립운동지혈사』, 대동교 창건) · 신채호(『조선상고사』, 『조선사연구초』, 아와 비아와의 투쟁의 역사관) 등이 발전시켰으며, 백남운 등은 사회주의 사학으로 한국사의 보편적 발전상을 강조하였다. 기타 사회적 민족 운동으로는 실력을 양성하자는 청년 운동, 여성 운동(1927, 근우회 결성, 여성의 지위 향상)과 소년 운동(방정환), 형평 운동(신분 해방 운동), 민족 유일당 운동(이념과 노선의 차이를 극복하고 민족의 역량을 하나로 모아 식민 통치를 극복하려는 운동) 등이 전개되었다.

☞ 물산 장려 운동 궐기문 : 내 살림 내 것으로 ! 우리의 먹고 입고 쓰는 것이다 우리의 손으로 만든 것이 아니었다. 이것이 세상에서 제일 무섭고 위태한 일인 줄을 오늘에야 깨달았다. 피가 있고 눈물이 있는 형제자매들아, 우리가 서로 붙잡고 서로 의지하여 살고서 볼 일이다.

입어라 ! 조선 사람이 짠 것을　　먹어라 ! 조선 사람이 만들 것을

써라 ! 조선 사람이 지은 것을　　조선 사람, 조선 것

⑤ 국외의 무장투쟁

〔**1920년대**〕 3 · 1운동이후 국외에서는 치열한 무장 투쟁이 전개되었다. 1920년대 무장 조직체로 의열단과 한인 애국단이 활동하였다. 의혈단은 3 · 1 운동 이후 보다 강력한 무장 단체의 필요성에 따라 김원봉 등이 만주에서 조직하였다. 의혈단은 일제의 식민 통치기관을 파괴하고, 요인 암살을 목표로 한반도 내와 중국에서 일본의 경찰서와 총독부 등을 공격하였다(나석주, 김상옥 등). 이들은 개별 투쟁에 대한

한계를 인식하고 중국 황포군관학교에 입교하여 군사훈련을 받고, 조선 혁명 간부학교를 건립하여 민족 혁명당을 결성(1935)하여 조선 의용대를 조직하였다.

한인 애국단(1926)은 김구가 국민대표회의(1923) 이후 임시 정부의 활로를 모색하고, 만보산 사건(1931, 만주에서 한·중 농민 간의 수로 싸움이었으나 일본의 조작으로 양 국민 간 유혈 충돌이 발생하여 동포들이 많은 피해를 입었고, 민족 운동에 애로 발생)으로 침체된 민족의 사기를 앙양시키기 위해 창설하였다.

한인 애국단의 이봉창은 도쿄에서 일왕에게 폭탄을 던졌다. 비록 실패하였지만 일본은 이를 보도한 중국 언론의 기사를 문제 삼아 상하이를 침략했다(상하이 사변). 또한 윤봉길은 중국 홍커우 공원에서 상하이 사변 승전 기념식에 폭탄을 투척(1932)하여 일본 고위 관리들을 처단하였다. 이 사건으로 인하여 임시 정부의 위상이 격상되고, 중국 국민당 정부는 대한민국 임시 정부를 적극 지원하게 되었다.

1920년대에는 만주와 연해주에서 독립군 부대들이 활동하였다. 서간도에서는 신흥무관학교 계통의 서로군정서와 의병장 계통의 대한 독립단, 그리고 임시 정부의 광복군 총영이 활동하였다. 북간도에서는 대종교 개통의 북로군정서, 기독교 계통의 국민회군, 의병장 출신 홍범도의 대한 독립군 등이 활동하고 있었다.

독립군의 국내 진입작전으로 삼둔자 전투가 발생하자 일본군은 추격 부대(1개 대대 규모)를 봉오동에 파견하였다. 이때 대한 독립군(홍범도), 국민회군(안무), 군무도독부군 등이 연합하여 일본군을 기습공격(1920. 6)하여 격파하였다. 일제가 훈춘사건(일제가 마적을 매수 일본 영사관을 공격하게 한 다음 거류민을 보호한다는 명목으로 대규모 부대 파견)을 계기로 병력을 파견하자 북로군정서(김좌진), 대한 독립군(홍범도) 등 연합부대가 청산리에서 6일간 10회의 전투(1920. 10) 끝에 일본군을 대파하였다. 일본군은 봉오동과 청산리에서 연패 당하자 보복으로 간도 한인촌을 파괴하였고, 조선 양민을 학살(1920, 간도 참변)하였다. 이로 인하여 한인촌은 폐허화 되었고, 독립군의 조직은 많은 타격을 입었다.

독립군 부대(약 3,500여 명)는 지휘 체계의 통일을 기하기 위해 서일을 총재로 하여 대한 독립 군단을 결성(1920. 12)하고 밀산부 한흥동에 집결, 소련 적색군과 연합하여 소련 영토 자유시(스보보드니)로 이동하였다. 하지만 지휘권 문제로 분쟁이 발생하자 소련의 적군이 무장 해제를 요구하고 공격하여(자유시 참변, 1921) 많은 수가 희생되고(김좌진은 참변 직전 중국으로 탈출했고 이후 공산주의자에 의해 암살), 일부는 러시아 적군으로 편입되었다. 이는 한국 독립운동사상 최대의 비극으로 기록된다. 독립군의 시련은 여기서 그치지 않고 일제가 만주 군벌과 미쓰야 협정을 체결(1925)하여 독립군을 탄압하면서 활동에 큰 타격을 입게 되었다.

만주에는 국내의 민족 유일당 운동에 따라 만주 지역의 독립 단체들 간에도 1920년대 말부터 활발한 통합 운동이 전개되었다. 각 단체 들이 통합하여 3부(참의부 : 압록강 연안, 정의부 : 길림과 봉천 중심의 남만주 일대, 신민부 : 북만주 일대)로 통합되어 만주 한인 사회를 통치(민정 및 군정)하였다. 이후 남만주에는 국민부가 조직되고, 군사 조직으로는 조선 혁명군(양세봉)이 결성되었다. 북만주에는 혁신 의회(김좌진 중심)가 편성되고, 군사 조직으로는 한국 독립군(지청천)이 편성 되었다.

〔 **1930년대** 〕 1930년대 초에는 만주 사변(1931)과 만주국의 수립으로 독립운동의 새로운 전기를 맞게 되었다. 중국인의 반일 감정이 악화되어 한·중 연합군을 구성하고 연합작전을 전개하였다. 지청천이 중심이 된 북만주 한국 독립군은 중국 호로군과 연합하여 쌍성보 전투(1932), 사도하자 전투(1933)에서 승리하였다. 남만주의 양세봉이 지휘하는 조선 혁명군은 중국 의용군과 연합하여 영릉가 전투(1932), 흥경성 전투(1933) 등에서 승리하였다. 하지만 조선 혁명군은 양세봉이 암살되면서 세력이 약화되었다.

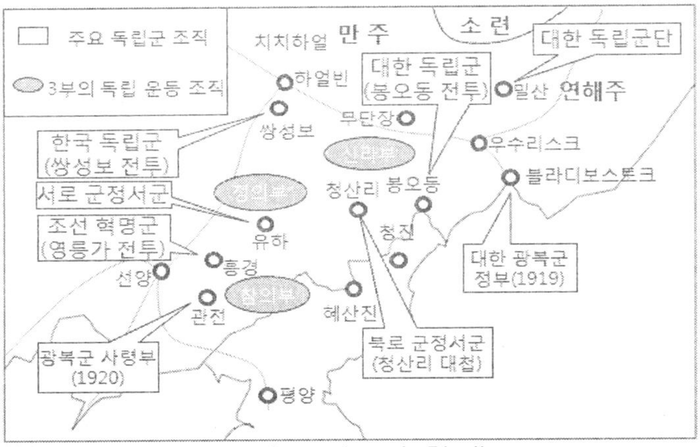

〈무장 독립군의 항전〉

한·중 연합작전은 일본군의 북만주 작전과 중국의 국·공의 대립이 발생하면서 위축되었다. 이에 따라 한국 독립군은 임시 정부 요청에 따라 중국 본토로 이동했다.

1930년대 후반 중국 본토에서는 민족 연합전선 성격의 민족 혁명당이 난징에서 결성(1935, 김원봉, 지청천 등)되어 중국 관할 지역 내 최대 규모의 통일 전선 정당이 되었다. 또한 민족 혁명당이 중국 국민당의 협조를 얻어 군사 조직을 결성하고, 중국 국민당을 보조하며 여러 지역에서 항일 투쟁을 전개하였다. 이 단체는 1940년대 초 중국 광복군의 소극적인 대일 항전에 따라 일부는 조선 의용군으로, 일부는 한국광복군으로 재편되었다.

또한 만주 일대에서는 동북인민혁명군(1933)의 한국인 사회주의자들이 중국 공산당과 함께 항일 무장 투쟁을 전개하였다. 동북 항일 연군(1936)도 국내 진공작전인 보천보 전투(1937)를 전개하였다. 특히 한·중·러인들이 한 부대에서 항일 무장 활동을 전개하였으며, 소련 령으로 퇴각하여 동북 항일 연군 교도려를 조직하였다.

☞ 보천보 전투 : 동북 항일 연군 소속의 조선인 유격대가 1937년 6월 압록강을 도하 함경남도 보천보의 일본 주재소를 습격하고 면사무소와 소방서 등을 불태우고 철수하면서 추격해오는 일본군을 기습 공격하였다. 이 사건은 당시 국내에 대대적으로 보도되어 민중에게 큰 힘이 되었다. 일본은 이 사건으로 조국 광복회의 국내 조직을 대대적으로 색출하는 한편 만주 지역에 대한 공세를 강화하였다. 북한은 이 전투를 김일성이 주도한 대표적인 항일 전쟁으로 묘사하고 있으나 그 규모와 성과에 대해서 역사적인 날조를 자행하고 있다.

〔 **1940년대** 〕 임시 정부는 윤봉길 의사 의거 탄압이후 중국 관내로 이동하여 한국 국민당을 조직(1935)하고 군사 활동을 강화했다. 1940년에는 장개석 정부와 함께 충칭에 정착하여 김구의 단일 지도체제를 확립하고 한국 독립당과 한국광복군을 창설하였다. 한국 독립당은 민족주의 계열인 한국 국민당, 한국 독립당, 조선 혁명당의 3개 정당이 김구를 위원장으로 연합하여 결성되었으며 대한민국 임시 정부의 집권 정당의 성격을 띠었다.

임시 정부는 일본 패망에 대비하여 외무부 장관이던 조소앙의 삼균주의(개인과 개인, 민족과 민족, 국가와 국가 사이의 완전한 균등)를 채택하여 독립 전쟁을 준비하였다. 김원봉의 조선 민족 혁명당이 합류하여 단일화된 무장 투쟁을 전개할 수 있었다. 한국광복군은 중국 정부의 지원으로 충칭에서 지청천을 총사령관을 창설되어 김원봉의 조선 의용대를 편입하여 군대로서의 모습을 갖추었다.

최초에는 중국의 통제를 받았으나 차츰 독자적 활동을 하기 시작하였다. 태평양

전쟁(1941)이 발발하자 일본에 선전포고를 하고, 인도와 버마(마얀마) 전선에서 영국군과 연합작전을 전개하였다. 또한 미국 전략 정보처인 S·O·S와 협약을 맺고 국내 진공작전을 준비하였으나 일제의 패망으로 작전은 취소되었다.

한편 중국 예안에서 김두봉이 조선 독립 동맹을 조직(1942)하고 조선 의용군을 창설하여 중국 공산당의 팔로군과 합작하여 활동했다. 일제 패망 뒤에는 국·공 내전에 참여하고, 북한 정권 수립 후에는 북한 인민군에 편입 6·25전쟁에 참여했으나 전쟁 종료 후 대부분 숙청되었다. 미국에서도 재미 한족 연합 위원회가 결성(1941)되어 대한민국 임시 정부를 지원하고 한인 국방 경위대(맹호군)를 창설하고 미국에 임시 정부 승인을 요청하였으나 거부되었다.

3 광복과 정부수립

① 광복과 분단

연합국은 제2차 세계대전이 막바지에 이르자 전후 세계 재편을 위한 회담을 개최하기 시작했다. 카이로 회담(1943. 11)에서는 한반도에 대하여 "적당한 시기에 적당한 절차를 거쳐서 한국을 자유 독립국가로 해방"한다고 하여 연합국 사이에서 최초로 대한민국의 '독립 국가 보장'과 '신탁통치'에 여운을 남겼다. 이어 테헤란 회담(1943. 11~12)에서는 미국의 한반도 후견인제에 대하여 소련이 동의하였고, 얄타 회담(1945. 2)에서는 소련의 대일전 참전과 38선 분할이 결정되었다. 이어 전쟁 막바지인 1945년 7월 개최된 포츠담 선언에서는 한국의 독립을 재확인하였다.

일본이 패망하면서 대한민국은 1945년 8월 15일 해방되었다. 한국이 광복의 서광을 맞이할 수 있었던 이유로는 제2차 세계대전과 태평양 전쟁에서 연합군이 승리한 것이고, 내적으로는 민족의 역량을 집중하여 독립 운동을 진행하여 전승국에 한국을 각인시켰기 때문이었다.

광복 직전의 건국 준비 활동으로 국내에서는 여운형 주도하에 민족주의 계열과 사회주의 계열이 연합한 '조선 건국 동맹'이 활동하고 있었다. 조선 건국 동맹은 군사 위원회를 설치하고(1943. 3), 광복되면서 '조선 건국 준비 위원회(1945. 8. 15)'로 발전되었다. 조선 건국 준비 위원회에는 독립 운동 인사를 비롯하여 좌·우익의 지식인 및 유지 등이 참가하여 전국에 145개의 지부를 두고 치안대를 설립 사회 질서를 유지하였다. 하지만 미군의 남한 진주가 결정되면서 조선 인민 공화국을 선포(1945. 9. 6)하고, 인민 위원회를 설치 좌익이 주도권을 행사하려 하였다. 이때 안재홍 등 우익세력은 이탈하였으며, 미군정의 단체 불인정으로 해체되었다.

국외에서는 김두봉 주도하의 사회주의 계열이 중국 화북지방에서 '조선 독립 동맹'을 조직하고 '조선 의용군'을 두었다. 한편 대한민국 임시 정부는 충칭에서 김구 주도하에 삼균주의에 기초한 건국 강령을 발표(1941), 1942년 7월 중국정부와 정식 협약을 체결 연합군에 가담하기 시작했다. 임시정부는 해방이 되자 1945년 9월 3일 '국내외 동포에게 고함'이라는 성명과 함께 귀국을 서둘렀다.

미군은 인천을 통하여 한반도에 진주(1945. 9)하여 조선 총독부로부터 조선의 통치권을 인계받아 군정에 착수하였다. 미군정청은 조선 건국 준비 위원회, 조선 인민 공화국, 대한민국 임시 정부 등을 부정하고 친일 관리와 경찰 등을 그대로 기용하여 통치하는 현상유지 정책을 추진하였다.

정계에는 다양한 정당들이 출현하여 대립하였다. 한국 민주당(송진우, 김성수 등 지주 및 자본가 출신으로 미군정의 지원을 받음, 토지개혁 및 친일파 처단 반대), 한국 독립당(김구, 대한민국 임시 정부의 핵심 정당, 반탁), 독립 촉성 중앙 협의회(이승만, 반탁 및 미소 공동위원회 반대), 조선 공산당(박헌영, 미 군정청의 탄압, 남조선 노동당으로 개편), 국민당(안재홍), 조선 인민당(여운형, 좌우 합작 운동 전개, 중도 좌파) 등이 활동하였다. 이때 미군정은 한국인의 만든 모든 행정기구와 활동을 인정하지 않았다.

북한지역에서도 조만식이 평남 건국 준비위원회를 조직하여 건국 작업을 시작하였다. 하지만 북한지역에도 광복과 동시 소련군이 일본군과 전투를 하면서 진주하기 시작하여 북위 38도선 이북을 접수하였다. 소련군은 조만식의 '평남 건국 준비 위원회'를 해체하고, 좌우 합작의 '인민 위원회'를 조직하여 인민 위원회에게 행정권을 이양하였다. 소련은 인민 위원회를 통하여 북한 지역을 간접통치 하면서 조만식 등의 민족주의 계열을 숙청하고, 소련으로부터 대동한 김일성 등의 공산주의 세력에게 정권을 넘겨주었다.

전후 세계 질서는 미국을 중심으로 하는 자본주의 중심과 소련 중심의 공산주의로 재편된 냉전체제로 변모되면서 국제 연합(UN)이 창설되었다. 동아시아에서도 패망국 일본은 미국의 군정이 실시되었다. 모택동은 국·공 내전에서 승리하여 대륙을 차지하였고, 장개석은 타이완으로 물러났다.

☞ 카이로 선언 : 3대 연합국(미국, 영국, 중국)은 일본의 침략을 저지하고 벌하기 위해 이번 전쟁을 행하고 있다. 연합국은 자국을 위해 그 어떤 이익도 요구하지 않으며 또, 영토를 확장할 의도도 없다. 합국의 목적은 일본이 1914년 제1차 세계 대전 개시 이후에 탈취했거나 점령한 태평양의 모든 섬을 일본으로부터 빼았고, 또 만주, 타이완, 펑후 섬 등 일본이 중국으로부터 훔친 모든 지역을 중국에 반환하는 데 있다. …(중략)… 3대 연합국은 한국인의 노예 상태에 유의하여, 적당한 시기에 적당한 절차에 따라 한국을 자주독립시킬 것을 결의한다.

② 대한민국 정부 수립

분할 통치 이후 한반도의 전후 처리를 위한 3국(미 · 영 · 소) 외무장관 회의(1945. 12)가 모스크바에서 열렸다. 회담 결과는 한반도에 임시 민주주의 정부를 수립하고 임시 정부 구성을 원조하기 위한 미 · 소 공동위원회를 구성하는 것과 미 · 소 · 영 · 중의 4개국이 최대 5년간의 신탁통치를 결정하였다.

한반도에서는 좌 · 우익의 대립, 세계적으로는 미 · 소의 대결이 격화되는 가운데 3국 외상회담의 결과를 처리하기 위한 미 · 소 공동 위원회가 개최(1차 : 1946. 3, 2차 : 1947. 5)되었으나 자국에 우호적인 정부를 세우려는 대립 속에서 회담은 결렬되었고, 미국은 한국 문제를 유엔에 이관(1947. 9)했다.

이승만도 정읍(1946. 6)에서 남한만이라도 단독 정부를 수립해야 한다고 주장, 미국과 우익세력의 지지를 얻었다. 이와는 반대로 통일국가를 건설하려는 노력이 진행되었다. 이승만의 정읍 발언이후 위기를 느낀 인사들이 미군정의 지원을 받아 좌 · 우 합작 운동(1946～1947)을 전개하였다. 이때 김규식(우익)과 여운형(좌익) 등이 중심이 되어 좌 · 우 합작 위원회를 설립하였다. 위원회는 7원칙을 제시하며 통일 국가를 세우려는 노력을 기우렸으나 모스크바 회담 지지(신탁통치)와 친일파 처단, 무상 몰수 무상 분배의 토지개혁 등에서 좌 · 우의 대립이 발생하였다(김구, 이승만, 한민당, 공산당). 더욱이 냉전체제가 격화되자 미군정은 좌 · 우 합작 운동에 대한 지원을 철회하였고, 여운영이 암살(1947)되면서 좌·우합작 위원회는 해체되었다(1947. 12).

제2차 미·소 공동위원회가 결렬되면서 우익의 단독정부 수립이 가시화되자 김구(한국 독립당), 김규식(민족 자유 연맹) 등이 남북한 지도자 회담(남북 협상)을 제안하였고, 김일성이 수락하여 김구는 북에서 '삼천만 동포에게 읍고함' 성명을 발표(1948. 2)하였다. 김구는 남북 제 정당 사회단체 대표자 연석회의를 개회(1948. 4)하여 미·소군의 즉시 철수와 단독정부 수립 반대 등을 결의하고 5·10 총선거에 불참하였다. 하지만 김구는 암살(1949. 6) 당하고 김규식은 납북되었다.

미국으로부터 한반도 문제를 이관 받은 유엔은 총회(1947, 11)를 통하여 인구비례에 따른 총선거를 결의하였다. 이때 소련과 북한이 유엔 한국 임시 위단의 입북을 거부하여 유엔 소총회(1948, 2)에서는 선거가 가능한 남한만 우선 실시하기로 결정하였다. 이에 대하여 좌익은 남한만의 단독 선거를 반대하며 제주 4·3(1948)을 일으켰다. 이어 4·3사건을 진압하기 위해 제주에 파견하게 되어있던 부대에서 침투한 좌익들이 제주 파견을 반대하며 반란을 일으켜 여수와 순천 일대를 점령하고 일부는 지리산으로 숨어들어가 빨지산이 되었다. 이 사건은 6·25 직전 군 내부의 약 5%에 달하는 좌익을 처단하는 계기가 되었다.

〈대한민국 정부수립〉

유엔의 한국 임시 위원단에 의한 5·10선거(1948)는 남한 단독(4·3사건으로 제주도 제외)으로 치러졌다. 선거 방식은 우리 역사상 처음으로 평등·보통 선거였으며, 남북 협상파와 중도, 공산주의자들은 응하지 않았다. 이 투표에 따라 국회의원이 선출되고 제헌 국회가 개원(1948. 5. 31, 의장 이승만)되어 국호를 '대한민국'으로 정하고 제헌 헌법을 공포(7. 17, 삼권분립의 대통령 중심제)했다.

의원들의 간접선거로 대통령에 이승만, 부통령에 이시영을 선출했고, 대한민국 정부는 1948년 8월 15일 수립되었다. 이로써 대한민국은 1948년 12월 유엔 총회에서 민주적인 절차에 의하여 수립된 유일한 합법정부로 승인을 받아 대내외적 정통성을 확보하게 되었다.

북한도 북조선 임시 인민 위원회를 수립(1946. 2, 임시 위원장 김일성)하여 친일파 숙청과 토지개혁 등을 실시하고, 북조선 인민 위원회(1947. 2, 위원장 김일성)와 인민군 창설(1948)을 거쳐 조선민주주의 인민 공화국(1948. 9. 9)을 수립하였다.

남북으로 분단된 상황 하에서 국민들은 남북한 경제의 불균형(일제의 식민지 정책으로 남한은 농업과 경공업, 북한은 지하자원과 중공업)으로 인하여 고통을 겪었다. 거기다 20만 명에 달하는 북한 동포의 월남과 해외 동포 220여만 명이 귀국하여 식량부족과 사회난이 심각한 가운데 북한은 수풍 발전소 등에서 풍부한 전기를 생산했으나 남한에 단전을 단행하여 큰 타격을 받았다. 미군정은 신한공사를 설립하여 일본인 재산을 몰수하고 미곡 자유화 정책을 실시하여 인플레가 심각하였다.

미 군정청이 국민의 정서를 이해하지 못하고 현상유지 정책을 추진하여 친일파를 등용하자 정부 수립 후 친일파 처단의 분위가 조성되었다. 친일파 청산을 위해서 반민족 행위 처벌법을 제정(1948. 9, 공소시효 2년) 친일파를 체포하였지만 이승만 정부의 반공을 중시한 정책과 소극적 대처, 친일파의 반발 등(국회 프락치 사건 : 1948, 반민 특위 습격 사건 : 1949)으로 반민법 시효를 단축하면서 반민 특위는 해체되었다.

③ 6·25전쟁

전후 냉전 체제의 세계 질서는 한반도에서 전쟁을 불러왔다. 동유럽에서 팽창정책을 추진하던 소련은 동방정책으로 전환하였다. 공산화된 중국이 탄생하고(1948. 10), 미군은 오히려 철수하며 '에치슨 선언'을 발표(1950. 1, 미국의 태평양 방위선에서 한반도 제외)했다. 북한의 김일성은 소련의 스탈린, 중국의 마오쩌둥과 회담을 갖고 국제 질서를 저울질하며 전쟁을 준비했다. 북한은 소련의 무기를 도입하는 한편 중국의 조선의용군을 인민군에 편입시키고, 남한의 사회불안을 조장하면서 전쟁을 준비했다.

북한군은 1950년 6월 25일 전 전선에서 남침을 개시하여 3일 만에 수도 서울을 함락시켰다. 한강을 도하한 북한군은 부산을 향하여 공격을 계속하였다. 일본에 주둔하던 미군의 지상군은 오산지역 전투부터 참가하였다.

이때 제2차 세계대전이후 전후질서에 따라 창설된 유엔에서 북한군의 남침을 저지하기 위해 유엔군을 결성(1950. 7. 7)하여 파병하였다. 이에 따라 전쟁은 미군과 더불어 유엔 16개국이 참전하여 한반도는 역사 이래 초유의 다국가 간 전쟁이 치러졌다. 북한군의 초반 공세에 따라 후퇴를 거듭한 국군과 유엔군은 낙동강 상에서 최후의 방어선을 구축(1950. 8~9월)하고 전투를 지속하였다.

기습적으로 인천상륙작전(1950. 9. 15)을 감행 서울을 탈환한 한·미 연합군은 서울수복(1950. 9.28)에 이어 평양 탈환 이후 압록강까지 진격(1950. 10)하였다. 하지만 중국군의 참전(1950. 10)으로 다시 남으로 후퇴하기 시작하여 서울이 재 함락(1·4 후퇴)되었다.

한국군과 유엔군은 재 반격을 시도하여 현재의 휴전선 일대에서 조·중연합군과 밀고 밀리는 교착전이 전개(1951~1953)되었다. 교착전이 전개되면서 한국 전쟁이 세계 대전으로 확대될 것을 염려한 미국과 소련은 휴전 회담을 개최하기 시작(1951. 7. 10)하였다. 이에 따라 이승만 대통령은 휴전 반대 운동을 전개하며 거제도에 있는 반공포로를 석방(1953. 6. 18)하였다. 하지만 한국 전쟁은 발발 3년 1개월이 조금 넘은 1953년 7월 27일 미국, 중국, 북한 사이에 휴전이 성립되었다.

전쟁 결과 남북한에 수백만의 사상자와 이산가족, 전쟁고아가 발생하였다. 한반도의 약 80%가 전장지역화 됨으로써 사회의 간접시설은 대부분 파괴되었다. 휴전 후 전쟁 말기부터 추진되어오던 한국군 증강계획과 한·미 상호 방위조약이 체결(1953. 10. 1, 연합방위체제의 법적 근간으로 주한미군 지휘협정과 정부 간 또는 당국자 간 각종 안보 및 군사관련 후속 협정들의 기초)되었다.

하지만 휴전이후 분단이 고착화 되면서 민족 간의 적대감정은 심화 되었다. 남북 무력 대결의 상태는 민주화 저해와 경제 불안의 요소가 되었다. 더구나 고려시대 이후로 단일 민족으로 민족 문화를 발전시켜온 한민족은 분단이 고착화 되면서 이질화 되는 결과를 초래 하였다.

☞ 애치슨 선언 : 미국의 극동 방위선은 '알류산 열도에서 일본 본토, 류크, 필리핀으로 이어진다. 이 방위선 밖에 있는 나라에 대해서는 군사적 공격에 대하여 아무도 보장할 수 없다'는 내용으로 한반도와 타이완이 방위선에서 제외되었다.

☞ 한 · 미 상호방위조약 : 이승만 대통령은 미군의 휴전 입장에 반대하였다. 미국과 상호방위조약을 체결하고 장기적인 지원을 약속받으면서 휴전에 동의하였다.

제1조 : 당사국은 국제 관계에 있어서 국제 연합의 목적이나 당사국이 국제 연합에 의하여 부담한 의무에 배치되는 방법으로 무력의 위협이나 무력의 행사를 삼갈 것을 약속한다.

제2조 : 당사국 가운데 어느 한 나라가 정치적 독립 및 안전이 외부로부터 무력 공격에 의하여 위협을 받고 있다고 어느 당사국이든지 인정할 때는 언제든지 당사국이 서로 협의해야 한다.

제3조 : 상호 합의에 의하여 미국은 육·해·공군을 한국의 영토 내와 그 부근에 비치할 수 있는 권리를 가지며 한국은 이를 허락한다.

4 발전과 통일 노력

① 민주주의의 발전

한국전쟁이후 세계 질서는 이념대립이 심화 되었다. 하지만 1960년대에 들어 미 · 소의 양극체제는 동요하기 시작하였다. 제3세계(비동맹 중립국으로 아시아·아프리카의 신생 독립국 주도)가 성립되고, 중 · 소 분쟁과 프랑스의 NATO(북대서양 바위조약기구) 탈퇴 등으로 다극체제가 형성되었다. 닉슨 독트린(1969, 아시아는 아시아의 힘으로)에 이어 닉슨의 중국 방문(1972), 동남아시아 공산화(1975), 주한 미군의 부분 철수 등으로 냉전이 완화되었다. 이어 몰타협정(1989)과 독일 통일(1990), 소련 해체(1991) 등으로 냉전은 종식되었으며, 이 과정에서 한국도 소련(1990) 및 중국(1992)과 수교를 하였다.

정부수립이후 친일파 청산과 농지 개혁 및 부채 척결에 소극적이었던 이승만 정권은 민중의 지지도가 하락하자 친일파를 중용하고 반대파를 탄압하였다. 제2대 국회의원 선거(1950)에서 세력이 몰락하면서 장기 집권을 위한 공작을 수립하여 대통령 선출 방식을 국회 직선제에서 국민 직선제로 개헌(발췌 개헌 : 여당의 대통령 직선제와 야당의 내각 책임제안 발췌 및 절충)하여 이승만이 재선되었다(1952). 이어 대통령 중임 제한 규정으로 이승만의 대통령 출마가 불가하자 초대 대통령에 한하여 중임 제한 규정(3선)을 철폐하고, 2차 개헌안 투표에서 정족수의 미달로 부결되었으나 사사오입의 불법을 내세워 통과시키고(1954) 대통령에 당선되었다(1956).

독재 정치를 자행하던 이승만 정권은 1960년 3월 15일 정 · 부통령 선거에서 자유당의 집권 연장을 위해 사전투표, 대리 투표, 공개 투표, 투표함 바꿔치기 등 온갖 부정 선거를 자행하였다. 결국 부정선거에 대한 규탄 시위가 대구(2. 28), 마산(3. 15)에서 열렸고, 시위 참가자인 김주열 학생이 시체로 발견되었다. 이에 학생뿐만이 아니라 일반 시민까지 가세하여 전국적으로 시위가 확산되었다.

결국 이승만 대통령은 하야했고(4. 26), 자유당 정부가 붕괴되었다. 이에 따라 내각 책임제와 양원제를 중심으로 하는 헌법이 마련되어 민주당이 승리(1960)하고 장면 정권(제2공화국, 대통령 윤보선, 총리 장면)이 수립되었다. 하지만 장면 정부는 민주당의 내분으로 사회적 혼란이 가중되면서 국민의 정치적 기대감을 채워주지 못했다.

군부에서 세력을 키워오던 박정희는 정변을 감행하여(1961. 5. 16) 비상계엄을 선포하고 '국가 재건 최고회의'를 구성하여 군정을 실시하였다. 박정희는 제3공화국을 출범(1963)시키고, 경제개발을 추진하였다. 이어 한·일 국교 정상화(1965)와 베트남 파병(1964～1973, 미국은 한국군 현대화에 필요한 장비와 원조 제공), 해외 노동력 수출(광부, 간호사) 등을 추진하였다. 재선(1967)에 성공한 박정희는 3선 개헌안을 강행하여 3선에 성공(1969, VS 김대중)했다.

이후 야당 세력의 등장과 국민들의 불만이 고조되었다. 세계 질서가 화해 분위기로 접어들면서 미군이 일부 철수하자 정치적 안정과 강력한 지도력을 이유로 유신헌법을 공포(1972, 10월 유신)하고 대통령에 취임했다. 하지만 국민들의 유신체제 반대 운동이 거세게 일어나고, YH무역 사건으로 인하여 부 · 마 항쟁이 일어나면서 박정희 대통령이 피살(1979, 10. 26사태)되고 신군부가 등장(12. 12 사태)하였다.

신군부가 군사권을 장악하고 비상계엄 하에서 정치적 영향력을 확대하고 있을 때 민주화 운동(유신 헌법 철폐, 전두한 퇴진, 비상계엄 철폐)은 절정에 이르렀다. 신군부가 전국에 비상계엄을 확대하며 민주화 운동을 탄압하자 광주에서는 민주화(1980. 5. 18) 시위가 격화되었다. 여기에 파견된 진압군의 과잉으로 시민군이 조직되었으나 5월 27일 진압되었다.

이 5·18 민주화 운동은 1980년대 민주화 운동의 토대가 되었으며 반미 운동의 출발점이 되었다. 5·18 민주화 운동을 진압한 전두환 정권은 민주화 운동의 탄압과 언론 통폐합, 삼청 교육대. 인권 유린, 통행금지 해제, 두발 자유화, 프로야구 출범 등의 조치를 취했다.

전두환 정부의 강압적인 통치하에서도 5·18 민주화 운동의 진상 규명과 대통령 직선제 개헌 등 민주화에 대한 요구가 계속되는 가운데, 1987년 박종철 고문 치사사건과 4·13 호헌 조치(국민의 열망인 대통령 직선제가 아닌 대통령 간선제 헌법을 고수한다는 조치)가 이어졌다. 이에 따라 민주헌법 쟁취 국민운동 본부가 발족(1987. 5)되고 6·10 국민대회가 개최되어 전국적으로 저항이 증폭되면서 6월 민주항쟁으로 발전하였다. 결국 정부는 국민의 민주화 요구를 받아들여 여당 대표인 노태우가 6·29 민주화 선언(대통령 직선제 수용, 정치활동 규제 철폐 등)을 발표했다.

이후 선거에서 야당 후보가 분열되어 직선제로 정권을 잡은 노태우 정권(1988~1993)은 북방정책을 추진 사회주의 국가와 수교하고, 부분적 지방 자치제를 시행하였으며, 서울 올림픽(1988)을 개최하고 남북한이 동시 유엔에 가입(1991)하였다.

5·16군사 정변 이후 처음으로 출발한 문민정부인 김영삼 정권(1993~1998)은 금융 실명제와 고위 공직자 재산 등록, 지방 자치 전면 시행, OECD(경제협력개발기구)에 가입하였다. 하지만 외채의 불안정으로 국제 통화 기금의 구제를 받았다. 최초로 선거에 의해 평화적으로 정권을 교체한 김대중 정권(1998~2003)은 외환위기를 극복(2002)하고, 대북 화해 협력 정책(햇볕 정책)을 추진하여 금강산 관광사업과 6·15남북 정상회담 등을 실시했다.

☞ 사사오입 개헌 : 국회의원 재정 203명 중 찬성 135표, 반대 60표, 기권 7표로 개헌 정족수인 136표에 1표차로 미달되었으나, 자유당은 국회의원 재적 203명의 2/3는 135.333명 이므로, 소수점 4이하는 반올림이 안 되어 135명이 정족수라고 주장하였다.

☞ YH사건 : 1979년 8월 9일 YH무역 여성 노동자들이 생존권 보장을 요구하며 농성하던 중 강제 진압과정에서 여성 노동자가 사망하게 된 사건

② 경제와 사회의 발전

이승만 정부는 기업의 자유로운 활동을 보장하고 농업과 공업의 균등 발전을 추진하였다. 농지정책은 농지의 유상매입과 무상분배의 방식에 의한 농지 개혁법(1949. 6)을 제정하여 경자유전(농지는 농업인과 농업 법인만이 소유)의 원칙을 실행하였으나 전쟁으로 인하여 1957년 종결되었다. 이로 인해 한국에서 사회적 계급으로서의 지주는 소멸되었다. 미국이 한국에 인계한 귀속 재산은 귀속 재산 처리법을 제정(1949. 12)하여 민간인에게 불하였다. 이 과정에서 정경유착이 발생하여 1950년대 재벌 중심의 독점 자본이 형성되었다.

6·25 전쟁이후 남한은 사회간접시설이 파괴되고 제조업이 위축되는 등 경제에 심각한 타격을 입었다. 한반도가 세계 공산주의의 확대를 저지하는 전진기지로 운용되면서 한국은 미국의 경제 원조체제에 편입되었다. 미국은 한국 경제의 안정을 위해 자국의 과잉 농산물을 지원하였고, 남한은 대미 의존도가 높아지면서 소비재 산업 위주로 발전(생활필수품, 면화, 설탕, 밀가루 등 3백 산업)하였다. 불황으로 미국의 경제원조가 중단되자 한국은 1950년대 후반부터는 차관을 도입하게 되었다.

박정희 정부는 1960년대 경제개발 5개년 계획을 수립하여 시행하였다. 차관을 도입하고 한·일 국교 정상화와 베트남 전쟁에 참여하여 경제 개발에 필요한 자본을 마련하였다. 경제정책으로는 저임금을 이용한 경공업을 육성하여 수출을 확대하였다. 1970년대는 외국인의 직접 투자 유치와 중화학 공업화를 추진하였고, 석유파동(1차 1973, 2차 1979)으로 수출이 감소되었다.

한국 경제는 1980년대는 과잉투자 조정, 긴축 재정, 경제 안정화 정책 등을 추진하면서 3저 호황(저환율, 저유가, 저금리)에 힘입어 고도성장을 지속할 수 있었다. 한국은 한강의 기적이라고 불릴 만큼 단시간 내 고도성장을 이루어 냈다. 하지만 대기업 위주의 성장, 대외 의존도의 심화, 외채 누적, 산업간 불균형, 노동자들의 희생 등의 부작용이 노출되어 사회 문제로 대두되었다.

한국 경제는 빠른 고속 성장을 계속하였다. 우루과이 라운드(1986년 9월 우루과

이에서 개최된 '관세 및 무역에 관한 일반협정(GATT)'의 제8차 다자간 무역협상)와 세계무역기구(WTO, GATT 체제를 대신하여 세계무역질서를 세우고 우루과이라운드 협정의 이행을 감시하는 국제기구)에 가입(각각 1986, 1994)하고, 국제협력개발기구에 가입(OECD, 1996)하여 경제위상을 제고시켰다.

1997년에는 외환부족 문제로 인해 기업이 도산하고 대량 실업이 발생했다. 김대중 정부는 국제 통화기금의 구제 금융을 신청했고, 국민들은 금 모우기 운동 등을 대대적으로 전개하면서 경제위기를 극복하였다. 그러나 외국 자본의 침투가 확대되고, 비정규직이 증가하며 빈부의 격차가 커지는 등 사회적 불안 요소가 확대되었다.

외한위기 극복 이후 한국경제는 칠레(2002년 체결)를 시작으로 미국 및 그 밖의 여러 나라들과 FTA(국제무역협정)를 체결하면서 세계 10위권 경제대국으로 성장하여 국제적 위상도 제고 되었다. 또한 PKO(Peace Keeping Operation ; 평화유지군) 활동 등 국제사회에서 국력에 걸 맞는 지원 활동을 하고 있다. 이로써 한국은 그간 원조 받는 나라에서 원조하는 나라로 탈바꿈하여 국가적 위상을 높이고 있다.

☞ 석유 파동 : 제1차 석유파동은 1973년 10월 제4차 중동전이후 아랍 석유수출국기구(OAPEC)와 석유 수출국기구(OPEC)가 두 차례에 걸쳐 원유 가격을 대폭 인상하면서 발생했다. 제2차 석유파동은 1797년 세계 제2위의 석유 수출국인 이란이 원유 수출을 중단함으로써 발생했다. 제2차 석유 파동은 제1차 석유 파동보다 파동이 작았으나, 제1차 석유 파동이후 대책 없이 중화학 공업에만 투자를 계속한 우리나라는 오히려 더 큰 피해를 입었다. 1980년에는 처음으로 경제 성장률이 뒷거름치는 인플레이션, 경기불황, 국제수지 악화 등의 3중고를 겪었다.

③ 북한 현대사

광복직후 북한 지역은 평양의 건국 준비 위원회(위원장 조만식) 등 각지에서 건국을 위한 조직이 결성되었으나 소련군의 통제로 모두 해산되고 북조선 임시 임민 위원회가 구성(1946. 2, 임시 위원장 김일성) 되었다. 임시 위원회는 무상 몰수 무상 분배의 토지 개혁을 실시하고 주요 산업을 국유화 했으며, 8시간 노동제를 실시하고 남녀 평등법을 제정하였다. 이때 친일파와 지주, 자본가, 종교인 등 상당한 지식인들은 남으로 이동하였다.

김일성은 조선 공산당 분국을 설치한 후 북조선 공산당으로 개편하고 북조선 노동당(북로당)을 창당(1946)하였다. 이어 남로당(박헌영)과 합당하여 조선 노동당을 창당(1949. 6)하고 일당 독재 체제를 확립하였다. 김일성은 소련 및 중국으로부터 군사원조를 받아 1950년 남한을 무력으로 침공하였다. 6·25 전쟁 중에는 무정과 허가이를 숙청하고, 전쟁 종료 후에는 박헌영, 이승엽(남로당)을 숙청했다. 그리고 1955년부터 1958년 사이에 연안파와 소련파를 완전히 제거하고, 1967년에는 갑산계 마저 숙청하여 북한 내 김일성 독제체제를 확립하였다.

1960년대 소련에서 스탈린 개인숭배 비판과 중·소 갈등이 시작되자 북한에서는 '사상의 주체'와 '경제의 자립'을 외치면서 1967년 '주체사상'이 통치의 이념으로 자리 잡았다. 북한은 주체사상으로 김일성 개인숭배와 김일성 가계의 성역화 작업을 추진하면서 통치 이념으로 채택했다. 1972년 주체사상을 헌법에 규범화하고, 최고인민회의에서 주석으로 선출된 김일성은 행정, 입법, 사법의 모든 권력을 장악하였다.

〈북한의 미사일 발사 실험〉

1970년 중반에 들어 김일성의 아들 김정일이 '3대 혁명(사상, 기술, 문화) 소조 운동(1973, 과학자, 기술자, 청년 지식인 등으로 수십 명 단위의 소조를 이룸)'과 '3대 혁명 붉은 기 쟁취운동(1975, 이전의 천리마 운동을 대체)' 등을 주도, 실질적 권력을 행사하면서 후계 체제로의 정착이 이루어졌다. 북한은 김일성 사망(1994) 후 주석제를 폐기하면서 국방위원장의 권한을 강화하고 강성대국을 표방하였다. 2009년에는 헌법을 '선군사상'으로 개정하여 김정일 국방위원장을 최고지도자로 선출했다.

북한은 전쟁이 종료된 1954년부터 여러 차례 경제 발전 계획을 수립하여 실행하였다. 이는 국가 주도의 급속한 경제 개발로 경제와 사상을 연결한 '천리마 운동'이나 3대 혁명 운동 등이 그것이다. 그러나 소련의 경제 원조가 중단되고, 과도한 군비 지출로 인하여 경제는 위기를 맞게 되었다. 북한은 사회주의 체제의 붕괴 위험과 교역 상대국의 감소, 식량 부족 등을 견디지 못하고 남한과 동시에 유엔에 가입하고(1991), 남한과 대화와 교류를 확대하는 한편, 제한적 경제 개방 정책을 추진하였다. 북한은 1984년 합영법을 제정하여 해외 자본 유치를 시도하였지만 큰 성과를 거두지는 못하였다.

북한 정권은 지금도 무력으로 한반도를 통일하겠다는 적화 야욕은 버리지 않았다. 이들은 전쟁이후 쉬지 않고 대남위기를 조장 사회 불안을 조성하였다. 특히 김일성 가계의 왕조국가를 건설하고 핵무기를 보유하려는 야심에 따라 중국을 제외한 미국을 비롯한 강대국들로부터 정치적, 경제적으로 소외 되어 있다.

☞ 대남 도발 및 위기사례

가. 1. 21사태와 청와대 습격 사건(1968) : 1968년 1. 21 북한군 제124군부대 소속의 무장공비 31명이 휴전선 상의 한국군과 미군 전투 지경선을 따라 침투하여 대통령 관저인 청와대를 직접 공격하려던 사건으로 일당 중 김신조가 생포되었다. 동년 10월 30일부터 11월 2일까지 3차에 걸쳐 무장공비가 침투하여 이승복 어린이 등 을 무참하게 학살하였다.

나. 아웅산 테러 사건(1983) : 1983년 10월 9일 미안마를 공식 방문 중이던 전두환대통령 및 수행원을 아웅산 국립묘지 참배 시 암살하려했다. 하지만 사전에 이 묘지건물 천정에 설치한 폭탄이 터져 한국의 부총리, 장관 등 수행원 17명이 순국하고 14명이 부상당했다. 주범이 체포되어 사실을 진술했다.

다. KAL기 폭파(1987) 사건 : 북한은 88서울 올림픽 개최를 방해하기 위해 1987년 11월 29일 대외정보조사부 소속 공작원(김현희, 26세)으로 하여금 라디오와 술병으로 위장한 폭발물로 대한한공 858기를 인도양 공중에서 폭발시켜 승객, 외국인, 승무원 등 115명이 사망하였다. 주범인 김현희는 생포되어 모든 사실을 자백했다.

라. 강릉 무장공비(잠수함) 침투(1996) 사건: 1996년 9월 9일 18일 북한 인민무력부 정찰국 해상처 22전대 소속 무장공비 25명이 한국의 군사시설에 관한 자료를 수집하고 강원도에서 열리는 전국체전에서 주요 인사를 암살하기 위해 잠수함을 이용하여 침투하였다.

④ 통일을 향한 노력

남북은 상호 대치와 무력 충돌의 긴장 속에서도 남북통일을 향한 교섭을 진행하였다. 1950~1960년대에는 전쟁이 종료되고 얼마 지나지 않은 시점으로 남한에서는 '북진 통일'과 '선 건설 후 통일' 주장이 주류를 이루었고, 북한에서도 '미군 철수' 및 '남북한 총선'을 주장하였다.

1970년 들어서는 국제 정세 변화에 따라 남북의 통일 정책도 급변하기 시작했다. 미국의 '닉슨 독트린'이 발표(1969)되고 냉전의 긴장이 완화되면서 다각도의 남북교류와 통일을 위한 대화가 진행되었다. 박정희 정부는 선의의 경쟁을 하자는 8·15(1970)선언을 주창하며 북한을 협력 대상으로 인정하였다. 남북이 최초로 대화를 시도 남북 적십자 회담(1971)이 진행되고, '7·4 남북 공동 성명(1972. 조국 통일 3대 원칙 천명 및 남북 당사자 간 비공식 최초 합의문)'이 이루어졌다. 이 시기 북한은 '고려 연방제 통일방안'을 제시(1973)하였다.

1980년대 들어 통일 헌법 등이 제정되는 '민족 화합 민주 통일 방안(1982, 전두환, 국민투표, 확정된 통일헌법에 따라 총선거)'이 제시되었고, 남북한 이산가족 고향방문, 수해물자 지원, 예술 공연단이 교환 방문(1985) 등이 성사되었다. 북한에서는 '고려 민주 연방 공화국 창설' 안을 제의(1980)하였다.

이어 노태우 정부가 '7·7선언(1988, 모든 부분에서 남북교류 추진)'과 '한민족 공동체 통일 방안(1989, 자주, 평화 민주 원칙)'을 제의하였다. 이때 남북한이 동시에 유엔에 가입(1991)하였고, 남북 기본 합의서를 채택(1991)하여 상호 화해와 불가침을 약속 하였다. 또한 '한반도 비핵화에 대한 공동 선언'을 채택(1992)하였고, 우리는 북방정책을 추진 소련(1990)·중국(1992)과도 수교 하였다.

김영삼 정부에서는 '3단계 통일 방안(1993, 남북의 화해와 협력, 남북 연합, 1민족 1국가의 통일 국가)'을 기조로 하여 '민족공동체 통일방안(1994, 자주 · 평화 · 민주의 3원칙과 화해 · 협력, 남북연합, 통일국가 완성)'을 제시하였다. 하지만 북한은 핵확산 금지 조약(NTP) 탈퇴를 선언하고, 김일성이 사망하면서 남북 정상 회담은 결렬되었다. 북한의 개성에는 남한 기업이 공단을 조성하여 국내의 자본이 투입되어 활성화 되었다. 또한 나진·선봉 자유시의 건설 참여와 한반도 에너지 개발 기구(KEDO)에 의한 경수로 사업 등을 추진 (1996) 했으나 북한의 핵 개발로 중지(2005) 되었다.

〈2000년 남북정상회담〉

김대중 정부에 들어서 대북 포용정책인 '햇볕 정책'을 추진하였다. 남북 정상은 회담을 개최(2000)하고, '6 · 15 남북 공동 선언(2000)'을 발표했다. 노무현 정부도 김대중 정부의 대북 포용정책의 정책 기조를 이어나갔다. 노무현 대통령과 김정일도 정상회담을 개최(2007. 10)하고, 6·15 공동선언의 적극 구현, 핵 문제 해결을 위한 3자 또는 4자 정상회담 추진, 남북 경제협력의 활성화, 이산가족 상봉 확대 등을 논의 하였다. 하지만 북한은 남한의 지원 물자와 자금을 군사용으로 전용하고 핵무기와 장거리 미사일을 지속적으로 개발하여 국제적 고립을 맞이하였다. 이명박 정부에 들어서 북한은 금강산 관광객에 대한 총격 사건을 발생시키고, 천안함 폭침과 연평도 포격 사건을 연이어 발생시켜 남북 대화는 중단되었다.

☞ 7 · 4 남북 공동 성명(1972)

가. 쌍방은 다음과 같은 조국 통일 원칙들에 합의를 보았다.

나. 통일은 외세에 의존하거나 외세의 간섭 없이 자주적으로 해결되어야 한다.

다. 통일은 서로 상대방을 반대하는 무력행사에 의거하지 않고 평화적 방법으로 실현해야 한다.

라. 사상과 이념, 제도의 차이를 초월하여 우선 하나의 민족으로서 민족적 대단결을 도모하여야 한다.

☞ 6 · 15 남북 공동 선언(2000)

가. 남과 북은 통일 문제를 서로 힘을 합쳐 자주적으로 해결하기로 했다.

나. 남과 북은 나라의 통일을 위한 남측이 연합 제안과 북측의 낮은 단계의 연방제안이 서로 공통성이 있다고 인정하고, 앞으로 이 방향에서 통일을 지향해 나가기로 하였다.

다. 남과 북은 올해 8·15에 즈음하여 흩어진 가족, 친척 방문단을 교환하며 비전향 장기수 문제를 해결하는 등 인도적 문제를 조속히 풀어나가기로 했다.

라. 남과 북은 경제 협력을 통하여 민조 경제를 균형적으로 발전시키고, 사회, 문화, 체육 보건, 환경 등 제반 분야의 협력과 교류를 활성화 하여 서로의 신뢰를 다져 나기기로 하였다.

13. 동북아시아의 역사 분쟁 I[13)]

역사왜곡은 시대를 막론하고 비일비재하게 진행되어 왔으며, 힘을 가진 나라는 항상 역사를 자국 중심으로 해석해 왔다. 특히 강국이 영토 중심의 역사관을 가지고 역사를 해석하다보면 모든 역사가 자국 중심의 역사가 되고 만다. 또한 역사를 목적주의로 이용하면 식민사관과 같은 역사왜곡을 저지르고 만다. 이와 같이 학문적 연구를 넘어선 정치색 짙은 역사왜곡의 행태는 결국 인접국과의 분란을 조장하고 평화와 안정을 위협하는 결과를 초래한다.

대한민국의 역사는 단군 이래 수천 년을 이어오고 있지만 역사의 고비마다 인접국에 의한 역사 왜곡이 이어져 왔다. 인접국들은 왜곡된 역사를 논리삼아 영토 침탈의 위협을 자행해 왔다. 따라서 우리는 역사에 대한 연구를 선행하고 이를 바탕으로 한 굳건한 역사인식을 확립하여야 한다. 역사를 배움으로써 민족적 정체성과 자부심을 가지고 우리 역사 문화의 뿌리와 전통을 이해할 뿐만이 아니라 왜곡된 역사를 극복하고 더 나아가 영토 수호와 더불어 잃어버리고 침탈당한 고토를 회복하는 계기로 삼아야 할 것이다.

우리 역사에 대한 왜곡은 주로 인접국인 중국과 일본에 의하여 자행되어 왔다. 이들이 역사를 왜곡하는 이유는 영토 확보에 따른 이익과 더불어 현재의 문제를 유리하게 처리하기 위한 정치적 의도가 다분히 베여 있는 것으로 연구되고 있다. 역사가 순수한 학문으로서 연구되는 것이 아니라 정치의 도구로 활용되고 있는 것이다. 현재 동북아는 강대국들의 이러한 역사 논리로 인하여 갈등이 끊이지 않고 있으며 영토분쟁이 가속화 되고 있다.

우리 역사에 대한 중국 측의 왜곡은 주로 상고사와 고대사에 집중되어있다. 일본의 역사 왜곡은 식민사관과 자국 우월주의를 주입하기 위해 선사시대에서부터 근대까지 전 기간을 망라한다. 따라서 우리의 역사는 전 기간이 인접국에 의하여 왜곡되

---

13) 변태섭, 2005, 『한국사통론』, 삼영사
이기백. 1999, 『한국사신론』. 일조각
한영우, 2005, 『다시 찾는 우리역사』, 경세원
동북아 역사재단 홈페이지
KBS 역사스페셜
네이버 지식백과(http://terms.naver.com)

어 있다고 해도 과언이 아니다. 이러한 문제가 발생하게 된 주 주요인은 먼저 우리의 고대사가 중국의 사서에 의존해야 하기 때문이며 다음은 근대 역사학을 일본으로부터 전수받으면서 그들의 왜곡된 역사관을 접목시켰기 때문이다.

역사 왜곡은 두 장으로 나누어 알아본다. 이번 장에서는 우리 역사 중에서 인접국가와 견해를 달리하는 부분을 확인해보고 다음 장에서는 주로 영토 침탈과 관련된 인접국의 역사왜곡에 대해서 확인해 본다.

1 상고사

① 홍산문명과 탐원공정

세계 4대문명 중의 하나로 중국이 자랑하는 황화문명보다 500~1,000년 이상 앞선 것(기원전 4500~기원전 3000으로 추정)으로 추정되는 신석기 문명이 1908년 중국 요하 상류에서 발견되었다. 현재 이 문명은 홍산문명(중국은 요하문명)이라 불린다. 이 문명이 발견된 정확한 위치는 내몽고 동남부와 요령성의 서부 적봉, 조양, 능원, 건평 등에 위치하며 그 문명의 주인은 동이족으로 파악되고 있다. 이 지역에서 발원한 문명은 이후 자연재해(지진)와 유목민, 중국 민족 등에 의해 중심지를 요동 쪽으로 이동한 것으로 연구되어지고 있다.

중국에서는 신화시대인 3황5제의 시원에 대하여 연구하는 프로젝트를 '中華文明探源工程 중화문명탐원공정'이라 하여 진행하고 있다. 중국은 이 중화문명탐원공정을 통하여 홍산문명을 중국의 시원문명화 하려는 거대한 문명왜곡을 시도하고 있다.

중국은 기존의 세계 4대 문명이라고 자랑하던 황하 문명보다 근 1000년 이상 앞선 문명이 발견되자 서둘러 이를 중국의 시원 문명으로 지정하였다. 현재 중국의 역사는 기존의 황하 단일문명론에서 다문명기원론으로 방향을 전환하였다(중국의 3대 문명 ; 한족의 기원이 된 황하 문명, 북쪽의 훈(Hun)화 문명, 동쪽의 요하 문명). 중국은 홍산 문화를 포함한 만주 일대의 고대 문화를 총칭하여 '요하문명'이라 부르며 중국 문명으로 고정하고 있다. 만약 중국의 의도대로 요하 문명론이 전개된다면 고조선과 고구려의 건국 시조는 모두 황제(黃帝)의 후손이 되어 중국 역사로 귀속하게 된다.

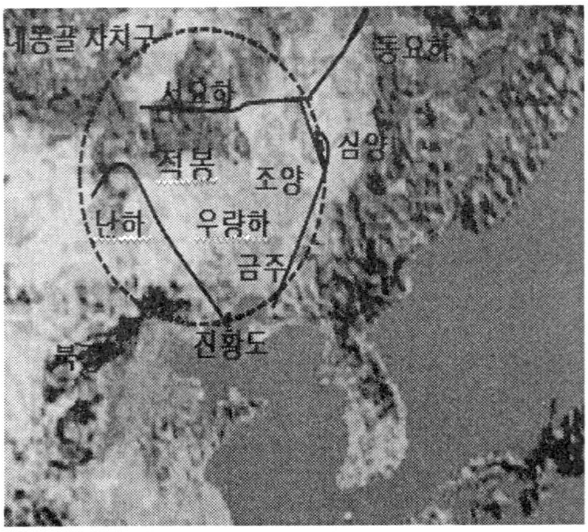

〈홍산문명의 위치〉

〈홍산문명의 원형제단(자료 : 국악원)〉

홍산문명에서는 옥기를 비롯하여 다양한 유적 등이 발견되고 있다. 현재는 비취 등의 석재로 가공한 장식품이 많이 발견되고 용을 세공한 장식품(태아의 모습이라는 설도 존재)도 발견된다. 이를 두고 중국학자들은 이 홍산 문화가 이후 중원에서 시작된 용 숭배의 근원이라고 주장하고 중국문명의 시원이라고 주장한다.

하지만 홍산문명의 유적과 유물 중에는 고조선 질그릇의 특징인 새김무늬 질그릇, 옥욱룡(요하와 한반도 일대에서 발견되며 가야와 신라의 금관의 고옥의 고대 형태라는 것이 연구되었다), 거대한 규모의 제단과 여신상(중국역사에는 유례가 없는 곰 여신상), 석벽(고구려 성벽의 치와 유사한 형태 발견)과 적석총(고구려 계의 돌무지 무덤) 등이 발견되고 있다. 이렇게 발견되는 다수의 유물과 유적 등은 이후 고조선, 고구려, 백제, 신라 등으로 이어져 홍산문화는 한민족(韓民族) 문화의 연원이라 볼 수 있다. 따라서 홍산문명은 중국의 황화문명과 구별되는 문명으로써 중국의 시원 문명으로만 설명될 수는 없다.

중국은 홍산문명이 고조선 시대 이전의 동이족 계열의 문화라는 것이 밝혀지면 수천 년을 이어온 중화주의 사관에 결정적 타격을 받을 것이다. 그동안 동이족을 주변의 야만인으로 취급하고 홀대했는데 동이족으로부터 문화를 전수받았다고 하면 중화문명의 자존심에 크나 큰 상처를 입을 것이다. 따라서 홍산문명에 대한 연구는 이해 당사자인 한국학자들을 제외한 채 중국학자들만 독점(일부 일본 학자 참여)하고 있다. 2006년에는 학술적 연구 성과를 겸한 홍산 문명전이 랴오닝 선양 박물관에서 한국의 학자들을 배제한 채 화하일통(華夏一統 ; 중국을 중심으로 하나로 통일)을 주제로 개최되었다.

사실 그간 우리를 경악하게 했던 동북공정(고구려사 날조)은 탐원공정의 하위 개념에 해당될 뿐이다. 홍산문명의 왜곡 시도는 단지 고조선이나 그 강역에 있는 고구려의 역사를 빼앗는 동북공정의 단계를 넘어 동북아시아의 문명 전체를 왜곡하는 단계로 보아야 할 것이다. 중국은 이제라도 동북공정과 같이 정치적 의도에서 발로한 홍산문명의 문명왜곡을 중지하고 홍산문명의 시원과 문화에 대한 진정한 학술적 연구를 통해 동아시아 인류 자산을 이웃과 공유하며 진지하게 연구하야 한다.

☞ 홍산문명은 1908년 일본의 고고학자인 도리이 유조(鳥居龍藏)에 의하여 발견되어 1935년 대규모의 조사가 이루어졌다. 채도와 채석기의 특징을 가진 이 문화는 1954년 홍산 문화라고 명명되었다.

② 고조선

고조선은 우리나라의 최초의 국가이다. 고조선은 기원전 2,333년 건국하여 청동기 문화를 토대로 하여 발전하였다. 우리 역사학계는 고조선의 영토를 비파형동검과 민무늬토기, 고인돌의 고고학적 출토를 바탕으로 하여 요하 일대로부터 한반도까지 비정하고 있다. 고조선의 역사는 '단군조선'과 '위만조선'을 포함하고, '기자조선'은 학자에 따라 포함하기도 하고 부정하기도 한다.

하지만 중국과 일본학계는 영토주의 역사관과 국가 전략에 따라 고조선의 역사를 해석하고 있다. 중국은 고조선의 역사를 중국사의 일부로 편입하려는 시도를 하고 있다. 중국 학계는 고조선을 은(殷)나라의 왕족인 기자(箕子)가 주(周)의 무왕에 의하여 멸망한 뒤에 동으로 이동하여 건국한 나라로 보고 있다. 기자 조선은 건국 후에는 주왕실의 제후국이 되었고, 이어 연(燕)나라 출신인 위만이 고조선의 정권을 잡아 준왕을 제거하고 위만조선을 세웠다고(기원전 194) 보고 있다. 또한 위만조선 마저도 손자 우거 때에 한나라에 멸망(기원전 108)하여 고조선 땅에 한사군이 설치되었음으로 고조선의 역사는 중국사에 포함되는 것으로 본다. 따라서 현재 중국 학생들이 배우는 학교 역사책에는 진이나 한의 국경선이 우리나라의 대동강까지 뻗어 내려와 한반도의 북부를 중국의 영토로 확정하고 있다.

일본 학계에서는 아예 고조선의 역사를 싹둑 잘라 단군조선을 제외하고 위만조선부터 기술하고 있으며, 한사군의 위치를 한반도 내 깊숙이 끌어 들여와 대동강 일대로 확정하고 있다. 이는 우리역사가 최초부터 중국의 식민지로 시작되었다는 인식을 심어주기 위한 논리에서 출발한 것으로 고조선의 역사 시기를 축소하여 폄하하려는 의도를 가지고 있다.

우리나라도 전통적으로 기자를 조상으로 모시는 풍습이 이어져 내려왔었다. 고려와 조선 시대에는 기자 조선의 실체를 인정하고 국가차원에서 제사를 지내기도 했다. 이는 우리 민족이 유교를 접하면서 소중화의 모화사상(慕華意識)에서 받아들인 결과라고 보여 진다. 그러나 근세에 들어 우리 역사에 대한 주체의식과 민족의식이 고양되면서 오랫동안 믿어왔던 기자동래설과 기자조선에 대한 새로운 해석이 시도되었다.

기자동래설설의 부정은 다음과 같은 역사적 상황에 근거한다. 먼저 기자가 고조선으로 왔다는 시기(기원전 1100년)는 황하 유역의 주와 고조선이 지리적으로 접촉할 수 없는 먼 지역에 위치하고 있었다. 또한 당시 고조선에는 토착세력이 있었는데 일개 망명객에 불과한 기자가 이를 복속시킬 수는 없었을 것이라는 점이 제기되었다. 특히 고조선에 기자가 왔다면 동북아시아지역(비파형 동검문화)과 황하 유역의 문화(갑골문)가 교류되었다고 보아야 하나 양측의 신석기시대와 청동기시대 문화양상이 전혀 다르게 전개되었다.

중국의 고대문헌에서는 앞뒤가 맞지 않는 기록으로 점철되어 있다. 선진시대(先秦, 기원전 221년 이전) 문헌인 『죽서기년』, 『상서』, 『논어』 등에는 기자가 어진 인물로 학문이 높았다고 기록하고 있다. 그러나 1,000년이 더 지난 한(漢) 이후의 기록부터 갑자기 기자가 조선으로 갔다고 기록하고 있다. 이러한 기록을 최초로 기록한 문헌이 복생(伏生)의 『尙書大典 상서대전』 이다. 이에 의하면 "기자는 무왕에 의해 감옥에서 석방되었지만, 조국인 은나라가 망하여 그곳에 있을 수 없어 조선으로 망명했다. 무왕이 소식을 듣고 기자를 조선 후에 봉했다. 그리고 무왕 13년에 기자가 주나라 왕실에 조근을 왔고, 이 때 무왕이 기자에게 홍범(弘範九疇라고도 하며, 정치 도덕의 기본적 아홉 법칙)을 물었다"고 했다.

또한 중국의 일부 학자들은 대릉하 일대에서 발견된 기후의 명 청동기를 증거로 하여 이 지역에 기자가 이주하였다고 주장하고 있으나 기후의 명 청동기는 중국 전역에서 발견되는 것으로 고조선에 이주했다고 단정하기는 무리가 있다. 일부에서는 기자가 이주하였다하더라도 소국을 통치한 것으로 보는 견해도 있고, 기자 개인이 아니라 종족이 이동한 것으로 보는 견해도 있다. 따라서 기자동래설은 중국인들이 주변 민족이나 국가의 기원을 기술할 때, 이를 전통적으로 중국 전설상 인물의 후예로 간주하는 중화의식에서 비롯한 것으로 풀이할 수 있다.

연나라 출신의 위만이 고조선의 정권을 찬탈한 문제도 중국이나 일본의 일방적인 해석일 뿐이다. 위만이 고조선으로 망명할 때 고조선의 의복을 입고 있어 동이족으로 볼 수 있으며 귀화하여 이미 고조선 사람이 되었다. 또한 정권 찬탈 후에도 국호를 그대로 조선이라 사용하였고, 조정의 고위직들에 조선인들이 대다수 포진하고 있어 위만조선 역시 고조선의 일부로 보아야 한다. 따라서 위만조선은 다만 고조선의 정권이 교체된 것으로서 고조선의 정체성은 그대로 유지되었다고 있다고 보아야 한다.

이와 같은 중국의 역사왜곡은 중국의 국내 정치적 목적 달성(소수민족을 아울러 하나의 중국으로 거듭나야 하는 국가 목표)과 아울러 남북통일 이후의 한반도내에서 영유권을 주장하기 위한 것으로 동북공정과 그 궤를 같이하는 것이라고 할 수 있다. 또한 일본의 고조선 역사 기술 태도는 한반도의 역사를 저열하게 하기위한 식민사관의 연속선상에서 이해해야 할 것이다.

2 고대사

① 동북공정과 고구려

중국은 동북공정(東北工程)이라는 고구려사 연구를 진행하면서 '고구려는 고대 중국의 소수 지방정권으로 고구려사는 중국사에 속 한다'는 역사인식을 갖고 있다. 이에 따라 고구려를 민족의 원류로 여기고 있는 한국은 중국과 피할 수 없는 일대 역사 전쟁에 직면하게 되었다.

'동북공정'이라는 용어는 중국 정부가 동북(만주) 변강의 역사와 현상에 대한 체계적인 연구를 위하여 2002년 2월 28일 출범하여 5년간 진행한 사업으로 '동북변강역사여현상계열연구공정(東北邊疆歷史與現狀系列硏究工程)'의 줄임말이다. 이는 '중국 동북 변강의 역사와 현상에 대한 체계적인 연구 프로젝트'라는 뜻이다.

연구는 중국사회과학원 산하 '변강사지연구중심(邊疆史地硏究中心)'에서 주도하여 중국의 중앙정부는 물론 동북 3성(省)의 각 사회과학원과 대학, 연구소 인력이 대거 참여하여 진행되었다. 특히 중국 정부는 이 프로젝트에서 한국의 기자조선, 위만조선, 고구려, 발해 등의 분야에 대하여 중점 연구하도록 조치하였다. 중국 사회과학원에서 5년간 공정을 진행한 이후 현재는 동북 3성이 주도하여 연구를 진행하고 있는 것으로 보인다. 요즈음 일본의 독도 문제가 주로 일본 우익들이 주장임에 비해 중국의 동북공정은 중국의 국가 전략에 의해 추진되는 국가사업인 것이다.

중국은 현재의 중국 강역을 기준으로 역사상 중국의 범위를 정해야 한다는 주장이 1951년 최초로 주장되었지만 1980년대 초반까지는 대부분의 중국 역사서와 교과서에 고구려사를 한국사의 범주로 서술하였다. 하지만 1985년 중국 역사학계에는 중국은 진한 시대 이후로 '통일다민족국가'라는 인식이 비등하였다. 그리고 1990년대에 이르러 "고구려사는 중국사의 일부"라는 주장이 강력하게 부상하였다.

현재 중국은 55개 소수민족과 대다수(93.3%)의 한족으로 이루어져있다. 이러한 민족적 구성에서 중국의 국가 전략은 통일다민족국가론을 채택하게 되었고, 중국 역사학계도 정치의 도구가 되어 통일다민족국가론을 연구하게 되었다. 또한 중국이 고구려사 왜곡 등 일련의 공정을 추진하는 이유는 추후 한반도에서 발생할 지도 모를 통일 한국과의 영토분쟁이나 조선족 문제 등에 대비한 장기적 포석으로 볼 수 있다.

따라서 동북공정은 단순히 '고구려사 역사 빼앗기'만을 목적으로 하는 것이 아니다. 오히려 고구려사 문제는 '중국 국가 전략의 일부분에 지나지 않고, 대다수의 연구과제가 중국 동북지방의 영토와 주민, 변경문제 등 정치문제에 집중되어있다'는 점에 주목해야 한다.

중국은 고구려 유적을 세계문화유산으로 등재(2004년 6월28일 개최된 세계유산위원회 총회에서 환련과 지안 그리고 평양 등에 위치한 중국과 북한의 고구려 유적이 세계문화유산으로 공동 등재되었다.)시킨 이후 고구려·발해사 등 '한국사 왜곡'을 본격화 했다. 이에 대하여 한국의 시민과 학계 그리고 정부는 중국에 올바른 역사인식을 요청했고, 중국 측은 2004년 8월 고위급 외교사절을 급파하여 고구려사 연구를 학문적 차원에서만 연구한다는 구두 양해각서를 발표했다. 하지만 현재 중국내에서는 '동북공정'에 따른 방대한 연구 결과물이 출판되고 있고, 고구려 유적과 박물관 등의 간판과 안내문은 여전히 왜곡된 역사인식 내용을 담고 있다.

동북공정의 주요 내용은 대략 다음과 같다. 첫째, 고구려 종족은 중국의 중원에서 기원하여 발전하였다. 둘째, 고구려는 한사군인 현도군 내의 고구려 현에서 건국하여 중국의 영토에서 건국 하였다. 셋째, 고구려는 중국에 조공을 바친 중국 소수 민족의 지방정권이다. 넷째, 건국의 주체 세력은 예맥족(濊貊族) 등 우리 민족이 아니라 '고이족(高夷族)' 등 고대 중국 소수 민족의 하나이다. 다섯째, 고구려와 수(隋)·당(唐)과의 전쟁은 국제 전쟁이 아닌 '중국내 통일전쟁'으로 보아야 한다. 여섯째, 고구려가 붕괴되면서 대부분의 고구려 유민이 대륙에 남거나 중국 관내(중원의 본토) 지방으로 끌려가 중국의 한족(漢族)에 동화되었다. 일곱째, 고구려는 고려와 무관하며 기자조선에서 위만조선 그리고 한사군과 고구려로 계승된 고대 중국 소수민족의 지방정권이다.

최근 중국 정부와 학계는 탐원공정부터 시작하여 고조선, 부여, 고구려, 발해사 등 한국사 전반에 대하여 왜곡을 시도하고 있는 상황이다. 만약 고구려사가 중국사로 귀속된다면 멀리 고조선과 부여는 물론, 발해와 고려의 역사도 문제가 되는 상황이다. 한국사의 범주가 시간적으로는 백제와 신라에서 출발하게 되고, 지리적으로는 한강 이남의 매우 좁은 공간으로 축소되어 한반도 이북은 영유권이 상실된다. 물론 중국이 노리는 이유가 여기에 있다. 하지만 고구려사가 한국의 역사라고 하는 사실은 명백하다. 첫째 : 우리 민족은 한족(漢族) 문화권과 구별되는 동방문화권을 형성한 별개 민족이다. 둘째 : 중국의 정사(正史)에서도 고구려 건국의 주체세력을 예맥족으로 기술하고 있다. 셋째 : 중국에서 주장하는 조공도 외교형식에 불과한 것이다(고구려는 중국의 북조인 북위(北魏) · 북제(北齊)와 남조인 양(梁) 등에 동시에 조공) 백제 · 신라 · 왜도 중국에 조공했는데, 유독 고구려만 중국의 지방정권으로 주장하는 것은 논리적 모순이다. 넷째 : 광개토대왕은 '영락(永樂)'이란 독자적 연호 사용(지안에 있는 모두루(牟頭婁) 무덤의 묘지에도 고구려를 천하 사방의 중심 국가이자 가장 신성한 나라로 인식하고 있음을 보여주는 내용이 있음). 다섯째 : 광개토대왕릉비에 보이는 천하관은 고구려의 독자성을 보여주는 유력한 증거로 『삼국사기』

나 『삼국유사』 에서 보듯이 고구려 계승의식을 반영한 역사기록은 중국에는 전혀 없었고, 오직 고려(조선)에만 존재한다('고려'라는 국호는 고구려 계승의식을 단적으로 상징하고, 고려의 초기 국호는 '후고구려'였다. 중국의 『송사』 '고려 열전'은 고려와 고구려를 동일시)

중국의 자국 중심주의의 역사해석은 인접 국가들과의 역사 갈등을 부추기고 서로의 관계를 불편하게 하고 있다. 이에 대한 해결책은 여러 가지로 제시될 수 있을 것이다. 우선 한국 정부와 학계 언론 등 대한민국 국민은 중국의 역사왜곡에 대한 실체를 명확히 인식하고 중국에 대하여 한국사 왜곡의 중단을 강력히 요청하여야 한다. 또한 한국사 등 역사 교육과 국제 홍보를 강화할 필요가 있으며, 이를 통해 중국의 자아 중심적 역사 인식 논리를 비판해야 할 것이다. 우리 역사 연구에 많은 투자를 하여 연구가 충분히 이루어질 수 있도록 환경을 조성해야한다. 한편 우리도 편협하고 배타적인 국수주의를 고집하기 보다는 동아시아 각국의 평화공존과 공동의 역사인식을 모색하는 등 거시적이며 개방적인 방향으로 나아가야 할 것이다.

② 부여와 발해사

중국은 탐원공정 및 동북공정에 이어 부여와 발해사마저 왜곡하고 있다. 이로서 중국은 우리 상고사와 고대사 전체를 왜곡하고 있다. 중국은 부여와 발해를 고구려사와 같이 중국 고대 지방정권의 하나로 간주하고 있다.

〔 **부여** 〕 부여는 기원전 4세기경부터 시작하여 494년까지 지금의 쑹화강 유역의 평야지대에서 번성한 국가로 농업과 목축을 위주로 생활하였다. 이러한 부여의 유적은 주로 송눈 평원과 지린성에 분포하고 있다. 이 지역에서 발견된 부여의 유적 중에 중국의 묘제인 토광목곽묘와 중국 계통의 토기와 철기가 분포하고 있다. 중국은 이를 근거로 하여 부여가 일찍이 중국과 교류하면서 중국 문화를 받아들이고 중국에 신하를 청하였다는 기록으로 부여를 중국 고대 소수민족의 한 정권으로 인식하려 한다.

그러나 부여는 고구려와 백제의 원류가 되는 국가로 이들과 문화적 동질성뿐만이 아니라 예맥족이라(『삼국지』 에는 '부여는 예맥 땅에 거주했다'라고 기술)는 민족적 특질을 같이하고 있다. 또한 마가, 우가, 저가 등의 부여의 관직명이 중국의 표현방식과는 다르게 형성되어 있다. 따라서 중국과는 다른 계통인 한민족의 원류인 예맥족 계열이다. 부여가 중국 문화를 받아들인 것도 선진 문화를 수용한 자연스러운 현상으로 부여의 국가 정체성과는 직접적인 관련이 없다.

〔 **발해** 〕 중국은 발해사 역시 우리와 전혀 다른 인식을 가지고 있다. 중국은 『신당서』 에 대조영이 속말갈갈(粟末靺鞨)로 기록된 사료를 중시하여 발해를 말갈족이 세운 나라로 인식하고 고구려 계승을 거부한다. 이로써 발해를 고구려와 분리시켜 이제 실체가 없는 말갈족의 나라로 만들어 중국의 역사로 귀속시키려 한다. 또한 중국은 당이 발해의 고왕을 발해군왕으로 봉했다(渤海郡王)는 기록을 근거로 하여 발해를 당나라 시대의 중국 지방정권으로 인식하고 있다. 중국의 교과서에서도 중국의 한 지방정권으로 설명되고 있다.

요즈음 중국 동북 3성 지방에서는 고구려 역사를 동북공정으로 왜곡할 때처럼, 발굴하고 있는 발해의 유적과 유물들에 대해서 한국인들의 출입 통제는 물론이고 사진촬영도 엄격하게 금지시키고 있다. 대조영을 청 태조 누루하치와 동일 계열로 치부하는가 하면 그들의 전통 옷을 입은 대조영상을 설치해 놓기도 하였다. 이를 보았을 때 또 다른 역사 왜곡을 하지 않을지 걱정이 앞선다. 한 예로 1949년 발견된 발해 공주 무덤인 육정산 고분군(지린성 돈화시)은 외부인의 출입을 통제하고 만주족의 사당을 만들기도 하였다. 따라서 동북3성에서는 또 어떤 역사왜곡이 터져 나올지 모른다.

하지만 발해는 고구려를 계승한 나라였음이 여러 사료를 통해서 확인할 수 있다. 우선 당이 당시 발해를 지방정권의 한 나라로 인정했다는 것은 발해의 국가적 실체를 인정한 것으로 볼 수 있다. 더욱이 발해는 자의식을 가지고 독자적인 시호 및 연호를 사용하면서 황제 국가를 표방하였다. 발해는 신라 및 왜와도 국서를 교환하여 자주 독립국이었음을 확인할 수 있다. 따라서 발해를 신하 국으로 표기한 것은 당시 당나라를 중심으로 전개된 동아시아 국제 질서로 이해하는 것이 더 타당하다. 중국의 『구당서』 에서도 대조영을 "본래 고구려의 별종이다(本高麗別種也)" 라고 기록했다.

이러한 발해의 문화에 대하여 다양한 역사해석이 존재하고 있다. 이를 좀 더 명확하게 해 줄 발해의 역사 유적과 유물이 속속 발견되고 있으며, 연해주에서는 러시아와 한국이 공동으로 발해의 유적을 조사하기도 했다. 따라서 발해사에 대한 지속적인 학술 연구를 통해 발해사에 대한 정확한 정체성을 확인하는 것이 필요하다고 하겠다.

이상에서 볼 때 중국학자들은 고대사 연구에 있어 역사를 '역사적 인과관계'에서 바라보지 않고 영토중심의 사관에 입각하여 현재 중국 영토 안에 있는 모든 것은 중국의 역사라는 인식을 먼저 설정해 놓은 것으로 보인다. 특히 발해사 연구에 있어서 중국은 한국과 연계되는 고구려보다는 이미 소멸해 버린 말갈족과 연결시키는 것이 앞으로의 정치적 입장에서 자국의 이익에 부합한 것으로 판단하고 있는 것으로 보인다.

따라서 중국의 역사학계는 고대로부터 전승되는 중화주의를 버리고 진정한 역사 연구를 진행해야 할 것이다. 그렇지 않다면 중국의 탐원공정은 세계의 4대문명보다 천년 앞선 홍산문명을 차지하려는 '문명왜곡'의 프로젝트로 각인되고, 동북공정 및 부여와 발해사는 영토주의에 입각한 '역사왜곡'으로 지탄을 받을 것이다.

③ 만리장성과 역사왜곡

중국은 탐원공정과 동북공정 등을 통하여 고조선과 부여 그리고 고구려와 발해와 역사를 중국으로 편입하면서 만리장성도 동북쪽으로 끌어오는 작업을 완료하였다. 급기야 2012년 6월 중국 측이 새로운 만리장성의 길이를 발표하면서 기존의 만리장성으로부터 발해 수도 외곽성인 흑룡강성 목단강변장까지 고무줄처럼 늘려놓았다. 이러한 만리장성 확장은 중국의 문제이나 확장의 과정에서 우리 선조들의 역사가 반토막 나기 때문에 문제가 된다.

만리장성은 원래 진시황제가 흉노족을 견제하기 위하여 설치한 방어용 군사시설로 현재의 모습은 명나라 때 몽고족의 침입을 방어하기 위해 확장한 모습이다. 초기의 만리장성은 흙과 지푸라기를 이용하여 쌓은 토성이었다. 왜곡이전 만리정성의 시작점은 감숙성 가욕관으로부터 시작하여 뻬이징 위를 지나 하북성 산해관까지 6,352km였다. 그런데 중국은 동북공정과 같은 시기(2009년 4월)에 만리장성을 동쪽 끝이 산해관으로부터 랴오닝 성의 단둥까지 이어 부치면서 8,851km로 확장하여 발표하였다. 그러더니 2012년 다시 가욕관으로부터는 서쪽으로 하미까지, 단둥으로부터 동쪽으로 지린성의 연변지구장성을 포함하여 흑룡강성 목단강변장까지 확장하여 최초보다 3배 이상 확장(21,196km)하여 발표했다.

중국이 발표한 만리장성 중에는 고조선, 고구려, 발해 등의 유적이 포함되어 있다. 압록강변의 호산산성은 고구려 산성임에도 불구하고 고구려의 산성을 훼손하고 명나라의 성을 쌓아 놓았다(고구려 성 축성법 : 쐐기 모양의 돌을 까가서 한문의 品자 모양으로 축석하고 그 뒷면에는 잔돌을 채워서 축성. 중국의 성 축성법 : 흙을 다져서 속을 채우고 바깥쪽에는 벽돌로 덮어 성을 완성). 또한 중국은 발해의 목단강 변장유적을 세계의 문화유산에 포함시켜 놓았다.

중국 측은 만리장성의 연장이유에 대하여 관광자원화 하였다고 하기도 하고 한국의 반발은 편협한 생각이니 하면서도 합리적인 이유를 설명하지 못하고 있다. 만리장성은 최초에는 한족과 흉노족 간의 민족의 경계선이었다. 그런데 중국의 역사학계는 1995년 이후 이를 국가 개념이 포함된 국경선으로 인식하기 시작했다. 중국은 동북변강사지 역사왜곡의 완성품으로 만리장성을 두르는 것으로 보인다. 만리장성으로 모든 고구려나 발해의 역사를 중국의 역사로 포함하고 그간 소원했던 동북 3성에 대한 중국화를 완성한 것으로 보인다.

〈만리장성의 확장〉

④ 임나일본부

임나일본부는 고대 왜(倭)가 임나(任那 ; 일본은 가야 지방이라고 주장)를 점령하여 임나에 군정기관(軍政機關)인 일본부(日本府)를 두고 그곳을 근거지로 하여 한반도 남부지방을 경영(8세기 초 편찬된 『일본서기』 에 일본이 369년에 가야 7국을 점령하고 야마토 정권의 임나관가가 562년 멸망했다고 기록하고 있다.)하였다는 학설이다.

이 학설은 을사보호조약 이후 일본의 한반도 침략을 정당화하기 위해 발표되었는데, 1880년 경 재발견된 광개토왕비문에 '왜가 한반도를 지배했다'는 기록에 근거하여 정설로 자리매김하고, 일본의 교과서에 실려 이후 일본의 한반도 지배의 정당성의 상징이 되었다. 하지만 이 학설에 의문을 품은 많은 사학자들이 위 주장과 배치되는 학설을 내놓기 시작했다.

일본 학계의 기본적인 발상을 뒤엎는 반론이 북한의 김석형에 의하여 제시된 분국설(分國說, 1963)이다. 주 내용은 선사시대 이래 한반도 인들이 일본에 이주하여 각기 자신들의 출신지와 같은 나라를 건국하였고, 이들 분국들 중에는 가야인들이 현재의 히로시마 동부와 오키야마에 걸치는 지역에 건국한 임나국이 있었으며, 일본서기에 나오는 임나일본부에 관한 내용은 임나국을 중심으로 신라 백제 고구려의 분국과 왜가 서로 각축한 내용으로, 임나일본부는 한반도의 가야 지역과 전혀 무관하며 오히려 일본열도에 있었다는 것이다. 이어 재일 사학자 이진희는 광개토왕 비문 조작설을 주장하였고, 천관우 교수는 백제군사령부설(百濟軍司令部說, 6세기 중반 임나일본부는 임나백제부로서 백제가 가야 지역에 설치하였던 군사령부와 같은 성격을 가진 기구)을 발표하였다.

1980년대부터 가야 문화에 대한 고고학적 발굴로 독자적인 가야 문화가 확인되고, 일본서기에 대한 신빙성 문제가 대두되면서 임나일본부에 대한 새로운 연구가 시작되었다. 주요 학설로는 왜 왕권이 파견한 관인설, 반대로 가야 제국의 대왜 외교기관설, 교역기관설, 백제의 지배기관 설 등이 제기되었다. 이러한 최근의 연구들은 기존의 일본 측의 주장과는 배치되는 것으로써 일본의 야마토 정권이 가야를 지배했다는 내용을 부정하고 있다. 따라서 그간의 가야에 임나일본부를 설치하고 한반도를 지배했다고 하는 일본 하계의 주장은 신빙성을 잃어가고 있다.

☞ 일본 교과서에 실린 임나일본부설 : "당시 조선반도에는 고구려, 백제, 신라라는 세 나라가 있었는데, 대화정권은 임나(任那)라는 땅을 식민지로 만들고 그곳에 일

본부(日本府)를 두었다", "삼국시대에 한반도에는 일본의 식민지인 임나가 있었다". "변한 지방에 진출한 왜인은 대화정권을 배경으로 한반도 경영에 나서 김해가라(금관가야 지칭)를 근거지로 하여 낙동강 유역을 공략하여 임나를 세웠다."

☞ 광개토왕릉비(廣開土王陵碑) : 고구려 제19대 임금인 광개토대왕의 공적을 기리기 위해 아들 장수왕이 414년에 국내성 동쪽에 능과 함께 세운 약 6.39m 높이의 비석으로 고구려 특유의 웅혼한 필체로 14~15cm 정도 크기의 문자를 음각하였고, 비의 4면에는 모두 44행 1,775자의 문자가 새겨져 있다.

묘호(廟號 ; 신위에 부치는 호)인 '국강상광개토경평안호태왕(國岡上廣開土境平安好太王)'의 마지막 세 글자를 본떠서 '호태왕비'라고도 한다. 현재 위치는 중국 길림성 집안현이며, 고구려사 연구의 중요한 자료이다.

능비는 그간 잊혀 졌다가 『용비어천가』를 비롯한 조선시대의 문헌에서 언급된 후, 1880년경 청나라 농부에 의하여 재발견되었다. 1882년경 일본군 참모본부 밀정인 사카와)에 의해 비문의 일부 문자가 변조되기에 이르렀으며, 이를 기초로 일본에 반입되자 참모본부에서 연구가 진행된 끝에 1889년에 그 내용이 공표되었다. 비문의 내용은 추모왕(주몽)의 건국신화를 비롯하여 비의 건립경위 기술과 대왕의 정복활동 기사가 연대순으로 기술되어 있고 마지막으로 비의 관리규정이 기술되어 있다. 광개토왕릉비 신묘년 기사에 "백제와 신라는 옛 속민으로 조공을 바쳐왔는데, 신묘년에 왜가 바다를 건너와서 백제와 신라 등을 공파하여 신민으로 삼았다(百殘新羅舊是屬民由來朝貢而倭以辛卯年來渡海 破百殘○○新羅以爲臣民)."라고 하는 이른바 '신묘년 기사'가 있어 최대 쟁점이 되었다.

이는 영락 6년에서 17년에 걸쳐 진행된 고구려의 남진정책으로 보이며, '해(海)'자를 비롯한 일부 문자의 변조 내지 오독되었을 가능성이 제기되고 있다. 즉 '해(海)'자의 '수'변이 비문의 문자 중 유일하게 종선에 걸려 있는 것으로 미루어 보아 '海'는 비문의 가장 일반적인 주어인 '왕(王)'자가 위조된 것이며, '파백잔(破百殘)' 다음의 삭탈된 두자는 고구려 남진의 주 정복대상 중 하나였던 '왜(倭)'로 해석하는 것이 일반적이다.

14. 동북아시아의 역사 분쟁 Ⅱ[14)]

근·현대에 들어 동아시아 각국의 민족주의 대두와 함께 심화된 역사왜곡은 역사 논쟁을 넘어 영토 분쟁으로 확대되고 있다. 이러한 문제는 학술적 한계를 넘어 영토에 대한 지배(권)를 정당화하려는 주변국의 침략적성에 기인한다. 역사왜곡을 바로 잡아야 하는 당위성이 여기에 있다.

일본은 19세기 조선침략이래 대대적으로 한반도의 역사를 왜곡하여 그들의 우월성을 부각시키고 있으며, 한반도와 만주 일대의 침략을 정당화 시키는 도구로 활용하였다. 최근 일본은 전시 여성의 인권문제인 위안부 문제에 대하여 그동안 취해왔던 최소한의 외교적 수사마저도 거두어들이고, 아예 그런 일 자체가 없었던 것으로 치부하고 있는 실정이다. 거기다가 1905년 임의로 편입한 독도를 자신들의 영토라고 주장하고 전 세계를 향하여 대대적인 홍보를 하고 있다.

중국 또한 우리 영토인 간도를 실효적으로 지배하고 있으며, 고대사 분야에서 탐원공정과 동북공정 등을 통해 역사왜곡을 자행하며 앞으로 만주와 한반도에서의 영토 영유권에 대비하고 있다. 근래에 들어 중국은 이미 북한과 백두산을 경계로 하여 국경선을 확정지었고, 우리와는 장차 이어도 등에서 영토 문제를 야기할 소지를 안고 있다. 러시아도 두만강 하구의 녹둔도를 자국의 영토로 실효적 지배를 하고 있다.

현재의 동북아시아는 다자간에 영토 전쟁을 치르고 있으며 그 저변에는 왜곡된 역사인식이 자리 잡고 있다. 중국과 일본 그리고 대만도 댜오위다오(중국명 : 釣魚島, 일본명 : 센카쿠열도, 尖角列島)를 두고 함정과 항공기가 출동하며 영토분쟁을 벌이고 있다. 결국 이들의 주장은 역사문제로 귀결된다. 즉 '역사적으로 영유권이 누구에게 있는가?'하는 것이다. 이번 장에서는 직접적인 역사왜곡 현장과 영토를 잠식당한 경우를 확인해 보도록 한다.

---

14) 변태섭, 2005, 『한국사통론』, 삼영사
이기백. 1999, 『한국사신론』. 일조각
안주섭 외, 2006, 『영토한국사』, 소나무
동북아 역사재단 홈페이지
네이버 지식백과

1 일본의 역사왜곡과 독도문제

① 일제시대 역사왜곡

일제는 20세기 초 한반도를 자국의 통치하에 두고서 식민사관에 의한 한국사 왜곡을 자행하기 시작했다. 첫 장에서 알아본 식민사관에 입각하여 한국사를 왜곡할 기관으로 먼저 고적조사위원회(1910)가 설치되었고 이후 법전조사국(1912), 조선총독부 중추원과 조선사편수회(이상 1925), 청구학회(1930) 등의 기관을 구성하였다. 이 기관들은 한국사를 오도하여 역사에 대한 자긍심을 말살하는 논리를 개발하는데 주력하며 일제의 식민사관을 주입하였다.

이들 기관에서 주창된 한국사 왜곡은 한국사 전 기간을 망라하는 것으로써 일본의 한국 지배를 정당화 하는 것이었다. 구석기 시대가 한반도에는 존재하지 않았다고 극구 부정하는 것부터 시작하여 고대사 분야에서 왜곡은 일선동조론(日鮮同祖論 ; 일본인과 조선인의 조상은 동일하다는 내용으로 양국은 원래부터 하나의 민족이었으니 일제가 한국을 지배하는 것은 정당하다는 논리), 만선사관(滿鮮史觀 ; 만주와 조선의 역사는 하나이며 한반도의 역사와 문화는 만주에 종속된다는 논리), 임나일본부설 등이었다.

또한 해괴한 논리인 식민사관을 만들어 역사를 왜곡했다. 이는 앞장에서 알아보았던 타율성론(한국의 역사는 독자적인 발전 없이 외세의 간섭과 영향에 의해 진행되었다는 논리)과 정체성론(한국의 경제사회 구조는 내적 발전 없이 전근대적 사회에 머물러 있어 중세의 역사가 아직 도래하지도 않았고, 그 발전의 단계는 아직 일본의 고대 말기인 10세기경에 해당한다는 논리) 그리고 당파성론(한국인은 분열적 특성이 강해 내분이 당쟁 등 내분이 많다는 논리)으로 우리 민족의 정체성을 왜곡하여 놓았다. 일본은 이러한 역사왜곡과 더불어 교육령(제1차 1911)을 제정하여 한국어뿐만이 아니라 한국사까지 교육하는 것을 금지시켰다.

현대에 들어서도 일본과의 외교 문제는 크게 4가지로 축약된다. 이는 역사 교과서 왜곡 문제, 위안부 문제, 독도 문제 그리고 신사참배 등이 바로 그것으로 모두 역사 문제와 관련되어 있다.

② 역사 교과서 문제

역사 교과서 문제는 일본이 국수주의의 역사 인식을 일본 교과서에 반영하여 학생들에게 왜곡된 역사 사실을 가르치면서 발생하였다. 이로 인하여 동북아시아 3국은 갈등과 반목이 계속되고 선린우호관계가 회복되지 않고 있다.

일본은 태평양전쟁에서 패전한 이후 냉전체제하에서 보수 정치세력이 복귀하였다. 이들은 경제 성장에 주력하여 현대 일본을 이끌어 가면서 군국주의와 제국주의의 과거사를 반성하지 않고 오히려 과거 제국주의의 부활을 꿈꾸고 있다. 따라서 일본은 유럽의 독일과 같이 과거사를 반성하여 앙금을 털어내고 새로운 출발을 하지 못하고 있다.

역사 교과서 문제는 1982년 7월, 일본 문부성이 자국의 초·중·고교 역사교과서 내용 가운데 한국관계 부분을 크게 왜곡한 사실이 밝혀져 한·일 양국 간의 외교 문제로 비화되면서 시작되었다. 문제의 교과서들은 전반적으로 한국사를 왜곡 기술하였으며 그중에서도 근현대사에 집중되었다. 일본은 근대의 한국 침략을 '진출'로, 출병을 '파견'으로, 외교권 박탈과 내정 장악을 '접수'로, 토지약탈을 '토지소유권 확인', 및 '관유지로의 접수'로, 독립운동 탄압을 '치안유지'로, 3 · 1운동을 '데모와 폭동'으로 호도하는 한편, 조선어 말살정책과 신사참배 강요를 '조선어와 일본어가 공용어로 사용되고', '신사참배를 장려' 했다고 왜곡했다.

이 사건으로 국내에서는 대대적인 반일운동과 함께 천안의 독립기념관이 건립되는 계기가 되기도 했다. 한국은 외교 채널을 통해 왜곡된 39개 항목에 대한 수정을 요구했다. 일본은 국제사회의 지탄이 팽배해지자 교과서 시정 약속을 하고 실무적 보완조치를 취하면서 사건은 일단 마무리 지어졌다. 하지만 일본은 아직까지도 왜곡 부분에 대하여 만족할 만한 시정은 이루어지지 않고 있다.

또한 일본은 자민당 내 보수 정치가들이 '역사검토위원회'를 설치(1993)하고, '새로운 역사교과서를 만드는 모임'을 구성(1997)하여 일본군 위안부 내용 등을 교과서에서 삭제 하는 것을 주장하였고, 이후 이러한 내용이 반영된 교과서가 2001년 일본의 교과서 검정을 통과하였다. 이에 대해 한국 정부는 일본 교과서 전체를 통틀어 35개 항목에 달하는 수정을 요구하였지만 일본은 몇 개 항목에 대해서만 고치는 시늉을 하다가 나머지는 고칠 수 없다는 입장을 밝혔다.

이러한 일본의 교과서 왜곡문제는 일본 국내의 정치 상황과 밀접하게 연관되어 있다. 일본의 우익보수 세력이 득세하면 교과서를 이용 과거사를 미화하여 역사왜곡을 자행하곤 했다. 이러한 교과서 문제를 해결하려는 해법으로 한일 양국은 민간 차원의 '역사공동연구위원회'를 설치하여 문제 해결의 의지를 보였으나 아직은 요원한 상태이다. 따라서 양국이 역사 문제를 해결하기 위해서는 국가적 노력에 더하여 민간 교류를 포함하는 당양한 시도들이 지속되어야 할 것으로 보인다.

③ 위안부 문제

위안부란 일본이 식민지 국가의 여성들을 강제로 징용하여 일본군의 성적 욕구를 해소하기 위해 만든 '성적 노예집단(국제적으로 쓰이는 용어, Military Sexual Slavery by Japan)'으로 '종군위안부(한국)' 혹은 '정신대(일본) 등으로 불린다. 위안부는 일제가 1930년대 후반부터 패망할 때까지 동원한 한국, 대만, 중국 그리고 동남아시아 여성들을 동원하면서 시작되었다. 당시 이들은 생존의 방편으로 일자리를 찾아 나섰으나 일제의 꼬임에 빠져 위안부로 편입되거나 강제로 납치되기도 했다.

〈위안부 소녀상〉

위안부 문제는 전후 안정이 되면서 피해 당사자들과 국가 및 단체에서 일본의 성의 있는 사과와 배상을 요구하는 목소기가 나오기 시작하면서 그 실체가 주목 받게 되었다. 1980년대부터 학문적 연구로 시작되었으며, 1989년 한국의 여성운동단체에 의해 처음 제기되었다. 1990년 11월에 '한국정신대문제협의회'가 결성되어 일본 정부에 범죄사실 인정과 공개, 사죄와 희생자를 위한 추모비 건립 그리고 배상과 역사교육을 요구하기에 이르렀다. 한국 정부도 대책반을 가동 위안부 문제에 대한 자료를 수집하고 일본 정부의 조직적 개입과 은폐 사실을 밝혀냈다.

결국 일본정부는 1992년과 1993년 2차례 걸친 진상조사 후 '일본군이 관여했다'라는 사실을 인정했다. 하지만 배상과 관련한 법적인 책임은 이미 종결되었다는 입장(샌프란시스코 조약과 한·일 협정)을 표명하였다. 한국 정부는 군대 위안부 문제는 국제법상 인도주의에 반하는 중대한 불법행위로서 이에 대한 일본 정부의 법적 책임이 존재하지만 '도덕적 우위의 관점에서 정부 대 정부 차원의 물질적 보상은 요구하지 않고(1993) 일본 정부의 진정한 사과와 반성만을 촉구하였다(1998).

일본 정부는 1994년 총리의 특별담화를 통해 정부의 법적인 책임을 피하기 위해 민간기금을 통한 위로금 지급구상을 시사했다. 1995년 7월에는 '여성을 위한 아시아 평화 국민기금'을 설립했다. 하지만 여성을 위한 아시아 평화 국민기금모임은 위안부 피해자 수백 명에게 위로금을 지급했다고 광고하면서, 2002년 5월 1일부로 기금지급을 마감하고 이마저도 해산해버렸다(2007년). 위안부 문제에 대해 일본 법정에서 재판이 열려 시모노세키 지방법원에서 일본 정부의 배상 책임을 인정하는 재판결과(1998. 4.)가 나오기도 했지만, 대법원에서 이를 기각함으로써 무효가 되고 말았다.

또한 2007년 3월 1일 과 5일, 일본 총리는 군대위안부는 강제성이 없었다고 발언하여 국제적 비판이 확산되었다. 결국 아베 총리는 참의원 예산위원회에서 내각총리대신으로서 사과를 표명하고, 미국 방문 중 사과를 표명하였다(2007년 4. 27). 이후 일본은 지금까지 위안부 문제에 대하여 일본 정부의 범죄행위 사실인정이나 정당한 보상과 사죄에 대하여 거부하고 있다.

우리나라에서는 일본의 위안부 문제에 대한 역사적 몰인식에 대하여 정부뿐만이 아니라 피해자와 각계 단체에서 일본의 역사인식을 규탄하고 진정한 사과와 반성을 요구하였다. 서울의 일본 대사관 앞에는 위안부 소녀상을 조각하여 일본의 만행을 규탄하는 등 사회적 관심이 증폭되었다.

국제 사회에서도 위안부 문제에 대하여 많은 관심을 유지하고 있다. 2007년 7월에는 미국 하원 본회의에 군대위안부 결의안이 통과되었다. 이 결의안은 일본 정부가 위안부 여성의 성노예화에 대해 명확한 방식으로 공식 인정하고 사죄하며, 역사적 책임을 수용할 것을 촉구하였다. 2008년 10월, 유엔의 '시민적·정치적 권리에 관한 국제규약' 인권위원회는 국가별 보고서를 발표하여, 일본 정부가 취할 조치를 명시하기도 했다. ILO(국제노동기구)에서도 일본의 위안부 동원 및 착취가 ILO 규약 위반이며, 일본 정부는 이에 대한 적절한 배상을 해야 한다는 보고서를 채택했다.

④ 독도 문제

독도는 행정구역상 경상북도 울릉군 울릉읍 도동리에 속하며 대한민국 극동의 섬이다. 독도는 이사부에 의해 신라 영토로 편입(512, 지증왕 13)된 이래 삼봉도(三峰島)·우산도(于山島)·가지도(可支島) 등으로 알려졌으며, 1881년(고종 18)부터 독도로 불렸다. 독도가 울릉도에 부속된 섬으로서 확실히 기록하고 있는 문헌은 『고려사』이다. 『고려사』 지리지(地理志)의 동계(東界) 울진현조(蔚珍縣條)에 무릉(울릉도)과 함께 우산(독도)이 있음을 기록하고 있다. 이후 1432년(세종 14)에 편찬된 『세종실록지리지(世宗實錄地理志)』 강원도 울진현조에도 "우산·무릉 두 섬이 울진현 정동(正東) 바다 한가운데 있다."고 기록하고 있다.

사실 독도 문제는 역사문제이다. 조선과 일본은 이미 17세기 독도를 두고 영토 분쟁이 있었음이 권오엽(충남대 명예교수)에 의하여 밝혀졌다. 당시 조선은 일본과 외교문서를 교환하면서 『고려사』와 『세종실록지리지』를 근거로 효과적으로 대응했다(1693~1699). 이후 일본은 1905년 러·일 전쟁이 발생하면서 사마네(島根)현 고시로 독도를 다케시마(竹島)로 개명하여 시마네 현에 편입시켰다(당시 편입 목적은 통신 소통과 망루를 세우는 등 군사적 목적이었다). 일본은 이듬해 4월 울릉도 군수에게 무주지(주인 없는 땅)를 편입했다고 통보했다가 영유권 재확인이라고 말을 바꾸었다. 하지만 당시 정부의 주권이 일본에 넘어간 상태로 일본에 항의하지 못했다.

그렇다면 일본은 왜 그토록 독도를 자국의 영토로 편입하려 노력 하는가? 일본이 독도에 대한 영유권을 주장하는 이유는 우선 독도 주변의 바다는 북한 한류와 동한 난류 등이 만나면서 다양하고 풍부한 어장이 형성되어있어 수산업의 경제적 가치가 높을 뿐만 아니라 울릉도를 포함한 독도 주변 해저에는 가스하이드레이트라는 천연자원이 풍부하게 매장되어 있기 때문이다.

또한 러·일 전쟁 당시와 같이 독도에 군사시설을 구축하고 지역을 통제하면 러시아의 태평양 함대를 비롯한 주변국의 군사력 이동상황을 파악하고 통제할 수 있다. 여기다가 일본의 우익 인사들은 국내의 현안 문제가 어려울 때마다 독도 카드를 꺼내든다. 이러한 정략적 행보가 양국 간의 국민감정을 자극하곤 했다.

일본은 태평양 전쟁에서 패방한 이후 탐욕으로 탈취한 모든 영토에서 축출되었으며 연합국 총사령부는 훈령(SCAPIN) 제677호를 통해 독도를 일본으로부터 완전히 분리시켰다. 이후 체결된 샌프란시스코 조약(1951년 9월 8일 샌프란시스코에서 맺

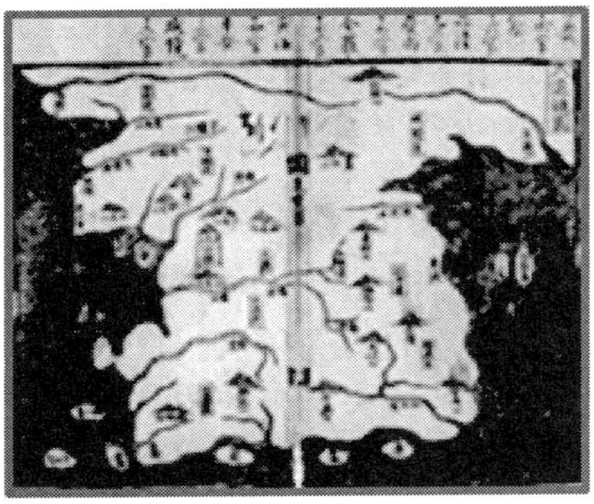

〈팔도총도(독도가 그려져 있다)〉

어진 연합국과 일본 사이의 영토에 관한 세계 제2차 대전 강화 조약)에서는 일본이 한반도에서 강점한 모든 영토를 반환한다는 사실을 재확인하였다. 이후 일본은 이 조약에 독도가 누락되어 있다고 하여 독도 포기를 수용하지 않고 있다. 하지만 당시는 전쟁 중으로 미국은 만약 한반도가 공산화 될 것에 대비하여 독도를 정략적으로 포함시키지 않았을 것으로 판단해 볼 수 있다. 따라서 우리나라는 한참 전쟁 중인 1952년 이승만 대통령이 독도를 포함한 인근 해역에 대하여 '인접 해양의 주권에 관한 대통령 선언'을 선포하여 독도가 우리 땅임을 확정했다. 일본은 물론 반발했다.

이후 한 · 일간의 국교 정상화 회담 시(1965. 6. 22) 양국은 조인문서에 독도에 대한 한국의 실효적 지배에 관하여 언급하지 않았다. 일본과 물밑 교섭을 하면서 독도 문제를 언급하면 국교정상화 협정 자체를 포기한다는 것이 우리 측의 당시 입장이었다. 결국 일본은 문서에 독도문제를 언급하지 않았다. 이는 일본이 한국의 독도 지배를 인정한 것이었다. 하지만 일본은 1965년 맺은 한·일 어업 협정을 일방적으로 파기했고, 우리 정부와 새로운 협상 끝에 1998년 11월 28일 신 한·일 어업협정을 체결했다. 그런데 이 협상 과정에서 독도를 중간 수역에 포함시켜 사실상 일본과의 공동관리가 이루어지게 되었다. 이것은 어업 협정일 뿐 영유권 협상이 아니다.

〈독도〉

최근 일본에 우익화 바람이 강하게 불면서 일본 시마네 현 의회는 2005년 매년 2월 22일을 다케시마의 날로 정하는 조례안을 가결하였다. 이에 우리 정부와 국민은 일본의 독도 영유권 주장을 제2의 한반도 침탈로 여기고 강력 대응하였고, 2012년 이명박 대통령은 독도가 우리 땅임을 대내외에 알리기 위해 전격적으로 독도를 방문했다. 이를 계기로 일본.

에서는 반한 감정이 폭발하였고 양국은 외교 · 경제뿐만이 문화적으로도 또 한 번 갈등의 골이 깊어졌다

독도 문제에 대하여서 일본의 전략은 이 지역을 분쟁지역화 하여 국제사법재판소에 재소하여 판결을 받는 것이고, 우리는 우리의 땅으로 이미 실효적으로 지배하고 있기 때문에 되도록 이면 문제화되지 않는 하는 전략을 추진 중에 있다. 그래서 국군이 독도를 경비하는 것이 아니고 경찰에서 독도를 경비하고 있다. 분쟁지역 이라는 인식을 불식하기 위한 조치인 것이다. 우리는 앞으로 일본과의 독도 분쟁에 대비하여 역사적인 자료를 지속적으로 축적할 뿐만 아니라 지질학과 국제법 등에서 대응할 수 있는 논리를 계속 확보하여야 할 것이다. 그렇다면 일본은 과연 무엇을 근거로 독도를 일본의 영토라고 주장할까? 일본이 주장하는 역사적 자료는 다음과 같다. 첫째 : 신라 시대의 우산국은 오직 울릉도 하나만을 가리키고 있다. 둘째 : 한국 측의 고문헌이나 사설의 인용은 부정확하며 주장을 신빙하기 어렵고, 세종실록 등 기록은 우산도가 오늘의 다케시마라고 논증된 적이 없다. 셋째 : 안용복 사건 기사는 귀국 후 비변사에서 취조 받을 때의 내용으로 허위가 많다. 넷째 : 1618년 일본인이 도쿠가와 막부로부터 울릉도 도항을 허가받아 약 80년 간 경영하였다. 다섯째 : 김정호의 대동여지도에 독도 해당 도명이 나오지 않는다.

일본의 이러한 주장에 대하여 우리 역사학계는 다음과 같이 반론을 제시한다. 첫째 : 독도는 울릉도와 함께 우산국에 포함되어 있다가 신라 지증왕 영토로 편입된 이래 지금까지 한국이 관리하고 있다. 둘째 : 『세종실록 지리지』 와 『동국여지승람』 에 독도가 강원도 울진현에 소속된 속도로 기록되어 있다. 셋째 : 조선 숙종 때 안용복이 일본에 가서 울릉도가 조선 영토임을 확인 받았다. 넷째 : 도쿠가와 막부의 울릉도의 조선 영토 확인과 일본 어부의 울릉도 출어 금지를 했다. 다섯째 : 『동국지도』 등 조선 후기 각종 지도에 울릉도와 독도(우산도, 자산도)를 표기했다. 여섯째 : 1875년 일본 육군 참모국에서 발행한 『조선전도』 등 다수의 일본 측 고지도는 독도를 한국 영토로 표시되고 있다. 일곱째 : 1900년 공포된 칙령 제41호에 나타난 울도군 설치와 석도 기록(석도는 울릉도민이 속칭 돌섬이라 하는 독도) 등이다.

독도가 대한민국의 영토라는 근거는 이외에도 많다. 지도만 하더라도 그 근거가 책 한권으로 제작(『사료가 증명하는 독도는 한국 땅』 , 이상태, 2006, 경세원)되었

을 만큼 다양하다. 또한 『세종신록지리지』와 『신증동국여지승람』, 대한제국 칙령 제41호(1910. 10)뿐만이 아니라 고지도의 대부분 그리고 당시 서양 지도의 대부분은 독도를 조선의 영토로 표시하고 있다. 또한 일본의 자료에서도 독도가 우리의 영토라는 증거들이 여기저기서 들어나고 있다.

현재 독도는 주민과 경찰 등 40여 명이 거주하고 있고 국민적 관심과 더불어 매년 독도를 관람하는 관광객이 증가하고 있다. 일본은 현재 식민 침탈로 얻은 독도를 다시 탈취하려는 만행으로 우리 국민들의 가슴을 아프게 하고 있다. 이는 우리의 독립과 해방을 부정하는 짓으로 독고 영유권 편입 책동을 그만 두어야 할 것이다.

☞ 독도는 육지(경북 죽변)에서 약 214㎞, 울릉도에서 동남쪽으로 약 88㎞ 거리인 북위 37°14′22″, 동경 131°51′57″에 위치한다. 독도는 화산 활동에 의하여 생성되었으며, 2개의 큰 섬인 동도와 서도 그리고 32개의 부속 섬으로 구성되어 있고, 총면적 은 약 54만평에 달한다. 동도는 높이 98.6m이고, 서도는 높이 168.5m이다. 독도는 행정구역상 경상북도 울릉군 울릉읍에 소속된다. 삼봉도(三峰島)와 1794년 가지도(可支島)로 불리기도 했다.

☞ 『세종실록지리지』의 독도 관련 기록 : "于山 · 武陵二島 在縣正東海中 二島相距不遠 風日淸明 則可望見 新羅時 稱于山國" 于山(우산)과 武陵(무릉·우릉)의 두 섬이 현(울진현)의 정동 쪽 바다 가운데 있다. 두섬이 서로 거리가 멀지 아니하며 날씨가 청명하면 바라볼 수 있다. 신라 시대에는 于山國이라 칭하였다.

☞ 『대한제국 칙령』 제 41호기록 : 1900년 울릉도는 울도로 이름을 바꾸면서 군으로 개편되고 중앙으로부터 관리가 파견되었다. 이 칙령 41호에서 주목되는 것은 제2조에서 울도군의 관할구역으로 울릉전도와 함께 석도(石島)를 규정하고 있는 것이다. 울릉 '전도'는 울릉도와 이에 부속된 작은 섬과 바위의 통칭이며, '석도'는 독도를 가리키는 것이다. 석도는 우리말로 '독섬'으로 말해지며 혹은 '돌섬'이 되는데, 지금도 울릉도 주민들은 독도를 '독섬' 혹은 '돌섬'으로 부른다.

☞ 안용복 : 조선 숙종 때에 울릉도와 독도가 조선 땅인 것을 일본막부가 자인하도록 활약한 민간 외교가이자 어부였다. 1696년 봄에 안용복은 울릉도에 출어하여 어로 중인 일본 어선을 발견하고 송도(松島)까지 추격하여 우리의 영토에 들어와 고기를 잡는 침범사실을 문책하였다. 또 울릉우산양도감세관(鬱陵于山兩島監稅官)으로 자칭하고 일본 호키주에 가서 태수에게 범경(犯境)의 사실을 항의하고 사과를 받고 돌아왔다.

☞ 독도의용수비대 : 전쟁이 한창 중인 1952년에는 일본인들이 독도 근해에서 조업을 하며 독도에 불법 상륙하는 빈도가 잦았다. 이때 독도는 울릉도의 순경이 관할하고 있었으나 별도로 울릉도 청년들이 독도의용수비대를 조직(1953. 4)하여 일본인들의 조업과 독도 침탈을 막아내었다.

6・25참전자 용사로 구성된 독도의용수비대는 장비를 확보하고 1953년 7월 12일 독도에 접근하는 일본 해상보안청 소속 순시선과 첫 교전을 벌여 퇴각시켰다. 이 시기에 홍순칠 대장 등이 '한국령'이라는 한자를 독도의 바위에 새겨 놓았다. 독도의용대는 1954년 8월 23일 또다시 독도에 접근하려는 일본 순시선을 기관총으로 격퇴하였고, 그해 11 월 21일에는 일본 순시선 3척과 항공기 1대를 총격전 끝에 격퇴시켰다. 이 전투에서 일본 측은 16명의 사상자가 발생하여 한국 정부에 항의하기도 하였다. 이후 독도의용수비대는 1956년 경찰에게 임무와 장비를 인계하고 해산했다. 정부에서는 독도의용수비대의 공로를 인정하여 홍순칠 대장 등에게 5등 근로훈장을 수여했고 30년 후에는 홍 대장에게 보국훈장삼일장을 추서했다.

2 중국과 러시아

① 간도

〈간도〉

간도(間島 ; 조선과 청사이의 섬과 같은 땅이라는 뜻)는 현재 중국 만주의 지린성 동남부 지방이다. 간도는 백두산 북쪽 지역 일대 서간도(압록강, 송화강의 상류지방인 백두산 일대)와 동간도(북간도-훈춘, 왕청, 연길, 활룡현 등 포함 지역)로 구분된다. 간도라 함은 주로 이 지역 중에서도 중국 길림성 동쪽의 연변조선족자치주에 해당하는 지역인 동간도를 가리킨다.

애초에 간도는 읍루와 옥저의 땅이었다가 고구려의 영토가 되었다. 이후 발해의 영토였다가 고려시대로부터 조선 전기에는 여진족이 흩어져 살았다. 여진족은 농경보다 수렵과 목축으로 생활하였기 때문에 조선 후기에는 조선의 유민(流民)이 들어가 개척하여 생활하였다. 또한 일제시대에는 항거하는 한국인들이 대거 이주, 청산리대첩과 봉오동전투 등 항일무장투쟁의 거점이 되기도 했다. 그러나 일본은 간도 지역을 청과 만주협약(1909)을 체결하여 청에 넘겨주었고, 당시 체결된 간도협약이 그대로 유지되어 현재 간도를 중국이 실효적으로 지배하고 있다.

만주지역에 청나라가 들어선 후 조선과 청간에는 백두산을 중심으로 한 국경선 문제가 존속하고 있었다. 숙종 38년(1712) 때에는 청나라의 요청에 의해 청의 대표인 목극등과 조선 측 대표 접반사 박권과 이선부가 국경을 확정짓는 '백두산정계비'를 세웠다. 이 정계비는 "西爲鴨綠 東爲土門 故於分水嶺上 勒石爲記(서쪽으로는 압록강, 동쪽으로는 토문강)"를 내용으로, 이후 '토문강'이 어디를 지칭하느냐? 하는 문제가 전개되었다.

청나라는 간도지역을 청조의 조상 발상지로 하여 병자호란이후 백두산과 간도일대를 봉급지역으로 하여 입주를 엄금하고 있었다. 정계비를 세우고 160년 후 함경도민의 두만강 월경이 잦아지면서 청나라와 조선 사이에 다시 국경선분쟁이 발발하게 되었다. 19세기 중엽에 들어 청나라의 봉금과 조선의 월경 금지가 소홀해지고 함경도민들의 두만강 월경이 시작되면서 문제가 야기되었다. 특히 1869년 이후 큰 흉년이 들면서 많은 사람들이 간도로 이주했다. 이때 조선은 백두산정계비에 의거하여 '토문강'이 송화강 상류에 있는 지류인 토문강(해란강)을 가리키므로 간도는 조선 영토라고 주장했고, 청나라는 두만강이 '토문강'이라고 주장했다.

임오군란이후 청나라는 주한 청군인 위안스카이를 비롯한 청군의 무력으로 국경문제를 봉합하려 하였다. 대한제국도 성립 초기부터 간도에 대한 영유권을 강력하게 주장하고 청에 통보했다. 러일전쟁 이후 조선의 외교권을 강탈한 일본은 간도를 한국 영토로 인정하고 조선통감부 간도출장소를 설치했다. 그러나 일본은 청나라로부터 남만주철도 부설권(선양-다롄)과 푸순탄광 채굴권을 보장받은 대가로 백두산정계비에 대한 청나라 측 해석을 그대로 인정, '간도협약'을 체결(1909. 9, 만주협약)하여 간도는 청에 귀속되고 말았다.

〈백두산정계비〉

간도협약은 7개조로 되어있는데, 제1조에 "청 · 일 양국정부는 두만강을 한·청 경계로 상호 성명하고 정계비로부터 석을수를 경계선으로 한다"고 규정했다. 이때부터 1950년대 말까지 한-중 국경선은 두만강 상류인 석을수로 확정되고 말았다. 정계비에 기록된 토문강은 두만강으로 해석되어 간도가 우리 땅이라는 주장은 철저히 무시됐다. 거기다가 현대에 이르러 북한은 중국과 세상에 발표하지도 않은 국경선조약을 1962년 체결(조 · 중변계조약 朝中邊界條約)하고 백두산 천지를 반으로 잘라 간도를 중국의 영토로 하여 압록강-천지-두만강을 연하는 국경선을 그어놓았다.

하지만 간도는 우리의 고토로써 오랫동안 우리 민족의 생존 터전이었다. 간도는 청과 대한제국 사이의 영토분쟁이 발생했으나 해결되지 못하고, 이후 당사국도 아닌 일본이 임으로 청과 조약을 체결하여 간도는 우리 역사의 무대에서 떨어져 나갔다. 이러한 청·일의 간도협약은 국제법적으로 완전히 무효이다. 간도는 우리 선조의 생활 터전이었을 뿐만이 아니라 우리 민족이 앞으로 생존해 나가야할 공간이자 전략적 요충지이다. 따라서 우리는 앞으로 중국에 간도가 우리 땅임을 통보하고 협상하여 이를 환수하도록 하여야 한다.

국제법적으로 조약무효소송은 100년 이내에 하여야 한다. 따라서 국제법적인 시효는 이미 2009년으로 종결되었고 볼 수 있다. 하지만 조약은 원천 무효이다. 을사조약이 불법이기 때문에 일본이 우리 영토를 자지우지 할 수는 없는 것이다. 따라서 우리는 역사적인 근거를 유지하고 국민들이 고토회복에 대한 염원을 가지고 통일이후 간도를 찾기 위한 노력을 해야 할 것이다. 또한 북한이 중국과 체결한 조약도 우리가 계승할 것인지도 고민해야 할 대목이다. 중국의 탐원공정과 동북공정은 비단 고구려와 고조선의 영역만을 노리는 것이 아니고 이렇게 간도 등의 우리 영토에 대한 연고권을 주장하는 중층적 고려에서 진행되고 있는 것이다.

☞ 현재 간도 지역에는 중국의 소수민족정책에 따라 '연변조선족자치주'가 설치되어 여러 민족이 거주하고 있다. 이 가운데 조선족이 전체의 41%인 백만여 명에 달하고 있으며 나머지는 한족과 소수민족이 살고 있다. 주요 도시로는 행정수도인 연길을 비롯해 북한과 접경한 도문, 러시아와 국경을 두고 있는 훈춘·안도·둔화·화룡·용정 등 6개시와 왕청·안도 등 2개현이 있다.

② 녹둔도

간도와 더불어 지금까지 찾지 못한 영토가 또 있다. 현재 러시아가 점유하고 있는 두만강 하류에 위치한 녹둔도(鹿屯島)가 바로 그곳이다. 녹둔도는 함경북도 두만강 하류 부근의 지류인 녹둔강을 끼고 있던 둘레 8km의 섬으로 1432년에 조선 세종의 6진 개척으로 조선 영토로 편입된 땅이다.

녹둔도에 대한 최초의 기록은 『세종실록지리지』에 '사차마도(沙次磨島)'라는 이름으로 나타난다. 녹둔도는 조선 시대 진 개척 이후 국경이 된 두만강의 하천도서로, 여진족들이 자주 약탈해 왔다. 그리하여 이 섬 안에 토성을 쌓고 목책을 둘러 병사가 방비하는 가운데 농민들이 배를 타고 섬에 오가며 농사를 지었다. 한때는 여진족이 대거 침입하여 책임자였던 이순신이 큰 피해를 입고 해임되었다가 이듬해 전투에서 승리를 이끈 공로로 사면되기도 했다(녹둔도 사건, 1587, 선조 20).

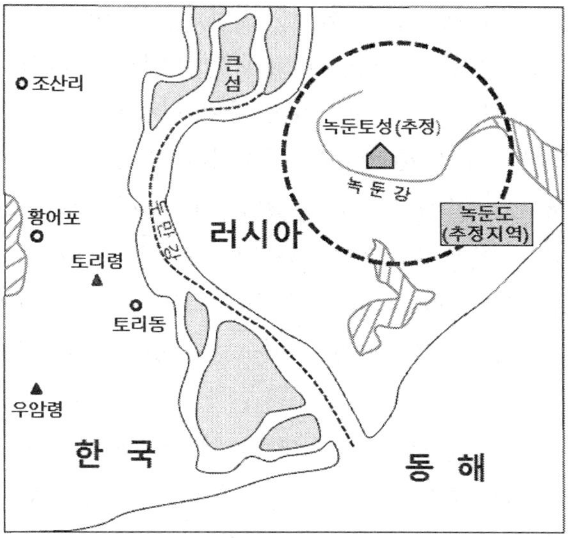

〈모래가 쌓인 녹둔도 주변〉

녹둔도는 1800년대 이후 강 상류의 모래가 밀려 내려와 녹둔도와 그 대안 사이에 퇴적됨에 따라 연륙(連陸)되어 갔고, 1860년 북경조약의 결과로 조선과 청나라 사이의 국경지역이었던 녹둔도가 러시아로 편입되면서 조선·청·러시아 3국간의 국경지역으로 변모하였다. 고종은 이를 알고 1882년 어윤중을 서북경략사로 삼고 녹둔도를 우리 영토로 편입할 방책을 모색했으나 러시아의 소극적 태도로 아무런 소득을 얻지 못하고 말았다. 이때 고종의 명으로 작성한 아국여지도는 113호(인구 822명)가구가 우리 풍속을 유지하며 살고 있음을 묘사하고 있다.

이후 러시아는 실효적 지배를 하면서 2004년 녹둔도 남쪽에다 제방을 쌓고, 군사기지를 건설하였다. 결국 녹둔도는 우리의 영토이나 아직까지 수복하지 못한 채로 남아있다. 우리는 러시아와 국경 조약을 맺지도 않았는데 청이 러시아와 자의로 조약을 체결하여 러시아가 녹둔도를 차지하고 있는 것이다.

15. 역사로 읽는 한류[15)]

한류(韓流)는 다른 나라에서 한국의 음악, 드라마, 게임 등 대중문화를 동경하고 즐기려는 문화현상을 말한다. 한류라는 용어의 기원은 중국, 대만, 일본 등의 동북아시아 언론이 한국 문화에 대한 신드롬을 '한류 열풍(korean wave)'이라고 표현하기 시작한 데에 서 연유하였으며, 이것이 다시 한국에 역수입되어 사용되었다.

한류는 1990년대 후반부터 나타나기 시작하여 2000년을 전후하여 한국문화 전반에 대하여 관심이 급상승하면서 본격적으로 일어나기 시작했다. 이 당시 아시아는 급격한 경제성장을 이루면서 TV의 보급과 인터넷의 확대 등으로 새로운 문화 코드를 원하고 있었고, 이러한 매체를 통해서 한류라는 새로운 문화에 눈을 뜨게 되었다. 특히 한류의 열기는 2002 한·일 월드컵을 거치면서 주변국으로 급격하게 펴져나갔다.

한류가 최초에는 드라마에서 시작되었으나 현재는 예능, 영화, 디지털 산업, 의료, 패션, 관광 등 폭넓은 분야로 전이되고 있다. 한류 열풍은 이제 문화적 단계를 넘어 다양한 산업과 연결되어 우리 산업 전반의 성장 동력이 되고 있다. 한류를 따라잡기 위해 우리말을 배우고 우리 문화를 체험하려는 외국인이 늘어가고 있다. 지역적으로도 동아시아를 넘어 서남아시아와 유럽, 미주 그리고 아주까지 확산되고 있다. 이렇게 확산된 한류는 우리 문화에 대한 자부심과 자긍심을 높이는 계기가 되었다.

문화는 항상 높은 곳에서 낮은 곳으로 흐른다. 한류가 여러 나라에서 자리 잡을 수 있었던 것은 그 나라의 문화에 대하여 비교우위를 점할 수 있었기 때문에 가능한 일 이었다. 한류는 우리의 문화를 기준으로 다른 나라에 열풍을 일으킨 것으로 우리의 고도로 집적된 문화적 역량이 없었다면 불가능한 일이었다. 활쏘기를 생활화한 우리 민족의 습성이 올림픽 양궁 성적에 반영되듯이 가무를 생활화하는 우리의 민족의 생활문화가 K-pop이 성장할 수 있는 토대가 된 것이다. 따라서 한류의 기원은 바로 우리의 '문화 역사'라고 할 수 있다.

---

15) 강승남, 1996, 「고조선 시대의 청동 및 철 가공 기술」, 『조선고고 연구』, 사회과학원 고고학 연구소
임재해 외, 2007, 『고대에도 한류가 있었다』, 지식산업사
윤내현, 1994, 『고조선 연구』, 일지사
네이버 지식백과
KBS 역사 스페셜

얼마 전까지만 해도 우리는 세계 제2의 경제대국으로 아시아 대중문화의 선두주자였던 일본의 문화가 국내에 침투할 까봐 문화개방을 망설여 왔고, 세계 문화의 원류로 자부하는 중화주의에 모화하던 우리였다. 그러나 이제는 반대로 한류가 급성장하면서 일본에서는 자신의 대중문화를 위축시킨다고 판단하여 혐한류(嫌韓流)가, 중국에서는 반한류(反韓流)가 발생하고 있다하니 격세지감이 아닐 수 없다. 그럼 시대별로 형성된 한류에 대하여 알아보도록 하자.

1 고대의 한류

① 고조선

고조선 당시의 사람들도 이웃 나라와 문화적 교류를 유지하면서 생활하고 있었다. 더군다나 당시는 국경선이 불분명하여 지금보다 문화 교류가 용이했을 수도 있다. 고조선은 당시 탄탄한 문화적 역량을 갖추고 북방의 여러 나라와 중국에 문화 수출을 하였음이 밝혀졌다. 더욱이 고조선의 문화는 인접국에 비하여 시대적으로 상당히 앞서있고 품질이 우수하여 타국에서 선호한 것으로 밝혀졌다. 이러한 역사적 사실은 당시 중국의 사서나 고고학적인 발굴을 통해서 확인할 수 있다.

2,006년 문화관광부 후원 하에 개최된 '고대에도 한류는 있었다.'라는 학술대회에서 발표된 논문에 의하면 고조선은 이미 동아시아의 문화 강국으로 우뚝 서 있었다. 복식사(服飾史)를 연구한 박선희 교수는 "고조선은 동아시아에서 가장 먼저 가죽, 모피, 모직 등의 복식재료를 자체적으로 생산하며 당시 복식 분야를 선도했다."고 발표했다. 고조선에서 생산되는 복식재료들은 품질이 우수하여 주변 나라와의 교역품으로 사용되었으며, 고조선은 대중화 된 것을 중국은 지배계층만이 사용했다고 한다. 따라서 고조선의 직물 재료를 사용한 수준 높은 복식체계는 주변국들에게 문화적 영향을 미쳤을 것으로 본다.

고조선의 복식 분야 중에서도 으뜸은 갑옷이었다. 우리는 그간 식민사학 등의 영향으로 고조선의 복식과 갑옷에 대하여서는 무관심해 왔었다. 갑옷은 삼국시대에서야 만들어지고, 그것도 중국이나 북방계통의 영향을 받았으리라고 지레짐작하고 있었던 것이다. 그러나 박선희 교수는 고조선은 기원전 2,500년경 이전에 뼈로 만든 갑옷(뼈갑, 긴 네모 모양)을 착용했다고 발표했다. 하지만 중국의 뼈갑 유물은 지금껏 발견되지 않고 있으며 문헌 기록도 없다.

가죽 갑옷은 숙신이 주 문왕(기원전 11세기)에게 바쳤다는 기록이 있어 이보다 이전에 생산된 것으로 보인다. 중국은 서기전 1,300년경 상 왕조 시대의 묘에서 가죽 갑옷이 처음 출토되었다. 고조선의 가죽 갑편은 고조선이 멸망한 뒤에도 계속 생산되었으며, 중국 사람들은 품질이 우수한 고조선의 갑편을 선호하였다.

청동갑옷은 고조선의 청동기 문화와 함께 시작된다. 청동기 문화가 고조선에서는 서기전 2,500년(일부에서는 2200년으로 추정) 전에 시작되었고, 황하에서는 2,200년경에 시작되었다(윤내현). 고조선은 기원전 2500년 전부터 청동장식단추를 제작하여 사용하였고, 중국에서는 상대 말기인 기원전 11세기경으로 보고 있다. 따라서 고조선은 중국보다 먼저 청동장식단추를 사용하였고, 중국은 고조선의 청동장식단추와 갑편의 영향을 받아 청동장식단추와 긴 네모 모양의 갑편을 사용하였다.

철갑의 경우도 고조선의 철갑생산 연대가 중국보다 훨씬 앞서있어 중국 철갑에 영향을 주었다고 했다. 중국의 철기문화 시기는 기원전 8~6세기경으로 추정하고 있는데, 고조선의 철기는 중국보다 무려 5세기 이상 앞선 12세기경으로 밝혀졌다(강승남, 주류 학계에서는 5세기경으로 추정). 고조선 당시에도 삼한의 진한과 변한 지역에서는 일찍이 철이 생산되었다. 삼한은 철을 왜와 낙랑에 수출하기도 하였다. 이러한 풍부한 철의 생산과 더불어 기원전 3세기경 평양에 있는 고조선 후기 유적에서 철갑이 출토되었다. 하지만 중국은 전국시대 말 철갑 생산을 시작하여 서한(기원전 206~25) 시대에 들어서야 보급되기 시작했다. 한 무제 때에 흉노와 전쟁을 치르면서 철제의 개갑(鎧甲, 갑옷)이 보급되었다.

이와 같은 주장을 뒷받침 할 수 있는 것이 고조선의 금속 제련 기술이다. 기원전 2000년경의 청동유물을 중국의 그것과 비교한 결과 중국의 청동기는 거의 자연동에 가까웠으나 고조선의 청동기는 용도에 따라서 연이 적절한 함량으로 배합되어 있어 그 발전의 정도를 알 수 있다. 철의 경우도 마찬가지여서 평양지역에서 기원전 12세기경 고조선의 철기 유물인 강철로 만든 쇠거울이 출토된 반면, 중국에서는 전국시대 초기까지 생철이 그대로 사용되어 제강 기술이 거의 발달하지 못하고 있음을 보여주고 있다. 주철에 있어서도 고조선은 기원전 6세기경 연철, 선철, 강철을 만들어 사용했으나 중국은 서한시대에 와서야 주철이 생산되었으며 그것도 탄소 함유량도 적절하지 못하는 등 질은 고조선에 것에 미치지 못하였다고 발표했다.

갑옷과 철제 무기류는 전투용 물자로 그 파급효과는 대단히 컸을 것이다. 현대의 우리도 국토를 방위하기 위하여 선진 무기를 들여오기 위해 외교적으로 또는 경제적으로 많은 노력을 들여야 한다. 당시의 고조선 갑주와 제련 기술이 시기와 질적으로 앞서있어 당시 동아시아에서 돌풍을 일으키며 한류의 원형을 형성했을 것이다.

② 삼국의 문화 전수

삼국시대 이후 우리나라는 중국으로부터 선진 문화를 받아들였다. 우리나라는 여기에 독창성을 쌓아 새로운 우리만의 문화를 창조하면서 수준 높은 문화를 만들어 나갔을 뿐만 아니라 우리의 문화를 주변국에 전수하였다. 고대로부터 한반도에서 많은 사람들이 일본으로 이주한 것으로 밝혀진 만큼 우리의 문화가 고스란히 일본 열도에 전수 되었을 것이다.

이러한 한반도의 문화전수는 고대 일본 문화의 원형이 되었고 지금도 일본 곳곳에서 확인할 수 있다. 일본이 자랑하는 백제 관음상과 광륭사의 미륵상은 조각예술의 극치를 보여준다. 백제의 아좌태자가 그린 성덕태자상은 일본 최초의 초상화로 알려져 있고, 고구려 담징이 그린 법륭사 금당벽화와는 한국 석굴암의 불상 및 중국 윈깡석불과 함께 동양 3대 예술품의 하나로 불린다.

〔 **백제** 〕 삼국시대 우리 문화전수의 최전선에는 백제가 있었다. 삼국 중 국가체제 정비는 고구려가 제일 빨랐다. 하지만 백제는 고구려보다 먼저 전성기를 누리면서 우리 문화를 일본에 전수하는 데 크게 공헌하였다. 백제를 비롯한 삼국의 영향으로 일본은 자신들의 고대 문화인 야마토(大和) 조정을 6세기에 성립시키고, 7세기에는 아스카(飛鳥) 문화를 형성할 수 있었던 것이다. 한반도 3국으로부터의 이러한 선진 문화 전파 내용은 일본이 자랑하는 『일본서기』 와 『고사기』 에 고스란히 기술되어 있다.

백제는 이미 4세기 아직기가 일본 태자에게 한자를 가르쳤고, 왕인 박사는 천자문과 논어를 전하고 가르쳤다. 6세기 노리사치계는 불경과 불상을 전파하였고, 5경 박사, 의박사, 역학박사, 천문박사, 채약사, 화가, 공예가 등이 활동하여 목탑이나 백

〈삼국의 문화 전수〉

제 가람 양식 등을 형성시켜 한류를 뛰어 넘어 일본 문화 근간을 형성하였다. 따라서 백제는 일본 문화의 근원이다.

심지어 혈연적으로는 일본 간무천황(桓武天皇, 737~895, 제 50대 천황, 고닌 천황과 백제의 후손 타카노노 니이가사의 아들로 794년 나라에서 교토로 옮겨 1000년의 헤이안 시대를 열었다.)의 생모가 백제 무령왕의 딸이라는 기록이 『속일본기』에 기록되어 있다. 이로 인해 현재의 일본 천황 아키히토는 2001년 "한국과의 인연을 느끼고 있다"고 발표한 적도 있다.

미마지 미마지(味摩之, 티베트어로 '고승', '연예인')는 백제 사람으로서 일본 전통 예능의 비조로 추앙받고 있다. 『일본서기』에 의하면 미마지는 지금부터 1,400여 년 전인 7세기 경 오(吳)나라에서 기악무(伎樂舞)를 배우고 돌아온 후 612년(무왕 13) 일본에 귀화하여 일본 최초의 국립극장인 사쿠라이에서 소년들에게 기악무(오늘날 우리나라 탈놀이의 일종인 산대도감이나 봉산탈춤과 비슷한 가면극)를 가르쳤다고 한다. 이 가면극과 음악으로 이뤄진 '미마지 탈춤'은 기가쿠(伎樂)라는 예술 장르를 탄생시키며 고대 일본 음악의 주류가 되었다

당시 일본은 불교 부흥의 국가적 필요에 의해 미마지의 기예(탈춤, 포교를 위한 교훈적인 내용)를 대대적으로 받아들였다. 문명이 개화되던 나라와 아스카 시대의 일본은 한창 번창하던 불교를 이용하여 국가적 통합과 백성 교화의 필요를 느끼고 있었다. 성덕태자 등의 지원 아래 미마지의 탈춤은 전국적으로 활발하게 공연되었다. 국가적으로도 사신이 오면 먼저 이 미마지의 탈춤을 공연했다. 미마지에 의해 전수된 기악은 여러 절에서 연주되었다. 여기서 현대 일본의 가면극인 노(能)와 민중 연극인 가부키(歌舞伎)가 발전하게 되었으며 이는 미마지의 백제 기악에 뿌리를 두고 발전한 것이다.

일본의 기악은 이후 아악으로 발전하였고, 기악이 각 지방으로 가서 일본 사자춤의 전통으로 녹아들었다고 한다. 이렇듯 미마지의 백제 기악은 일본 전통 예능의 시조가 되었다. 또한 미마지의 탈춤에서 사용된 음악은 고마악(고구려 음악; 발해, 고구려 등의 한반도 음악)이었다. 당의 음악은 8세기 이후에나 일본에 전해진다. 따라서 미마지의 기악은 탈춤으로 백제의 춤을 추고, 고구려의 고마악으로 반주하여 일본 사람들의 몸과 마음을 교화시키면서 홀리고 있었다.

〔 **고구려** 〕 고구려는 7세기 초 종이와 먹을 일본에 전파하고 일본의 불교문화 발전에 크게 공헌하였다. 담징은 일본 호류사의 금당벽화를 그렸고(일부 학자는 담징의 그림이 아니라고 주장한다.), 혜자는 쇼토쿠 태자의 스승이 되었다. 특히 일본 다카마쓰 고분 벽화는 고구려 수산리 벽화와 유사하여 고구려 계통의 문화가 영향을 주었음도 확인되고 있다.

2006년 '고대에도 한류는 있었다'의 학술발표회에서 전경욱 교수는 고구려의 춤 문화가 중국 등에 미친 영향을 소개했다. 당시 중국(수, 당)에는 주변국의 음악인들을 초청하여 궁중에서 머물면서 공연토록 하는 하였는데 고구려의 호선무(胡旋舞 ; 공위에서 바람같이 빨리 도는 춤)와 광수무(廣袖舞 ; 소매가 큰 옷을 입고 추는 춤) 등이 공연되었다. 이때 15종의 악기를 이용한 고구려의 공연은 타의 추종을 불허했다고 한다.

고구려 춤은 서역에서 받아들였지만 고구려의 독창성이 가미되어 높은 인기를 얻었으며, 수, 당의 궁중연회에서는 고구려 춤이 빠지는 경우가 없었다. 귀족들은 아예 고구려 무용수나 악공을 개인적으로 데리고 다닌다는 경우도 많았다고 『구당서』 에 기록되어 있다.

이렇게 고구려가 외래의 연회 문화를 받아들여 새로운 공연예술로 재창조할 수 있었던 근본은 이미 고구려 사회에 자생적이고 토착적인 공연예술이 존재하고 있었기 때문에 가능한 것이라고 전경욱 교수는 밝히기도 했다. 무사의 나라로만 알았던 고구려도 이렇게 월등한 예기문화를 갖추고 당시 주변국으로부터 찬사를 받을 만한 한류를 유행시켰다.

〔 **신라** 〕 신라는 일본에 인접해 있었지만 일본과의 문화 교류는 백제나 고구려에 비하여 활발하지 못했다. 연못을 쌓은 축제술과 도자기 제조술, 불상 등을 전파한

기록이 있다. 이후 통일신라 때에는 주로 선진문화를 수입하기 위해 온 일본 사신들에 의하여 문화가 전파되었다. 원효, 강수, 설총 등이 발전시킨 불교와 유교문화가 전수되고, 심상이 창안한 화엄사상은 일본 화엄종 부흥에 큰 영향을 미쳤다. 신라인으로써 고대 한류에 큰 영향을 미친 사람으로는 최치원과 장보고를 들 수 있다.

최치원 최치원은 신라 말기의 6두품 출신 학자로 동아시아 최대의 문장가이자, 유·불·선 통합의 이념을 지녔던 사상가였다. 최치원은 시대의 선구자 역할(유교, 도교 등을 한반도에 소개)을 수행하였을 뿐만 아니라 한·중·일 문화 교류의 시조로서 동북아 삼국 문화 발전에 크게 이바지 하였다. 이러한 업적만큼이나 최치원에 관한 전설과 신화도 많고, 영정도 20여 가지가 넘고 여기저기에 신화와 전설이 널려있다.

당시 신라는 엄격한 골품제 사회로 6두품(득난)은 아무리 능력이 뛰어나도 17관등 가운데 6등위에 해당하는 아찬 이상의 벼슬은 오를 수 없었다. 6두품이었던 최치원은 10세에 사서삼경을 독파했다는 천재였지만 골품제 앞에서는 무력했다. 결국 최치원은 이 신분적 한계를 극복하고자 당 유학을 선택했다.

868년 당나라로 떠나는 열두 살의 최치원에게 아버지는 당부했다. "10년 공부하여 과거에 합격하지 못하면 내 아들이라고 하지 마라. 나 역시 아들이 있다고 하지 않을 것이다." 최치원 또한 장안의 국자감에서 비장하게 공부했다. 최치원은 "남이 100을 하면 나는 1,000을 노력했다"고 기록했다. 결국 최치원은 유학 6년 만인 874년 18세의 나이로 중국의 과거시험인 빈공과(외국인이 응시)에서 장원으로 합격하였다.

〈고운 최치원〉

최치원은 과거에 합격한 2년 뒤인 876년 첫 관직에 올랐다. 장소는 현재의 장쑤성 리수이 현(당시 카오춘 현)이다. 지금도 리수이 현은 최치원의 동상과 함께 최치원과 관련된 '쌍녀분'의 전설이 전해지면서 목민관으로서의 최치원을 기억하고 있다. 최치원은 이듬해 현위 직을 사임하면서 회남절도사 고변(高駢)의 추천으로 관역순관이라는 비교적 높은 지위에 올랐다.

이 무렵(881) '황소의 난'이 일어났다. 소금장수였던 황소가 장안을 점령하고 스스로를 황제로 칭하자, 고변은 이를 토벌하러 나가면서 최치원을 종사관으로 발탁했다.

최치원은 여기서 '황소가 읽다가 놀라서 침상 아래로 굴러 떨어졌다.'라는 유명한 일화가 있는 글 '토황소격문(討黃巢檄文)'을 작성하였다. 이로 인해 최치원은 문명(文名)을 떨치게 되었고, 당의 황제에게 인정받아 자금어대(紫金魚袋)를 하사 받았다. 당시 사람들은 황소를 진압한 것은 군대가 아니라 최치원의 토벌문이라고 말 할 만큼 토황소격문은 황소의 난 진압에 큰 위력을 발휘했다.

최근까지 중국 중학교 교과서에는 최치원의 토황소격문이 실렸고 고등학교 진학시험에 출제되기고 했다고 한다. 현재도 양조우(楊洲)에서 고등학교를 진학하려는 학생들은 최치원의 격문을 암송해야 한다고 한다.

최치원은 28세로 신라에 귀국하는 885년까지 17년 동안 당나라에 머물면서 두순학 등 당나라의 여러 문인들과 교류하였다. 그의 시 세계가 얼마나 높은지는 그의 사후 60년 후 일본의 오에노 고레토키가(888~963) 작성한 시집 『千載佳句 천재가구』(당 말기 모범이 될 만한 한·중·일의 시를 엄선하여 기록한 시집)에 잘 나타나고 있다. 『천재가구』 에는 내로라하는 이백, 백거이, 두보 등의 시인들의 시와 함께 최치원의 시가 15번째로 많은 9편이 실려 있다. 이는 일본에서 시인으로서의 최치원을 인정한 것 일뿐만 아니라 이로 인해 3국의 문학 발달에 지대한 공헌을 하게 되었다.

또한 최치원은 선종이 교세를 얻으면서 왕권이 약화되어가자 이를 바로잡아 왕권을 강화하기 위한 방편으로 화엄종에 관심을 보였다. 최치원은 화엄종을 강화할 방안으로 화엄종 고승들의 전기를 발간했다. 이때 화엄종의 3대조인 법장화상 전기를 집필하였는데 신라 말·고려 초에 이 전기가 역으로 중국에 전해지게 되고, 중국인들은 자신들이 하지 못한 일을 최치원이 이룩한 것을 칭송하였다. 이후 이 전기는 송나라의 대장경에 반영되었다. 외국인이 기록한 글이 대장경에 반영된 것은 매우 특이하다 한다. 이 대장경은 다시 일본으로 전해져 일본의 화엄종 발전에 크게 기여했다. 따라서 최치원은 한·중·일 3국에서 화엄종이 발전하는데 주도적인 역할을 한 셈이다.

최치원은 신라의 관직에서 물러난 뒤인 894년에는 시무책 10여 조(부전)를 진성여왕에게 올려 기울어 가는 신라를 바로잡기 위한 구체적인 개혁안을 제시하기도 했다. 그러나 그의 개혁안은 받아들여 지지 않았다. 최치원의 저술로는 시문집으로 토황소격문이 포함된 『계원필경』 과 『법장화상전』 등이 전하고 있다. 특히 계원필경은 중국 당나라 말기의 정치, 문화, 경제, 군사 등의 많은 자료들이 전란으로 소실된 가운데 사실적인 묘사로 당시의 동아시아 역사를 연구하는 데 매우 진귀한 자료로 활용되고 있다.

최치원의 이와 같은 한·중·일 문화교류의 시조로서 전형을 보인데 대하여 외국인 최초로 중국 외교부가 비준하여 최치원 기념관을 2007년 양조우시 당성(唐成) 내에 건립하였다. 이 양조우(楊洲)는 당의 성과 유적이 온전히 보존된 지역이다. 거기다가 중국은 최치원이 등청하던 거리를 崔治原徑行處(최치원경행처)라 칭하고 비석을 세워놓고 기리고 있다. 이와 같이 최치원은 고대 한·중·일 문화 교류의 개척자이자, 받아들인 문화를 재창조하여 전파하는 문화 창조자로서 고대 한류의 거목이 되었다.

장보고 장보고(張保皐?~846)는 한반도 일원의 제해권을 장악하여 국제무역을 주도했던 무인이자 CEO였다. 장보가 활동하던 시기는 신라가 쇠퇴기로 접어들던 시기였다. 신라는 왕위 쟁탈전 속에 왕권이 약화되고 지방에서는 호족 세력들이 대두하여 중앙 정부의 권위에 도전하고 있었다. 당과 일본도 신라와 비슷한 상황으로 중앙 정부의 통제력이 약화된 틈을 타서 해적들이 준동하였다.

〈해상 왕 장보고〉

이러한 상황에서 장보고는 당에 건너가 뛰어난 무술 실력으로 군인이 되고, 고속 승진하여 서주(양자강 하류)의 무령군 소장(중간 지휘관)이었다. 이때 그는 신라인이 당의 해적들에게 잡혀와 노비로 팔리는 것을 보고 귀국 후 흥덕왕(826~836)에게 건의하여 군사 1만 명으로 청해진을 설치, 청해진대사(淸海鎭大使)로 임명되어 해적을 소탕하며 해외 무역에 종사하였다.

청해진은 당에서 흑산도와 남해안을 거쳐 일본의 기타큐슈에 이르는 국제 무역 항로의 중간에 해당하는 곳이었다. 장보고는 이곳을 기지로 해적을 소탕하고 황해 일대와 일본에 이르는 남해안의 해상권을 장악함으로써 당 - 신라 - 일본을 연결되는 동아시아 국제무역을 주도하였다.

장보고는 당시 신라인들이 많이 살고 있던 중국 산둥 성에 법화원이라는 절을 짓고 이곳을 무역 거점으로 삼았으며, 아울러 신라인의 친목과 단결, 안녕을 꾀하는 정신적 위안처로 만들었다. 장보고는 무역을 통해 막대한 부와 명성을 얻게 되었고, 서남 해안 일대의 커다란 해상 세력으로 성장하였다. 그 뒤 왕권 다툼에 간여하여 신무왕(신라 45대 왕, 839)이 왕위에 오르도록 영향력을 행사하기도 하였다. 그러나 문성왕 때에 자기 딸을 왕의 차비로 삼으려다가 진골 귀족들이 보낸 자객 염문에게 암살당하였다. 이때 청해진은 혁파되었고 청해진 주민들은 김제의 벽골제로 이송되었다.

역사 이래 한·중·일을 아우르는 해상 삼각무역을 장보고가 최초로 완성했다. 장보고는 여기서 그치지 않고 동아시아지역을 넘어 동남아시아와 인도 이슬람 지역까지 중계무역을 확장시켰다. 장보고를 '글로벌 시대의 선각자', '국제 무역의 최고(最古) 경영자(CEO)', '바다 한류의 선구주자' 등으로 칭송할 만한 이유가 여기에 있는 것이다.

임진왜란 당시 이순신의 거북선과 수군이 하루아침에 완성된 것이 아니었다. 이미 우리나라는 3면이 바다인 지리적 입지조건 하에서 삼한시대이래 해양 운영에 뛰어들었고, 고구려, 백제는 뛰어난 조선술을 보유하고 해양 활동에 종사하였다. 여기에 장보고와 같이 바다를 이용한 무역을 주름잡는 우리 선조들의 기상이 녹아 있었다. 따라서 현대 한국 조선의 막강 파워도 단순히 경제논리에 의해 이루진 것만은 아니라고 볼 수 있다.

2 고려와 조선

〔 **고려** 〕 고려는 무역이 번성했던 나라이다. 대외 무역항인 열어 여러 나라와 교류하면서 우리의 정체를 세계에 알렸다. 개경에서 가까운 예성강에 설치된 벽란도에서는 송(宋), 왜(倭), 사라센(Sarasen) 등의 상인들이 그칠 사이 없이 드나들었다. 이때 사라센 상인에 의해 우리나라의 이름이 처음으로 서양에 전해져 고려, 즉 코리아(Corea, Korea)라고 불리게 되었다.

도자기 고려의 주 수출품은 종이, 인삼, 서적, 식량 및 농기구 등 수공업품과 토산물이었고, 수입품은 은과 수은, 황, 향료, 수은 등이었다. 이중 고려에서 한류로 주목할 만한 것은 도자기였다. 도자기는 전라도 강진과 부안 등에서 생산되었는데, 신라와 발해의 전통 기술과 10세기경 도입된 송의 도자기 기술이 합하여 11세기경에는 고려자기의 독자적 경지를 개척하였다. 처음에는 비취색의 순수청자를 생산하다가, 12세기부터는 독창적인 상감기법을 자기에 활용 생산하기 시작했다.

중국의 서양식 표기인 차이나(China)는 진(秦)에서 유래했다. 그런데 차이나는 도자기라는 뜻도 가지고 있다. 이 이유는 유럽인들이 마르코 폴로의 소개로 당·송의 도자기를 보고 너무 훌륭한 나머지 도자기를 나라 이름(생산지)으로 불렀기 때문이다. 이러한 도자기 생산국 중국도 고려청자만큼은 중국의 도자기보다 더한 명품으로 평가했다. 고려 1123년(인종 1)에 사신으로 왔던 송의 서긍은 『宣和奉使高麗圖經 선화봉사고려도경』에서 고려자기를 천하제일로 칭했다.

당시에 이렇게 훌륭한 그릇을 만들 수 있는 나라는 전 세계에 고려와 송밖에 없었으며, 종주국 중국도 그 기술에 감탄했다. 그래서 일본은 임진왜란 때 우리의 도공들을 일본으로 잡아갔고, 17세기 이후 일본의 도자기 산업이 만개하기 시작했다. 유럽에서의 도자기 생산은 이보다 늦은 18세기 독일에서 시작되었다.

고려양 고려의 무신시대 이후 몽고의 간섭을 받게 된다. 이때 몽고는 적지 않은 수의 공녀와 환관들을 고려 조정에 요구하였다. 이때 고려는 몽고풍의 영향을 받아 많은 제도와 풍습이 바뀌었다. 하지만 이와 같은 현상은 몽고도 마찬가지였다.

몽고로 들어간 공녀와 환관들은 몽고 상류 사회에 고려의 우수한 문화와 풍습을 전하게 되었다. 기씨(기철의 동생)는 황후가 되어 몽고 황제가 쓰러지자 수렴청정을 하게 되어 막강한 힘을 과시하였다. 또한 고려의 환관들도 높은 직위를 차지하면서 몽고 사회에 고려의 세련된 멋을 전파하게 되었는데 이때 몽고에서 유행한 고려의 풍습을 고려양(高麗樣, 양은 지금의 풍(風)이나 류(流)로 해석될 수 있다.)이라고 한다. 고려양의 주된 내용은 고려의 복식과 음식, 예절 등이었다. 당시 원의 수도(대도, 지금의 베이징)에는 고려양이 유행하였으며 민간사회에서도 대단한 유행을 타고 있었다. 지금도 몽고에서는 그때의 풍습으로 고려만두,·고려병(떡) 등이 전해지고 있다.

원은 더 나아가 고려의 수준 높은 문화를 수입하였다. 원 세조는 '고려국유학제학사'라는 고려 유학 연구기관을 마련하여 고려 유학을 배우도록 하였으며, 고려도 충선왕 때 원나라에 만권당을 설립하고 원의 유학자들과 교류를 하도록 조치하였다. 또한 고려의 불교사경본이 몽고에 수출되었다. 고려는 무력으로는 몽고에 굴복했지만 격조 있고 수준 있는 문화를 척박한 몽고 사회에 전파하여 한류를 이끌었다.

☞ 기황후

기철의 부친 기자오(奇子敖)는 음관(陰官)으로 산원(散員) 벼슬을 받았으며 여러 관직을 거쳐 총부 산랑이 되었다가 선주(宣州) 수령으로 나가 63세에 죽었다. 그는 전서, 기원, 기주, 기륜을 낳았는데 기식은 일찍 죽고, 막내딸이 원나라 순제의 후궁으로 뽑혀 가서 제2 황후가 되어 그가 황태자 애유식리달랍을 낳았다.

『고려사』

〔 **조선의 통신사** 〕 고려시대 관계가 소원하던 일본은 조선시대에 들어서면서부터 문화교류를 시도하여 우리 문화가 급속하게 일본에 전파되기 시작했다. 더욱이 일본은 임진왜란과 한 · 일 병합으로 우리의 많은 문화재와 선진기술을 약탈해 가면서 자국의 문화를 발전시켜 나갔다. 일본에 우리의 진귀한 국보급 문화재가 많이 있는 것은 이러한 연유에서 이다.

조선 초기 일본과의 교역에서 조선의 면포는 일본 무사와 귀족들의 고급 옷감으로 사용되었으며, 일본이 가져오는 구리 등은 활자 주조 등에 활용되었다. 이 밖에도 조선은 일본에 대장경과 불상 등을 회사품으로 주었다.

임진왜란 시 일본은 조선의 전적과 활자 · 도자기 등을 대량으로 약탈하였다. 이때 유출된 활자를 바탕으로 일본 최초의 활판인쇄물인 『고문효경』 이 간행되었다. 당시 도요토미 히데요시는 치밀하게 서적을 반출하였으며, 승려들로 하여금 평가하도록 하기도 했다. 일본은 유출된 서적에서 당시의 선신 사상이던 주자학과도 접하게 되었다. 정유재란 때 포로로 잡혀간 강항은 근세 일본 유학의 개조로 불리는 후지와라에게 영향을 주었고, 이황의 문집도 일본으로 반출되어 그의 저술 11종 46권 45책이 일본각판으로 복간되어 일본 유학사상의 깊은 영향을 끼쳤다. 잡혀간 조선의 도자기 기술공들에 의하여 일본 도자기 기술이 세계적 경지로 올라갔음은 주지의 사실이다.

일본은 임진왜란의 패전으로 도요토미 정권은 무너지고 덕천가강에 의한 에도막부가 들어서면서 조선과 다시 선린관계를 회복하려는 노력을 경주하였다. 그 결과 1,811년까지 조선의 공식적인 외교사절인 통신사가 일본에 12회에 걸쳐 방문했다. 이 또한 조선시대의 대단한 한류였다.

조선의 통신사는 1404년(태종 4) 조선의 외교방침인 교린관계가 성립되면서 시작되었었다. 이때 조선국왕이 막부 장군에게 파견하는 사절을 통신사(신의를 통하여 교류한다는 의미), 막부 장군이 조선에 파견하는 사절을 일본국왕사(日本國王使)라고 하였지만 조선 사절의 명칭은 보빙사, 회례사, · 회례관, · 통신관 등 다양하게 불리었다. 조선 통신사의 구성은 중앙관리로 정사·부사·서정관을 임명하고 500명 이내로 구성되었다.

〈통신사의 이동로〉

통신사의 파견목적은 왜란 전에는 주로 왜구 문제였고, 그 후에는 강화와 포로문제, 이후 막부장군의 승계 축하가 주 임무였다. 일본에 파견된 사절단에 통신사의 명칭이 처음 쓰인 것은 1413년(태종 13)이었지만 정사가 중도에 병이 나서 중지되고, 실제로 파견이 이루어진 것은 1429년(세종 11) 이었다.

이동로는 부산에서부터는 대마도주의 안내를 받아 해로를 이용하여 대마도를 거쳐 시모노세키를 통과하여 일본 각 번의 향응을 받으며 오사카의 요도우라에 상륙하였다. 그 뒤 육로로 이동하여 교토(조선 후기에는 도쿄로 이동)로 갔다. 막부장군에게 조선국왕의 국서가 전달되는 기간은 대략 6개월에서 1년이 소요되었다.

통신사 일행이 통과하는 길목에는 주민들의 대대적인 환영을 받았고, 객사에서는 선신 문화를 입수하려는 지식인들이 모여들어 한시문을 비롯한 문화상의 교류가 활발하게 이루어졌다. 따라서 이들 통신사들은 방문하는 곳마다 서화·시문 등 많은 작품을 남겼으며, 이들의 글이나 그림은 중요한 가치를 가지게 되어 많은 사람들이 수집하려하여 또 하나의 '원조 한류'가 되었다.

1719년 통신사의 일원으로 일본을 다녀와서 기록한 『海遊錄 해유록』에는 "사관(使館)에 연일 심상한 시인들의 방문이 잇달아 시를 부르고 화답하기와 필담으로 쉴 새가 없어 고통을 겪었다.…(중략)…내가 손수 쓰고 인장 찍은 것을 받아 가기를 원하는 사람들로 골몰하여 겨를이 없었다."라고 기록하였다. 이는 마치 요즘의 K-pop 가수들의 열띤 공연을 관람한 일본 팬들이 한국 가수의 사인을 받아가는 모습을 연상하게 한다.

통신사의 역사적인 의의는 단순히 한류를 넘어 문화교류를 통하여 중국을 포함하는 동아시아의 평화공존을 위한 국제관계에 큰 영향을 끼쳤다는 데 있다. 그래서 부산은 지난 2000년부터 조선통신사 복원작업에 나서 매년 행렬 재현 및 축제를 개최해 오고 있으며, 일본의 연고 도시들과도 활발한 교류를 진행하고 있다. 그리고 통신사는 인류 문화적 가치가 충분하고 미래에 전승돼야 할 인류문화유산으로 가치가 충분하다고 판단하여 유네스코 인류문화유산으로 등재 작업을 추진 중에 있다.

3 현대의 한류

① 광복이후

광복을 맞이한 한국은 바로 이어 전쟁을 겪었다. 그러나 우리는 일제의 착취와 전쟁의 참화를 극복하고 경이적인 발전을 지속하고 있다. 이렇게 우리가 일제의 잔재와 전쟁으로 파괴된 강토와 산업을 복구하고 경제 발전에 여념이 없는 사이 세계는 한국을 주목하기 시작했다.

우리도 모르는 사이에 여러 방면에서 한류가 생성되고 있었다. 이러한 현상은 하루아침에 어떻게 운이 좋아 로또로 이루어진 것이 아니다. 앞에서 살펴본 바와 같이 고대로부터 쌓아온 우리의 문화 역량이 하나씩 빛을 발하기 시작한 것이라고 볼 수 있다.

〔 **태권도** 〕 광복이후 시작된 대표적인 한류는 태권도였다. 태권도는 우리 고유의

전통 무술이며 세계적인 공인 스포츠이다. 역사적으로 태권도의 원형은 고구려의 고분벽화인 무용총에서 확인할 수 있으며, 석굴암의 금강역사상의 몸동작 등이 태권도의 품과 유사한 것으로 연구되고 있다. 또한 『일본서기』 에 의하면 백제인들이 당시 일본인들에게 맨손 무예를 지도했다는 기록이 있으며, 고려시대에 와서는 『고려사』 에 태권도가 '수박희'로 기록되어 있고, 무예로서 뿐만이 아니라 왕이 관람하는 스포츠로도 정착되어 있었다. 조선 시대에 와서는 무인들 사이에 수박희(태권도)가 계속 성행하고, 백성들 사이에서도 유행하고 있음이 『태종실록』 권32에 기록되어 있다. 일제 탄압 시에는 독립군, 광복군 등으로 명맥이 이어졌다.

무도로서 태권도는 인체만을 사용하지만 가공할 파괴력을 갖추고 있다. 하지만 태권도는 방어를 우선하는 기술습득 원리를 강조한다. 이는 평화와 공정성을 존중하는 태권도의 정신적 기반에서 비롯된 것이다. 또한 태권도는 무도이지만 예의와 염치의 인간 정신을 중요시하여 예절 스포츠로도 알려져 있다.

태권도는 1961년 9월 16일 대한태권도협회가 창설되었다. 현재는 세계 190여 개국이 넘는 회원국을 거느리고 있다. 지금 이 순간에도 태권도 인들은 세계 곳곳에서 태권도를 전파하며 한국의 이미지를 심고 있다. 뿐만 아니라 태권도는 2,000년 시드니 올림픽에서부터 정식 종목으로 채택되어 세계 평화에 이바지하고 있다. 태권도는 태권도를 수련하는 모든 나라 사람들에게 한국어로 된 구령과 태극기에 경례하도록 하는 그야말로 최고의 한류 전도사이다. 태권도를 배우는 사람들은 태권도 그 자체의 매력뿐만이 아니라 태권도의 종주국 한국을 보고 싶어 하고, 한국을 알고 싶어 한다. 따라서 태권도는 하나의 스포츠 종목을 넘어 대한민국의 문화를 수출하는 대표적인 한류 브랜드로 자리매김한 것이다.

〔 **새마을 운동** 〕 태권도와 더불어 우리의 사회 운동이었던 새마을 운동이 세계의 주목을 받고 있다. 새마을 운동은 1970년부터 시작된 우리나라의 범국민적 지역사회 개발운동으로 큰 성과를 거두었다. 하지만 우리는 그간 경제 수준이 향상되면서 새마을 운동을 망각하고 있었다. 그런데 이 새마을 운동이 외국에서 매우 성공적인 사회운동으로 평가받아 전수 받기를 원하고 있다. 이 또한 한류가 아닐 수 없다.

새마을 운동이라 하는 용어는 1970년 박정희 대통령이 수재민 복구대책과 농촌재건운동에 착수하기 위하여 마을 가꾸기 사업을 제창하고, 이것을 '새마을 가꾸기 운동'이라 칭한대서 유래하였다. 그리고 정부는 1971년 각 마을별로 시멘트와 철근을 경쟁적 · 선별적 방식으로 지원하면서 새마을사업을 독려하기 시작하였다.

이 운동은 이후 전국적으로 확대되면서 이것이 단순한 농촌 개발 사업이 아니라 공장, 도시, 직장 등 우리 사회 전체의 근대화운동으로 확대 · 발전되어 하나의 국민 운동으로 정착되었다. 당시의 새마을 운동은 정치적 의미로는 여러 가지로 해석될 수 있지만 박정희 대통령의 근대화 철학에 입각한 이 운동으로 대한민국은 새롭게 태어났으며, 1970년대의 경이로운 경제발전을 받쳐주는 큰 힘이 되었다

우리나라의 경제가 발전하면서 우리나라는 '지구상에서 유일하게 제2차 세계대전 이후 원조 받던 나라에서 원조하는 나라로 성장하였다'하여 빈곤국들로부터 부러움을 사고 있다. 그러면서 우리의 발전을 주시하고 있던 세계의 빈곤 국가들은 빈곤퇴치의 한 방편으로 새마을 운동을 주목하게 되었다. UN 사무총장의 특별고문이자 『빈곤의 종말』로 잘 알려진 제프리 삭스 컬럼비아대 교수도 UN의 새천년 개발목표(MDGs : 지구의 극빈 인구를 2015년까지 반으로 줄이자는 UN의 새천년개발목표)인 '어떻게 빈곤을 끝낼 것인가'란 문제로 골몰하다가 우리의 새마을 운동에서 '빈곤과 고용문제'의 해답을 찾았다 하여 우리를 놀라게 했다. 그는 우리나라의 새마을 운동 성과를 확인하기위하여 우리나라를 방문하고 주제발표도 하였다.

이에 발마추어 우리나라도 '새마을운동세계화(ODA) 사업'을 정부주관 하에 시행하고 있다. 이는 세계적으로 널리 알려진 한국의 새마을운동을 빈곤 국가에 전수하여 UN의 새천년 개발목표(MDGs)인 개발도상국의 빈곤퇴치, 삶의 질 개선에 기여하고자 하는 해외원조사업이다.

새마을 운동은 우리의 협동정신과 '잘살아 보자'는 근면한 의지가 만들어낸 하나의 사회 운동이었다. 우리의 전통 문화들이 발현되면서 한류를 만들어 내고, 우리의 문화가 이제 지구 곳곳에 문화 현상으로 배어나가고 있는 것이다.

② 최근의 한류 드라마와 K-pop

최근의 한류를 선도하고 있는 것은 드라마와 K-pop이다. 이들이 바로 '한류'라는 용어를 만들어낸 최초의 문화 상품이다. 드라마와 K-pop는 한국에 대한 인식을 변화시켰다. 외국인들은 한국 드라마를 보면서 한국에 대해 궁금증을 가지게 되었으

며, K-pop과 드라마를 이해하기위해 한국어를 배우기 시작한다. 그러면서 한국 문화를 공부하고 한국 마니아가 되어간다.

그렇다면 우리의 드라마와 K-pop은 역사적으로는 우리 문화와 어떠한 연관성을 가지고 있을까? 중국 사람들이 기록한 우리 문화에 답이 있다. 중국 측 사료에 동이의 풍속을 기록하면서 빠지지 않고 서술한 내용이 바로 '남녀가 밤낮으로 한 대 어울려 몇 일간 씩 음주가무를 즐긴다.'는 내용이다. 이는 중국인들과 다른 동이족의 특이한 행동 양식을 기술한 것이라고 판단된다.
그래서 인지 우리 민족은 지금도 가무와 춤을 그치는 법이 없다. 우리나라는 TV나 라디오를 틀기만 하면 노래와 춤이 지나치리만큼 방송되고 있다. 특히나 K-pop은 솔로 보다는 그룹으로 안무를 더할 때 흥이 배가 된다. 또한 비 보이들이 문화 상품으로 떠오르면서 우리의 젊은 비 보이들이 춤으로 세계를 휩쓸고 있다. 이렇듯 우리 민족에 녹아있는 노래와 춤의 유전자는 우리 전통문화의 연속선상에서 해석될 수 있을 것이다.

K-pop과 함께 한류를 이끈 쌍두마차는 드라마였다. 드라마는 오히려 K-pop보다 먼저 한류를 탄생시켰다. '대장금'이나 '가을연가'로 대표되는 드라마는 이미 한류의 대명사로 자리 잡았으며 이후의 각 종 드라마 주인공들은 해외에서 거의 국빈 수준의 대우를 받고 있다. 한국의 드라마는 한국 고유의 문화인 유교나 음식 등을 바탕으로 하여 인간의 감성을 자극하는 내용으로 인기를 얻고 있다. 우리의 전통문화가 바로 아이템이었던 것이다.

여기에 최근에는 영화산업까지 활성화 되어 탄탄한 방화 시장을 형성하고 세계로 뻗어나가고 있다. 자국의 방화시장이 할리우드의 영화를 제치고 50%이상을 지켜내는 나라가 없다고 한다. 그러나 우리나라는 우리의 방화가 더 인기를 얻고 있으며 지방마다 영화제를 개최하며 영화 산업을 발전시키고 있다. 또한 축제문화는 어떠한가? 전국 방방곡곡 이제는 축제 없는 고장이 없다. 그간 유교의 영향과 일제의 탄압으로 억압되었던 놀이 문화가 동이족이 그랬던 것처럼 여기저기서 분출되어 확장되고 있다.

위에서 언급한 K-pop, 드라마나 영화 그리고 축제 등은 우리의 고유한 문화 전통에서 부활한 우리의 문화 코드이다. 우리는 함께 모여 노래하고 춤추는 문화와 함께

'굿'이라고 하는 우리 교유의 문화 전통이 있다. 지금도 우리들은 무당을 찾아가 점을 보고 굿을 하면서 생활한다. 인류학에서는 이러한 굿에서 연극이 발달했다고 한다. 연극이 발달하다 보니 드라마나 영화가 발달하지 않았겠는가? 이러한 굿에는 신명이 녹아있다. 무당들이 작두에서도 춤을 추고, 한 겨울에 옷을 벗고도 땀이 비 오듯이 쏟아지는 것이 망아의 신 내림이다. 이러한 신명이라는 우리 민족 고유의 유전자에서 K-pop이 열창되고, 비보이가 춤을 추며, 연극(드라마)이 만들어질 수 있는 문화 역량이 축척되었다고 볼 수 있다.

K-pop과 드라마로 시작된 한류는 이제 문화를 넘어 우리나라의 산업 동력이 되고 있다. 음악, 드라마, 의료뿐만 아니라 기업에서 만들어 수출하는 상품 하나하나가 한류의 영향을 받지 않는 것이 없다. 이렇듯 문화의 창조력은 전통의 기반위에서 수월하게 발휘된다. 백범 김구는 "우리나라에 가장 필요한 건 문화력이다. 문화 창조력이 우리를 살릴 것이다." 라고 말했고, 새뮤얼 헌팅턴은 "문화가 중요하다"고 했다. 이것이 우리가 역사와 전통을 공부하는 진면목이다.

제2부

시대사

1. 선사시대
2. 고 대
3. 중 세
4. 근 세
5. 근대 태동기
6. 근·현대

1. 선사시대

1 선사시대의 문화

2 국가의 형성

▶ 선사시대

- ○ 인류의 지혜가 싹트기 시작한 시기
- ○ 석기시대에서 청동기, 철기시대로 발전
- ○ 초기 국가의 모습을 갖추기 시작

고인돌(강화도) : 지배자의 무덤 및 제단 역할

1 선사시대의 문화

① 인류의 출현과 한 민족의 기원

(1) 인류의 기원

구분	출현 / 특징
오스트랄로피테쿠스	• 약 400만 년전 출현, 최초의 인류, 직립보행, 남쪽 원숭이
호모 하빌리스	• 약 200만 년전 출현, 손재주 좋은 사람
호모 에렉투스	• 약 100만 년전 출현, 곧선사람(원인), 불과 언어사용
호모 사피엔스	• 약 40만 년전 출현, 슬기 사람(고인), 시체 매장 풍습
호모사피엔스사피엔스	• 약 4-3만 년전 출현, 슬기 슬기 사람(신인), 현생 인류

※ 인류 진화의 가장 큰 요인 : 직립보행(손의 사용→도구사용), 뇌의 발달, 언어사용

(2) 석기시대의 구분

(가) 구석기 시대 : 약 70만 년부터 시작, 석기를 다듬는 기법에 따라 구분

전기 구석기 시대	중기 구석기 시대	후기 구석기 시대
• 한 개의 큰 석기를 여러 용도로 사용	• 한 개의 석기를(파편조각) 하나의 용도로 사용	• 쐐기를 이용 형태가 같은 여러 개의 돌날 격지 제작

(나) 중석기 시대 : 약 10,000년 전후 짧은 시기(잔석기 사용 ; 톱, 활, 창 등)

(다) 신석기 시대 : 서기전 8,000년 경 시작(신석기 혁명 : 농사와 목축 시작)

(3) 한반도의 자연환경과 민족의 형성

(가) 한반도 인류 거주 : 약 70만 년 전

(나) 빙하기 동북아시아 육지로 연결(약 1만 3천 년부터 현재의 상태 형성)

(다) 특징 : 인종상 몽골인종, 언어학상 알타이어족

(라) 민족의 기틀 형성 : 신석기~청동기 시대(예 · 맥 · 한족)

② 구석기와 신석기 시대

구분	구석기 시대(약 70만 년 전 시작)	신석기 시대(서기전 10,000~8,000년경 시작)
사용 도구	• 각종 뼈 도구 • 뗀석기(전기→주먹도끼, 중기→밀개, 자르개, 후기→슴베(자루)찌르개	• 간석기(마제석기) : 돌도끼, 돌보습, 돌화살 촉) • 토기 사용(빗살무늬 토기 등)
주거	• 동굴, 바위 그늘 • 강가의 막집	• 움집 : 원형이나 둥근 사각형 중앙에 화덕 반지하, 4~5명 거주 • 강이나 바닷가
사회	• 무리사회(지도자가 있으나 권력 없음) : 이동생활, 평등한 공동체 생활	• 부족사회(지도자 중심의 평등 생활) : 혈연 단위로 씨족 사회, 족외혼이 일반적
경제	• 사냥, 어로, 채집	• 농경 시작 : 탄화된 좁쌀(봉산 지탑리 유적) • 밭농사 중심(조, 피, 수수), 사냥/어로 활동 • 원시 수공업의 시작 : 옷, 그물 제작
신앙	• 내세관 유지(매장 풍습)	• 원시 신앙의 발생 : 애니미즘(자연 현상과 동물숭배), 샤머니즘(무당과 주술), 토테미즘(동물숭배), 영혼/조상 숭배 등
예술	• 석회암에 동물 뼈 이용 조각 : 사냥의 번성을 기원하는 주술적 행동	• 토제 얼굴 인형, 조개껍데기 가면, 동물 조각품 등
유적	평남 상원 검은모루 동굴, 연천 전곡리, 공주 석장리 등 한반도 전 지역 분포	서울 암사동, 부산 동삼동, 제주 고산리 등

③ 청동기와 철기 시대

구분	청동기 시대(만주 : 기원전 20세기, 한반도 : 기원전 15세기경)	초기 철기 시대 (기원전 5세기경)
사용 도구	• 청동기 : 무기(비파형 동검), 지배도구(거친 무늬 거울, 청동 방울) • 간석기 : 생활도구, 반달 돌칼(벼농사), 홈자귀(주로 괭이나 도끼로 사용) • 토기 : 민무늬토기, 미송리식토기 (청천강 이북 요령 / 길림성 일대 분포) 붉은간토기	• 철제 농기구, 무기의 사용 → 정복 전쟁 • 농업의 발달에 따른 경제기반 확대 • 청동기의 독자적 발전 – 비파형 동검 → 세형동검(한국식 동검) – 거친무늬거울 → 잔무늬거울 – 거푸집(청동기 제작용) • 토기 : 민무늬토기, 덧띠토기, 검은간토기

구분	청동기	철기
경제	• 벼농사 시작(탄화미 발견: 부여 송국리) • 청동기 제작 전문 장인 출현	• 철제 농기구의 사용으로 생산력 급증
주거	• 구릉지에 집단취락 형성 • 움집(직사각형의 지상가옥)	• 귀틀집, 초가집
사회	• 농경의 발달로 사유재산과 빈부의 격차 발생(고인돌 축조 시 지배층의 권력과 경제력) • 계급사회, 남녀의 역할 분화 • 통치체제 : 청동기 시대(군장 국가) → 철기시대(연맹왕국) ※우세한 부족이 선민사상을 내세워 정복활동 가속화	
예술 무덤	• 종교·정치적 요구와 밀접(군장 : 청동 방울이나 거울 이용 평안과 풍년 기원) • 바위그림 - 울주군 반구대 : 사냥과 고기잡이의 성공과 풍성한 수확 기원 - 고령 양전동 알터, 동심원의 기하학 무늬(농업사회의 태양 숭배 사상) • 청동기시대 무덤 : 고인돌, 돌널무덤, 돌무지무덤 • 철기시대 널무덤(구덩이 파고 널 매장)과 독무덤(항아리 이용, 영산강 일대 대형 무덤)	
외국 교류	·	• 문화교류 : 붓 출토(경남 창원 다호리 유적) • 경제교류 : 중국 춘추시대 화폐 출토 (명도전, 오수전, 반량전) ※ 중국과 일본 : 해로와 육로로 교류

※ 고조선 유물(적) : 탁자식고인돌, 미송리식토기, 거친무늬거울, 비파형동검

④ 선사시대 유물

〈구석기 주먹도끼〉

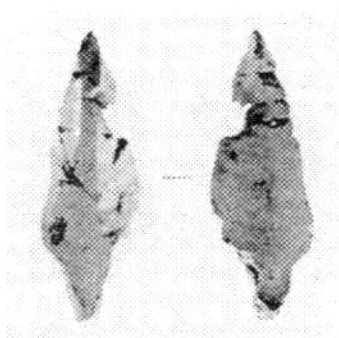
〈구석기 슴베찌르개〉〉

〈신석기 빗살무늬 토기〉

〈청동기 미송리시식토기〉

〈청동기 고인돌〉

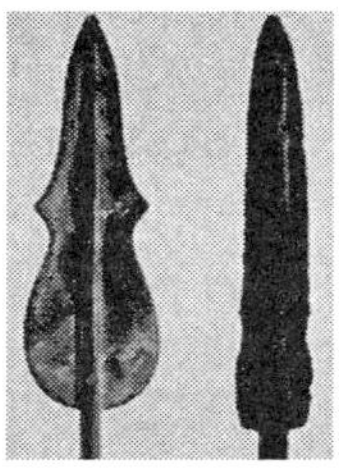
〈청동기 비파형/세형동검〉

〈철기 민무늬 토기〉

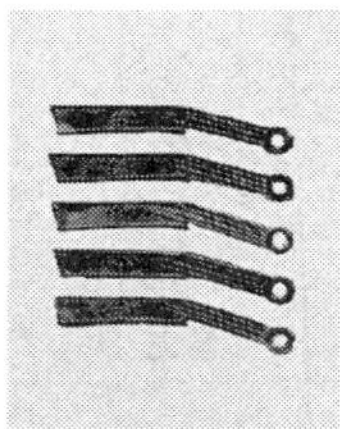
〈철기 명도전〉

2 국가의 형성

① 단군과 고조선

(1) 건국(청동기 시대에 출현한 민족 최초의 국가)

(가) 단군왕검이 기원전 2,333년 건국(삼국유사)

※ 단군 : 제사장, 왕검 : 정치적 지도자의 뜻, 단군왕검 → 제정일치 사회의 지도자

(나) 요령 지방을 중심으로 성장, 한반도로 세력 확대(만주와 한반도 북부 통치)

※ 비파형 동검, 탁자식 고인돌, 미송리식 토기 등 출토 지역과 영역 일치

(다) 요령 지방과 한반도 서북의 족장 사회 통합 건국(군장국가)

(2) 발전

(가) 기원전 3세기경 강력한 국가로 발전, 철기 문화를 바탕으로 여러 부족 통합

※ 왕위 세습(부왕, 준왕)과 관직(상, 대부, 장군) 등장

(나) 요서를 경계로 연(燕)과 대결

(3) 단군 신화 의미(신화는 당시 사회상의 반영)

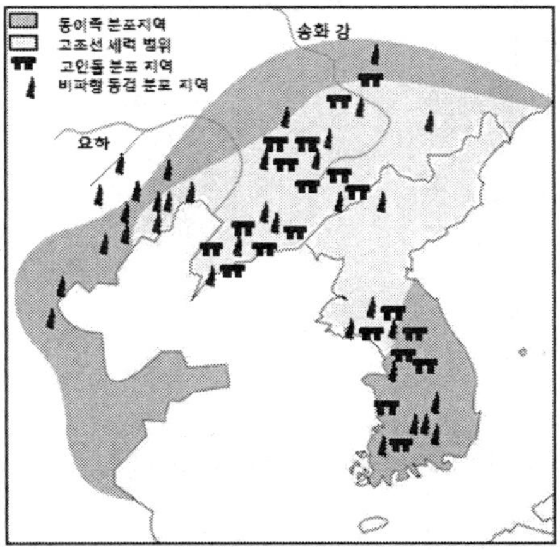

〈고조선의 세력범위〉

(가) 부족 연합체 : 선민사상을 가진 환웅 부족 (곰 숭배)과 호랑이 숭배 부족

(나) 통치이념 : 천손사상, 홍익인간 → 지배층의 권위 확립

(다) 통치구조 : 제정일치 사회(단군왕검)로 관직 설치(풍백, 운사, 우사)

(라) 사회체제 : 농경사회로 발전하며 계급 체계분화

(4) 위만의 집권(중앙 정치 조직을 갖춘 국가)

(가) 중국 진·한 교체기 위만이 1,000여 명의 유이민을 이끌고 이주, 서북 변경 수비 담당

(나) 위만은 준왕 축출 후 집권(기원전 194년)

(다) 위만 조선의 발전

1) 철기 문화 적극 수용 → 정복활동 활발

2) 한반도 동남의 예·진과 한을 연결하는 중계무역(한과 대립)

(라) 한의 침입으로 왕검성 함락(기원전 108년)

1) 위만의 손자 우거왕이 1년 저항

2) 일부 지역 한의 군현 설치 → 토착민 반발로 한군현 쇠퇴, 고구려 공격 소멸

※ 위만 조선의 고조선 계승 근거 : 위만은 고조선에 입국 시 상투를 틀고 조선옷 착용, 집권 후에도 조선 국호 유지 및 토착민 고위 관직에 등용 통치 국가 정체성 유지

(5) 고조선 사회

(가) 8조법(8조목 중 3조목만 한서지리지에 전함) 제정 : ① 사람을 죽인 자는 사형에 처한다. ② 남에게 상해를 입힌 자는 곡물로써 배상한다. ③ 남의 물건을 훔친 자는 노비로 삼으며, 속죄하고자 하는 자는 1인당 50만 전(錢)을 내야한다.

(나) 사회 : 농경사회, 생명과 노동력 중시, 사유재산과 계급·형벌 발생, 가부장적 사회

(다) 한 군현 설치이후 법 조항이 60여 개로 증가 → 다양해진 사회상의 반영과 토착민들의 반발과 대항에 따른 결과

② 여러 나라의 성장

(1) 부여

(가) 건국 : 만주 쑹화강 유역 평야 지대에서 성장

(나) 발전 : 1세기 초 왕호 사용, 중국과 교류

(다) 통치구조

1) 5부족 연맹체(왕은 중앙, 부족장인 마가·우가·저가·구가는 별도의 행정구역인 사출도를 다스림)

2) 왕권 미약(가들이 왕을 선출하거나 흉년이 들면 책임을 묻기도 함)

※ 加들은 목축을 중시하여 가축의 이름 사용 〈여러 나라의 성장〉 (마가→말, 우가→소, 저가→돼지)

(라) 사회체제

1) 경제 : 밭농사와 목축 발달(반농반목), 특산물(말, 주옥, 모피)

2) 사회 계층 구분

가) 지배층 : 왕, 제가, 관리 및 호인

나) 피지배층 : 양인 농민인 하호, 천민인 노비

3) 풍속 : 순장, 영고(매년 12월, 제천행사), 형사취수제, 우제점복(소 발굽 점)

4) 법률 : 고조선의 8조법과 유사한 4조목(살인자는 사형 가족은 노비, 절도 시 12배 배상→ 1책 12법, 간음한 자와 투기한 부인 사형)

(마) 멸망 : 연맹왕국 단계에서 멸망하였지만 고구려, 백제 건국의 원류

1) 선비족의 침입으로 쇠퇴

2) 고구려(494, 문자명왕)에 멸망

(2) 고구려

(가) 건국 : 부여계통의 이주민인 주몽이 압록강의 지류인 동가강 유역 졸본 지방에서 건국(서기전 37년, 삼국사기) → 유리왕 때 국내성으로 천도

(나) 발전 : 산악지대로 식량부족 → 정복전쟁(한군현 공략, 요동 진출, 옥저 정복)

(다) 통치구조

1) 5부족 연맹체 : 왕 아래 족장(대가) 세력의 독자적인 지위 유지

2) 족장 : 소노부(전 왕족), 계루부(왕족), 절노부(왕비 족), 순노부, 관노부

3) 관직 : 왕 아래 상가, 고추가 등의 대가(각기 사자, 조의, 선인 등 관리 운용)

※ 소노부/절노부를 고추가라고도 함

※ 고추가 : 고구려 때 왕족이나 귀족에게 내리던 칭호로 왕의 종족과 전 왕족인 소노부 적통대인 및 왕비족인 절노부의 대인에 부여(갈문왕제와 유사)

4) 제가회의 : 귀족회의에서 국가 중요 사를 결정, 중대 범죄자 처벌

(마) 사회체제

1) 사회 계층

가) 지배 계층 : 왕과 각 부의 대가

나) 피지배 계층 : 하호(생산 담당), 노비 등

2) 경제 : 약탈경제로 부경이라는 보관 창고 유지, 특산물로 맥궁이 유명

3) 풍속 : 동맹(매년 10월 제천행사), 서옥제(남자가 혼인한 뒤 일정기간 처가 서옥에서 살다가 오는 풍속), 형사취수제, 수렵대회, 활쏘기

4) 신앙 : 조상신(주몽과 유화 부인) 숭배
국통대혈 : 왕이 큰 동굴에서 웅녀신 등에게 제사를 지냄

(3) 옥저와 동예

구분	옥 저(부여족의 한 갈래)	동 예
위치	• 함경도	• 강원도 북부 동해안
정치	• 고구려의 압력으로 정치체제 발전 정지 • 군장사회 : 왕이 없고 읍군, 삼로라는 군장이 부족 통제	
경제	• 농경 발달 • 해산물이 풍부(어물, 소금, 어물)하여 고구려에 복속된 후 특산물로 바침	• 농경발달, 해산물 풍부, 방직 기술 발달 • 특산품(단궁, 키가 작은 과하마, 바다표범 가죽인 반어피 생산)
풍습	• 민며느리제(혼인을 약속한 여자가 남자 집에 살다가 결혼 시 일정한 대가를 여자 집에서 지불 받음) / 가족 공동 무덤	• 무천(매년, 10월) • 족외혼 • 책화(다른 부족의 생활권을 침범하면 노비와 동물로 배상)

(4) 삼한(진)

(가) 진(辰)의 성장 : 고조선의 남쪽지역인 남한강 이남에 청동기 문화를 바탕으로 한 진이 발전(2세기 경 한과 교류하였으나 고조선의 중계무역으로 중국과 직접교역 제한) → 고조선 멸망 후 철기 문화의 유이민 집단이 한반도로 남하 연맹체 성립

(나) 마한·진한·변한의 연맹체 성립

마한	• 위치: 충청·전라도(천안, 익산, 나주 지방이동) • 54개국의 소국으로 구성, 모두 10만 여 호 • 큰 나라는 1만여 호, 작은 나라는 수천 호 • 목지국의 지도자가 마한 왕 또는 진왕으로 추대되어 삼한 전체 주도
변한	• 위치: 김해, 마산 중심의 12개 소국 • 철이 많이 생산되어 낙랑과 왜에 수출 • 구야국 중심
진한	• 위치: 대구, 경주 중심의 12개 소국 • 사로국 중심

〈솟대(자료 여울 시집)〉

(다) 정치체제

1) 정치적 지도자(군장) : 신지, 견지(큰 세력), 읍차, 부례(작은 세력)

2) 종교적 지도자 : 천군(소도 관할, 종교 의례 주관하는 제사장)

※ 소도 : 천군이 다스리는 신성지역으로 군장세력이 미치지 못함. '죄지은 자가 오더라도 잡지 않았다.'(삼국지 위지동이전) 하여, 청동기 문화와 철기 문화가 결합하면서 나타나는 사회 갈등 완화 역할을 수행함.
신앙 활동 지역으로 솟대를 세웠다.

(라) 사회생활

1) 철기 문화 바탕의 농경사회

2) 벼농사 중심 : 저수지 축조(김제 벽골제, 밀양 수산제. 제천 의림지 등)
두레를 통한 공동작업, 5월 수릿날과 10월 계절제(제천행사)

3) 거주 : 초가지붕, 반 움집

2. 고　대

▶ 고대시대

- ○ 왕권강화(왕위상속과 영토 확장)
- ○ 체제정비(율령반포, 관제마련, 군장의 중앙귀족화)
- ○ 불교수용으로 국민의 정신적 통일 달성

첨성대(경주) : 천문 관측용으로 쌓은 대

1 통치체제와 정치

① 고대의 세계

(1) 중국 : 은→ 주→ 춘추・전국시대→ 진→ 한→ 위진 남북조→ 수→ 당
※ 동아시아 문화의 완성

(2) 오리엔트 : 사산 왕조 페르시아(비잔티움 제국과 격돌), 이슬람교 창설

(3) 유럽 : 그리스・로마, 동로마(비잔티움)와 서로마 분리

② 삼국의 정립

(1) 고구려

(가) 건국 : 부여계 주몽 남하 건국
1) 삼국 중 가장 먼저 국가 체제 정비, 비좁은 졸본 → 국내성으로 천도
(나) 태조왕(1세기 후반) : 정복활동(옥저, 동예), 요동지방으로 진출 꾀함
1) 왕위 세습권 확립(계루부 고씨, 왕비 절노부), 5부족 체제로 개편(부족적 전통)
(다) 고국천왕(2세기 후반) : 왕권 부자상속 확립, 진대법 실시
1) 5부(동, 서, 남, 북, 중) 체제로 개편(행정적 성격) → 족장 중앙 귀족으로 흡수
(라) 동천왕(227~248) : 중국 위・오와 선린관계 유지
1) 위의 서안평 공격, 위(관구검)의 침입으로 국내성 함락, 왕은 동해안 피난

(2) 백제

(가) 건국 : 한강 유역의 토착민과 고구려 계통의 유이민 세력의 결합(기원전 18)
※ 우수한 철기 문화를 가진 유이민 집단(석촌동 돌무지무덤)이 지배층
(나) 고이왕(234~286)
1) 마한의 중심 세력인 목지국 병합 및 한반도 중부(한강) 장악
2) 관등(수상, 좌평 등 16관등 제정) 및 관복 정비 고대국가 토대 형성

(3) 신라

(가) 건국
1) 진한 사로국에서 출발, 경주 토착민과 유이민 결합 건국(기원전 57, 박혁거세)

2) 이후 동해안으로 들어온 석탈해 집단 등장
3) 6부족 연맹체로 박・석・김의 3성이 교대로 왕위

(나) 내물왕(356～402)
1) 낙동강 동쪽 진출, 김씨 왕위세습, 마립간 왕호 사용
2) 중앙집권국가의 면모 보임, 광개토왕 가야・왜 연합 세력 격퇴(399)
※ 신라 왕호 변경 : 거서간(혁거세, 정치적 군장) - 차차웅(남해, 제사장) - 이사금(유리, 연맹장) - 마립간(내물왕, 군장) - 왕(법흥왕, 중국식 왕호)

(4) 가야

(가) 건국 : 낙동강 하류 변한 지역에서 철기 문화를 토대로 발전
1) 전기 : 3세기경 김해 금관가야(김수로 건국, 42년) 중심, 낙동강 장악, 중계무역 4세기 말에서 5세기 초 광개토왕의 공격으로 쇠잔하여 낙동강 서쪽으로 쇠퇴
2) 후기 : 고령 대가야 중심, 철 생산, 낙랑・왜와 중계무역, 5세기 후반 소백산맥 서쪽까지 확장, 법흥왕과 결혼동맹이후 진흥왕에 멸망(562)

(나) 생활 : 벼농사 발달, 금동관, 철제무기 출토, 각종 고분군 출토

③ 삼국의 성장

(1) 백제

(가) 근초고왕(4세기 전반, 346～375) : 백제의 전성기
1) 영토 확대 : 마한 전 지역 정복, 고구려 평양성 공격, 가야 지배권 행사 등
2) 상업세력 확장 : 중국 요서・산둥 지방(대중국 무역기지)과 큐슈 진출
3) 왕권 안정 : 왕위 부자상속 확립 및 전제화, 역사서 서기 편찬
4) 외교 : 동진, 가야, 왜와 외교 고구려 견제, 일본 왕에게 칠지도 하사

(나) 침류왕(4세기 후반) : 불교 공인(384)으로 왕권 강화의 사상적 기반 마련

(2) 고구려

(가) 미천왕(재위 300～331)
1) 5호 16국의 혼란기에 낙랑 축출(313), 서안평 점령 → 요동 진출 확대
2) 대동강 유역 확보 남쪽으로 진출 발판 마련

(나) 고국원왕(재위 331～371) : 전연(모용황) 침입, 근초고왕 공격으로 전사

(다) 소수림왕(재위 371～384) : 태학설립/불교공인(372)/율령반포(373)
　※ 북중국의 전진(불교) 및 신라와 교류 → 중앙집권 체제 정비

(3) 신라('왕의 덕업이 날로 새로워져 사방을 망라 한다'는 의미)

(가) 눌지왕(재위 417～458)
　1) 부자 상속제 확립, 6촌을 행정 구역인 6부로 변경
　2) 광개토왕의 원정이후 나·제 동맹 체결(433～533)

(나) 지증왕(재위 500～514) : 국호 '신라'와 '왕'의 칭호 사용, 우산국 정벌(512)
　※ 전국적인 지방제도인 주·군제도 시행 → 관리 파견 통치 중앙집권화

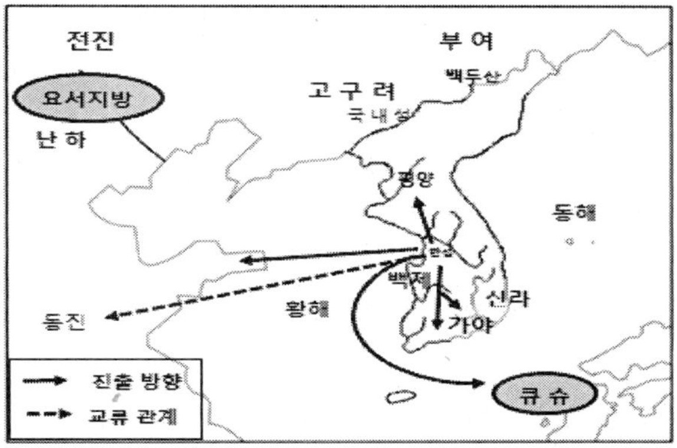

〈백제의 전성기〉

〈고구려의 전성기〉

④ 삼국의 발전과 항쟁

(1) 고구려의 팽창(5세기)

(가) 광개토 대왕(391～413)
　1) 영토 확장
　　가) 요동 및 만주지방 차지(후연 격파, 거란, 말갈, 동부여 굴복), 백제 공격 한강 이북 차지, 신라원조 왜 격퇴 남부지역 영향력 행사(호태왕비, 호우명 그릇)
　　나) 금관가야 공격으로 전기 가야 몰락
　2) 우리나라 최초의 독자 연호(군주의 치세에 부치는 칭호) '영락(永樂)'사용

(나) 장수왕(413～491)

1) 남하정책 추진, 평양 천도(427), 백제 수도 한성 공격 개로왕 전사

2) 아산만에서 죽령-영덕까지 차지(중원 고구려비), 북쪽의 흥안령 일대 장악

※ 동북아 패자 등극, 외교관계의 확장(중국 남북조와 교류하면서 등거리외교)

(다) 문자명왕(재위 492～519) : 부여 복속(494), 가장 넓은 영토 유지

(2) 백제의 쇠퇴(웅진 → 사비 천도)와 멸망

(가) 고구려의 팽창에 따른 천도와 재건 노력

1) 비류왕 : 장수왕 평양천도에 따라 나·제 동맹(433), 송과 통교

2) 개로왕 : 북위에 고구려 압력에 따른 군사원조 요청, 장수왕에게 전사

3) 문주왕 : 웅진(공주) 천도(475) → 왕권 약화 및 귀족 세력 강화, 정치 불안

(나) 백제의 재 부흥(5세기 후반～6세기 초반)과 멸망

1) 동성왕(재위: 479～501) : 나·제 결혼 동맹(소지왕, 498), 백제 부흥 노력

2) 무령왕(재위 501～523)

가) 고구려에 적극 공세, 중국 남조(양)와 교류

나) 왕권강화와 지방제도 정비 통제강화, 22담로에 왕족 파견

3) 성왕(재위 523～554)

가) 사비(부여) 천도(538), 국호 남부여, 남조와 교류 일본에 불교 전파

나) 중앙관청 22부, 수도 5부 및 지방 5방으로 정비

다) 한강 유역 일시 회복 → 관산성(옥천, 신라)에서 전사, 한강유역 상실

4) 무왕 : 미륵사 건립, 익산천도 실패

5) 의자왕 : 백제 멸망(660)

(3) 신라의 발전(6세기)

(가) 법흥왕(재위 514～540) : 병부제정 군사권 장악, 율령 반포(17등급), 공복 제정, 상대등제도, 불교 공인, 금관가야 정복, 독자적 연호(건원) 사용 → 중앙집권화 완비

(나) 진흥왕(재위 540～576)

〈신라의 전성기〉

1) 개국 등 연호 사용, 국사(거칠부) 편찬, 화랑도 제정
2) 불교 교단 정비 : 전륜성왕으로 자처, 황룡사 건립
3) 영토 확장 : 한강유역 장악으로 삼국 경쟁의 주도권 장악 → 중국과 교역(당항성)
함경도 함흥평야 일대 원산만 까지 진출
가야 정복(562) 낙동강 일대 차지

※ 진흥왕순수비 : 창녕비, 북한산비,
황초령비(김정호 판독), 마운령비(최남선 판독)

(다) 진평왕(재위 579～632) : 정치 관제 보강 및 수·당과 외교관계 수립

(라) 선덕여왕(재위 632～547) : 친당정책, 김춘추를 고구려에 파견 구원요청, 첨성대/황룡사 9층탑건립, 비담의 난 발생

(마) 진덕여왕(재위 647～654) : 성골의 마지막 왕으로 국법 강화, 집사부 설치

(바) 태종무열왕(재위 654~661) : 삼국통일기반 마련, 집사부 시중 권한강화, 백제정복

(사) 문무왕 : 고구려 정복(668), 당 격퇴(676, 매소성), 기벌포 전투
→ 삼국통일 완성

(4) 가야 연맹의 쇠락(6세기 후반)

(가) 후기 가야 연맹 성립(5세기 후반, 고령 대가야 중심), 신라와 대등하게 발전

(나) 후기 가야 → 신라와 결혼 동맹, 신라에 흡수(562, 법흥왕)

⑤ 삼국의 통치체제

(1) 초기 통치체제

(가) 중앙 지배 집단 : 고구려·백제 5부, 신라 6부(각 부 귀족이 독자영역 지배)
→ 각 부 귀족이 왕의 신하(부족적 성격으로 왕은 부족의 대표에 불과)

(나) 귀족 회의 운영 : 국가의 중대사 결정

※ 고구려 → 제가회의, 백제 → 정사암회의, 신라 → 화백회의

(2) 통치 조직의 발전 : 관직체계는 신분제와 연계, 신분에 따른 관등 제한

(가) 3국의 관등제(관리의 등급) 제도

고구려	백제	신라
• 10여 관등(~형, ~사자) • 대대로(막리지) 국정 총괄	• 고이왕 때 6좌평제 12부와 16관등제(~솔, ~덕) • 좌평 : 국정 총괄	• 법흥왕, 17관등제 병부, 집사부 등 14부 설치 • 상대등 : 수상으로 왕권 견제

(나) 통치 조직 : 최고 행정 기관으로 부·방·주 설치

고구려	백제	신라
• 수도-5부 • 3경(평양성, 국내성, 한성) • 지방-5부(욕살)·성(처려근지)	• 수도-5부 • 지방-5방(방령)·10군(군장) 22담로(왕족)	• 수도-6부 • 지방-5주(군주)·군·현 • 2소경(중원경, 동원경)

※ 정복지는 성이나 촌으로 구분 지방관 파견, 말단 촌은 촌주 지배

(다) 군사조직 : 지방행정 조직과 군사 조직 일원화 → 지방관이 군사 지휘

고구려	백제	신라
• 평소 성 단위 군사관리 및 동원, 필요시 대모달·말객 파견	• 중앙 : 각부에 500명 배치 • 지방 : 방령이 700~1200명 지휘	• 중앙군으로 서당과 위병배치 • 지방은 군주가 지휘 • 6정(중앙과 5주에 설치)

⑥ 대외항쟁과 신라의 삼국통일

(1) 고구려와 수·당의 전쟁

국제 정세 (6세기 말)	• 남북 세력(고구려, 돌궐, 백제, 왜) ↔ 동서세력(신라, 수·당) 간의 대립 ※ 고구려는 한반도의 방파제 역할 수행, 신라는 원광을 보내 수에 구원 요청
수와의 전쟁	• 수의 팽창을 대비한 고구려 요서 선제공격(598, 영양왕) • 문제의 1차 침입(요하에서 격퇴) • 양제의 2차 침입 : 수군 패수(대동강)에서 괴멸, 육군은 을지문덕이 청천강에서 격파(살수대첩, 612, 30만 중 2700명만이 복귀) → 수 멸망(618)
당과의 전쟁	• 당 개국 후 고구려와 친선 유지, 당 태종의 야심 → 고구려 연개소문이 대당 강경책을 추진하여 천리장성 축성(농안의 부여성~대련의 비사성) • 당 태종 침입 → 양만춘 승리(645, 안시성)

(2) 나 · 당연합군에 의한 백제와 고구려의 멸망

구분	내용
국제 정세 (7세기)	• 백제 대 신라 압박 : 백제 의자왕이 신라의 대야성 등 40여 개 성 탈취 • 신라 고구려 동맹 좌절(김춘추가 고구려를 방문했으나 지원 거부) • 나 · 당 연합군 구성(김춘추의 외교) : 통일 후 대동강 이남을 넘겨주기로 약속
백제 멸망 (660)	• 정치의 문란(의자왕)과 지배층의 향락으로 국운 쇠잔 • 김유신, 황산벌(연산)에서 백제 계백 격파, 나 · 당 연합군이 사비성 함락(660) • 백제 부흥운동과 왜의 지원군 백강에서 패배, 의자왕 등 당에 압송
고구려 멸망 (668)	• 잦은 전쟁으로 국력 소모 • 연개소문 사망 후 국론 분열, 평양성 함락(668) • 안승의 보덕국 건국 : 신라가 고구려 세력을 이용하여 당과 싸우기 위해 지원

(3) 나 · 당 전쟁과 신라의 3국통일

구분	내용
신라 · 당 전쟁	• 당의 한반도 지배야욕 : 한반도 내 웅진도독부(백제), 안동도호부(고구려), 계림도호부(신라) 설치→문무왕 고구려 부흥군 지원 백제 땅 소부리주 설치 • 나 · 당 전쟁 전개 : 마전 적성전투(675) → 매소성 전투(당 육군 격파) → 기벌포 전투(당 해군 격파), 평양의 안동도호부 축출 후 삼국통일 달성(676)
3국 통일의 의의	• 외세이용 삼국통일, 영토 축소(대동강~원산만) • 당 축출 후 자주적 통일 달성, 민족 문화의 기틀 마련

(4) 부흥운동

(가) 백제

1) 복신과 도침 : 주류성(한산 또는 고창)에서 왕자 풍을 왕으로 추대 활동

2) 흑지상지 : 임존성(대흥)에서 활동, 왜 수군의 백제 부흥군 지원 출병

※ 부흥군의 내분(복신이 도침 살해, 풍이 복신 살해)과 백강 전투 패배로 실패

(나) 고구려

1) 검모잠(한성, 재령), 고연무(오골성)에서 보장왕의 서자 안승을 추대 활동

2) 안승이 검모잠 살해 후 신라에 투항으로 실패

3) 신라는 금마저(익산)에 보덕국 수립 안승을 고구려왕으로 임명(674) 후 폐지

※ 안승은 통일 후에 신라 귀족으로 편입

⑦ 남북국 시대

(1) 통일 신라의 발전과 쇠퇴

(가) 통일 신라의 민족 통합정책

1) 백제와 고구려의 지배층을 골품제도에 제한적으로 편입
2) 지방 행정구역 → 9주로 개편
3) 9서당에 각 지역 주민 편입 : 고구려계, 백제계, 말갈계 등

(나) 전제 왕권의 강화

1) 태종 무열왕(김춘추) : 최초의 진골 출신 왕
 가) 집사부 장관인 시중(왕명 출 납과 기밀 사무)의 권한 강화
 ※ 상대등 약화와 화백회의 축소, 갈문왕(왕의 동생) 제도 폐지

〈9주 5소경〉

2) 신문왕 : 김흠돌의 난 이후 귀족세력 숙청
 가) 9주 5 소경 체제 완비. 관료전 지급(조세만 수취)과 녹읍의 폐지
 나) 국학 설립 등 전제왕권 확립
3) 성덕왕 : 정전지급
4) 경덕왕 : 석굴암, 불국사, 성덕대왕신종 제작
5) 혜공왕 : 대공의 난, 96각간의 난(혜공왕 피살)
 가) 왕위쟁탈전 전개 : 150여 년간 20명의 왕 교체
  - 웅천주도독 김헌창의 난, 장보고의 난(청해진)
 ※ 신라 하대로 접어들며 신라 사회 붕괴 시작
6) 선덕왕 : 내물계 즉위로 무령왕계 전통 무너짐
7) 원성왕 : 독서삼품과 설치
8) 경순왕 : 신라의 마지막 왕으로 고려에 항복

(2) 발해의 건국과 발전

(가) 건국

1) 고구려 멸망 후 안동도호부 통제 하의 고구려 유민 당에 저항(요동)
2) 고구려 장군인 대조영이 거란족 반란을 틈타 고구려 유민(지배층)과 말갈

족(피지배 층)을 규합 당군을 격파, 길림성 동모산 에서 건국(698, 대진국, 연호 천통)

※ 발해의 고구려 계승 근거(고구려 영토 회복, 일본 국서에 고구려 국왕으로 자칭)하고 문화 유사성 유지(정혜 공주 묘 천장 구조, 돌사자상, 온돌, 연꽃무늬가 있는 기와와 벽돌 등)

(나) **발전** : 당과 신라에 적대적, 돌궐 및 일본과 친선관계 유지

1) 무왕(8세기 초)

가) 북만주 일대 장악, 요서에서 당과 격돌, 수순으로 산둥 공격 발해관 설치

나) 돌궐·일본과 연계 당·신라 견제 → 동북아시아의 세력 균형 유지

2) 문왕(8세기 후반)

가) 당과 친선유지, 동해를 연해 신라를 잇는 상설 교통로(신라도) 개설

나) 주자감 설치, 국가체제 정비(3성 6부제, 5경 16부 62주) 및 상경 천도

※ 불교 성왕 자처 : 2녀 정혜공주 묘: 고구려양식 굴식돌방구덤/모줄임 구조, 4녀 정효공주 묘 : 당 영향을 받은 벽돌무덤

3) 선왕(9세기 전반) : 당에 유학생 파견, 말갈족 대부분을 복속 해동성국이라 불림

※ 고구려의 옛 영토 대부분 회복(서로는 요동, 북으로는 헤이룽 강, 동은 연해주, 남으로는 영흥까지 진출)

(다) **멸망** : 내부적으로 권력 투쟁의 와중에 중국의 5대 10국기 거란 침입 멸망(926) 고구려 유민은 주로 고려에 망명, 발해 유민들 '정안국' 건국

⑧ 남북국의 통치체제

구 분	통일 신라	발해
중앙정치 조직	• 집사부 중심(국가 기밀담당) - 시중의 지위 상승, 13부 설치 • 사정부(감찰기관), 국학(국립대)설치	• 3성 6부제 : 정당성, 선조성, 중대성 - 6부 : 충, 인, 의. 지, 예, 신 ※ 정당성의 대내상이 국정 총괄(당의 제도 수용, 명칭과 운영은 독자적) • 중정대(감찰기관), 주자감(국립교육)

지방정치 조직	• 9주 5소경 조직(신문왕) - 9주(총관→도독)-군(태수)-현(현령)-촌 ※ 지방관 파견 통치, 촌은 촌주가 통치 (3년에 한 번씩 촌락문서 작성) • 5소경은 가야, 백제, 고구려 땅에 설치 -금성의 지리적 특성고려, 지방감시 목적 • 외사정(지방관 감찰)·상수리(인질) 제도 → 고려의 기인제도	• 5경(전략적 요충지) 15부(지방 행정 중심, 도독) 62주(지방관 파견, 자사) - 현(현승) -촌락(촌장) • 촌에는 주로 말갈인이 거주하며, 토착 수령이 통제(민족간 조화 유지)
군사 제도	• 9서당(중앙군) : 왕궁과 수도 경비임무 고구려, 백제, 말갈인 포함 민족 융합 • 10정(지방군) : 9주에 1개 정배치, 발해와 국경지대인 한주에 2정 배치 지방관 지휘 ※ 군사적 요충지에 군진 설치 - 북진(삼척), 패강진(대동강), 청해진 (완도), 당성진(화성), 혈구진(강화도)	• 10위(중앙군) : 왕궁과 수도 경비 • 지방 요충지에 배치, 지방관이 지휘
특수행정 구역	• 향, 부곡 ※ 고려 때 소 추가, 조선시대 소멸	

⑨ 신라말기의 혼란과 후삼국의 성립

(1) 신라 사회의 해체

(가) 왕권의 몰락과 귀족 세력의 등장 → 귀족과 상대등 권력 강화, 골품제 파괴

1) 소수 진골 귀족에 권력 독점 → 8세기 후반 진골 간 왕위 쟁탈전 전개
2) 혜공왕 때부터 권력 다툼 시작(어린 나이로 살해당함) 이후 150년 동안 20명의 왕이 교체되는 정치적 혼란 발생
3) 귀족들의 농장 확대 및 사병 유지
4) 지방 세력의 반란(김헌창의 난 : 822)과 청해진 장보고의 등장 → 중앙의 지방 통제력 약화

(나) 농민몰락 : 수탈과 재해로 농민들은 초적이나 노비로 전락 → 민란발생

(2) 호족의 성장과 6두품의 등장

(가) 호족의 대두

1) 출신 성분 : 촌주 출신, 중앙에서 밀려난 귀족, 군진 세력, 해상무역 세력 등

2) 사병 보유, 지방행정 및 군사 장악
3) 지방에서 중앙의 혼란기를 틈타 성을 쌓고 성주나 장군으로 칭하면서 반 독립적으로 활동하는 세력 등장
※ 농민 세력을 유지하면서 승려나 6두품 세력과 연계 통치력 확대

(나) 6두품 세력 확장
1) 신라 초기에는 협조적, 골품제에 의하여 정계 진출에 한계를 실감
2) 개혁적 기질의 6두품이 기존 사회 체제에 반발(도당 유학생을 중심)하여 선종 승려와 연계 → 새로운 사회에 대한 건설 방향 제시(최치원의 시무 10조 부전)

(3) 신라말기의 사회상

※ 선종, 풍수지리설, 유학과 결합 → 새로운 사회 건설의 사상적 배경

(4) 후삼국의 성립

(가) 9세기 이후 사회 현상
1) 진성여왕 때 부패 심각(최치원의 정치개혁안) : 귀족의 사치와 향락, 재정 궁핍
2) 흉년과 전염병으로 농민은 유민으로 전락하거나 비적으로 전환

(나) 농민의 봉기
1) 상주 : 원종과 애노의 난 발생
2) 북원(원주) : 양길, 이어 양길의 부하 궁예(송악)
3) 완산주(전주) : 견훤

(다) 선종의 유행 : 선종(9산 성립)은 전통권위를 부정 백성들로부터 호평
※ 풍수지리설, 유교, 선종의 결합(6두품과 지방호족 세력이 주도)

(라) 후백제와 후고구려의 탄생

후백제(900)	• 견훤 : 상주 군인 출신으로 해상세력과 군사세력, 도적 때가 기반 세력 • 완산주(전주)에 건국, 충청/전라도 일대 장악, 신라 압박 • 중국과 외교, 반 신라적 성향, 가혹한 조세 수취, 호족 포섭 실패
후고구려(901)	• 궁예 : 몰락한 신라 왕족으로 중부의 호족과 도적 세력이 기반 세력 • 송악(개성) 건국, 철원 천도(국호 마진→태봉), 미륵신앙 활용 전제정치 – 경기도, 황해도, 강원도, 충청도 일대 통치 • 지나친 조세 수취, 폭정으로 왕건에 의해 축출되고 왕건이 국왕으로 추대 ※ 왕건은 송악의 토착세력

2 경제 활동

① 삼국의 경제생활

(1) 삼국의 경제 정책

(가) 고대 국가의 전쟁과 경제 : 고대 국가 성장 과정에서 정복지역 토산물을 곡물로 수취, 전쟁 포로 → 노비로 지급, 군공(전공)자 → 토지와 농민을 식읍으로 하사

※ 식읍 : 국가에서 왕족이나 공신에게 준 토지와 가호로 수취와 노동력을 징발할 수 있는 권리를 부여한 지역

(나) 수취제도 : 중앙 집권 체제를 정비하면서 조세제도 마련

1) 조세 : 재산의 정도에 따라 호를 나누어 곡물과 포(베)

2) 공물 : 각 지역의 특산물

3) 요역 : 왕궁, 성, 저수지 축조에 15세 이상의 남자 동원

(다) 농민 생활 안정

1) 생산력 향상 : 철제 농기구 보급, 우경 장려, 황무지 개간, 저수지 축조

2) 구휼 정책 : 고구려 진대법

(라) 수공업

1) 초기에는 기술이 뛰어난 노비가 무기, 장신구 등 국가 필요품을 생산

2) 국가체제가 정비되면서 담당 관청에서 수공업자를 배정 필요 물품 생산

(마) 상업 : 수도 등의 도시에만 시장 형성

1) 신라는 5세기 말 경주에 동시 개설

※ 6세기 초 동시전(시장을 관리하는 관청, 지증왕) 설치

(바) 무역 : 4세기 이후 왕실과 귀족의 필요성 대두, 중국의 발달된 문물 수입

1) 고구려 : 남북조 및 유목민인 북방 민족과의 교역

2) 백제 : 남중국 및 왜와 무역

3) 신라 : 한강 유역 확보 이전에는 고구려와 백제를 통해 중국과 교역, 한강 확보 후에는 당항성(지금의 남양만)을 통하여 당과 직접 교역

(2) 귀족의 경제생활

(가) 경제 기반

1) 자신 소유 토지 및 노비, 국가에서 준 녹읍(귀족에게 지급한 토지)

2) 식읍, 노비, 고리대를 통한 재산증식

(나) 노비와 녹읍의 노동력으로 경작 : 수확물 대부분 수탈 → 부유한 생활

(다) 귀족의 생활 : 생산 활동에는 참여하지 않고 통치와 전쟁 업무 담당

(3) 농민의 경제생활

(가) 경제기반

1) 자신의 토지 경작 또는 부자의 토지 임차 경작(수확량 절반이 지대)

2) 퇴비 만드는 기술의 미발달로 연속 경작 불가능(휴경)

(나) 농기구 : 철제 농기구 보급(4~5세기) → 철제 농기구 보편화(6세기)

(다) 농민의 과중한 주세 부담 : 조세 및 공물 부담. 요역 등에 동원, 전쟁 물자 조달 및 잡역부로 동원, 전쟁에 군사로 참여

(라) 농업 생산력의 확대 : 농사 기술의 개발, 경작지의 확대(계곡 옆, 산비탈 등)

(마) 농민의 몰락 : 자연 재해 및 고리대로 몰락 → 노비, 유랑민, 도적으로 전락

② 남북국 시대의 경제

(1) 통일 신라의 경제 정책 : 피정복민과 갈등을 해소하고 사회 안정 도모

(가) 수취 제도 : 조세(토지 기준, 생산량의 1/10 수취. 통일 이전 보다 세율 완화) 공물(호 기준, 촌락 단위로 특산물 수취), 역(인두 기준, 요역과 군역, 16 ~60세 남)

(나) '민정문서' 작성 관리 : 촌주가 3년마다 촌락의 토지 크기, 인구, 소와 말의 수량, 토산물 파악 작성 → 국가의 조세, 공물, 부역 징발의 기준 마련

※ 일본에서 발견된 신라 촌락문서 : 남녀 별 6등급, 가구는 9등급으로 구분유지

(다) 토지 제도의 변화(왕권 강화, 농민 경제 안정 추구)

1) 관료전 지급(687, 신문왕) → 식읍 제한, 녹읍 폐지(689), 정전 지급(722, 백성의 토지를 인정하고 세금징수)

※ 관료전 : 녹읍과 달리 토지에서 거두는 조세권만을 가질 수 있는 토지

(라) 구휼 정책의 강화 : 농민 경제의 안정 효과로 귀족에 대한 국왕의 권한 강화

(2) 통일 신라의 경제 활동

(가) 경제력의 성장 : 경주의 인구 증가, 경주에 동시 이외에 서시와 남시 설치 지방의 주와 소경이나 교통의 요지에도 시장 개설

(나) **수공업** : 관청을 설치하고 장인과 노비를 배치 물품 생산 및 공급
(다) **무역의 발전** : 공무역과 사무역 발전, 울산(이슬람 상인 왕래) 및 당항성
 1) 신라인의 대당 진출 : 산둥 반도와 양쯔강 하류 진출, 신라방(집단 거주지), 신라소(자치 행정기관), 신라관(신라 사신의 유숙소), 신라원(신라인이 세운 절) 설치
 2) 8세기 이후 일본과 활발한 교역활동, 신라는 쓰시마, 규슈에 무역관 설치
(라) **장보고** : 청해진(완도) 설치, 해적 소탕, 서남 해안 해상 무역권 장악

(3) 귀족의 경제생활

(가) **경제 기반** : 통일이후 관료전 지급, 국가에서 지급받은 토지, 상속한 토지·노비·목장·섬 소유, 고리대업 등으로 호화생활
(나) **생활** : 당이나 아라비아 수입한 사치품 사용, 별장 소유

(4) 농민의 경제생활

(가) **생산력 미흡** : 시비법 미발달로 휴경 및 척박한 토지 소유, 과중한 세금 및 지대
(나) **조세 부담의 과중** : 전세(생산량의 1/10), 공물(삼베, 명주실, 과실류)과 부역, 토지 수확량의 1/2지급, 군역 부담 → 농민들은 유랑 및 노비·도적이 됨

(5) 향·부곡민, 노비

(가) **향·부곡민** : 일반 농민보다 더 많은 곡물 부담, 농업·수공업·어업·목축 종사
(나) **노비** : 왕실, 관청, 귀족, 절 등에 속해 잡무 담당 및 농장관리, 토지 경작

(6) 발해의 경제

(가) **수취제도** : 통일 신라와 동일, 조세(조, 콩, 보리), 공물(베, 명주), 부역(노동력)
(나) **경제의 발전** : 9세기에 산업 발달
 1) 농업(밭농사 중심, 철제 농기구 확산), 목축(말 수출), 수렵(모피, 녹용 수출)
 2) 상업 : 수도인 상경 용천부 등 대도시와 교통 요충지 중심으로 발달
 3) 무역 : 당(해로와 육로 이용, 발해관 설치), 일본(당과 신라 견제 목적), 신라도
(다) **발해 귀족 생활** : 대토지 소유, 당에서 서적·비단 등을 수입 호화 생활

3 사회 구조와 생활

① 신분제 사회의 성립

(1) 사회 계층과 신분 제도

(가) 신분 제도의 성립 : 전쟁을 통한 정복과 복속의 과정에서 위계 서열 성립 → 신분제도로 발전

(나) 삼국 이전의 신분 분화 : 부여, 초기 고구려, 삼한의 읍락

대가(가)	• 호민을 통해 읍락 지배, 자신의 관리와 군사력을 지니고 정치에 참가 → 중앙 귀족으로 편입	호민	• 귀족과 하호 사이에서 귀족을 대신 하호를 다스리는 읍락에서 경제적 실력자
하호	• 농업에 종사, 전쟁 참여(전투 미참가)	노비	• 읍락에서 주인에 예속된 최하층 천민

(다) 신분제의 확립 : 중앙 집권체제가 완성되면서 귀족, 평민, 천민의 신분구조 확립

(2) 신분의 구분

(가) 신분제도의 특징 : 신분에 따른 법적 구속력, 특권 유지 위한 율령체제, 귀족중심

※ 국가 통치법으로(반역이나 전쟁, 도둑 등 조항 반영) 통치 질서 확립

(나) 신분의 구분

귀족	• 왕족과 옛 부족장 세력이 중앙 귀족으로 편입 : 정치권력과 사회·경제적 특권 독점
평민	• 대부분 농민으로 신분적으로 자유민이나 정치·사회적 제약, 조세·노동력 제공 의무
천민	• 대부분 노비(관청 및 개인 소속)삼국 시대에는 전쟁노비가 많았으나 통일 후 소멸 되어감

② 사회의 모습

(1) 고구려

(가) 지리적 특징 : 산악으로 식량 부족, 정복활동 전개 → 상무적 사회기풍 조성

(나) 신분 계층

지배 계층	• 왕족인 고씨와 5부족 출신의 귀족으로 정치 주도, 전쟁 담당
백성	• 대부분 자영 농민, 조세·병역 의무, 토목 공사 동원 → 생활 불안정, 노비 전락
천민	• 피정복민, 몰락한 평민, 형벌을 받아 노비가 된 자

(다) 사회 제도

가) 엄격한 형벌 : 반역, 반란자(가족은 노비), 패자나 적에게 항복자 사형
절도시 12배 배상(1책 12법)

나) 진대법(고국천왕, 194) : 빈민 구제책(봄 대여 가을 회수)

다) 혼인풍습 : 지배층(형사취수제와 서옥제), 평민(자유로운 교제를 통한 혼인)

※ 형사취수제 : 형이 사후 동생이 형수와 사는 것으로 신부가 재산이라는 인식

※ 서옥제 : 결혼할 여자의 집에서 일정기간 머무르는 제도

(2) 백제

(가) 특징

1) 지배층이 고구려 계통으로 언어, 풍속, 의복은 고구려와 유사

2) 중국 남조와 교류 선진 문화 수용으로 세련된 모습, 상무적 기풍 유지

3) 고구려와 동일하게 험한 형벌 적용

※ 반역·살인·패전자는 사형, 절도자는 귀양과 더불어 2배 배상

(나) 지배층 : 왕족인 부여씨와 8성(사, 연, 협, 해, 진, 국, 목, 묘)의 귀족

※ 중국의 고전을 즐겨 읽고 바둑, 장기, 투호 등의 오락을 즐김

(3) 신라의 사회 모습

(가) 특징 : 지리적 영향으로 중앙 집권 국가 발전 지연 → 초기 전통 오래 유지

(나) 화백제도 : 초기 씨족 회의의 전통을 유지한 제도

1) 역할 : 귀족들이 국가 중대사를 논의하는 만장일치제 회의

2) 기능 : 귀족들의 단결 강화 및 왕과 귀족간의 권력 조절 → 왕권 견제 기능

등급	관등명	진골	6두품	5두품	4두품	공복
1	이벌찬					자색
2	이 찬					
3	잡 찬					
4	파진찬					
5	대아찬					
6	아 찬					비색
7	일길찬					
8	사 찬					
9	급벌찬					
10	대나마					청색
11	나 마					
12	대 사					황색
13	사 지					
14	길 사					
15	대 오					
16	소 오					
17	조 위					

〈골품 관등표〉

(다) 골품제도 : 6부족 연맹체에서 중앙 집권 국가로 성장 시 족장 세력을 통합하는 과정에서 세력의 크기에 따라 등급을 나누어 신분을 구분한 신분 제도

※ 골품제에서 '골'은 왕족의 등급, '품'은 귀족의 등급을 나타냄

1) 지배계층은 왕족(성골과 진골), 6두품, 5두품, 4두품

가) 성골/진골 : 부모가 모두 왕족으로 진덕여왕이 마지막/진골은 부모 중 한쪽만 왕족

나) 6두품 : 득난이라고도 하며, 5등급 관직 진출 불가(강수, 설총, 원효, 최치원 등)

다) 삼국 통합 과정에서 고구려 귀족은 5두품, 백제 귀족은 6두품으로 등용

(라) 화랑도 : 원시 사회의 청소년 집단에서 발생

1) 구성 : 화랑(진골 자제 중 선발)과 낭도(귀족~평민)

2) 기능 : 인재양성 및 계층 간의 대립과 갈등 조절 및 완화 기능

3) 화랑도 운영 : 원광의 세속5계(사군이충, 사친이효, 교유이신, 살생유택, 임전무퇴)

4) 조직의 확대 : 진흥왕 때 국가적 조직으로 확대 운영

③ 남북국 시대의 사회

(1) 통일 후 신라 사회의 변화

(가) 삼국 통일의 사회적 기반과 의의

1) 삼국은 혈연적 동질성과 문화적 공통성(언어와 풍습 유사) 유지

2) 민족이 하나의 국가로 통합되어 발전하는 계기

(나) 민족 통합 : 신라의 지배층은 일통삼한(一統三韓)의 자부심 견지

1) 통일 전쟁 과정에서 백제・고구려의 옛 지배층에게 신라 관등 부여

2) 통일 직후에는 백제・고구려 유민을 9서당에 편성

※ 9서당 : 통일 신라 중앙군의 핵심으로 고구려, 백제, 말갈인 포함 선발

(다) **전제 왕권 강화** : 통일 전쟁 과정에서 왕권 강화, 영토와 인구의 증가로 경제력 증대, 통일 직후 신문왕의 일부 진골세력 숙청(신문왕이 장인인 김흠돌 숙청) → 상대적으로 진골 약화

(라) **진골 귀족** : 비록 세력은 약화 되었지만 통일 후 최고 신분층으로 중앙 관청의 요직 독점, 합의로 국가 중대사를 결정하는 전통 유지

(마) **6두품** : 학문적 식견과 실무 능력을 바탕으로 국왕 보좌, 정치적 진출 활발, 신분적 제약으로 인하여 중앙 관청의 우두머리나 지방 장관에 진출 불가

(바) **골품제 변화** : 하급 신분층부터 약화(3~1 두품 통일 후 평민계층과 동등 간주)

(2) 발해의 사회 구조

(가) **지배층** : 대부분 고구려계(왕씨인 대씨와 귀족인 고씨), 주요 관직 독점, 당 유학

(빈공과 응시 : 당에서 외국 유학생을 위해 치르는 과거시험), 노비와 예속민 보유

(나) **피지배층** : 대부분 말갈인, 일부는 지배층에 편입, 촌락의 우두머리로 행정보조

(다) **사회모습**

1) 상층 사회 : 당의 제도와 문화 수용(유학생 파견)

2) 하층 사회 : 고구려나 말갈의 생활 모습 유지

(3) 통일 신라 말의 사회 모순

(가) **귀족의 대토지 소유와 정권 다툼 만연** → 전제 정권의 약화

(나) **지방의 토착 세력과 사원** : 대토지 소유 → 유력한 신흥 세력으로 성장

(다) **호족의 성장** : 지방 유력자를 중심으로 무장 조직 결성, 독자 세력 형성

※ 호족 : 토착 세력이 성장한 부류와 중앙에서 지방으로 내려간 진골과 6두품이 호족화. 이들은 스스로 성주나 장군으로 칭하며 지방의 행정권과 군사권, 경제적 지배력 행사 → 6두품, 선종 승려들과 새로운 사회 건설

(라) **농민의 몰락**

1) 조세 부담 증가, 자연 재해 발생

2) 9세기 말(진성여왕) 농민 봉기 발생(원종·애노의 난, 견훤 등) → 중앙 통제력 상실

4 문화와 예술

① 학문과 사상, 종교

(1) 한자의 보급과 교육

(가) 전래와 사용 : 철기 시대부터 전래, 지배층에 의해 적극 수용 → 중국의 유교와 불교, 도교에 관한 이해 → 민족 문화 발달에 기여

(나) 삼국시대 한문 토착화 : 이두, 향찰(한자의 뜻과 소리를 빌려 우리말로 기록)

(다) 교육 기관

고구려	백제	신라	통일신라	발해
• 태학(수도) • 경당(지방)	• 5경 박사 • 의·역학 박사	• 유교 경전 공부 (임신서기석)	• 국학(신문왕 2년, 경덕왕 이후 태학) : 유교경전 교육 → 충효일치 윤리강조 • 독서삼품과(원성왕 4년) : 유교 지식에 따라 관리 임용 → 학문과 유교경전 교육	• 주자감 : 귀족 자제 유학 교육

※ 5경 : 유교의 다섯 가지의 기본 경전으로 시경, 서경, 역경, 예기, 춘추

※ 임신서기석 : 화랑이 유교 경전을 공부하고 충절과 우정을 약속한 금석문

(2) 역사서 편찬과 유학의 보급

(가) 역사서 편찬 의도 : 중앙 집권 체제 정비 시 왕권 강화와 왕실의 권위 확립

(나) 역사서

고구려	백제	신라	통일신라
• 유기(소수림왕) • 신집(영양왕, 이문진)	• 서기 (근초고왕, 고흥)	• 국사 (진흥왕, 거칠부)	• 계림잡전(김대문) • 화랑세기(김대문)

(다) 유학의 보급

1) 고구려·백제·신라 : 왕권 강화 수단으로 유학 장려

2) 통일신라 : 걸출한 유학자 배출

가) 김대문 : 화랑세기(화랑 전기), 계림잡전(신라 야사), 고승전, 한산기 저술 → 신라 문화를 주체적으로 인식

나) 강수(6두품 출신) : 외교 문서 작성(답설인귀서)

다) 최치원 : 당에서 황소의 난이 발생하자 토 황소격문 작성

라) 설총(6두품 출신) : 이두 정리, 한문 보급 공헌

마) 도당 유학생 파견(숙위 학생) : 주로 6두품 출신 당의 교육기관인 국자감에서 공부, 빈공과 합격

3) 발해 : 문자가 존재 했으나 한자 사용, 유학생 당의 빈공과 급제

(3) 불교의 수용

(가) 수용 시기 : 삼국이 중앙집권화와 지방 세력을 통합하던 4세기

고구려	백제	신라
소수림왕(4세기)	침류왕(4세기)	법흥왕(6세기)

(나) 특징 : 왕실(신라의 불교식 왕명)·귀족 불교, 호국 불교(팔관회. 백제의 왕흥사와 미륵사, 신라의 황룡사), 샤머니즘적 성격·현세 구복적 신앙

(다) 영향

1) 새로운 국가 정신 확립, 강화된 왕권을 이념적으로 뒷받침(원광의 세속 5계)

2) 선진 문화 수용 민족 문화 창조, 인간에 대한 철학적 토대 마련

(라) 신라 불교의 특징

1) 왕실 권위 고양 : 왕즉불(王卽佛) 사상(진평왕은 석가모니 아버지의 이름인 백정, 왕비도 부처의 어머니인 마야부인, 딸인 선덕 여왕은 부처의 여자 형제인 덕만이라 칭함)

2) 업설과 미륵불 신앙으로 귀족의 특권 강화 : '현재의 삶은 전생의 업보에 따른다.'는 것으로 왕과 귀족의 현세 권위의 타당성 인정, 진흥왕은 스스로를 불교의 이상적인 제왕인 전륜성왕을 칭하고, 왕을 불국토를 건설할 미륵불로 간주

3) 호국불교 : 황룡사 9층탑(이웃나라가 항복, 태평), 세속5계

〈임신서기석(유교)〉

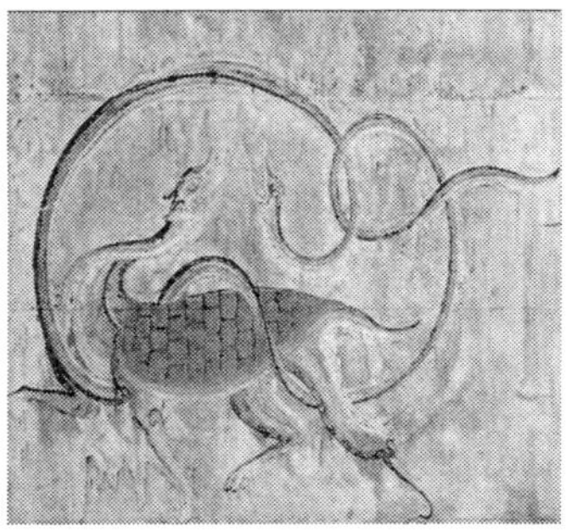

〈강서 대묘 현무도(도교)〉

(4) 도교의 수용

(가) 전래 : 산천 숭배나 신선 사상과 결합하여 귀족 사회를 중심으로 성행

고구려	백제	신라
• 영류왕 때 도덕경 전래 • 보장왕 때 연개소문 도교 장려 • 강서고분 사신도(방위신 표시)	• 산수무늬 벽돌(산수문전) • 금동 대향로	• 신선 사상 유행 • 화랑을 국선, 풍월이라 함

※ 사신도 : 도교의 방위신으로 동쪽은 청룡, 서쪽은 백호, 남쪽은 주작, 북쪽은 현무로 사자의 사후 세계를 지켜준다는 믿음

(나) 영향 : 도교의 전래로 노장 사상 유행, 하늘 숭배 사상으로 민족의식 함양

(5) 불교 사상의 발달

(가) 통일 신라의 불교 사상 : 3국의 불교와 중국 불교 결합, 7세기 후반 정립

1) 원효(617~686) : 불교의 사상적 기준 제시(금강삼매경론, 대승기신론소), 일심사상을 바탕으로 불교 종파융합 노력과 불교의 대중화(정토신앙 : 극락에 가고자 하는 아미타 신앙 전도) 노력

2) 의상(625~702) : 화엄사상을 정립 교단 형성, 부석사 건립→불교문화의 폭 확대, 관음신앙(현세에서 고난을 구제받는 신앙) 전도

3) 원측(613~696) : 당에서 섭론종과 신유학을 배워 유식학을 독자발전, 당에 영향

4) 혜초(704~787) : 당에서 인도와 중앙아시아를 여행하고 '왕오천축국전' 저술

※ 왕오천축국전: 세계4대 기행문, 돈황에서 발견, 파리 국립도서관에 소장

(나) 불교의 대중화(원효와 의상)

원효(아미타 신앙)	의상(관음 신앙)
• '나무아미타불'만 잘 외면 누구나 극락에 간다.'는 뜻으로 아미타불(부처)에 귀의한다는 뜻	• '나무관세음보살' 보살에 귀의 한다는 뜻
• 교화를 위해 계율도 과감히 파기, 설총의 아버지	• 현실 세계에서 중생의 구제

(6) 선종과 풍수지리설

(가) 선종

1) 전래와 번성 : 통일 전후 전래, 지방 세력이 일어나는 신라 말에 크게 번성

2) 특징 : 실천수행을 통한 깨달음을 강조(불립문자, 견성오도, 즉시성불), 기존 교종 체제를 뒤엎는 개혁적 성향으로 호족의 이념적 지주가 됨
3) 확산 : 지방 호족과 결합 지방 근거지를 중심 9산 선문 성립 → 지방 문화 발전
4) 영향 : 중국문화 이해 및 지방 문화 역량 증대 → 고려사회 개창의 사상적 토대

※ 선종과 교종의 차이점

교 종	선 종
• 경전을 통한 깨달음 - 보수적 경향 • 경전연구, 교단 조직 중시 • 왕실과 귀족의 후원 • 대표적 종파 : 화엄종(의상), 법상종	• 실천 수행을 통한 깨달음 추구 - 개인주의적 경향 • 개혁적 경향 • 통일 신라 말 지방 호족, 6두품 지식인과 연결 • 대표적 사원 : 9산 선문

(나) 풍수지리설

1) 전래와 유행 : 신라 말 도선(선종 승려들)이 도입, 유행
2) 활용 : 산세와 수세를 살펴 도읍, 주택, 묘지 등을 선정하는 인문 지리적 학설 → 국토의 효율적 이용과 관련
3) 의의 : 경주 중심의 지리 개념에서 탈피 지방의 중요성을 자각하는 계기
4) 영향 : 중앙 정부의 약화 초래, 지방의 중요성 자각 → 지방 호족의 사상적 기반, 고려 개창

② 과학 기술의 발달

(1) 천문학과 수학

구분	내용
천문학	• 왕권 권위 확립 및 농경과 밀접한 관련을 가지고 발전 • 천체 관측을 중심으로 발전 - 고구려 : 별자리 천문도 제작, 고분 벽화의 별자리 - 신라 : 첨성대(선덕 여왕 때, 세계 최초의 천문대), 삼국사기 천문 관측 기록
수학	• 여러 조형물을 건설한 수준 높은 수학 지식 - 고구려 고분 석실, 백제 정림사지 5층 석탑, 신라의 황룡사 9층 목탑 - 통일 신라의 석굴암의 석굴 구조, 불국사 3층 석탑(석가탑)과 다보탑

(2) 목판 인쇄술과 제지술의 발달

(가) 배경 : 불교문화의 융성 → 불경 인쇄를 위한 목판 인쇄술과 제지술 발달

(나) 발달 내용

무궁정광다라니경	• 8세기경 제작된 두루마리 불경으로 세계에서 가장 오래된 목판 인쇄물 • 불국사 3층 석탑에서 발견
제지술의 발달	• 무궁정광다라니경과 화엄사에서 발견된 두루마리 불경 : 닥나무 종이 사용

(3) 금속 기술의 발달

고구려	• 풍부한 철 생산과 일찍부터 제철 기술 발달, 우수한 철제 무기와 도구 제작
백제	• 우수한 제철 기술과 금속(칠지도) 공예 기술 반영(금동 대향로)
신라	• 금세공 기술 발전(금관 제작)
통일 신라	• 금속 주조 기술(선덕대왕 신종)

※ 철제 농기구의 보급 → 농업 생산력의 확대 → 고대 국가 발전의 경제적 기반

※ 고구려: 4세기경부터 보습사용

백제 : 4~5세기 철제 농기구의 개량으로 논농사 발달

신라 : 5~6세기 우경 보급 확대

〈칠지도(백제왕이 일본 왕에게 선물한 철제 칼)〉

〈백제 금동대향로〉

〈장군총 : 돌무지무덤〉

③ 고대인의 예술 생활

(1) 고분과 고분 벽화

(가) 고구려

1) 초기 : 돌무지무덤 → 초기에 주로 사용(벽화 없음, 장군총)

2) 후기 : 굴식 돌방무덤 → 널방과 봉분(벽화 있음, 만주 집안 무용총, 평안도 쌍영총, 평안도 강서고분, 황해도 안학 3호분)

※ 돌무지 : 돌을 쌓아올린 무덤, 널방 : 굴식 돌방무덤에서 관을 안치한 네모형 방

※ 굴식 돌방무덤 : 돌로 1개 이상의 방을 만들고 이를 통로로 연결, 벽면에 벽화를 그렸다. 도굴이 용이하여 껴묻거리가 별로 남아있지 않다.

3) 고분 벽화 : 무덤 주인의 생활 모습(초기, 무용총 사냥 그림), 상징적 그림(후기, 강서 대묘, 사신도)

4) 고구려 고분의 특징 : 모줄임천장 양식(널방 천장을 차츰 줄여 나가는 구조)

(나) 백제

1) 한성 시대 : 계단식 돌무지무덤(석촌동 고분 → 백제 지배층 고구려 계통)

2) 웅진 시대 : 굴식 돌방무덤, 벽돌무덤(남조 영향, 무령왕릉, 공주 송산리 6호분)

3) 사비 시대 : 굴식 돌방무덤(작은 규모로 세련됨, 부여 능산리 고분군)

(다) 신라

1) 초기 : 돌무지덧널무덤(신라의 독특한 무덤 양식, 벽화 없음, 무덤에 나무 덧널을 만들고 돌을 쌓고(돌무지) 봉분을 만들어 도굴이 어렵다.)

2) 삼국 통일 직전 : 굴식 돌방무덤

3) 삼국 통일 이후 : 불교의 영향 화장 유행, 돌방무덤 주위에 12지 신상 조각

(다) 발해

1) 정혜 공주 묘 : 굴식 돌방무덤, 모줄임천장 구조 → 고구려의 영향 반증

2) 정효 공주 묘 : 벽돌무덤(당의 영향), 묘지(죽은 자의 생애와 가족 관계 등을 기록한 유물)와 벽화 발굴

(2) 건축과 탑

(가) 삼국시대

건축물	• 고구려 안학궁(장수왕) : 남진 정책의 일환 • 백제 미륵사(무왕) : 백제 중흥 • 신라 황룡사(진흥왕) : 신라 팽창
탑	• 고구려 : 목탑 위주 건립(현존 탑 없음) • 백제 : 미륵사지 석탑(목탑 양식), 부여 정림사지 5층 석탑 • 신라 : 황룡사 9층탑(몽고의 침입 시 소실), 분황사탑(석재를 벽돌 모양으로 쌓음)

(나) 통일신라

건축물	석탑	승탑 · 탑비
• 불국사(불국토의 이상, 조화와 균형) • 석굴암(비례와 균형의 조화미) • 안압지(인공호수, 조경술)	• 이중기단과 3층 석탑 유행 – 감은사지 3층 석탑(초기)석가탑, 다보탑 – 실상사 3층 석탑(말기)	• 승탑(팔각원단형)과 탑비 제작 – 화순 쌍봉사 철감선사 승탑

1) 신라 말기 승탑(탑은 부처의 진신사리를 모시기 위함)은 승려의 사리를 봉안하기 위함이며 부도라 한다. 탑비는 승탑에 봉안된 승려의 일대기를 기록한 것

2) 통일 신라 말의 승탑의 유행은 당시 선종의 확산과 더불어 호족의 정치적 성장을 반영한 것임

(다) 발해 : 상경 용천부의 주작대로(당의 장안성 모방), 궁궐의 온돌장치(고구려의 영향)

(3) 불상 조각과 공예

(가) 불상과 조각

삼국	• 고구려 : 연가 7연명 금동 여래 입상 • 백제 : 서산 마애삼존불 • 신라 : 경주 배리 석불 입상, 금동 미륵보살 반가상
통일신라	• 석굴암 본존불(균형미, 사실적) · 보살상, 불국사 석등, 법주사 쌍사자 석등 • 범종(상원사 종, 성덕 대왕 신종)
발해	• 상경, 동경 절터의 불상(고구려 양식 계승), 벽돌과 기와 무늬, 석등

〈미륵사지 석탑〉

〈금동 미륵보살 반가상〉

〈불국사 3층석탑〉

〈굴암 보존불상〉

〈법주사 쌍사자 석탑〉

〈서산 마애삼존불〉

〈분황사탑〉

〈진천사지 3층석탑〉

(나) 글씨, 그림, 음악

구분	내용
글씨	• 광개토왕 비문(웅건한 서체), 김생(독자적 서체)
그림	• 천마도(천마총, 신라의 힘찬 화풍), 황룡사 벽화(솔거)
음악	• 신라 백결(방아타령), 고구려 왕산악(거문고 제작), 가야 우륵(가야금 제작, 12악곡)

(4) 일본으로 문화 전수

<table>
<tr><td>백제</td><td>• 아직기(4세기, 한자), 왕인(천자문과 한자), 노리사치계(불경과 불상)
• 고류사 미륵보살 반가 사유상, 호류사 백제 관음상 제작에 영향
• 5경 박사, 의박사, 역학 박사, 천문 박사 등 활약
※ 고대 문화의 일본 전수에 가장 공헌</td><td rowspan="3">일본에 영향
: 6세기 야마토 조정 성립과 7세기 아스카 문화(불교문화) 형성에 크게 기여</td></tr>
<tr><td>고구려</td><td>• 담징(7세기 초, 종이와 먹 제조술, 호류사 금당 벽화)
• 혜자(쇼토쿠 태자의 스승), 혜관(불교 전파)
• 다카마쓰 고분벽화 → 고구려 수산리 벽화와 유사</td></tr>
<tr><td>신라</td><td>• 조선술, 축제술 전수</td></tr>
<tr><td>통일 신라</td><td>• 원효, 강수, 설총이 발전시킨 불교와 유교 문화
• 심상의 화엄종 → 일본 화엄종 부흥에 기여
※ 일본 : 헤이안 시대(8세기 말) 국풍운동 → 독자적 문화형성 노력</td><td>7세기 후반 하쿠호 문화 성립에 기여</td></tr>
</table>

3. 중 세

▶ 중세시대

- 집권체제가 완비된 문벌 귀족 사회
- 중앙 집권적이며 관료주의적인 시기
- 불교문화와 귀족문화의 번성

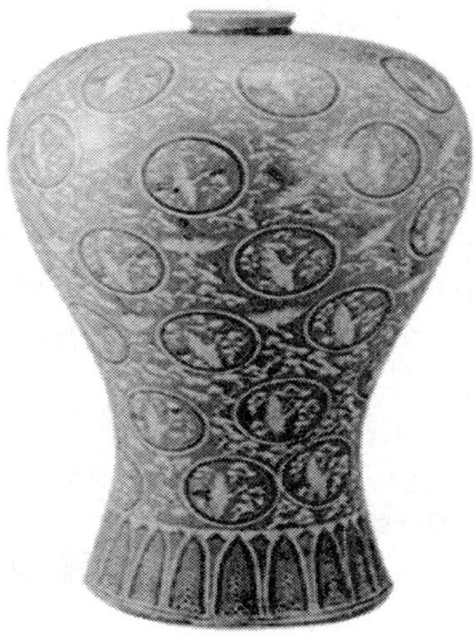

상감 청자(귀족 문화의 정수)

1 통치체제와 정치

① 중세의 세계

(1) 동아시아 : 중국(5대 10국 → 북송 → 금, 남송 →원), 일본(헤이안 시대)

(2) 유럽 : 중세 시대(봉건/장원제도 발달), 이슬람 문화 유럽 전파

② 고려의 건국과 민족의 재통일

(1) 고려(고구려를 계승한다는 의미)의 건국과 후삼국의 통일

(가) 송악 호족 왕건이 예성강 호족과 연합 건국(918) : 고구려 계승의식 표방(고려)

※ 실정과 미륵신앙을 일삼는 궁예를 축출하고 왕건이 왕으로 추대, 수도 송악(개성)

(나) 후삼국 통일(936) : 후백제에 수세적 이었지만 안동 전투 후 주도권 유지

1) 왕건의 정책 : 호족세력 통합, 수취체제 완화, 중국 5대와 외교, 친 신라 정책 → 신라 경순왕 항복(935), 내분에 휩싸인 후백제를 정벌 → 후삼국 통일(936)

※ 북진정책 추진, 발해 멸망 후 고구려계 유민 포용 → 민족 재통일 계기

(다) 통일신라 말기 지방호족 세력이 지배세력으로 등장, 한민족의 실질적 통일

(2) 고려 초기의 발전

태조의 정책(훈요10조, 계백료서, 정계)	• 민족 융합책 : 신라, 백제, 발해 유민 포용, 능력 본위의 개방적 풍토 유지 • 민생 안정책 : 조세 경감(1/10세율), 빈민 구제책(흑창설치), 공신과 호족 횡포 금지 • 호족 통합/견제 책 : 유력 호족과 혼인 정책, 사성 정책, 호족을 관리로 등용 사심관 제도(출신지역 사심 임명, 경순왕은 경주 사심), 기인제도(향리 자제 볼모) • 북진정책 : 서경(평양) 중시, 청천강에서 영흥에 이르는 영토 확장, 대거란 강경책 • 통치규범 : 정계/계백료서(관리가 지켜야할 규범), 훈요 10조(후대 왕의 정책방향) • 문화정책 : 숭불정책, 풍수지리·유교·도교에 개방적, 중국 문물 수입 주체성 유지

혜종, 정종	• 왕권 불안 : 혼인정책의 부작용(왕비 29명, 왕자 25명, 공주 9명)으로 왕자들과 외척간의 왕위 계승 다툼 발생 – 왕규의 난(945)을 왕식렴(서경 세력)이 진압→정종의 왕권 안정 및 서경 천도 추진
광종	• 왕권강화책 : 노비안검법(956, 불법 노비 해방)/과거제도 시행(958, 후주 쌍기 건의) 공복제정 위계질서 확립, 공신・호족 숙청, 황제 칭호, 독자연호(광덕, 준풍) 사용
경종	• 전시과 시작
성종	• 유교 정치체제 도입 : 최승로(신라 6두품)의 시무 28조 수용 → 유교통치체제 정비 • 2성 6부제의 중앙 관제 마련, 과거 제도 정비, 불교행사 축소(연등회, 팔관회 폐지) 노비환천법 시행(노비안검법으로 해방된 노비 중 일부를 다시 노비로 전환) • 지방세력 견제 : 12목 설치 지방관 파견, 향리제도 시행 → 중앙집권강화/호족약화 • 빈민구제시설(의창)/물가조절기관(상평창)마련, 우리나라 최초의 화폐(건원중보)발행
현종	• 지방제도 개편 : 5도 양계・4도호부・8목, 거란의 침입에 대비 나성 축조 • 초조대장경 조판(거란 2차 침입 후), 7대 실록 편찬, 연등회, 팔관회 부활
문종	• 현직관리 중심의 공음전시과(경정전시과) 실시. • 사학진흥(최충의 9재학당 등 12학도)과 불교 장려(흥왕사 건축)

③ 통치체제의 정비

(1) 중앙 정치 조직 : 2성 6부제(성종, 당의 3성 6부를 수용 고려 실정에 맞게 조정)

(가) 중서문하성

※ 최고 관서로 국정 전반 관장(문하시중 국정총괄), 2품 이상 재신(국가 정책심의),3품 이하 낭사(정치 비판)로 구성

(나) 상서성(예하 6부 : 이, 병 ,호, 형, 예, 공) : 실 정책 집행

※ 6부 구성 및 역할 : 이부(문관인사, 지방관 감독), 병부(국방, 무관인사), 호부(호구, 조세), 형부(법률), 예부(외교, 의례), 공부(토목, 도량형)

(다) 중추원 : 추밀 → 종2품 군사기밀 담당, 승선 → 3품 왕명 출납

(라) 삼사 : 국가 재정, 화폐와 곡식의 출납에 대한 회계만 담당(송의 제도와 다른 점)

(마) 어사대 : 정치의 잘잘못과 관리의 비리 감찰

※ 대간은 어사대와 중서문하성의 낭사로 구성되어 간쟁(왕의 잘잘못을 논함), 봉박(왕 명을 되돌림), 서경권(인사와 법률에 동의권)을 행사 정치의 견제와 균형 반영

(바) 도병마사(원 침략이후 도평의사사로 개편)와 식목도감(임시기구)은 고위관료인 재신과 추밀이 국가 중대사를 결정하는 회의기구 → 고려 귀족정치의 독자적 특질

※ 도병마사 : 양계의 장관인 병마사 통제를 위해 설치한 국방관련 임시기구
식목도감 : 법령과 격식에 대한 임시회의 기구

(사) 특수 행정 기관

1) 한림원(예문관) : 교서와 외교문서 작성, – 춘추관(사관) : 실록과 국사 편찬

2) 보문각 : 서적관리. 경연 담당, 학사를 둠, – 사천대 : 천문 관측기관

(아) 특징 : 중앙집권적이나 귀족 정치형태로 왕권과 신권 조화, 중서문화성과 중추원의 재신에 권력 집중, 신라시대보다 관리의 기능 세분화

(2) 지방 행정 조직의 정비 : 5도(일반행정)・양계(군사행정)의 이원적 행정조직

(가) 5도 : 상설행정기관이 없는 행정단위로 안찰사(순찰임무) 파견, → 주・군・현・촌 설치, 현까지 지방관 파견 원칙(지방관이 파견되는 주현보다 속현이 더 많음)

※ 속현은 주현의 수령이 향리를 통해 간접 통제. 향리가 조세와 행정 사무담당

1) 향리 : 토착세력으로 실제 행정 담당(조세나 공물, 노역 징발), 권력 막강

2) 향・소・부곡의 특수 행정 구역 : 양인이지만 세금, 과거 금지 등 차별 대우

※ 향・부곡 : 농사에 종사, 소는 국가의 필요 물품을 생산

(나) 양계 : 북방 국경지대 군사행정구역, 병마사 상주, 중요 지역에 '진' 설치

(다) 경기 : 개경 인근, 3경 : 개경, 서경, 동경(경주) → 개경, 서경, 남경(서울)

(라) 4도호부 8목 : 현종, 12목을 개편한 행정구역, 4도호부는 국방 중심지

(3) 군역제도 : 당 부병제 모방, 병농일치 의무병제, 16~60세 남성이 군역담당

(가) 중앙군 : 2군(왕의 친위부대, 응양군, 용호군) 6위(수도 및 국경방어)

1) 초기 직업군인으로 편성(군인전 지급, 세습), 중기에는 일반농민으로 충원

2) 중앙군의 최고 지휘관은 상장군과 대장군 그 휘하에 장군 편제

3) 중앙군 최고 지휘관은 중방에서 회의, 중방은 무신정변이후 최고 권력기구

(나) 특수군 : 광군사(거란 침입대비), 별무반(윤관 건의 여진 정벌), 삼별초(사병)

(다) 지방군 : 주현군(5도의 군현에 주둔, 치안업무), 주진군(양계 주둔하는 상비군)

(4) 관리 등용제도 : 양인이상 응시가능(신분에 따른 응시과목 한정)

과거제도	• 제술과(문학적 재능), 명경과(유교 경전), 잡과(법률, 회계, 지리 등 기술학), 승과 ※ 제술·명경과는 문과로 귀족과 향리의 자제, 잡과는 백정과 농민 응시, 무과 X
음서제도	• 공신·종친·5품 이상 고위 관료의 자손(손자, 조카까지) → 과거 없이 특별 채용 ※ 과거보다 음서를 더 중요시 하여 귀족사회의 특질 반영

※ 특징 : 과거 합격생과 시험관인 지공거와의 결속
유교적 소양을 갖춘 인재 및 승려 등용(문과중시)
과거보다 음서를 중요시 여기나 진출에 제한을 받아 과거에도 응시

④ 문벌 귀족 사회의 성립과 사회의 동요

(1) 문벌귀족 사회의 성립

(가) 성종이후 중앙집권체제 확립 : 지방호족 출신과 6두품 유학자
(나) 과거와 음서제도를 통해 관직독점, 폐쇄적 결혼으로 권력 장악
(다) 과전과 공음전(세습 가능) 수여, 불법으로 토지 겸병, 경제력 확대
※ 문벌귀족의 경제력 독점으로 귀족사회 내부 모순 확대, 신진관료 등장

(2) 이자겸의 난(1126, 문벌귀족 사회의 모순 심화)

(가) 경원 이씨 : 왕의 외척으로 80년 간 정권을 장악, 왕을 능가하는 권력 유지
(나) 이자겸이 예종의 측근세력(과거를 통한 지방 출신 관리)을 축출하면서 대립 도참사상과 서경천도론 등장
※ 인종의 개혁 과정에서 개경세력과 서경세력 대립 문벌귀족 사회 몰락 촉진

(3) 묘청의 서경 천도 운동(1135) : 서경 봉기 좌절 → 김부식의 관군에 패배

구분	서경 세력(굴욕적 사대외교 반대)	개경 세력
주도 세력	묘청, 정지상 등 지방출신의 개혁적 관리	김부식 등의 보수적 귀족세력
주장 내용	서경천도 주장, 칭제건원, 금 정벌	금의 사대 수용, 서경 천도 반대
사상	풍수지리설 기반, 자주적 고구려 계승의식	사대적 유교 사상(신라계승의식)
결과	고구려 계승의식과 북진정책의 퇴조	분사제도 폐지, 숭문경무 풍조

(4) 무신정권의 성립

(가) 무신 정변(1170)

1) 원인 : 지배층 실정, 무신차별(거란 여진과의 전쟁으로 지위 향상)

2) 전개 : 정중부, 이의방 등이 정권 장악 → 왕위교체(의종 폐위. 명종 옹립)

3) 중방을 중심으로 권력 장악, 2성 6부는 유명무실

(나) 최씨 정권의 성립

1) 경대승의 중방정치 → 호위 사병집단 설치

2) 이의민 집권 : 천민인 이의민이 집권, 도방정치

3) 최충헌 교정도감(무신정권기의 최고의 권력기관) 설치 독재정치, 사병 양성

4) 최우 : 교정도감을 통해 권력행사, 정방(인사권 장악), 마별초(기병) 설치 삼별초 설치. 서방설치(문신들의 숙위 기구) → 신진사대부의 성장 발판

※ 삼별초 : 야별초를 좌우로 나눈 좌·우별초와, 대몽항쟁 탈출 포로로 구성한 신의군으로 조직 → 최씨 정권의 사병적 부대

5) 결과 : 정치적으로는 안정/국가 통치질서는 문란(왕권 약화), 문벌귀족 사회붕괴 → 관료사회로 전환, 전시과 체제 붕괴 및 사전과 농장 확대

6) 최씨 정권의 의의

가) 문무합작의 양반관료적 구조(정방·서방을 통한 문신 우대)

나) 관료사회로 전환 계기, 국가 통치체제 붕괴, 대몽항쟁 전개 자주성 발휘, 신분은 고정되었으나 향·소·부곡 폐지, 전시과 체제 붕괴 농장은 확대

※ 무신정권 집권 : 이의방→정중부→경대승→이의민(이상 중방)→최충헌(교정도감) → 최우→최항→최의→김준→임연→임유무(이상 교정도감 및 정방)

※ 최씨 정권의 주요 기구

기구	내용
중방	• 무신정권 최고 권력기구, 무신 합좌기구로 고려 초부터 설치
교정도감	• 최씨정권 1인 독재의 최고 권력기구(최고 권력자는 교정 별감)
정방	• 최씨정권 인사행정기구(최우의 사가에 설치) 공민왕 때 폐지
서방	• 학문적 소양을 갖춘 문신 등용, 고문 역할
도방, 삼별초	• 최씨 정권의 군사적 기반(도방은 경대승이 처음 조직) • 최우가 치안 유지를 위해 야별초 설치 이후 확대

(5) 사회의 동요

(가) 반무신란 : 김보당의 난(1173, 의종 복위), 조위총의 난(1174), 교종의 반발

(나) 민란 : 사회경제적 모순과 하극상 풍조 만연(후기에는 천민 신분 해방운동)

1) 서북계의 민란(1172) : 최초의 본격적 농민운동
2) 망이·망소이의 난(1176) : 공주 명학소 → 향소부곡 해방 계기
3) 전주 관노의 난(1182) : 군인(주현군)이 주동, 관노 합세
4) 김사미·효심의 난(1193) : 가장 규모가 큰 민란으로 농민군이 연합전선 형성
5) 만적의 난(1198) : 신분해방과 정권탈취 목적의 고려 최초 노비반란(장수와 재상들의 씨가 따로 있는 것이 아니다. 때가 오면 아무나 할 수 있다.)

⑤ 대외 관계

(1) 고려 외교 정책 : 친송 북진정책(거란은 발해·정안국 멸망, 송 둔화 흡수)

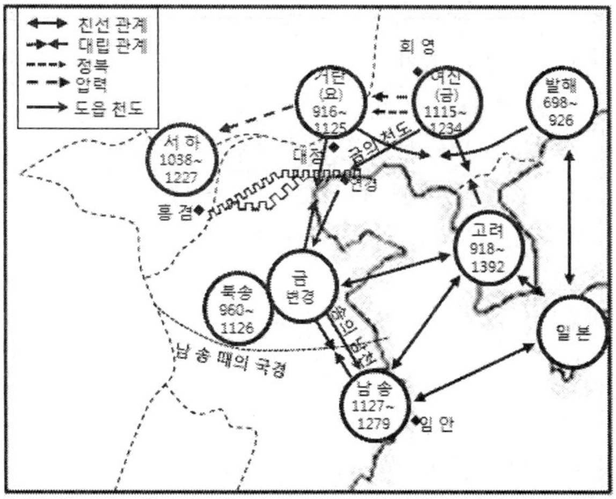

〈10～12세기 동아시아 국제관계〉

〈강동 6주〉

(2) 거란(요)의 침입과 격퇴

원 인	• 고려의 북진친송 외교정책(거란이 송과의 대결에서 배후인 고려 위협제거 목적)
제1차 침입 (993)	• 소손녕의 80만 대군 침입, 고구려 고토 반환 요구(할지론 등장) → 서희의 담판으로 강동 6주 획득(압록강 하류까지 영토 획득), 거란과 교류 약속
제2차 침입 (1010)	• 고려가 송과 계속 통교하자 거란 성종이 40만으로 침입, 강동 6주 반환 요구 양규가 귀주에서 퇴로 차단 격퇴
제3차 침입 (1018)	• 고려가 청조 입조와 강동 6주를 미 반환하자 소배압이 10만 대군으로 침입 강감찬(귀주대첩, 1019)이 대승, 강동 6주 고려 영토 인정, 단송 친요 약속

※ 영향 : 개경주위 나성(현종 20, 1029)과 압록강 입구에서 도련포에 이르는 천리 장성(1033~1044) 축조, 고려・송・거란의 세력균형 유지, 대장경/7대실록 조판

(3) 여진(금) 정벌과 동북 9성 개척(12세기)

여진과의 접촉	• 초기 여진족은 만주족(숙신, 말갈로 불림)으로 고려를 부모의 나라로 섬김 • 11세기 말 여진족의 일 지파가 북간도 차지, 12세기 정주에서 충돌 고려 패배
동북 9성 축조(1107)	• 윤관이 별무반을 이끌고 여진족 정벌 후 축조 ※ 별무반 : 신기군(기병), 신보군(보병), 항마군(승병)으로 구성된 특수부대
고려 외교의 전환	• 여진족이 금을 건국하고(1115) 고려에 형제관계 요구, 거란을 멸망(1125) 후 군신관계 요구 → 이자겸 등이 사대 수용, 북진정책 좌절(이자겸, 묘청 난 발생)

(4) 몽고와의 전쟁

(가) 13세기의 동아시아 정세

1) 몽골족 칭기스칸이 부족을 규합하여 통일국가 형성(1206)
2) 몽고의 금 공격과 북중국 점령, 몽고군에 쫓기는 거란을 김취려가 격파
3) 거란 재 침입 시 강동성에서 몽고와 연합하여 격파(강동의 역)
   → 고려와 몽고 협약(1219) 고려는 몽고에 조공하기로 약속

(나) 몽고와의 전쟁

원인	• 몽고의 세계 정복정책 일환, 몽소 사신 저고여가 귀국도중 압록강에서 피살(1225) → 몽고는 고려의 소행으로 단정 → 6차례 침입(1231~1259)
전쟁 경과	• 1차 침입(고종 18년, 1231) : 살리타이 침입, 귀주성 전투(박서) 분전 강화 체결 ※ 서경주변 다루가치(감찰관) 설치 내정간섭, 최우 강화 천도 대 항몽책 강구 • 2차 침입(고종 19년, 1232) : 승려 김윤후가 처인성(용인)에서 살리타이 사살 • 3차 침입(고종 22년, 1235) : 경주 침입(황룡사 9층 석탑 소실)
고려의 항쟁	• 최씨 정권 : 강화도 천도, 산성과 섬으로 주민 피난 • 관악산 초적(1차 침입), 처인성에서 노비・부곡민 가담 → 신분해방과 상승계기 ※ 3차 침입이후 불력으로 국난 극복 위한 팔만대장경 조판 • 삼별초의 항쟁(1270~1273) : 개경 환도와 굴욕에 반발 반란, 민중의 지지 강화도 → 진도(용장산성) → 제주도(배중손)로 이동 저항, 여・연합군에 정벌
결과	• 국토의 황폐화와 문화제 소실, 민생 파탄 • 무신정권 환도 거부→임유무의 피살(무신정권 붕괴), 개경환도(원종 11년, 1270)

⑥ 고려 후기의 정치 변동

(1) 자주성의 상실(원의 내정 간섭, 간접적 지배)

(가) 영토상실 : 동녕부(자비령 이북), 탐라총관부(제주), 쌍성총관부(철령 이북) 설치

(나) 관제와 왕실 용어의 격하 : 고려의 왕자를 대려다 몽골의 부마로 삼음

관제 격하	• 2성 → 첨의부, 6부 →4사, 공부 폐지
왕실 용어 격하	• 짐 → 고, 폐하 → 전하, 선지 → 왕자, 태자 → 세자, 왕 명칭 : 충○왕

(다) 내정간섭 : 친원파 득세

내정간섭 기구	• 정동행성 : 일본 정벌을 위한 기구이나 이후 계속 운용 내정간섭 • 다루가치(지방행정 간섭, 공물 징수 감독), 만호부 설치(군사조직에 영향력)
간섭과 분열책	• 부원세력 육성(역관층 등) • 심양왕 제도 : 만주 일대의 고려인 통치를 구실로 고려 왕족을 왕으로 임명
수탈 정책	• 각 종 특산물 징발, 응방설치(해동청 : 매 사육), 공녀 차출(조혼풍습 발생)

(라) 여・몽 연합군의 일본정벌: 충열왕 때 정동행성 설치 정벌(1274, 1281) → 태풍으로 실패

(2) 개혁 정치

(가) 충렬왕(1207~1308) 이후 개혁정책 지속시행(반원 및 부원한 권문세족 대상)

배경	• 14세기 원의 쇠퇴와 신진사대부의 성장 • 공민왕의 개혁 추진과정에서 신진사대부들은 공민왕의 개혁정치에 적극 참여
반원 자주정책	• 친원 세력 숙청(원 기황후의 오빠 기철 등), 친명 외교정책, 몽고풍 금지 • 관제 복구, 쌍성총관부(철령 이북) 수복, 요동지방 공략
왕권강화 정책	• 정방 폐지, 전민변정도감 설치(신돈 등용 개혁 단행) 등 권문세족 경제력 약화 • 신진사대부 등용(과거제 강화) → 권문세족의 반발로 실패
결과	• 원의 압력과 권문세족의 반발로 개혁 좌절 • 홍건적과 왜구의 침입으로 정국 혼란 중단 • 신돈의 횡포와 공민왕의 실정으로 개혁

(나) 공민왕의(1344~1374) 반원자주정책과 왕권강화(원·명교체기, 신진사대부 성장)

⑦ 고려의 멸망

(1) 고려사회의 모순 심화

(가) 공민왕의 개혁정치 실패로 권문세족 정치권력 독점

(나) 대토지 소유 확대 → 정치기강의 해이 및 민생 도탄

(2) 권문세족과 신진사대부

권문세족	신진사대부
• 고려 전기의 문벌가문 • 무신정권과 원을 배경으로 성장한 후기 지배층 및 무공을 세운 자 • 정치권력 장악, 대토지 소유, 관료적 성격	• 무신집권기 이후 과거를 통해 중앙에 진출한 지방 향리의 자제, 유교적 소양과 행정 능력 겸비 •신흥 무장 세력과 결탁, 역성혁명의 주체 세력

(3) 홍건적과 왜구의 침입 : 최영, 이성계의 등장 계기

(가) 홍건적

1) 원에 쫓기던 백련교도가 압록강을 넘어 고려에 2차례 침입

2) 최영, 이성계 등이 격퇴

(나) 왜구

1) 고종 때 침입 시작, 공민왕~우왕 때 극심

2) 일과 외교적으로 저지 실패 후 토벌 개시

3) 우왕 때 화통도감 설치 화약무기 제조 일군 격퇴(1389, 진포대첩)

(다) 영향 : 신흥 무장 세력 등장 및 공민왕의 개혁정치 차질

(4) 명의 건국과 철령 이북 땅 요구(우왕 때 사신 피살, 친원 정책 보복)

(가) 우왕과 친원파인 최영이 요동 정벌 단행

(나) 이성계의 위화도 회군(1388, 4불가론)

※ 4불가론 : 작은 나라가 큰 나라 도모불가. 하계 군사동원,
왜구 침입 우려, 장마철

온건 개혁파(이색, 정몽주)	급진 개혁파(정도전, 조준)
• 고려왕조의 유지, 비리의 핵심 제거 • 전면적 토지 개혁 반대, 대토지 사유 정리 찬성	• 역성혁명 찬성 • 토지제도 전면 개혁 찬성

(5) 신진사대부의 분화

※ 정도전 : 조선 초기 문물제도 완성에 공헌, 요동 정벌 추진, 재상 중심의 정치 고려, 민본정치 주장, 불씨잡변(불교 비판)과 조선 경국전(유교적 통치규범 성문화) 저술

※ 권근 : 고려 말의 전제개혁으로 조선 개국의 경제적 기반 확립, 경제육전 폐단 비판

(6) 이성계와 혁명파 사대부(정도전 등)의 정권장악 : 과전법 시행→조선건국(1392)

(가) 급전도감 설치(1389) : 조준의 사전 개혁안을 중심으로 토지 개혁

(나) 과전법 실시(1391) : 새로운 왕조 개창을 위한 경제적 토대를 마련

2 경제 구조와 활동

① 경제 정책

(1) 농업 중심의 산업 발전 : 농민의 생활 안정과 국가 재정 확보의 필요성

(가) 농업 중시 정책 : 개간 장려(일정 기간 면세), 농번기 잡역 동원 금지, 재해 시 세금감면, 고리대 이자 제한(이자가 원금 초과 금지), 의창제(곡식 대여) 실시

(나) 상업 : 개경에 시전과 국영 점포 개설, 금속 화폐 유통

(다) 수공업 : 자급자족적인 농업 경제로 상업과 수공업 발달 부진

1) 관청 수공업 : 관청에 기술자 소속, 왕실과 국가에서 필요로 하는 물품 생산

2) 소(所) 수공업 : 먹, 종이, 금, 은 등 수공업 제품을 생산 공물로 납부

(2) 수취제도와 재정의 운영

(가) 수취제도 : 토지와 호구 조사 : 양안(경작지의 소유자와 크기를 적은 토지대장)과 호적(부부를 중심으로 이루어지는 가족 등재)을 작성. 조세, 공물, 부역 등 부과

(나) 조세 : 토지(논, 밭)를 비옥도에 따라 3등급 구분, 1/10 수취

※ 조창(고려와 조선 시대, 배로 실어 나를 곡식을 쌓아 두는 창고)을 경유하여 조운(배로 화물을 실어 나름)을 통해 개경으로 운송

(다) 공물 : 집집마다 토산물을 거두는 제도

1) 방법 : 중앙 관청에서 필요한 공물의 종류와 액수를 나누어 주현에 부과 → 주현은 속현과 향, 부곡에 할당 → 고을 향리가 집집마다 부과/징수

2) 종류 : 상공(내년 정기적 납부), 별공(필요에 따라 수시로 납부)

(라) 역 : 정남(16～60세)에게 요역과 군역 부과

(마) 잡세 : 어염세(어민), 상세(상인)

(바) 재정 운영 관청 : 호부(호적과 양안 작성), 삼사(재정 수입 관련 업무)

(3) 전시과 제도와 토지 소유

(가) 전시과(경종, 976) : 문무 관리로부터 군인, 한인에 이르기 까지 관직을 18등급으로 나누어 전지(논과 밭)와 시지(땔감을 얻을 수 있는 땅)를 지급

(나) 운영 : 관직 복무와 직역에 대한 대가로 수조권만 지급, 사망·퇴직 후 반납

(다) 전시과 제도의 정비 과정

구분	역분전	시정 전시과	개정 전시과	경정 전시과
시기	태조	경종(978)	목종(998)	문종(1076)
지급 기준	• 후삼국 통일 과정 공신 지급	• 관직과 인품 반영	• 관직만 반영(전 · 현직 관리 18과 구분 지급	• 현직 관리에게만 지급 공음전 병행, 무관 대우상승

(라) 토지의 종류

공음전	• 5품 이상의 관리에게 지급, 자손에게 세습 가능, 음서제와 함께 귀족의 경제적 기반
한인전	• 6품 이하 하급 관료의 자제로 관직에 오르지 못한 자에게 지급(관인 세습 신분 목적)
군인전	• 군역의 대가로 지급, 군역 세습으로 토지 세습
구분전	• 하급 관리, 군인의 유가족에게 지급
기타	• 내장전(왕실의 경비 충당), 공해전(중앙과 지방의 관청에 지급), 사원전(사원에 지급)

(마) 민전 : 백성이 소유한 토지로 매매, 상속 가능, 국가에 일정한 세금 납부

(바) 토지제도(전시과)의 붕괴 : 귀족이 토지 독점 및 세습 → 무신정변 이후 극심

② 경제 정책

(1) 귀족의 경제생활

(가) 경제 기반 : 상속받은 토지와 노비, 과전(생산량의 1/10 수취), 녹봉(관료를 47등급으로 나누어 1년에 두 번, 곡식과 비단 수령), 소작료(생산량의 1/2)

(나) 경제 활동 : 노비나 경작인이 토지 경작, 외거노비(주인집에 거주하지 않은 노비)에게 신공(노비가 주인에게 제공하는 노동력이나 물품) 징수, 고리대로 농장 확대

(2) 농민의 경제생활

(가) 경제 기반 : 민전 경작, 국 · 공유지나 타인의 소유지 경작, 부녀자 가내 수공업(모시, 삼베, 비단) 등으로 생계유지

(나) 경작지 확대 : 개간(방치한 진전이나 황무지 개간) → 일정기간 소작료 · 조세 감면. 주인이 없는 경우 소유권 인정. 저습지와 간척사업(12세기 이후 강화도 간척)

(다) 농업 기술의 발전 : 수리 시설의 발달, 밭농사(2년 3작의 윤작법 보급),

논농사(고려 말 남부 지방에 이앙법 소개), 시비법과 심경(소를 이용 깊이 갈기)의 보급 휴경지 축소, 목화 재배(문익점), 농상집요 소개(이암)

(3) 수공업 활동

(가) 전기 : 관청 수공업, 소 수공업 중심으로 관에서 필요한 물품 생산
후기 : 사원 수공업과 민간 수공업 발달

(나) 관청 수공업 : 기술자를 공장안(기술자를 조사한 장부)에 등록하고 국가가 필요로 하는 물품 생산

(다) 소 상공업 : 금, 은, 철, 구리 등을 생산하여 공물로 납부

(라) 민간 수공업 : 농촌의 가내 수공 중심, 삼베, 모시, 명주 등 생산

(마) 사원 수공업 : 승려와 노비가 베, 모시, 기와 술, 소금 등 생산

(4) 상업 활동과 화폐의 주조

(가) 도시 : 개경의 시전과 경시서(매점 매석 등의 상행위 감독기관) 설치, 서경(평양), 개경, 동경 등에 서적점·약점·주점·다점(관영 다점) 등 설치, 비정기적 시장 설치(일용품 매매)

(나) 지방 산업 : 시장 개설 일용품 교환, 행상활동, 사원의 상행위

(다) 상업 발전 : 소금의 전매제 시행, 상인이나 수공업자가 부를 축척 관리가 됨

(라) 상업의 발달과 화폐 주조

1) 건원중보(성종, 우리나라 최초의 화폐), 삼한통보, 해동통보, 해동중보, 활구(은병) 제조 → 주로 삼베나 곡식을 화폐로 대용, 활용은 부진

2) 장생고 : 국가나 사원 혹은 개인이 운영하는 사설 금융기관

(5) 무역 활동 : 벽란도가 국제 무역항으로 번성

송	• 무역에서 가장 큰 비중 차지 : 왕실과 귀족 수요품 수입, 종이, 인삼, 토산품 수출
거란·여진	• 수입(은), 수출(농기구, 식량)
일본	• 수입(수은, 황), 수출(식량, 서적, 인삼)
아라비아	• 수입(수은, 향료, 산호 등) 고려(Corea)를 서방 세계에 알리는 역할

3 사회 구조와 생활

① 고려의 신분 제도

(1) 귀족

(가) 특권 : 왕족이나 5품 이상 고위 관료, 음서나 공음전(세습 가능) 혜택

※ 신라 말 호족들은 왕건의 통일 전쟁에 참여 하거나 과거시험을 통해 중앙 진출 일부 문벌귀족 편입, 일부는 호장(향리직 총수) 층 편입 향리가 됨

(나) 문벌 귀족 : 고려 전기의 지배층

1) 정치적 진출 : 과거나 음서제도(5품 이상 관료 장남은 과거 없이 관직 진출) 대대로 고위 관직 유지, 가문 간 중첩된 혼인으로 기득권 유지

2) 경제적 기반 : 관직을 바탕으로 토지 소유 확대(과전 지급과 겸병), 공음전 혜택(5품 이상 관료에 지급하며 세습 가능)

3) 신분 상승 / 하락 가능(고대보다 개방적 사회) : 지방 향리의 자제도 과거를 통해 귀족으로 편입 / 중앙 귀족이 낙향하여 향리로 전락

(다) 무신 : 무신정변을 계기로 권력 장악

(라) 권문세족 : 무신 정권이 붕괴된 후 등장 고려 후기의 지배층 형성

(마) 신진 사대부 : 고려 후기 향리 출신 중 경제력을 토대로 과거를 통해 진출 → 권문세족과 대립, 조선 개국의 주역으로 활동

(2) 중류층

(가) 역할 : 말단 행정조직으로 중간 역할을 담당 → 직역 세습, 토지 받음

잡류	• 중앙 관청의 말단 서리	군반	• 직업 군인인 하급 장교
남반	• 궁중 실무 담당	역(驛)리	• 지방의 역리
향리	• 지방 행정의 실무 담당		

(나) 호족 출신 향리 : 호장·부호장으로 지방의 실질적 지배층(상호 통혼, 과거 응시)

※ 이들은 지방 관청의 단순 행정 업무를 수행하는 향리들과 구별

(3) 양민(피지배층)

(가) 거주/직업 : 주·부·군·현에 거주, 농업이나 상공업 종사, 농민층이 주류(백정)→ 토지 소유, 조세·부역·공납의 의무, 과거 응시 자격 부여

※ 대다수의 농민층을 백정, 도살업에 종사자는 화척이라 칭함

(나) 향 · 부곡 · 소의 특수 행정구역 주민

1) 양민 보다 하층의 신분, 세금 부담 가중, 이전의 자유 없음
반란 시 집단적으로 처벌 → 부곡 등으로 강등, 고려 후기에 일반 군현으로 승격

2) 향 · 부곡의 주민 : 농업에 종사, 소의 주민 : 수공업, 광업에 종사

3) 역의 주민 : 육로 교통에 종사, 진의 주민 : 수로 교통에 종사

(4) 천민(대다수는 노비)

(가) 노비 신분 : 재산으로 간주 국가에서 관리. 주인에 예속되어 재산으로 간주, 매매 · 증여 · 상속의 대상이 됨, 부모 중 한쪽이 노비면 자식도 노비

(나) 노비의 구분

공노비	입역 노비	• 궁중과 관청에서 잡역에 종사하면서 급료 제공
	외거 노비	• 지방에 거주하면서 농사를 지어 규정된 액수를 관청에 납부
사노비	솔거 노비	• 귀족의 집이나 사원에 거주하면서 잡일 담당(외거노비 보다 지위 열악)
	외거 노비	• 주인과 별도 거주, 농업 종사, 일정량의 신공 납부→경제력/지위 상승 가능

② 백성들의 생활 모습

(1) 농민의 공동 조직

(가) 향도 : 미륵 신앙을 바탕으로 매향 활동을 하는 지역단위의 불교 신앙 단체
※ 매향 : 미륵을 만나고자 향나무를 바닷가에 묻는 활동

(나) 향도의 변화 : 초기 신앙조직에서 후기에는 마을의 농민 공동체로 발전

(2) 사회 시책과 제도 : 농민 생활 안정 대책

(가) 사회 시책 : 농본 및 권농 정책 → 농번기 잡역 면제, 자연 재해 시
조세 · 부역 감면, 고리대 이자율 제한 및 황무지 개간

(나) 사회 제도

의창	• 흉년 시 빈민 구제	상평창	• 물가의 안정
동 · 서 대비원	• 가난한 환자의 진료 및 규휼	혜민국	• 가난한 백성에 의료 혜택
구제도감	• 재해 시 백성 구제	제위보	• 기금 조성 그 이자로 빈민 구제

(3) 법률과 풍속

(가) 법률

1) 중국의 당률을 참고한 법(71조목)과 관습법(대부분 관습법 따름) 적용

2) 지방관이 사법권 행사

(나) 형벌 종류

1) 태(볼기), 장(곤장), 도(징역형), 유(유배), 사(사형)

2) 반역죄와 불효죄는 중죄로 처벌, 사형은 3심제

(다) 풍속 : 장례와 제사 → 토착 신앙과 결부된 불교, 도교 풍습 준용

※ 정부는 유교적 규범 장려

(라) 불교 행사 : 팔관회(토속 신앙과 결합된 국가행사)와 연등회(불교 행사로 명절)

(4) 혼인과 여성의 지위

(가) 혼인 : 일부일처제가 일반적, 왕실에서는 근친혼 성행

(나) 여성의 지위

1) 가정생활에서는 남녀의 차별 없음(상속 균등, 호적 기재, 제사도 자녀들이 돌아가면서 지냄)

2) 사위/외손자에게도 음서 혜택, 여성의 재가도 비교적 자유로움

※ 재가한 여인의 자녀들도 사회적 차별 없음

③ 고려 후기의 사회 변화

(1) 무신 집권기 하층민의 봉기

(가) 배경 : 무신 정변으로 신분 제도 동요, 무신들의 농장 확대와 가혹한 수탈

(나) 서경 유수 조위총의 반란(명종, 1172) : 서경에서 봉기, 많은 농민 가담

※ 서경유수 조위총이 무신 정권에서 소외되어 난 발생 → 농민운동으로 전환

(다) 하층민의 반란

1) 망이·망소이의 난 : 공주 명학소, 신분 해방운동 복합

2) 전주 군인과 관노의 난(1182)

3) 김사미(운문)·효심(초전)의 난 : 신라 부흥운동

4) 만적의 난(최충헌 때 노비로 누구나 공경대부가 될 수 있다고 주장)

(2) 몽고의 침입과 사회의 변화

(가) 몽고와의 항전 : 몽고와 장기 항전 → 백성들의 막대한 피해 수반

※ 일본 원정에 고려 강제 동원, 원의 수탈로 인하여 백성 고통

(나) 원 간섭기의 사회 변화

1) 신흥 귀족층의 등장 : 친원 세력이 권문세족으로 등장, 하층도 신분 상승

2) 몽고풍의 유행 : 변발, 몽고식 복장

※ 고려양 : 고려의 의복 등 풍습이 몽고에 전파 유행

3) 기타 : 원이 결혼도감을 통하여 공녀 공출로 사회 문제 발생 → 조혼 유행

(다) 신흥 무장 세력의 등장

1) 원의 간섭 하에서 국방력 약화 → 해안 지방에서 내륙으로 왜구 출몰 확산

2) 왜구를 격퇴하는 과정에서 신흥 무인세력(이성계 등) 등장

4 문화와 예술

① 유학의 발달과 역사서의 편찬

(1) 유학의 발달

(가) 고려 사상의 특징 : 유교 문화(치국의 도)와 불교문화(수양의 도) 공존

(나) 고려 유학의 시기별 특징

구분	내용
초기 (주체적)	• 태조부터 국정에 유교에 의한 국가 경영 건의(최언위 등) • 과거제도 시행(광종) : 유학에 조혜가 깊은 관료 선발 • 유교 정치사상 정립과 유학 교육 기관의 정비(성종) – 최승로 시무 28조 건의 → 유교사상으로 사회 개혁과 신문화 창조 추구
중기 (귀족적)	• 귀족 사회의 발달로 유교 사상의 보수화 경향 • 시·문을 중시하는 귀족 성향의 유학으로 경전에 대한 심오한 이해 증진 – 최충(해동공자 칭호) : 훈고학(한대에서 당대까지 활성화된 유학으로 경전의 자구 해석에 치중)적 유학에 철학적 경향 가미 – 김부식(삼국사기) : 보수적, 현실적 성격의 유학
무신정변 후	• 유학의 침체기
후기 (성리학 도입)	• 성리학은 인간의 심성과 우주의 원리를 심오하게 탐구하는 신유학(남송 주희) • 전래 : 남송의 주희가 집대성 → 충렬왕 때 안향이 소개 → 이제현이 만권당에서 원 학자와 교류 → 이색 → 정몽주, 권근, 정도전 • 활용 : 신진 사대부 세력이 사회 개혁 이념 • 특징 : 일상생활과 관계되는 실천적 기능을 강조 → 소학과 주자가례 중시, 권문세족과 불교의 폐단 비판 • 결과 : 불교의 쇠퇴와 성리학은 이후 새로운 사회 지도 이념으로 제시 ※ 소학 : 유자징이 유교 윤리의 핵심을 어린이에게 학습시키고자 엮은 수양서 ※ 주자가례 : 주자가 관·혼·상·제의 예법을 정리한 책

(2) 교육 기관

시기	구분	내용
초기	관학	• 중앙 : 국자감(국학) : 유학부와 기술 학부를 둠, 관리들은 할당된 시와 부 작성 • 지방 : 향교(지방 관리와 서민의 자제 교육)
중기	사학 발전	• 최충의 문헌공도를 포함한 사학 12도 융성 → 국자감의 관학교육 위축 초래 ※ 과거시험에 관련했던 퇴직 인사들이 12도의 사학을 열었는데 그 중 최충의 9재가 제일 명성 → 사학이 번창하면서 관학 퇴조
중기	관학 진흥책	• 예종 국자감 재정비 전문 강좌(7재) 설치, 장학기관으로 양현고 설치 • 충렬왕 때 국자감을 성균관으로 개칭하고 문묘 건립 • 공민왕 때 유교 교육 강화

(3) 역사서의 편찬

초기	• 왕조실록 (거란의 침입으로 소실), 7대 실록 편찬(현종, 부전) → 고구려 계승의식
중기	• 삼국사기(인종, 김부식) : 현존 최고의 사서, 유교적 합리주의 사관, 기전체 → 신라 계승 의식
후기	※ 무신정권기의 사회적 혼란과 몽고 침략에 따른 위기 극복의 시대 → 민족의식(고구려) • 해동고승전(각훈, 고종, 1215), 이규보의 동명왕편(명종, 1192) • 삼국유사(일연, 충렬왕, 1281) : 민간설화, 전래 수록(단군건국 수록, 기사본말체) • 제왕운기(이승휴, 충렬왕, 1287) : 단군에서 역사 시작, 발해를 우리 역사로 인식
말기	• 사략(이제현, 공민왕, 1357) : 왕권 중심의 국가 질서 회복 의식 → 성리학적 사관 • 신진사대부의 성장과 유교사관 대두 → 정통의식과 대의명분 강조

② 불교 사상과 신앙

(1) 고려의 불교 정책

(가) 태조 : 훈요 10조에서 불교 숭상과 연등회·팔관회 개최 강조

※ 팔관회 : 음력 11월에 명산대천과 토지 신에 지내는 국가적 제천 행사

※ 연등회 : 음력 1월, 불을 밝혀 국가와 왕실의 안정을 기원하는 국가 제전

(나) 광종

1) 승과제도 마련 : 승려를 대상으로 과거, 합격자는 승계를 주고 지위 보장

2) 국사·왕사 제도 : 국왕과 국정에 자문 역할→불교가 국교의 권위 획득

(다) 민간 수용 : 유교와 불교를 동시 수용, 현세 구복적 신앙으로 받아들임

(2) 불교 통합운동과 천태종

(가) 고려 초기(균여의 화엄종이 성행), 전기(왕실과 귀족 지원 화엄종과 법상종 융성)

(나) 11세기 이후 종파 분열 대립 : 불교가 국교인 상황에서 왕실 권위 회손 초래

(다) 의천의 교단 통합운동 : 교종(화엄종 중심 통합)과 선종 통합 천태종 창시

1) 사상 : 교관겸수(이론의 연마와 실천 강조)와 직관(사물을 지혜로 관조) 강조

2) 결과 : 새로운 교단 분위기는 형성, 불교 폐단의 대책 부족으로 실패
→ 의천 사후 교단 재분열, 귀족 불교 지속(지눌의 불교 개혁 운동 계기)

(3) 결사 운동과 조계종

(가) 내용 : 무신 집권 이후 불교계에서 일어난 불교 본연의 자세를 확립하자는 운동

(나) 주요 인물

지눌	• 수선사 결사(여러 사람이 맺은 사회적 결합체) 제창 : 승려 본연의 자세로 돌아가 독경 및 선 수행, 노동에 힘쓰자는 개혁 운동 전개 → 조계종 융성 • 선교 일치 사상 완성 : 정혜쌍수(선과 교학을 동시 수행하되 선종을 중심으로 교종을 포용하자는 이론)와 돈오점수(내가 부처라는 깨달음을 일시에 깨우치고 꾸준히 실천) 주장
혜심	• 유·불 일치설 주장, 심성의 도야 강조 → 성리학 수용의 사상적 토대 마련
요세	• 백련 결사 제창(자신의 행동을 참회하는 법화 신앙에 중점), 지방민의 호응을 얻음 • 수선사와 대립하며 고려 후기 불교 주도
원 간섭기	• 불교의 타락 : 대토지 소유, 상업 관여 • 보우의 개혁 실패 → 신진 사대부의 불교 비판 원인 제공(정도전의 불씨잡변)

(4) 대장경 간행(경전·계율·해석으로 이루어진 불교 경전의 집대성)

초조 대장경	• 거란의 침입을 격퇴하기 위해 간행 → 대구 부인사 보관 중 몽고 침입 시 소실
속장경(교장)	• 의천이 교장도감을 설치 고려·송·요의 주석서를 모아 편찬, 일부 현존(송광사)
재조 대장경	• 고종 때 대장도감을 설치 몽고의 침입을 막기 위해 제작, 현조(합천 해인사)

(5) 도교와 풍수지리설

(가) 도교의 발달

1) 불로장생과 현세구복 추구, 여러 신을 모시고 나라의 안녕과 왕실번영 기원

2) 초제(제천행사) 성행, 도교사원(복원궁) 건립, 팔관회(도교, 민간신앙, 불교 포함)

3) 일관된 교단 미성립, 불교적 요소와 도참사상(미래의 길흉화복 예언) 수용

(나) 풍수지리설 : 도참사상과 결합 유행(개경·서경 길지설, 한양 명당설 대두)

※ 서경(평양) 길지설 → 서경 천도와 북진 정책의 이론적 기반 제공

③ 과학 기술의 발달

(1) 과학 기술 발전의 배경

(가) 고대 과학 기술의 계승과 중국·이슬람의 과학 기술 수용

(나) 과거제도에 잡과 반영 기술관 임용, 국자감에서 잡학(율학, 서학, 산학) 교육

(2) 천문학과 의학의 발전 : 고대 전통의 과학기술과 중국 및 이슬람 기술 전래

천문학	• 사천대(서운관) 설치, 천문 관측과 역법 계산 중심 발전 • 천문 관측 : 첨성대에서 관측 • 역법 : 고려 초기 당의 선명력 사용, 후기 원의 수시력 사용(일년 365일 계산)
의학	• 태의감 설치, 의료와 약학 담당, 의과 시행 • 고려 중기 이후 독자적인 향약방 처방, 우리나라 최고 의서인 향약구급방 편찬

(3) 인쇄술의 발달

목판 인쇄술	• 고려 대장경의 판목 → 세계 최고 수준의 목판 인쇄술 입증, 한 가지 책 다량 인쇄에 적합 • 서적포 설치·운영
금속 활자 인쇄술	• 소량의 다종 서적의 인쇄 필요성으로 발전, 목판 인쇄술에 청동 주조 기술 – 상정고금예문(1234, 부전) : 강화도 피난 시 인쇄, 서양보다 200년 빠름 – 직시심체요절(1377, 파리 국립도서관 보관) : 충주 흥덕사에서 간행, 현존하는 세계 최고의 금속활자본
제지술	• 닥나무 재배, 종이 제작 전담 부서 설치, 중국에 수출

(4) 화약 무기 제조와 조선 기술

(가) 화약 무기 제조 : 왜구 격퇴 목적, 최무선이 원에서 도입, 화통도감에서 화포제작 → 화포이용 진포(금강 하구)에서 왜구 격퇴(우왕, 1380)

(나) 조선 기술 : 해양 무역의 발달로 대형 범선 / 전함 제작, 조운선 등장

④ 귀족 문화의 발달

(1) 건축과 조각

(가) 궁궐과 사원 중심 발전 : 개성 만월대 궁궐 터, 화현사, 흥왕사 등
(나) 건축 양식

전기	• 주심포 양식(공포를 건물의 기둥 위에만 설치하는 방식) : 안동 봉정사 극락전 (현존 최고의 건축물), 영주 부석사 무량수전, 예산 수덕사 대웅전
후기	• 다포 양식(공포를 기둥 사이에도 설치하는 방식) : 황해도 사리원 성불사 응진전 → 조선시대 건축 양식에 영향

(2) 석탑과 불상

석탑	• 특징 : 신라 양식과 독자적 조형 감각 가미, 다각 다층탑 유행, 지역적으로 삼국전통 • 전기 : 개성 불일사 5층 석탑(백제 전통), 월정사 팔각 9층 석탑(고구려 전통) • 후기 : 경천사 10층 석탑(원의 석탑 모방) → 조선의 원각사지 10층 석탑에 영향
승탑	• 전기 : 여주 고달사지 승탑(신라 후기 승탑의 팔각 원당형 계승) • 후기 : 법천사 지광국사 현모탑(독창적인 형태로 조형미의 극치)
불상	• 초기 : 광주 춘궁리 철불과 같은 대형 철불 조성, 석불과 금동불, • 전기 : 눈에 띄는 곳에 지역 특색 있는 거대 불상 건립, 논산 관촉사 석조 미륵보살 • 후기 : 부석사 소조 아미타여래 좌상(신라 전통 양식 계승한 고려 대표 불상)

〈관촉사 석조 미륵보살 입상〉

〈광주 춘궁리 철불〉

〈부석사 소조 아미타여래 좌상〉

〈부석사무량수전〉

(3) 청자와 공예 : 귀족들의 생활도구와 불교 의식 도구 중심으로 발전

자기공예	• 신라와 발해의 전통과 기술에 송의 자기 기술 접목 → 독자적 경지 개척 – 순수 청자(11세기, 비취색) – 상감 청자(12세기 중엽, 독창적 상감법) – 원 간섭이후 퇴조, 고려 말 분청사기 발달 ※ 청자 생산지 : 전라도 부안과 강진
금속공예	• 불교 도구를 중심으로 발전, 은입사 기술 발달(청동 청병, 청동 향로) ※ 은입사 : 청동기 표면을 파내고 실 모양의 은을 채워 넣어 무늬를 넣는 기술
나전칠기 공예	• 옻칠한 판에 자기를 부치는 공예 • 경함(불교 경전 보관) 문방구 → 기술 현재 계승

〈청자 상감 운학문 매병〉

〈불화(수월 관음도)〉

〈탄현의 글씨〉

(4) 글씨, 그림과 음악

(가) 글씨
1) 전기 : 구양순 체(탄현),
2) 후기 : 송설체(이암)

(나) 그림 : 그림 주관 관청인 도화원 소속 화원과 문인, 승려의 문인화로 구분
1) 주요 화가 : 이령(예성강도), 공민왕(천산대렵도)
2) 불화
가) 왕실과 귀족의 후원으로 성행(혜허 관음보살도, 아미타불도)
나) 사경화(불교 경전을 쉽게 그림으로 설명) 유행, 부석사 조사당 벽화

(다) 음악
1) 아악(궁중 의식에 사용되는 음악) : 송의 대성악이 궁중 음악으로 발전
2) 향악(속악) : 고유 음악이 당악 영향 발전 → 동동, 한림별곡, 대동강

4. 근 세

1 통치 체제와 정치

2 경제 활동

3 사회 구조와 생활

4 문화와 예술

▶ 근 세

○ 유교 중심의 양반 관료사회
○ 농본제 사회
○ 민족 문화의 융성기

근정전(경복궁의 정전)

1 통치체제와 정치

① 근세의 세계

(1) 동아시아 : 명 · 청의 한문화와 서민문화, 일본(무로막치→전국→에도시대)

(2) 유럽 : 르네상스, 종교개혁, 대항해시대

② 조선의 건국과 발전

(1) 조선의 건국 : 위화도 회군 → 과전법 실시(1391, 신진사대부의 경제적 기반확립 → 역성혁명(급진 개혁파 온건파 제거) → 조선 건국(1392, 도평의사사 합의)

※ 건국 주체 세력 : 신진사대부(정도전, 조준 등)와 신흥무인세력(이성계 등)

(2) 건국(1392) 초기의 조선 : 국왕 중심의 통치체제 완비 과정

(가) 태조(1392~1398)

1) 국호 제정(단군조선 계승), 한양천도(1394), 경복궁 축조 → 건국 면모
2) 유교와 사대교린 정책, 농본주의 추진
3) 도평의사사에서 군권분리 의흥삼군부설치

※ 정도전 : 민본주의적 재상 중심의 왕도정치 주장, 조선경국전, 불씨잡변

(나) 정종(1398~1400) : 도평의사사 폐지, 의정부(행정)와 삼군부(군사)로 권력 분산

(다) 태종(이방원, 1400~1418) : 국왕중심 체제 확립. 정도전 제거

1) 왕권강화 : 국왕중심의 6조 직계제 실시, 사간원의 독립(대신 견제), 사병 혁파

※ 6조 직계제 : 6조가 의정부를 거치지 않고 직접 왕에게 보고하는 제도

2) 호패법 시행(3년 단위, 16세 이상 남자), 양전사업(20년 주기 토지
3) 측량)과 사원 토지 몰수/도첩제(승려 출가 시 허가제) 실시
4) 향 · 소 · 부곡 폐지

(3) 유교정치의 실현과 문물제도의 정비

(가) 세종(1418~1450) : 왕권과 제도의 안정 → 유교적 민본정치 실현

왕도정치 추구	• 의정부 서사제 실시(신권 강화) : 의정부 중심 정책 심의, 재상 권한 강화 • 경연제도 시행, 능력 있고 청렴한 재상(청백리) 등용 ※ 왕권과 신권의 조화(인사와 군사, 형옥 문제는 왕이 직접 처리)
유교 윤리 보급	• 오례에 따른 국가 행사 거행, 상감행실도・효행록 편찬, 주자가례 보급
학문 발전	• 집현전 설치 : 학술 및 정책연구기관, 훈민정음 창제, 서적 편찬
외교 및 국방	• 4군 6진 개척, 대마도 정벌(이종무), 3포 개항

(나) 세조(1455~1468) : 왕권 강화

계유정난으로 왕권 장악/강화	• 김종서, 황보인 등 제거 후 즉위 • 생육신(성삼문, 박팽년, 하위지), 사육신(김시습, 성빙수, 조여, 권철)제거 • 6조 직계제 시행, 종친 등용 • 직전법 실시(현직 관료에게만 과전 지급)
편찬사업	• 경국대전 편찬시작 성종 때 완성
국방 강화책	• 5위제(중앙군), 진관체제(여러 진관에 군사 배치 지역방어) 확립, 북방 개척

(다) 성종(1470~1494) : 유교 통치체제와 문물제도의 완성

학문기관	• 홍문관 설치 : 집현전 계승, 국왕의 자문 및 고문 역할 담당 • 독서당 설치 : 경연의 강화(주요 관리들의 참여 확대)
편찬사업	• 경국대전 완성 : 조선 사회의 통치 이념과 방향 제시 • 동국통감(역사), 동국여지승람(인문지리서), 악학궤범(음악), 국조오례의(의식)

③ 통치 체제의 정비

(1) 관직의 기본구성 : 중앙집권적 양반관료사회 특성 반영(경국대전으로 법제화)

(가) 경관직(중앙)과 외관직(지방)으로 구분

(나) 양반(문반과 무반): 18등급 품계 구분, 당상관(정3품 이상)과 당하관 구분

(2) 중앙 정치 체제(경관직) : 성리학을 바탕으로 하는 유교정치 실현, 경국대전 중심

의정부(중심 기구)와 6조	• 국정 총괄 : 정치(의정부 : 3정승 합의하 국가 정책 결정)와 군사(삼군부) 분리 • 6조(이・호・예・병・형・공조) : 국가 정책집행, 최고 책임자(판서, 참판)
왕권 견제 기관 : 3사 (언론기관)	• 3사(사헌부, 사간원, 홍문관) : 청요직으로 국왕과 의정부, 6조의 독단 견제 ※ 사헌부 : 관리비리 감찰, 사간원 : 왕의 정사 비판, 홍문관 : 학술기관(경연) • 대간(=양간, 사헌부와 사간원의 관원) : 간쟁, 봉박, 서경권 행사 ※ 서경권 : 5품 이하 당하관을 임명할 때 대간의 동의를 얻어야 하는 제도

왕권 강화 기관	• 승정원 : 왕명을 출납하는 비서기관, 도승지 이하 6승지가 6조를 담당 • 의금부 : 왕 직속의 상설 사법기관(반역죄, 왕족 범죄, 양반의 중죄 처리)
기타 기관	• 한성부 : 한양의 행정치안 담당 • 춘추관 : 역사서 편찬보관(매년 시정기. 편찬, 실록 편찬 관리) • 성균관 : 최고 국립 교육기관 • 사법기관(포도청 : 일반 백성 범죄 담당, 의금부, 삼법사 : 형조, 사헌부, 한성부)

(3) 지방 행정 조직(외관직) : 중앙집권 강화

기본개념	• 중앙집권강화 : 모든 군현(330개)을 인구수와 면적을 기준으로 부, 목, 군 ,현으로 구분하여 수령을 파견(관찰사가 통제, 수령은 지방행정, 사법, 군사업무 담당)
행정 조직	• 8도로 구분 관찰사(감사) 파견(관찰사 : 행정·군사·사법권 행사, 수령 감찰) • 도 아래 부·목·군·현→ 면(권농)·리(이정)·통으로 일원화, 향·소·부곡 폐지 –향리의 권한 축소 →지방수령 파견, 수시로 암행어사 파견 감찰, 6방으로 구분 업무 • 상피제(자신의 고향 회피)와 임기제(임기제한 관찰사 1년, 수령 5년 → 후기 3년)
향리/ 지방관리	• 향리 지휘격하 수령보좌 아전, 문과응시 불가, 직역 세습(전기 호방, 후기 이방중심) • 향촌 자치 허용(유향소 : 수령보좌 기능), 중앙집권강화(경재소 :정부와 유향소 연락)
농민통제	• 5가작통법 : 5가를 1통(지방 5통을 1리)으로 주민 통제 및 연대책임에 사용

(4) 군사제도와 군사 조직 : 26~60세의 양인 남자, 개병제, 병농일치제

군역 제도	• 모든 양인은 정군(현역 군인, 정병)과 보인(정군의 비용부담, 봉족)으로 편성 ※ 현직 관료와 학생(향교나 성균관 재학하는 유생)은 군역 면제, 노비 군역 면제
군사 제도	• 중앙군(5위) : 궁궐과 서울 수비, 정군을 중심 갑사(직업군인)나 특수병이 담당 • 지방군 : 각 도마다 병영(육군)과 수영(수군)을 두고 군사 요충지에는 진 설치 (도단위군부대 : 영, 그 아래 부대 : 진), 병영(육군 병마절도사 = 병사가 지휘), 수영(수군 절도사 = 수사가 지휘) • 영진체계(국방상 요지의 군대) → 진관체제(세조이후) : 지역단위 방어체제 • 잡색군 : 일종의 예비군으로 서리·잡학인·노비·교생 등으로 구성

(5) 교육제도와 기관

교육 제도	• 양반 중심의 교육, 관학보다 사학이 주도, 유학 숭상 교육(잡학 천시, 무과교육 시설 없음), 학생은 군역 면제, 사농일치 제도

성균관 (최고 교육기관)	• 생원 · 진사와 15세 이상 양반자제, 대과 응시 자격 부역, 4서5경. 경학, 문학 • 특전 : 등교거부(공관)나 단식투쟁(권당), 기숙사 이탈(공재) 등의 권리 부여
중등 교육기관	• 4부(동, 서, 남, 중학의 4학) 학당 : 중앙에 설치한 중등 교육 기관 • 향교 : 지방에 설치한 중등 교육 기관 : 지방 양반 · 향리의 자재, 양인 입학 • 서당 : 사립 초등 교육 기관
기술교육(잡학)	• 주로 중인이나 서인 자제들의 기술 교육

(6) 과거제도

문과	• 문관 선발, 응시 자격은 양인 이상(일반 백성은 경제적 여건 등으로 응시 어려움) • 소과(생진과 · 사마시) : 생원시(사서오경의 경서 시험)와 진사시(문학 시험)로 구분 각각 초시(700명)와 복시(100명)를 거쳐 선발 → 합격 시는 생원과 진사 신분 ※ 생원과 진사는 하급관리에 임용되거나 성균관 입학하여 수학 • 대과(문과) : 생진사와 성균관 유생들이 식년시(초시–복시–전시)에 응시하여 선발 • 시험 시기 – 식년시(3년마다 시행하는 정기시험)와 부정기 시험인 증광시(나라의 경사) – 알성시(왕이 문묘에서 성현에 제사를 지내고 치르는 시험) 등
무과	• 무관 선발, 삼시제로 최종 28명을 선발, 합격자를 선달이라 함, 천민만 응시 제외
잡과	• 기술관을 선발하는 시험으로 양반의 서자 및 중인의 자제가 응시 • 4과 : 역과, 율과, 의과, 음양과
기타	• 취재(하급관리 특별채용), 천거(기존 관리 대상), 음서(제한적 시행, 고위직 진출불가)

(7) 교통 및 통신체제

교통체제	• 역 : 공문서 전달, 공무 연락자 및 관물 운송, 마패는 역마(30리)이용 자격, 역전지급 • 원(참) : 공무수행 중인 관민이 이용하는 공공여관(1,220개 소)
통신체제	• 봉수제 : 긴급을 요하는 통신제도, 모든 봉수는 서울 남산 집결(낮 : 연기, 밤 : 불) • 파발제 : 임진왜란 이후 역 · 원제가 무너지면서 공문의 급송을 위해 설치 • 조운 제도 : 조세징수 물자의 이동(조창→경창), 함경도와 평안도는 자체 해결(잉류)

④ 사림의 대두와 붕당정치

(1) 훈구와 사림의 성장

구분	훈 구(관학)	사 림(사학)
기 원	• 급진 개혁파 사대부, 정도전에서 기원 • 세조이후 공신으로 실권 장악 • 대지주 출신	• 온건파 사대부 정몽주·길재에서 유래 지방 향촌에서 실력 향상 • 중소지주 출신
학 풍	• 관학중심(성균관, 집현전을 통해 양성) • 타 사상에 개방적(불교, 풍수지리 등)	• 사학중심으로 정통 성리학(경학) 중시 • 타 사상에 폐쇄적
성 격	• 중앙집권과 부국강병 추구, 실용/과학 • 민족적·자주적 의식(단군 조선 강조)	• 향촌자치 및 왕도정치 강조, 도덕/의리 • 화이사상(기자 조선 강조)

※ 사림 : 15세기 중반이후 중소지주적 배경으로 성리학에 투철한 지방 사족 출신

(2) 사림의 성장

(가) 사림의 진출

1) 등장 : 성종이 훈구파 견제 위해 사림 등용 → 영남의 정종직과 그의 문인

※ 전랑(관리 천거)과 3사의 언관직에 기용, 훈구 세력의 비리 비판 및 견제

2) 조광조의 개혁정책 : 현량과(추천에 의한 관리임용)를 통한 사림 대거 등용

3) 사화의 발생 : 훈구와 사림의 정치·경제적 대립, 연산군의 훈구와 언론억압

(나) 사화의 발생(조선 중기 신진사류(新進士類)가 척신으로부터 받은 정치탄압)

무오사화(연산군)	• 사초에 포함시킨 김종직의 '조의제문'(황우의 고사에 세조의 왕위찬탈을 빗대어 비판)을 구실로 유자광등의 훈구파가 김일손 등의 사림파 제거
갑자사화(연산군)	• 연산군 생모의 폐출 사건을 빌미로 사림세력 제거 → 영남 사림 몰락 ※ 연산군의 폭정으로 중종반정 계기
기묘사화(중종)	• 조광조의 급진 개혁에 대한 훈구 세력의 불만으로 사림 세력 대부분 제거 ※ 조광조 급진 개혁 : 현량과, 경연과 언론 활성화, 위훈 삭제, 향약 실시 등
을사사화(명종)	•외척간의 권력다툼 : 명종의 외척인 윤원형과 윤임 일파의 세력 다툼에 사림도 축출(명종의 때 정치문란으로 도적 임꺽정 등장)

(다) 붕당의 출현(초기에는 상호인정과 비판·견제 기능, 이후 일당 전제화의 부작용)

1) 사림의 집권 : 서원과 향약 중심 세력 확장→ 16세기 선조 대 주도권 장악

2) 붕당 형성 : 학문적·정치적 이념과 경향에 따라 결합(서인과 동인의 형성)

서 인	동 인
• 기성 사림 중심, 이이·성혼의 학통 • 척신정치(왕의 외척 정치참여) 개혁에 소극적	• 신진 사림 세력, 이황·조식·서경덕의 학통 • 척신정치의 과감한 개혁 요구

⑤ 초기의 대외관계 : 사대교린 정책 추진

구분	내용
명과의 관계 (사대정책)	• 초기(태조) : 정도전의 여동정벌 준비와 여진과의 관계로 일시적 긴장 상태 • 태종이후 : 사대정책 추진(왕권 안정과 국제적 지위 확보 위한 실리적 외교) 선진문물 흡수 위한 문화 외교(정기·부정기적 사신파견 및 공무역)
여진과의 관계 (교린 정책)	• 세종 : 4군 6진 개척(최윤덕과 김종서) → 현재의 국경선 확정 • 교린정책 : 귀순 장려, 조공 무역 허용(북평관), 무역소 설치(경성, 경원) • 사민정책 : 삼남지방 주민을 북방으로 이주, 토착민을 토관으로 임명
일본과의 관계 (교린 정책)	• 세종 : 쓰시마 섬 토벌(이종무), 왜구 격퇴 • 삼포(부산포, 제포, 염포) 개항(1426), 제한된 무역 허용(계해약조, 1443)
동남아시아	• 류큐(오키나와), 시암(태국), 자와(인도네시아) 등과 교류(조공과 진상 형식) ※ 조선은 류큐에 불경, 유교 경전, 부채 등을 전수, 문화 발전에 크게 기여

※ 사대(작은 나라가 큰 나라에 대하여 예의를 갖추어 대하여야 한다는 뜻)교린(주변국과 교류) 정책은 당시 명나라 중심의 동아시아 국제 질서 속에서 나타난 외교 정책으로 서로의 독립이 보장된 상황 하에서 이루어지는 정치 질서로 예속관계하고는 거리가 있다.

⑥ 임진왜란의 발발과 극복

(1) 왜란 전 국제 정세

(가) 일본 : 전국시대 수습 → 국내 정치 불안 → 조선 침략

※ 봉토부족의 불평을 밖으로 돌리고 대륙 침략 야욕을 위해 전쟁

(나) 조선 : 붕당 정치로 국방력 약화, 일본 정세 파악 실패(붕당간의 인식 차)

(다) 왜란 전 일본의 행태와 대응 : 3포 왜란(1510) → 비변사 설치(중종), 을묘왜변(1555)

(2) 왜란의 발발(선조, 1592)

(가) 육군 패배 : 정발(부산진)/송상현(동래성)/신립(탄금대) 패배 → 몽진

(나) 수군의 승리 : 남해 제해권 장악(이순신 옥포·한산도 해전 승리) → 왜군의 보급로차단

(다) 의병의 활약 : 전국에서 거병, 유생·승려가 조직 농민이 주축
→ 익숙한 지리 이용 유격전술로 왜군 격파 및 관군 편입

곽재우	• 경상도 의령, 전주성 전투	사명당	• 금강산, 평양 탈환 전투, 일본
정인홍	• 경상도 합천, 성주에서 왜군 격퇴	영규·조헌	• 호서에서 활약
김덕령	• 전라도 담양, 남원 활약	서산대사	• 묘향산, 평양·개성·한성전투

(3) 왜란의 극복과 영향

(가) 수군과 의병의 연승, 명군의 참전으로 일본군 평양에서 진출 저지
(나) 조선의 전열 정비 : 평양성 탈환, 행주산성 승리로 강화 조약
(다) 훈련도감 설치(삼수병으로 군제 개편), 속오법 실시(지방군 체제개편 : 양반에서 노비까지 포함), 무기의 성능개선(화포 개량, 조총 제작)
(라) 휴전회담 결렬 후 정유재란(1597) 발생 : 일본의 재침 → 연합군과 이순신 활약(명랑해전)으로 왜군 철수(왜군 철수 시 노량해전에서 이순신 전사)
(마) 전란의 영향
1) 조선 : 국가 재정 파탄(경작지감소), 인구격감, 신분제동요, 문화재 손실
2) 일본 : 정권 교체(도쿠가와 이에야스가 에도막부 설립), 문화 발전
3) 명 : 명의 쇠퇴로 여진족 급성장(후금 건국 → 청)

⑦ 광해군의 중립 외교

(1) 전쟁 후 안정화 정책 : 토지대장 정리, 호적 재작성, 대동법, 동의보감 편찬

(2) 중립외교 정책

(가) 후금 건국(1616) 세력 확장 → 명이 후금을 공격하면서 조선의 지원 요청
(나) 조선은 명과 후금 사이에서 실리적으로 대처
※ 명을 지원하면서 지원군 강홍립은 후금에 항복
→ 서인 정권의 반발로 인조반정

⑧ 호란의 발생

(1) 서인 정권의 친명배금 정책 추진 → 호란의 원인

(가) 정묘호란(1627)

1) 명 모문룡이 실지한 요동을 도모하기 위해 철산 앞바다 가도에 주둔
2) 인종 반정에 따른 서인 간 논공행상에 불만 이괄의 난 발생
→ 후금 자극
3) 후금이 3만의 병력으로 침입하여 화의(정묘약조, 형제의 관계)를 맺고 철수

(나) 병자호란(1636)

1) 청(후금)의 군신관계 및 군량미 요구
2) 주전론(윤집 등)과 주화파(최명길 등)의 대립 → 주전론이 우세 청의 요구 거절
3) 청의 침입으로 인조 남한산성(삼전도)에서 항복 → 군신 관계 수용
4) 국토의 황폐화, 북벌론 등장

⑨ 효종의 북벌 운동

(1) 북벌론(명분론) : 오랑캐에 당한 수모를 씻고, 청에 복수 명에 의리 유지

(가) 북벌 운동 추진

1) 시기 : 효종부터 숙종 때까지 진행(숙종 때 남인 중심 북벌 운동 제동)
2) 효종의 북벌계획
가) 어영청 주관 신무기 개발(하멜, 훈련도감에서 무기 제조)
나) 서인 송시열, 김장생 등 친청 세력 축출
허적, 윤선도 등 남인 등용 → 왕권 강화

(나) 북벌 운동의 실패와 북학운동의 대두 : 효종 사후 북벌계획 무산, 군사력은 서인의 군사적 기반으로 이용, 사림에서는 북학운동 대두/북학론 쇠퇴

※ 북학론(실리론) : 청의 앞선 문물을 적극 수용하자는 주장

(2) 나선정벌 : 북벌운동기 러시아가 남하하여 청과 조선 자극 청의 요청으로 조선의 조총부대가 2회 출병(효종 5년/9년, 1654/1658) 쑹화강과 헤이룽강 일대에서 격파

2 경제 활동

① 경제 정책

(1) 농본주의 경제 정책 : 유교적 경제관의 실현

(가) 재정 확충과 민생 안정을 통한 왕도정치의 실현

(나) 중농 정책 : 토지 개간 장려, 양전 산업 실시

1) 농경지 확대 : 경지면적이 고려 말 50만 결에서 15세기 중엽에 3배 이상으로 증가

2) 농업 생산력 확대와 농민생활 안정 : 농업 기술과 농기구의 개발, 조세부담 축소

(다) 상공업의 통제

1) 농업 인구의 확보, 사치와 낭비 방지 검약 생활 강조

2) 사・농・공・상의 직업적 차별 존재, 상공업자 차별

3) 자급자족적 농업중심 경제
→ 화폐 유통(약간의 저화와 동전), 상공업 / 무역 부진

(2) 과전법의 시행과 변천

(가) 시행 목적 : 신진 사대부의 경제 기반 확보와 국가의 재정 기반 확충

(나) 운용(고려 말 공양왕 시행)

1) 농장을 혁파여 농민의 경작권을 보장

2) 병작반수제(지주 전호제 또는 타조법이라 한다. 수확량의 1/2 세금) 금지

3) 과전(경기 지역의 토지)으로 18등급의 전・현직 관리에게 수조권만 지급하고 사망 시 반환 원칙

4) 일부는 수신전(관리 사망 후 재혼하지 않은 부인에 지급), 휼양전(관리와 처가 죽고 자식이 어릴 경우), 공신전으로 세습
→ 신진 관료에게 줄 토지 부족 초래

(다) 결과 : 토지 몰수로 권문세족의 몰락과 새 왕조 건설의 경제적 토대 마련

(라) 과전법의 변천 과정

구분	과전법(고려, 1391)	직전법(세조)	관수 관급제(성종)
목적	• 신진사대부 경제 기반 강화	• 토지 부족 해결	• 관리들의 과도한 조세 수취 방지
지급 대상	• 전·현직 관리	• 현직 관리	• 현직 관리
결과	• 공신전, 휼양전 수신전 등 세습으로 토지 부족	• 토지 지급액 감소 • 수신전, 공해전 등 폐지 • 관리들의 과도한 수취 행위	• 국가가 수조권 대행 관리 국가의 토지 지배권 강화

(마) 직전법 폐지(명종, 16세기 중엽) → 녹봉제 시행(관리에게만 녹봉 지급)

※ 수조권 지급제도 소멸, 지주 전호제(토지 소유주인 지주와 이를 임대받아 경작하는 전호(田戶)가 있는 토지 소유 형태)가 확대되는 계기가 됨

(바) 토지 종류 : 과전(관리 지급), 공해전(중앙 관청), 늠전(지방 관아), 학전, 사원전

(2) 수취 체제의 확립

(가) 조세 : 토지에 부과하는 세금(토지 소유자 부담이 원칙이나 지주가 소작농에 대납을 강요)

1) 세액 : 수확량의 1/10(흉풍에 따라 수취), 세종 때 전분 6등법(토지의 비옥도에 따라 수취)과 연분 9등법(그 해의 농사 정도) 시행

2) 조운 : 군현 → 조창(강가나 바닷가) → 경창(한양의 용산이나 서강) 이송

3) 잉류 지역 : 평안도와 함경도는 군사비와 사신 접대비, 제주도는 자체 사용

(나) 공납 : 가호마다 토산물을 부과하는 세금, 전세보다 세금 부담 큼

※ 공납의 종류 : 상공(매년 정기적으로 호조에 납부), 별공(부정기적) 진상(각 도의 관찰사·수사·병사가 지방 특산물을 왕과 왕비 전에 상납)

(다) 역 : 군역과 요역(노동력 징발)으로 구분, 군역은 16세 이상의 정남에게 부과, 정군이나 보인(정군의 비용 부담)으로 근무, 양반, 서리, 향리 성균관 유생은 면제

② 양반과 평민의 경제 활동

(1) 양반 지주의 생활

(가) 경제기반 : 과전, 녹봉, 자신 소유 토지와 노비, 외거 노비 신공
→ 풍요한 생활

(나) 토지 경영

1) 노비를 통한 직접 경작과 소작, 병작반수(지주와 소작인이 반반 나눔)

2) 15세기 후반 농장 증가 현상 가속화(농장은 주로 하삼도)

(다) 노비 관리 : 가사보조 및 농경, 노비 수 증가 노력(출산, 양인과 혼인)

(2) 농민 생활의 변화

(가) 국가의 농민 안정화 정책 : 세력가의 농민 토지 약탈 방지, 개간, 농업기술 도입, 수리시설 보수·확충, 농서 간행 : 농사직설, 금양잡록(조선 전기, 강희맹 저술)

(나) 농업 기술의 개발

1) 밭농사 : 조 · 보리 · 콩의 2년 3작 성행 → 생산량 확대

2) 논농사 : 시비법 발달, 모내기 보급(벼와 보리의 2모작)

※ 생산 증대와 노동력이 주는 이앙법은 수리 문제로 일부 남부 지역 한정

(다) 농민 생활 : 지주제, 자연 재해, 고리대, 세금 부담 → 소작농 · 유민의 증가

(라) 안정 대책 : 구황방법 제시, 농민 통제(호패법 · 오가작통법), 향약시행

(3) 수공업 생산 활동

(가) 공장안 작성 관청에 필요한 물품 제작 공급

1) 생산량 초과 시는 판매 가능

2) 16세기 이후 부역제 해이. 상업 발전으로 관영 수공업은 점차 쇠퇴

(나) 민영 수공업 발달 : 농기구 생산, 양반의 사치품 생산 및 판매

(다) 가내 수공업 : 자급자족의 생활필수품 생산, 목화 재배로 무명 생산

(4) 상업 활동 : 전반적으로 상업 활동 통제

(가) 시전상업의 발달

1) 종로 시전 설치 : 개경의 시전 상인 종로 이주(점포와 상세 징수)

※ 육의전(명주, 종이, 어물, 모시. 삼베, 무명 파는 가게) 번성

2) 시전 상인은 정부에 물품을 납부하고 특정 상품 전매권 획득(금난전권)

3) 경시서 설치 불법 상행위 통제

(나) **장시의 발달**

1) 농업 생산력의 발달로 15세기 후반 등장 → 5일장의 등장

2) 16세기 중엽이후 전국적으로 확대, 보부상이 등장 장시에 여러 상품 유통

(다) **화폐 유통** : 저화(태종, 1401, 최초의 지폐), 조선통보(세종, 1423, 동전), 팔방통보 → 쌀과 무명을 화폐로 대용하여 사용은 저조

(라) **국가 통제 무역** : 명(공무역과 사무역), 여진(경원·경성 무역소), 왜(왜관)

※ 공무역 : 국가와 국가 간의 공식적 무역으로 사신 이동시에 실시

(5) 수취 제도의 문란(16세기 이후)

(가) **공납** : 수취 제도의 운영과정에서 방납의 폐단 발생 → 농민의 몰락 증가

※ 방납(防納, 백성이 직접 공물을 납부하는 것을 방해)의 폐단 : 중앙 관청의 서리들이 공물을 대납하고 그 대가를 과다하게 징수 → 농민의 부담 증가, 농민의 도망 → 이웃이나 친척에게 대신 부과(족징, 인징) → 유민 증가 → 공물을 쌀로 거두자는 수미법(이이, 유성용 임란 후 대동법으로 실현) 주장

(나) **군역** : 군역의 요역화(농민의 요역 기피로 군인 동원 토목 공사) → 방군수포제(포를 받고 병역 면제)와 대립(대신 군역) 성행→군포 징수제의 확산(군적 수포제 합법화, 1541, 명종)

※ 농민은 정군에서 1년에 군포 2필을 납부하는 납포군으로 변질

(다) **환곡** : 고리대와 더불어 지방 수령과 향리들이 더 많은 이자를 거두는 부정 발생

(라) **결과** : 수취체제 문란 → 유이민 증가, 도적 전환(명종, 황해도 임꺽정)

3 사회 구조와 생활

① 양반 관료 중심 사회

(1) 양천제도와 반상 제도 : 조선시대 기본 신분제도

양천 제도(법제적 신분제)	반상 제도(실질적 신분제)
• 양인(양반, 중인, 상민) : 과거에 응시하고 관직 진출 가능한 자유민으로 조세, 공납, 부역 의무 부과(조선 중기이후 상민만 군역 부담)	• 양반 : 문무관직→ 신분으로 정착 • 중인 : 양반관료 보좌→ 신분으로 정착 (중인은 문과 응시 불가) ※ 조선 사회의 지배층
• 천민 : 개인이나 국가에 소속된 비자유민으로 권리와 의무가 부과되지 않으며 천역 담당	• 상민 : 농민, 수공업자, 상인(과거 응시 가능) • 천민 : 대부분 노비
• 갑오개혁 시 까지 기본적 사회 신분제도	• 지배층과 상민피지배층 간의 차별을 두는 제도(신분이동 가능)

(2) 신분별 생활

양반	• 의미 : 문반과 무반을 통칭하던 명칭 → 문·무반 관리나 그 가족과 가문까지 포함 • 기득권 유지책 : 문무 양반의 관직을 받은 자만 사족으로 인정 - 서얼, 재가 자녀 차별로 문과 응시 금지. 서리, 향리, 기술관 등 중인으로 격하 • 사회적 위치 : 정치적으로 관료층, 경제적으로는 지주층(토지와 노비 소유) ※ 과거·음서·천거 등을 통해 고위 관직 독점(고려 시대에 비해 음서 혜택 약화) • 특권 : 양반의 신분적 특권 제도화 - 토지, 노비소유, 고위관직 독점(과거, 천거, 음서 등) - 각종 국역 면제, 비생산활동과 유학 전념 형법에서 체형은 노비가 대신
중인	• 의미 : 넓은 의미로 중간 신분층이었으나 좁게는 기술관, 조선 후기 독립된 신분층형성 • 양반과 상민의 중간계층으로 15세기부터 형성, 전문 기술이나 행정 실무 담당 • 하급관료 : 서리(중앙관청), 향리(지방관청), 기술관 등 → 직역 세습, 같은 신분끼리 혼인 일정한 신분 행세 • 서얼(양반 첩 소생) : 중인처럼 대우(중서로 불림) → 문과 응시 금지, 무반직 등용가능
상민 (평민, 양인)	• 구성 : 농민, 수공업자, 상인, 신량역천(신분상 양인이나 7가지의 천역을 담당하는 계층) - 7천역 : 수군, 조례(관청 잡역), 나장(형사업무), 일수(지방고을 잡역), 봉수군, 역졸, 조졸(조운업무) • 권리 / 의무 : 과거 응시 가능(현실적 어려움) / 조세, 공납, 부역의 의무 • 농본억상 정책으로 사·농·공·상의 위계질서 존재

천민	• 구성: 백정, 무당, 창기, 광대, 노비(대부분 차지) • 노비의 지위 : 재산으로 취급(매매・상속・증여의 대상), 부모 중 한쪽이 노비면 그 자녀도 노비로 인정되고 어미의 소유주에 귀속됨(천자모수법 또는 종모법) • 종류 : 공노비, 사노비(솔거 노비, 외거 노비)

② 사회 정책과 시설

(1) 사회 정책과 사회 제도

(가) 농본 정책 : 성리학적 명분론에 따른 사회 신분질서 유지와 농민 생활 안정 추구 → 양반 지주들의 토지 겸병 억제, 농번기 농민 동원 금지, 재해 시 조세 감면

(나) 사회 제도

빈민 구제	환곡제 : 춘궁기 곡식 대여 후 추수기 회수(의창, 상평창 주관)	사창 제도	양반 지주들을 중심으로 향촌 사회에서 자치적으로 운영한 곡식대여
의료 및 구휼시설	• 혜민국과 동・서 대비원 : 수도권 서민 환자 구제 및 약재 판매 • 제생원 : 지방민의 구호와 진료 • 동・서 활인서 : 유랑자의 수용과 구휼		

(다) 법률제도

1) 기본법전 : 경국대전과 대명률(명의 형벌 기본법전) → 형벌과 민사에 관한 사항
2) 형사법 : 반역죄와 강상죄는 중죄(연좌제) → 형벌 : 태, 장, 도, 유, 사
※ 강상죄 : 상감오륜을 어긴 죄 ※ 극형인 능지처사가 있음
3) 민사법 : 지방관(관찰사, 수령) 담당, 노비와 묘지 관련 산송이 주류
※ 산송 : 남의 묘지에 자기 조상의 묘를 쓰는 데서 발생하는 소송
4) 사법기관 : 행정기관과 구분이 명확하지 않음

중앙	• 사헌부・의금부・형조(관리의 잘못이나 중대한 사건 재판) • 한성부(수도 의 치안 담당) • 장례원(노비 문서를 담당하며, 노비 관련 소송 문제 처리)
지방	• 지방에는 관찰사와 수령이 사법권 행사
의금부	• 왕 직속의 사법기구로 국사범, 왕족의 범죄, 강상죄, 사형죄 등 재판

포도청	• 평민의 범죄를 담당하는 치안 기관
삼법사	• 사헌부(백관 규찰 및 양반에 대한 재판 담당), • 형조(사법 행정의 감독 기관으로 일반 사건의 재심) • 한성부(수도의 일반 행정과 치안 담당)
기타	상소 가능, 신문고(징을 쳐서 임금에 직접 호소하는 제도, 태종 때 처음 실시)

③ 향촌 사회의 조직과 운영

(1) 향촌 사회

(가) 지방 조직 : 군현제

1) 전국을 8도로 구분, 그 아래 부, 목, 군, 현을 둠 → 중앙에서 지방관 파견

2) 군현 밑에는 면, 이 설치 → 지방관 파견 안함

※ 향촌 : 향(행정 구역상 군현의 단위), 촌(촌락이나 마을, 면·리 설치)

(나) 유향소와 경제소 : 양반의 향촌 자치와 중앙 통치가 적절한 조화

1) 유향소(향청, 향소) : 지방 사족 중심 향촌 자치 기구 → 수령 보좌, 향리 감찰, 풍속 교정, 지방사족의 결속 역할을 하여 폐지와 부활이 반복됨, 향안 작성

2) 경재소 : 중앙 집권을 강화하기 위해 현직 관료로 연고지의 유향소를 통제하는 제도 → 중앙과 지방의 연락 업무 담당, 유향소 견제 기능

※ 중앙 고관들이 경제소를 이용한 폐단이 발생하면서 경재소 혁파(1603, 선조) → 유향소는 향청, 또는 향소로 명칭 변경

(다) 사족(문무 양반의 관직을 제수 받은 자)의 향촌 지배 강화

1) 향회(향안에 등재된 사족의 총회)를 통한 결속으로 지방민 통제 : 향안(지방 사족 명단) 작성과 향규(향회의 운영 규칙) 제정

2) 성리학적 사회 규범 보급과 보학 : 소학 보급, 가묘와 사당 건립, 족보 편찬

※ 보학(족보)은 가문의 시조부터 당대까지 계통을 기록, 종적인 내력과 횡적인 관계를 나타낸다. 혼인과 붕당의 중요한 신분적 자료로 활용

(2) 촌락의 구성과 운영

(가) 촌락 : 농민 생활과 향촌을 구성하는 기본단위, 자연촌으로 동, 이로 편제

1) 조선 초기 통제 : 자연촌 단위의 이 몇 개를 면 단위로 묶는 면리제 시행

2) 조선 후기 통제 : 오가작통법(다섯 집을 하나의 통으로 묶고 통수를 두어 관장)

(나) 촌락의 구분

1) 신흥 사족의 향촌 이주 → 반촌(양반 거주, 친족, 처족, 외족의 다양한 동족으로 구성되었으며, 18세기 이후 동성 촌락으로 발전)과 민촌(평민 거주)의 출현

2) 민촌 : 대부분 평민과 천민으로 구성, 18세기 이후 구성원 신분 상승

(다) 촌락의 농민 조직 : 두레(공동 노동의 작업의 공동체), 향도(불교와 미간 신앙 등의 신앙적 기반과 공동체 조직의 성격으로 주로 어려울 때 돕는 활동 전개)

※ 상여를 메는 사람인 상두꾼은 향도에서 유래

(3) 향약과 유교 윤리의 보급

(가) 향약의 보급

1) 보급 : 지방 사족의 향촌 지배력 강화위해 중종 때 조광조가 처음 시행
선조 때 이이와 이황의 노력으로 전국적으로 시행

2) 성격 : 권선징악과 상부상조를 목적으로 한 향촌 규화 규약으로 상민층까지 유교의 예속을 침투시킴

※ 4대 덕목 : 덕업상권, 과실상규, 예속상규, 환난상휼

3) 기능 : 풍속 교화와 사회질서 유지, 치안 담당 등 향촌의 자치 기능 수행

4) 영향 : 유교윤리 보급 및 지방사림 지배력 강화 → 지방 유력자 주민 수탈

(나) 서원의 설치

1) 중종 때 주세붕이 백운동 서원 설치(최초), 16세기 이후 각 지방 설치

2) 기능 : 일종의 사립학교로 성리학을 연구하고 선현 제사를 지냄

3) 영향 : 유교 윤리 보급, 향촌사림 집결 → 조선 후기 면세전의 증가로
국세 부담

4 문화와 예술

① 민족 문화의 발달

(1) 배경

(가) 15세기 집권층인 관학파는 성리학을 중심으로 민생안정과 북국강병을 위하여 과학 기술과 실용적 학문 등 성리학 이외의 학문을 적극 수용, 중앙 집권체제 완비

(나) 과학기술, 실용학문 중시 : 민족 문화의 기반 확대, 자주적 · 실용적인 성격 유지

(2) 한글 창제

(가) 목적/배경 : 피지배층을 도덕적으로 교화 양반 중심 사회를 유지하기 위함

(나) 창제과정 : 훈민정음 창제(1443) 및 반포(1446)

(다) 보급 : 용비어천가, 월인천강지곡을 훈민정음으로 제작, 불경 · 농서 · 윤리서 · 병서를 한글로 간행, 서리 채용에 훈민정음 시험

(라) 의의 : 일반 백성의 문자 생활로 민족 문화의 기반 확대

(3) 교육 기관

국립 교육 기관	성균관	• 최고 학부, 생원과 진사(소과에 합격)가 입학
	4학	• 중앙의 중등 교육기관(중학, 동학, 남학, 서학)
	향교	• 지방의 중등 교육기관으로 기관, 성현에 대한 제사와 유생을 교육 • 부 · 목 · 군 · 현에 하나씩 설치, 중앙에서 교관(교수 또는 훈도) 파견
사립 교육 기관	서당	• 초등 교육 기관, 4학이나 향교에 입학하지 못한 선비와 평민 자재 교육 담당
	서원	• 봄, 가을 향음주례를 지내고 이름난 선비나 공신을 추모, 향촌사회 교화 역할

(4) 편찬 사업

(가) 역사서의 편찬

목적	• 조선 왕조 건국의 당위성과 정통성 확보, 성리학적 통치 규범 정착	특징
건국 초	• 고려국사(정도전, 조선 건국의 정당성), 동국사략(권근) • 조선왕조실록(태조~철종)	성리학적 사관
15세기	• 고려사(기전체), 고려사절요(편년체), 고려 역사를 자주적으로 기록 • 동둑통감(서거정, 고조선에서 고려 말까지 편년체로 기록)	자주 사관
16세기	• 동국사략(박상) : 사림의 정치, 문화의식 반영	존화주의 사관

※ 동양의 역사서 서술 방식

① 기전체 : 역사를 본기, 세가, 지, 열전, 연표 등으로 나누어 기술하는 방식(인물 중심)

– 기전체의 주요 역사서 : 사마천의 사기, 삼국사기, 고려사, 해동역사

② 편년체 : 연대순으로 역사를 기술(연대 중심),

– 편년체의 주요 역사서 : 조선왕조실록, 고려사절요, 동국통감, 동국사략

③ 기사본말체 : 사건을 원인과 결과로 나누어 기술(화제 중심), 삼국유사, 연려실기술 등

④ 통사체 : 역사의 줄거리를 중심으로 기술, 동국통감, 해동역사 등

⑤ 강목체 : 주제별로 기술(평가 중심), 동국사략, 동사강목 등

(나) 지리서의 편찬

목적	• 중앙 집권 및 국방 강화
지도	• 혼일강리역대국지도(동양 최고의 세계지도, 중화주의적 세계관, 일 류코쿠 대학 보관) • 팔도도(전국지도), 동국지도(양성지), 조선방역지도(16세기, 현존)
지리서	• 신찬팔도지리지(세종 때, 군현의 연혁, 지세, 풍속, 교통 자세히 수록) • 동국여지승람 : 성종→중종 때 신동국여지승람으로 보완

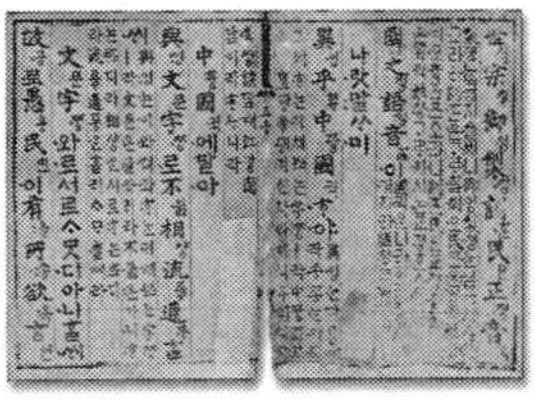

〈훈민정음(언해본)〉

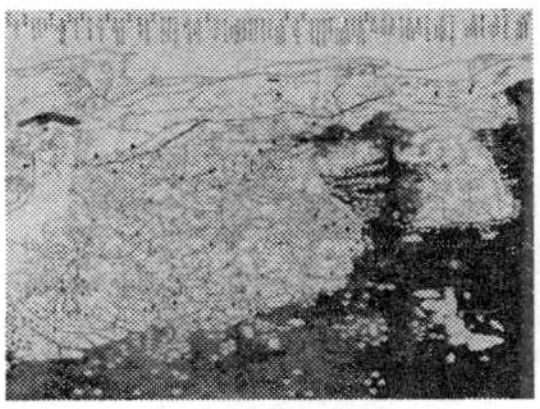

〈혼일강리역대국도지도〉

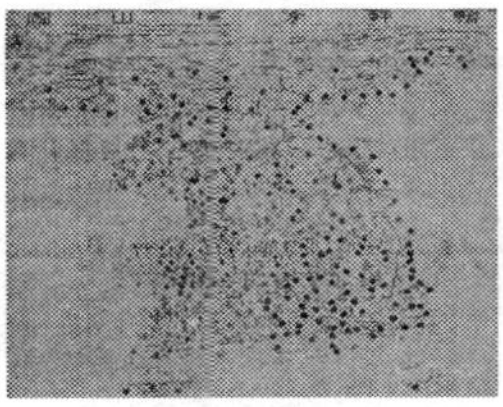

〈조선방역지도〉

(다) 윤리 · 의례서와 법전의 편찬

윤리 · 의례서	목적	• 유교 질서의 확립
	15세기	• 삼강행실도(충신 · 효자 · 열녀 행적) • 국조오례의(국가 행사의 의례 정비)
	16세기	• 이륜행실도(연장자와 연소자, 친구 간 윤리) •동몽수지(어린이의 예절)
법전	목적	• 유교적 통치 규범의 성문화
	건국 초	• 조선경국전과 경제문감(정도전), 경제육전(조준)
	경국대전	• 세조~성종, 6전으로 구성된 조선의 기본법전 ※ 조선 유교적 통치 질서와 문물제도의 완성

② 성리학의 발달

(1) 성리학의 정착

(가) 성리학 : 우주의 생성원리와 인간의 심성의 철학, 주희가 완성, 안향 도입

(나) 수용과정에서 신진 사대부 사이에 입장 차 발생 → 신진사대부의 분화

구분/시기	관학파(훈구파) / 15세기	사학파(사림파) / 16세기 이후
기원/배경	• 급진 개혁파(정도전, 권근) 계승 → 관학(집현전 · 성균관) 출신	• 온건 개화파(정몽주, 이색, 길재) 계승 → 사학(서원)을 통해 양성
특징	• 문물제도 정비, 부국강병 추진, 성리학이외의 사상 포용	• 형벌보다 교화중시, 향촌자치 왕도정치, 성리학이외의 학문 배척, 성리학적 명분론
성향	• 중앙집권 및 왕권강화 추구 • 사장 및 주례 중시(주나라의 제도를 기록한 경전), 자주적 사관	•왕도정치, 향촌자치 추구 • 경학 및 예기 중시 • 중화주의적 사관(기자 중시)

※ 명분론 : 인간 각각이 사회적 지위(왕과 신하, 양반과 상민 등)에 따른 의무와 규범을 충실하게 지키는 도덕적 당위성에서 사회질서를 바로잡고자 하는 성리학의 이론

(2) 성리학의 융성

(가) 배경 : 도덕성과 수신 중시, 실천하는 가운데 인간 심성에 대한 깊은 연구

(나) 성리학의 정립

서경덕(주기론)	조식	이언적
• 기를 중심으로 세계 이해 • 불교와 노장사상에 개방적	• 학문의 실천성 강조 • 노장 사상에 포용적	• 이 중심의 이론 • 후대에 영향

(다) 성리학의 집대성

구분	이 황(주리론)	이 이(주기론)
특징	• 도덕적 원리인 이(理) 강조 • 이상주의적 성격 • 일본 성리학에 영향 • 영남학파 형성	• 기(氣)의 역할 강조, • 현실적·개혁적 성격으로 조선사회 개혁안 제시(수미법, 10만 양병설) • 기호학파 형성, 서인 계열 영향
주장	• 주자서절요, 성학십도 (군주 스스로가 성학을 따를 것 주장)	• 동호문답(문답식의 개혁안), 성학집요(현명한 신하가 성학을 군주에 가르쳐 그 기질을 변화)

※ 기(氣)와 이(理) : 기는 만물을 구성하는 요소이고, 기가 도이고 흩어짐에 따라 우주 만물이 생성. 이는 기가 존재할 수 있는 근거이자 운동법칙.

(3) 학파의 형성과 예학의 발달

(가) 학파의 형성 : 16세기부터 학풍과 지역에 따라 서원을 중심으로 형성

1) 선조 때 동인과 서인 형성

가) 동인(서경덕 학파, 이황 학파, 조식 학파) : 정여립 모반 사건 → 남인(이황 학파)과 북인(서경덕, 조식 학파)로 분화

※ 정여립 모반사건 : 전주 사람 정여립이 모반을 일으켜 서경덕과 조식 학파가 피해를 입었고, 호남은 반역의 고장으로 중앙 진출 제한

나) 서인 : 이이 학파, 성혼 학파 → 조식의 사상, 양명학, 노장 사상 배척

(나) 학파의 대립

1) 광해군 때 북인 집권(대동법 실시, 중립 외교 전개) → 서인과 남인이 반발 : 인조반정으로 북인 몰락

2) 인조 반정이후 서인 정국주도(명분론, 친명배금 정책 추진 병자호란 초래)

3) 병자호란 이후 : 송시열 등 서인 산림이 정국 주도(척화론과 의리명분론 대세)

(다) 예학의 발달

1) 배경 : 양 난으로 흐트러진 유교적 질서 회복 강조

2) 발달 : 16세기 주자가례(사대부가 따라야 하는 예) 중심의 생활서 출현, 예치 강조, 예학 연구 심화 → 17세기 예학의 시대(김장생, 정구)

※ 예치 : 개인·사회·국가를 예로 다스리는 것으로 예을 가르치는 예교와 예를 배우는 예학을 통해서 달성된다. 예는 크게 두 가지로 하나는 국가통치 규범으로서의 예(국조오례의)이고, 하나는 사대부가 따라야 하는 주자가례다.

3) 예송 : 각 학파 간 예학의 차이로 전례 논쟁 발생

4) 의의 : 종족 내부 의례 규제 및 상장제례의식 정립, 유교주의적 가족제도 확립, 지나친 형식주의와 사림 간의 대결로 이어짐

③ 불교와 민간 신앙

(1) 불교의 정비 : 사원의 경제적 기반과 위상 약화 초래

(가) 억불 정책 : 사원의 토지와 노비 몰수(태조), 도첩제(승려 억제책, 허가증 발급), 교단 정리(세종, 36개 절 만인정), 도첩제 폐지(성종)로 출가 금지

(나) 불교의 명맥 유지 : 왕실의 불교 행사, 간경도감을 설치 불경의 한글 번역(세조, 석보상절), 명종 때 승과 부활 → 적극적인 불교 진흥책으로 일시적인 불교 중흥

(다) 중기 이후 : 사림의 불교 비판과 도첩제 폐지로 산간 불교화 → 임진왜란 시 승병활약으로 불교계 위상 재정립

(2) 도교와 민간 신앙

(가) 도교 : 사원 정리. 행사 축소, 소격서 설치하고 참성단에서 초제 실시

※ 초제 : 고려시대부터 조선 전기까지 국가와 왕권의 안녕을 위해 일월성신에 제사

(나) 풍수지리설과 도참사상(미래의 길흉화복을 예언)

※ 한양 천도에 반영, 양반들의 묘지 선정에 반영 → 산송문제 발생

(다) 무격신앙, 삼신신앙, 촌락제 등 세시풍속 유교 이념과 융합 → 조상숭배 촌락 안정 기원

④ 과학 기술의 발달

(1) 천문, 역법과 의학

(가) 발달 배경 : 부국강병과 민생 안정을 위해 과학 기술의 중요성 인식

※ 국가적 지원 : 전통 문화 계승과 서역과 중국의 과학 기술을 수용

(나) 천문 및 농업관련 관측기구 제작

1) 천체 관측(혼의, 간의), 시간 측정(자격루 : 장영실, 물시계, 앙부일구 : 해시계), 상열차분야지도(태조, 고구려의 천무도 바탕)

2) 농업관련 기구 : 측우기(1441, 세계 최초), 인지의·규형(토지측정), 수표

(다) 역법 : 칠정산(세종, 중국의 수시력과 아라비아의 회회력을 참고하여 우리나라 최초로 서울을 기준하여 천체 운동을 계산)

(라) 의학 : 향약집서방(우리 풍토에 맞는 치료 방법 개발), 의방유취(우리나라와 중국 역대 의서를 종합 동양 의학의 집대성) → 민족 의학의 발전

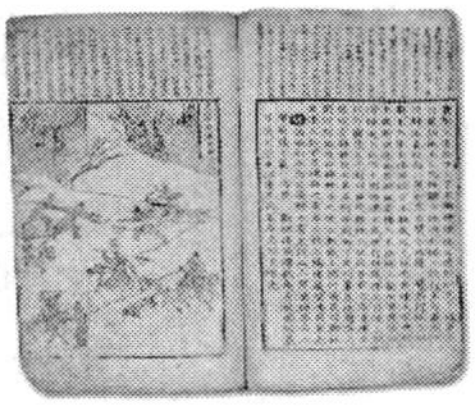

〈삼강행실도(언해본)〉

〈자격루(물시계)〉

(2) 활자 인쇄술과 제지술

(가) 인쇄술(금속활자) : 태종 때 주자소 설치, 계미자 주조 → 세종 때 갑인자 주조, 자판 조립 방법 개발(활자가 흔들리지 않게 고정하는 방법, 두 배의 인쇄 능률)

(나) 제지 : 종이를 전문적으로 만드는 관청인 조시서 설치, 종이 대량 생산 및 인쇄

(3) 농서, 병서 편찬과 무기제조

구분	내용
농서	• 농사직설(우리나라 독자적인 농법 정리) • 금양잡록(경기도 지방의 농법 정리)
병서	• 총통등록(세종, 무기 제작과 사용법) • 동국병감(고조선 ~고려 전쟁사) • 병장도설(군사 훈련 지침서)
무기제조	• 화약 무기 제조(최해산), 화포·화차(신기전), 거북선(태종), 비거도선(전투함, 세종)

⑤ 건축과 예술

(1) 왕실과 양반의 건축

(가) 주요 건축물 : 경복궁, 창덕궁, 창덕궁 돈화문(현존)

(나) 고려시대 건축 계승(평양 보통문, 개성 남대문), 독자적 건축 방식(숭례문)

※ 국왕의 권위 강화와 신분 질서 유지 목적 건축 : 신분에 따라 크기와 양식 제한

(2) 불교 건축 : 주요 건축물 : 무위사 극락전, 해인사 대장경판, 원각사지 10층 석탑

(3) 서원 건축

(가) 주요 건축물 : 경주의 옥산 서원, 안동의 도산 서원

(나) 특징 : 가람 배치 양식과 주택 양식이 결합, 교육 공간인 강당을 중심으로 성현을 모시는 사당과 동재와 서재 배치 기숙

〈보통문(평남 평양)〉

〈덕천 서원〉

〈숭례문〉

(4) 자기와 공예

(가) 자기

분청사기 / 15세기	백자 / 16세기
• 청자에 백토의 분을 칠한 것으로 안정된 그릇 모양과 소박하고 천진스런 무늬	• 청자보다 깨끗하고 담백하며 순백의 고상함 → 선비의 취향과 일치

〈분청사기〉

〈백자〉

(나) 공예 : 목공예·돗자리 공예, 화각 공예, 자개 공예, 수와 매듭 공예

(5) 그림과 글씨

구 분		15세기	16세기
그림	특징	• 중국 화풍 수용 독자적 화풍 개발 → 일본 무로마치 시대 미술에 영향	• 다양한 화풍 발달, 산수화 사군자 유행
	화가	• 안견(몽유도원도), 강희안(고사관수도)	• 이상좌(송하보월도), 이정(묵죽도)
서 예		• 양반의 필수 교양, 안평대군(송설체, 독자적 글씨), 양사언(초서), 한호(석봉체)	

〈고사관수도(강희안)〉

〈몽유도원도(안견)〉

(6) 음악과 무용

(가) 음악 : 백성의 교화수단으로 활용

1) 악기개량(세종, 박연), 여민락, 정간보(악보) 창안, 아악 정비(궁중음악)

2) 악학궤범(성종, 음악의 원리와 역사를 정리 전통음악 발전에 기여)

(나) 처용무(궁중 무용), 농악무, 무당춤, 승무, 산대놀이(탈춤), 꼭두각시놀음(인형극)

5. 근대 태동기

1 통치 체제와 정치

2 경제 활동

3 사회 구조와 생활

4 문화와 예술

▶ 근대 태동기

- 성리학적 지배체제의 변동과 신분제의 변화
- 산업의 생산성 향상과 사회 변혁
- 신문물의 전래와 민족 문화의 발전

수원 화성(세계 문화유산)

1 통치체제와 정치

① 근대 태동기의 세계

(1) 동아시아 : 중국(청, 제국주의 침탈), 일본(에도 막부, 메이지 유신)

(2) 유럽 : 중상주의 정책, 산업혁명, 제국주의

② 정치 구조의 변화

(1) 비변사의 기능 확대

(가) 비변사 : 16세기(중종, 1510) 초에 여진족과 왜구의 침입에 대비하기 위해 설치한 국방 기구로 을묘왜변(1555)을 계기로 상설기구화

※ 비변사 구성원 : 전·현직 정승, 공조 제외 5조의 판서와 참판, 각 군영대장, 대제학 등

(나) 기능 확대 : 임진왜란이후 모든 정무 문제 총괄(군사, 외교, 재정, 사회, 인사 등)

(다) 결과 : 의정부와 6조의 유명무실화, 왕권의 약화 초래

(2) 언론기구의 변질

(가) 3사 → 각 붕당 이해관계 대변(공론반영보다 상대 세력의 비판과 견제 주력)

(나) 이조·병조전랑(무관·문관의 인사 담당 관리) → 중하급 관원에 대한 인사권, 3사의 관원선발, 후임자 추천권 행사로 자기 세력 확대 및 상대 세력 축출 시도

※ 이조 전랑(정랑과 좌랑)은 3사의 관원을 선발할 수 있는 권한이 있었다. 따라서 3사의 인물을 자기 세력으로 배치, 상대 세력의 비리나 약점 비판

(다) 대처 : 붕당 간 대립이 격화되자 영·정조가 탕평 정책을 통해 혁파

③ 군사 제도의 변화

(1) 배경 : 임란 초기의 효율적인 군사 편제와 훈련 방식의 필요

(2) 중앙군 : 5위 기능약화(16세기 이후 군역의 대립제) → 훈련도감 → 5군영

(가) 임란 초 훈련도감 설치(1593) : 왜군의 조총에 대항하기 위해 조총으로 무장, 삼수병(포수, 살수, 사수)으로 편제

(나) 정세 변환에 따른 추가적인 군영 설치로 5군영 체제 성립

1) 어영청 : 인조반정 후 이괄의 난을 계기로 설치, 효종(1652) 북벌운동 중추기관

2) 총융청 : 인조가 경기 일대 방어목적으로 설치(1624), 서인 정권의 군사적 기반

3) 수어청 : 인조 4년(1626) 정묘호란 후 남한산성 수비 전담

4) 금위영 : 숙종 때 수도방위 전담(기 · 보병 중심)

※ 특색 : 임시방편으로 설치, 용병/상비군제, 붕당기 서인의 군사적 기반으로 이용 직업군인의 비중이 커져 양인들에게 군역대신 군포 강요(2필) 유망자 속출

(3) 지방군 : 제승방략 체제, 속오군

(가) 방어체제 : 진관체제(15세기)→제승방략(16세기 후반)→진관체제(임란 후)

※ 진관체제 : 전국 군현 요충지에 진관 설치, 지역단위 소규모 방어체제 구축

※ 제승방략체제 : 군적 문란으로 양인개병제가 무너지면서 각 지역 병력을 동원, 중앙에서 파견된 장수가 지휘하는 방어체제인 광역단위 방어체제로 동원속도와 종심방어가 미약이 특징

(나) 속오군 : 5명을 1오로 묶는 군대제도로 임란 이후 양반으로부터 노비까지 편성(노비 지위 향상 계기) 농사와 훈련 병행, 양반은 노비와 통합 편성을 기피 → 상민 · 노비의 부담만 가중

④ 봉당 정치의 전개와 탕평정책

(1) 붕당 정치(정파적 성격과 학파적 성격)의 전개

선조	• 사림의 분당 : 동인→서인(이조전랑, 척신정치 청산문제), 동인은 정여립 모반사건(1589, 대동계를 조직 모반)을 계기로 남인(온건파)과 북인(급진파)으로 분열
광해군	• 임란 후 북인 집권(명과 후금의 중립외교) → 인조반정(1623)으로 몰락 ※ 북인들은 임란 시 대부분 향촌사림으로 의병봉기의 주도적 역할
인조	• 서인은 일부 남인과 연합 정국주도, 학문체계 인정, 상호 비판적 공존체제형성
현종	• 효종의 왕위계승 문제(효종은 인조의 2남)에 대하여 서인과 남인 사이에 예송의 발생 ※ 예송 : 효종과 효종비가 죽은 후 새 어머니였던 인조의 계비가 적장자에 준하는 상복을 입을 것인지를 둘러싸고 벌어진 논쟁으로 차남의 효종에 대한 정통성 문제

(2) 붕당 정치의 변질과 탕평론의 대두

(가) 붕당정치의 변질 → 일당 전제화(환국의 발생)

1) 발단

가) 숙종 때 경신환국으로 서인이 집권하면서 일당 전제화 → 붕당정치 붕괴

※ 환국 : 시국이나 정국이 급격하게 변동됨을 의미(경신・기사・갑술환국)

2) 원인

가) 적은 관직을 놓고 각 붕당 간 치열한 경쟁이 발생

나) 지주제와 신분제 동요로 붕당정치 기반 붕괴(사족 중심의 향촌지배 곤란)

다) 상품 경제의 발달에 따른 정치 집단 간의 상업적 이익을 독점하려는 경제적 갈등

라) 정치쟁점이 학문을 떠나 군사력 확보를 목적으로 하는 갈등으로 변질

3) 전개 : 서인과 남인의 대결 → 서인세력 분열 : 노론(노장세력)과 소론(신진세력)

4) 결과

가) 왕실 외척이나 종친의 정치적 비중 증가
→ 왕이 정국 주도하나 결과적으로 왕권의 약화 초래

나) 고위 관료의 권력 강화 → 비변사 기능 더욱 강화

다) 붕당정치 기반 붕괴 → 언론기관 기능약화, 향촌사림 정치참여 제한

(나) 탕평책(서경에 언급, 임금의 정견이 기울지 않고 중심을 유지함)의 등장

1) 배경 : 붕당 정치의 변질로 정치집단 간의 세력균형 와해 → 왕권 위협 초래

2) 목적 : 강력한 왕권을 바탕으로 임금이 정치의 중심에 서서 세력 균형 도모

3) 숙종 시 인사 관리를 통한 세력 균형 시도 → 편당적 인사로 환국 초래

(다) 영조의 탕평정치

목적	• 정국 안정과 왕권 강화책
내용	• 탕평교서 발표, 탕평파(붕당을 없애자는 파)를 중심으로 정국운영 • 산림(향촌에 은거하는 정치적 인물)의 존재 부정 붕당의 근거지 서원을 정리하고 사액서원의 특혜를 환수 조치 • 이조 전랑의 권한 약화 : 후임자 천거권 / 3사 인사권 폐지 • 개혁 정치 – 균역법 시행(1750, 장정 1인당 군포 2필 →1필 징수)으로 민심 안정과 산업 진흥 – 속대전(경국대전 보완), 속오례의 편찬 – 신문고 부활, 사형수 삼심제 강화 – 노비공감법 시행(노비 공납품을 반으로 축소)
결과	• 붕당의 정치적 약화 초래(붕당의 대립 일시적 해소) → 왕권 강화 계기 • 소론의 변란으로 노론이 부상 정국 주도

(라) 정조의 탕평정치

배경	• 사도세자의 죽음으로 불거진 시파와 벽파의 갈등으로 강력한 탕평책 시도 – 시파: 사도세자의 잘못을 인정, 죽음까지는 지나침(소론과 노론일부, 잔존남인) – 벽파: 사도세자의 죽음은 당연, 영조의 처분은 정당(노론 대다수)
내용	• 시파와 벽파의 갈등 속에 시파 기용, 척신과 환관 제거 및 유능한 인재 기용 • 왕권 강화책 – 장용영 설치(친위부대) – 초계문신제도 시행 : 신진 인물이나 중·하급관리 재교육 – 규장각 강화(왕의 정책 뒷받침, 박제가, 유득공, 정약용) – 화성건설(수원으로 사도세자의 묘를 이장하고, 군사적 기능과 상공인을 유치하여 정조의 정치적 이상 실현의 도시로 육성) – 수령이 향약을 주관하도록 하여 지방통치력 강화, 지방 사족의 영향력 약화 • 개혁 정책 – 통공정책 시행(1791, 상인의 자유로운 상행위 허용) – 서얼과 노비의 차별을 완화 • 문예 부흥(대전통편, 동문휘고, 탁지지 편찬), 중국과 서양의 과학기술 수용

한계	• 일부 개혁은 시도되었으나 보수적 개혁 • 정조 사후 정치세력이 무너지고 국왕마저 배제되어 유력가에 권력 지중 현상 발생 ※ 붕당의 정치 독점 현상은 완화 되었으나 붕당정치 폐단의 근본적 해결을 제한적

⑤ 정치질서의 변화

(1) 세도정치의 전개

(가) 배경 : 정조 사후 왕권 약화로 붕당 간 세력균형 질서 붕괴 → 외척 등 소수 가문이 국정 장악(정조 때 홍국영이 시조)

※ 세도정치 : 왕의 근친이나 인척이 왕의 신임을 받아 정권을 행사하는 정치제도

(나) 진행 : 3대(순종·헌종·철종) 60여 년간 왕의 외척 세력이 정권 유지

순조(안동 김씨)	헌종(풍양 조씨)	철종(안동 김씨)	흥선대원군
정순왕후(영조계비)의 수렴첨정(노론 벽파)	헌종의 외척 풍양 조씨	철종 즉위이후 안동 김씨	세도정치 종료

※ 수렴청정 : 왕이 어릴 시 왕의 어머니나 할머니가 왕을 대신 발을 내리고 정사를 봄

(2) 세도정치의 폐단: 조세부담의 증가로 농민 저항 발생

(가) 사회 통합의 한계 : 재야 세력의 배제로 신진세력 정치입문 차단

(나) 권력독점현상 심화 : 왕의 외척 가문이 인척 관계로 얽혀 소수의 정치 집단형성

(다) 고위직만 정치적 기능 발휘(비변사로 권력집중, 의정부와 6조 유명무실화)

(라) 지방 사족의 몰락과 지방 수령의 권한 강화 → 삼정(전정, 근정, 환곡)의 문란

(마) 부정부패의 만연 : 관직 매매와 과거제의 부정

※ 농촌 사회와 수공업자의 수탈, 자연재해와 기근의 만연으로 인구감소 → 저항

⑥ 대외관계의 변화

(1) 청과의 관계 : 17세기 북벌론 → 18세기 북학론

(가) 표면상 사대관계(사신 왕래, 교역), 내부적으로는 북벌의지 상존

(나) 북벌정책 추진

1) 효종의 북벌 정책 : 송시열, 송준길, 이완 등 등용 군대 양성, 성곽수리
2) 숙종의 북벌운동 : 윤휴를 중심으로 북벌운동 대두 → 실천 좌절

※ 민심수습과 국방력 강화에는 일조했으나 서인의 정권유지 수단으로 이용

(다) 북학론의 대두

1) 청의 국력 신장과 문화 발전, 사신에 의한 신문물 소개(자명종, 천리경)
2) 청을 무조건 배척하는 것보다 이로운 것은 수용하자는 주장을 실학자들이 제기

(라) 국경분쟁 : 청과 간도를 둘러싼 국경분쟁 발생

1) 배경 : 청은 만주족의 발상지로 신성, 조선은 간도에 주민을 이주시켜 개간
2) 백두산정계비 건립 : 숙종 38년 조선의 박권과 청의 목극등이 서로는 압록강, 동쪽으로는 토문강을 경계로 하여 비를 세움(1712)
3) 발생 : 정계비의 동쪽 토문강을 두고 양국이 해석을 달리, 수차의 국경문제 발생

※ 을사조약으로 대한제국의 외교권이 박탈된 상태에서 일본과 청의 간도협약(1909)에서 간도를 청에 인계하여 현재는 청에 귀속상태

(2) 일본과의 관계

(가) 국교 재개 : 일본 도쿠가와 막부의 요청(경제 회복과 문물수입 목적)으로 재개

(나) 조선 : 유정(사명대사) 파견, 국교 재개 및 강화, 포로 송환(1609, 기유약조)

(다) 통신사 파견 : 막부의 권위를 위해 일본의 요청으로 파견 → 선진문물 전수

(라) 울릉도와 독도 : 숙종 때 안용복이 일본 어민 축출하고 일본에 가서 조선 영토임을 확인받고 귀환(1695), 19세기 이후 적극적 관리(울릉도 주민 이주 장려)

※ 울릉도에 군 설치 관리 파견 독도 관할

2 경제 활동

① 수취 체제의 개편

(1) 농촌 사회의 동요

(가) 배경

1) 양 난 이후 인구 감소 및 경작지의 황폐화, 기근과 질병, 조세의 과중

2) 농민생활은 악화, 지배층은 대책 미 마련 → 농민 불만 가중

※ 양 난 이후 경작지는 150만 결에서 30만 결로 축소

(나) 수취체제(전세 · 공납 · 군역 제도) **개편** → 농촌 사회 안정, 재정확대 도모

(2) 전세의 정액화(영정법, 인조 1635)

배경	• 농경지 황폐화와 전세제도 문란으로 개간사업, 양전사업 시도 → 농민생활 여전
영정법 시행	• 종래의 연분9등법 → 흉풍에 관계없이 토지 1결당 미곡 4두 징수
결과	• 전세는 낮아졌으나 대다수 농민에게 효과 미미, 농민은 부과세 징수로 부담 가중

(3) 공납의 전세화(대동법)

배경	• 방납의 폐단으로 농민 부담 가중 → 농민생활 파탄, 토지 이탈, 정부 재정 악화
내용	• 토지 결수에 따라 쌀(1결당 미곡 12두), 삼베, 무명, 동전으로 납부 ※ 기존 가호 기준 → 토지의 결수에 따라 부과하는 제도, 지주들이 반발
대동법 시행 과정	• 광해군 때(1608) 방납의 폐단을 막기 위해 이원익의 주장에 따라 선혜청을 설치 ※ 경기도에 한하여 시험적 시행 • 인조 때 조익의 주장으로 강원 · 전라 · 충청도에 실시(최명길 반대 실패) • 숙종 때 평안도, 함경도, 제주도를 제외한 전국으로 확대(지주 반대로 100년 지연시행)
결과	• 토지가 적은 농민은 일시적 부담 경감(지주들은 1결당 12두의 공납 전세를 농민전가) • 운용과정에서 폐단 발생 : 아전의 수탈, 별공과 진상의 현물 징수는 상존, 대동세 전가 • 공인(어용상인)의 등장, 생필품 수요 증가 → 상품 화폐 경제 발달의 계기가 됨

(4) 균역법의 시행(영조, 1750)

배경	• 5군영 성립으로 모병제 확립 → 수포군(밤에 궁궐을 지키는 병사) 증가 • 군역 자원 감소(양반 수 증가, 납속 · 공명첩으로 군역 면제) → 군포 부과량 증가하여 군역 기피 현상이 발생 국가재정이 악화됨 ※ 공명첩 : 돈을 받고 파는 명예직 임명장

균역법 시행	• 1년에 군포 2 ~3필 부과 → 군포 1필 부과 ※ 보완책 : 결작(지주에게 토지 1결당 미곡 12두), 선무군관포(일부 상류층 1필 부과), 잡세(어장세, 선박세)로 보충
결과	• 소작농에게 지주의 결작을 전가, 군적 문란의 심화 → 농민 부담 가중

② 서민 경제의 발전

(1) 양반 지주의 경영 변화

(가) 양 난 이후 양반의 토지 확대 : 개간 사업, 농민의 토지 매입 → 소작 농민에 토지 대여 소작료 징수 : 18세기 이후 지주 전호제 일반화

(나) 지주 전호제의 변화

1) 상품경제의 발달과 저항으로 소작권 인정, 소작료 정액화(타조법 → 도조법)

※ 타조법은 수확량의 1/2로 일정 비율, 도조법은 매년 일정액 지불

2) 소작료인하 효과, 지주 간섭 배제, 도지권(토지의 경작권) 인정

※ 지주와 전호의 관계가 기존의 신분제 관계에서 경제적 관계로 전환됨을 의미

(다) 양반의 경제생활 : 소작료 징수와 미곡 판매로 부 축척, 일부 양반 몰락(잔반)

(2) 농민 경제의 변화

(가) 농업 생산력의 확대

1) 개간, 수리 시설 복구, 농기구와 시비법 개량, 새로운 영농 방법 시도

2) 모내기법 확대 : 벼와 보리의 이모작으로 생산량 증대

(나) 농업 경영 방식의 변모

1) 모내기 법으로 더 많은 토지 경작(광작) 가능 → 일부 농민 부농으로 성장

※ 광작 : 모내기법으로 제초 작업에 투입되는 노동력이 절감되어 한 가구당 이전보다 더 넓은 토지를 경작할 수 있음을 의미

2) 상품 작물 제배 시작 : 쌀(밭을 논으로 전환), 목화, 채소, 담배, 약초 재배

(다) 소작농의 지위 향상 : 소작권 인정, 소작료의 정액화, 일부 농민은 지주로 성장

(라) 농민층의 분화 : 부농과 몰락 농민 등장

※ 부세 부담, 고리채 등으로 토지 상실, 광작가능 지주가 토지 직접 경영 → 토지를 떠난 농민은 임노동자로 전락, 광산, 포구 등에서 상업 종사

(3) 민영 수공업의 발달

(가) 배경 : 도시 인구 증가로 물품 수요 증가, 대동법의 실시로 관수품 수요 증가

(나) 과정 : 장인들의 부역 기피로 관영 수공업 쇠퇴 → 민영 수공업의 발달

※ 민간 수공업자의 작업장은 주로 점으로 불리었으며, 가격이 저렴하고 제품 우수

(다) 생산방식 : 선대제(상인에게 자금과 원료를 미리 받아 생산) 수공업 활발

(라) 독립수공업자의 등장 : 18세기 후반 수공업자가 독자적으로 상품 생산 판매

(마) 농촌 수공업의 발달 : 자급자족을 넘어 소득을 위한 상품 생산, 전문농가 등장

(4) 민영 광산의 증가

(가) 광업 정책 : 개국 초기 국가 독점 → 17세기 중엽부터 민간 채굴 허용. 세금 징수 → 18세기 후반부터 민간 광업활동 활발

(나) 배경 : 청과의 무역으로 은 수요 증가, 민간 수공업 발달로 광물수요, 잠채 증가

(다) 경영 : 덕대(전문 경영인)가 상인 물주로부터 자본을 위탁 받아 채굴

※ 분업(굴진, 운반, 분쇄, 제련 등)에 토대를 둔 협업 방식으로 자본주의 특징 발현

③ 상품 화폐 경제의 발달

(1) 사상의 대두

(가) 배경 : 농업 생산력의 증대, 수공업 생산 활발, 부세 및 소작료의 금납화, 인구 증가와 대도시 유입으로 상품 유통이 활성화 되고, 상품 화폐 경제가 발달

(나) 조선 후기 상업 활동의 변화 : 처음에는 공인 → 18세기 이후 사상이 주도

(다) 사상의 등장

1) 서울 근교와 지방 도시에서 활발, 지방 장시를 연결 물품을 교역하고 지점 설치

2) 사상

가) 송상 : 개성상인으로 전국에 송방이라는 지점 설치, 인삼 판매, 대외 무역

나) 경강상인 : 한강을 근거지로 운송업에 종사, 선박의 건조 등에 진출

(2) 장시의 발달

(가) 장시의 확산 : 15세기 말 남부 지방 개설 → 18세기 중엽 1,000여 개소로 증가

(나) 장시의 활동 : 지방민 교역 장, 5일 마다 개설, 일부는 상설화 지역 상권 형성

(다) 보부상 : 장시를 유통망으로 활용, 보부상단(조합) 결성

※ 봇짐장수(보상)와 등짐장수(부상)를 일컫고, 국가로부터 상행위를 허락 받음

(3) 포구의 상업 활동

(가) 상업의 중심지로 성장 : 조선 후기 세곡이나 소작료를 운반(강경포, 원산포)

(나) 포구 상인

1) 선상 : 선박을 활용 각 지방의 물품 구입 포구에서 처분(강경 상인)

2) 객주와 여각 : 상품의 매매 중개, 운송, 보관, 숙박, 금융 등 담당

(4) 대외 무역 : 중계무역의 발달

(가) 청과의 무역 : 17세기 중엽부터 활발, 공무역(개시, 국경지대)과 사무역(후시)

※ 수출품 : 은, 종이, 무명, 인삼, 수입품 : 비단, 약재, 문방구

(나) 일본과의 무역 : 17세기 이후(기유 약조) 왜관 개시를 통해 활발하게 진행

※ 수출품 : 인삼, 쌀, 무명 수입품 : 은, 구리, 황, 후추

(다) 주요 상인 : 의주의 만상(청과의 무역 주도), 동래의 내상(일본 무역 주도), 송상(만상과 내상의 물품 중계무역)

(5) 화폐 유통 : 상평통보의 전국적 유통

(가) 배경 : 상공업의 발달과 18세기 후반 조세의 금납화

(나) 화폐의 유통 : 교환 수단인 동시에 재산 축척 수단으로 활용

(다) 신용 화폐 사용 : 상품 화폐 경제 발달 → 환, 어음 등 신용 화폐 보급

3 사회 구조와 생활

① 사회 구조의 변동

(1) 신분제의 동요 : 양반 수의 증가, 상민과 노비 수 감소

(가) 양반층의 분화 : 붕당 정치의 변질로 일당 전제화 되면서 다수의 양반이 몰락 → 권반(중앙 권력 장악), 향반(향촌에서 양반 행세)과 잔반(몰락 양반)으로 분화

(나) 농민층 : 사회 경제적 변화 : 지위 향상과 역의 부담에서 벗어나기 위해 노력 → 양반 신분을 사거나 족보 위조 → 양반층으로 전환, 상민·노비의 수는 축소

(2) 신분 상승 운동

구분	내용
서얼	• 임진왜란 후 차별 완화 • 납속책(국가에 일정한 재물을 바치면 신분을 상승 시켜주거나 관직 부여) • 공명첩(명목상 주는 벼슬 임명장) • 영·정조 시기 : 관직 진출 제한 폐지를 요구하는 집단 상소 운동 전개하여 정조 때 유득공, 이덕무, 박제가 등이 등용
중인	• 기술직을 수행하는 실무 경력과 경제력을 바탕 → 신분 상승 추구 (철종 때 소청 운동 전개) • 역관은 청과의 외교 업무 및 서학을 비롯한 외래문화 수용에 선구적 역할 담당 → 성리학적 가치 체계에 도전하며 새로운 사회 변화의 주역으로 성장
상민	• 부농층이 양반 신분을 매입(합법 : 납속책, 공명첩과 향임직 매입, 불법 : 족보위조)
노비	• 공노비 관리의 효율성이 떨어지자 공노비를 입역 노비에서 납공 노비(신공)로 전환 • 군공(전공), 납속(합법적인 방법), 도망 등을 통해 신분 지속적 향상 • 노비안이 유명무실해 지자 공노비 해방(순조, 1801) : 중앙 관서 노비 해방(6만 6천명) • 노비제 폐지(갑오개혁, 1894) : 노비제 완전 소멸

(3) 가족제도의 변화 : 효와 정절 강조(효자, 열녀) → 가족제도 유지정책

구분	조선 중기까지	조선 후기(17세기 이후)
특징	• 부계와 모계 모두 영향	• 부계 중심의 가족 제도 정착
혼인제도	• 남자의 처가살이 존재	• 여자가 혼인하면 곧 바로 남자 집에서 생활 (시집살이 확산, 친영제도, 세종 때 확산) • 과부 재가 금지

상속	• 자녀 균등 상속 • 집안의 대를 잇는 자식은 더 받음	• 큰아들 우대
제사	• 형제가 돌아가며 제사 봉양	• 장자가 제사 봉양, 아들 없는 경우 양자 입양 • 부계 위주의 족보 편찬, 동성 마을 형성
혼인형태	• 일부일처제 원칙, 첩 제도 유지(처첩제) → 처와 첩을 명확히 구분 • 적서차별 : 서얼의 문과 응시 금지 및 재산 상속도 차별(적자 정실에서 난 아들)	

(4) 인구의 변동

(가) 인구 조사 : 수시 호구 조사, 3년 마다 호적 대장 작성 → 공물과 군역 부과

(나) 인구 형황

1) 건국 초 : 550~750만 명, 임란 전 1,천만 명, 19세기 말 1,7백만 명

2) 인구분포 : 경상·충청·전라 50%, 경기·강원 20%, 황해·함경 30%

② 향촌 질서의 변화

(1) 양반의 향촌 지배 약화

(가) 배경 : 잔반 증가와 부농층 등장으로 양반의 권위약화 → 향촌질서 변화

(나) 양반의 지위 유지 책

1) 군현단위 지배 포기, 촌락단위 동약(동 단위 자치제)실시, 동족마을 형성

2) 문중 중심의 서원·사우 설립

※ 사우(祠宇) : 가문에 이름 있는 선조나 인물을 제사 지내는 사당

(다) 부농층 성장 : 수령을 중심 관권과 결탁 → 향임직(향청, 유향소) 진출

1) 향안에 등재 향회 장악 시도, 정부의 부세 제도 운영에 적극 참여

2) 기존 향촌 세력과 타협하여 지위 확보

(2) 농민층의 분화

(가) 부농층의 출현

1) 농지 확대, 영농 방법 개선으로 부를 축척 지주로 성장

2) 공명첩이나 족보 위조로 신분 상승

※ 양반의 이익 : 군역 면제, 지배층의 수탈 탈피, 향촌사회 영향력

(나) 임노동자의 출현 : 일부 농민 토지상실 → 관청의 노임 부역, 부농에 고용

※ 16세기 이후 부역제 해이로 임노동자 고용, 18세기 이후 관청에서 동원

(3) 관권의 강화 : 수령 중심(향리의 역할도 증대)

(가) 관권과 부농층의 결탁 : 부농층의 성장 욕구와 재정 위기를 타개 하려는 정부의 이해가 일치 → 납속과 향직 매매로 부농층의 성장 합법화

(나) 향촌 지배의 변화 : 종래 지방 사족의 약화로 새로운 향촌 세력 미비 → 수령을 중심으로 한 권 강화 계기, 향리 역할 증대

※ 지방 사족의 이익을 대변했던 향회는 수령의 부세 자문기관으로 전락

(다) 관권 강화의 결과 : 세도 정치기 수령과 향리의 농민 수탈 원인

③ 사회 변혁의 움직임

(1) 사회 불안의 심화와 예언 사상의 등장

(가) 배경

1) 신분제의 동요, 지배층의 수탈, 농민 경제의 파탄 → 농민 의식 성장

2) 탐관오리의 횡포와 학정 → 적극적인 항거 운동 전개

(나) 사회 불안의 심화 : 이양선 출몰, 비기와 도참설 확산 → 도적 때 극성

(다) 예언 사사의 대두 : 유교적 명분론 설득력 상실, 불교의 퇴색 → 비기(비밀스런 기록)와 도참(미래에 대한 근거 없는 예언)등을 이용한 예언 사상 유행

※ 정감록 : 이씨 왕조가 멸하고 정씨가 새 왕조를 개창한 다는 예언 내용

(라) 현세의 고난을 구제하기 위한 무격신앙과 미륵 신앙 확산

※ 미륵 신앙 : 미래에 미륵이 고통 받는 중생을 구제해 준다는 불교 신앙

(2) 천주교의 전파

(가) 전래 : 17세기 북경 왕래 사신이 서학으로 소개(마테오 리치의 '천주실의') → 18세기 후반 남인 실학자들이 신앙으로 수용

(나) 교세 확장

1) 정조 8년(1784) 이승훈이 북경에서 세례를 받고 종교 활동

2) 세도정치에 대한 불만

3) 평등사상, 내세신앙 교리에 공감, 안동 김씨 탄압 완화

4) 양반층에서 여성, 하층민으로 확산 → 조선 교구 설정, 서양인 신부 활동

(다) 탄압

구분	내용
배경	• 왕을 거부하고, 양반 중심의 성리학적 사회 부정→평등사상 유포와 조상 제사 거부
신해박해 (1791)	• 전라도 진산에서 윤지충 등이 조상의 위폐를 소각하자 이들을 사형에 처함 (진산사건)
신유박해 (1801)	• 노론 벽파가 정적인 남인들 중에 천주교 신자가 많음을 알고 탄압 • 이승훈, 정약종, 중국인 신부 주문모 등 사형, 정약용·약전 유형, 황사영 백서 사건
기해박해 (1839)	• 벽파인 풍양 조끼가 정하상 등 신도 200여 명과 프랑스 신부 처형
병인박해 (1866)	• 천주교 세력에 대한 불안과 프랑스를 이용한 러시아의 남하 저지 실패 • 프랑스 신부 9명 처형, 병인양요 발생원인 제공

(3) 동학의 발생

(가) 발생 배경 : 정치적 혼란과 농민 경제의 파탄에서 새로운 이념과 질서 필요

※ 성리학 퇴조와 불교 지도력 상실, 서양 천주교 확산→민족 종교 발상

(나) 창도와 발전

구분	내용
창도	• 1860년 경주 출신인 최재우가 창도
교리	• 민족 신앙 과 유·불·선의 내용 혼합
주장	• 시천주(하느님을 내 마음에 모신다)와 인내천(사람이 곧 하늘이다) 사상 강조 • 반봉건(신분 질서 부정) : 신분 차별 금지, 노비제 폐지, 여성과 어린이의 인격 존중 • 보국안민으로 외세를 극복하자고 하는 반외세 성격
탄압	• 신분 질서를 부정 → 혹세무민(세상을 어지럽히고 백성을 현혹함)으로 최제우 처형
발전	• 2대 교주 최시형이 교리 정돈(동경대전·용담유사), 교단 조직 정비 → 전국적 확산

(4) 농민의 항거 : 농민의 사회의식 성장

(가) 배경 : 세도 정치로 국가 기강 해이, 탐관오리의 수탈, 극심한 삼정 문란

구분	내용
전정 (전세 수취 제도)	• 진결 : 경작하지 않는 땅이나 황무지에 징세 • 은결 : 토지대장에 기록되지 않은 땅에 징세
군정 (군포 징수 제도)	• 인징, 족징, 백골징포(죽은 자에게 징세), 황구첨정(어린아이에게 징세)
환곡 (구휼 제도)	• 허류 : 장부에 있는 것 처럼 허위로 꾸미어 징세 • 반작 : 출납관계에 대한 허위문서를 적성하여 징세

(나) 초기의 소극적 저항(유민, 화전, 도적 · 벽서 · 괘서) → 봉기

(다) 주요 봉기

1) 홍경래의 난(1811) : 봉건체제의 모순과 서북인에 대한 정치적 차별을 이유로 평안도 몰락 양반 홍경래를 중심으로 농민과 중소 상인, 광산 노동자 등이 봉기 → 청천강 이북 지역 장악 → 5개월 만에 평정
2) 임술 농민 봉기(1862) : 단성, 진주에서 몰락 양반과 농민들이 탐관오리와 토호의 탐학에 봉기 → 전국적으로 확대

(라) 영향 및 의의

1) 영향 : 농민들의 사회의식 성장, 양반 중심 지배체제 붕괴 촉진
2) 정부는 지주제를 개혁할 만한 역량 부족
3) 농민은 사회 모순을 자율적으로 변혁하려 했으나 변혁 의식과 역량 부족

4 문화와 예술

① 성리학의 변화

(1) 성리학의 절대화(교조화) 경향

(가) 성리학의 한계 노출

1) 성리학의 발전 : 성리학이 국가 통치 이념으로 자리 잡으면서 지배계층의 이익과 봉건적 신분질서 정당화
2) 성리학의 교조화 : 인조 반정이후 송시열 등 서인의 의리·명분론 강화 → 주자 중심의 성리학 절대화(송시열 등은 주자의 본뜻에서 사회 모순 해결 가능 판단)

※ 현실적인 문제에서는 실천성 부족으로 대안을 제시하지 못하는 한계 노출

(나) 성리학에 대한 반발 등장

1) 16세기 후반부터 성리학을 상대화 하고 6경과 제자백가 등에서 모순 해결의 사상적 기반을 찾으려는 경향 대두→사문난적(성리학을 반대하는 적)으로 몰림
2) 윤휴(유교 경전의 독자적 해석)·박세당(양명학과 노장 사상 수용) → 주자의 학문과 다른 경향 제시, 서인(노론)에게 사문난적으로 몰려 처형당함
3) 소론 : 성혼의 절충적인 사상을 계승(양명학과 노장 사상 수용)하여 유연성 확보

(다) 성리학의 철학 논쟁

이기론 논쟁 / 16세기 말	예송논쟁	호락논쟁(노론 내) / 18세기
• 이황 학파의 영남 남인 ↔ 이이 학파의 노론	• 남인 ↔ 서인 효종의 정통성 문제	• 호론(충청도 지방의 노론, 인간과 사물의 본성 이 다르다) ↔ 낙론(서울 경기 지방의 노론, 인간과 사물의 본성이 같다)

(2) 양명학의 수용(소론, 성혼의 사상 계승)

(가) 특징 : 중종 때 전래, 성리학의 절대화와 형식화 비판, 지행합일의 실천성 강조

(나) 수용 : 17세기 후반 소론 학자들이 연구, 18세기 초 정제두에 의해 체계화

※ 정제두는 일반인을 도덕 실천의 주체로 인식하고 양반 신분제의 폐지를 주장

(다) 정제두의 강화 학파 : 소론의 가학으로 전승, 실학자들에 영향을 미침
(라) 한계 : 성리학의 우세로 인하여 성리학 테두리 내에서 크게 벗어나지 못함

② 실학의 발전

(1) 배경과 발전

(가) 대두 배경 : 17·18세기 사회·경제적 변동에 따른 사회 모순을 해결하는 과정에서 대두한 학문과 사회개혁론으로 성리학의 근본적 한계성에서 출발
※ 사회체제의 모순, 성리학에 대한 비판, 생산량 증대, 신분 변동, 고증학의 전례
(나) 시원 : 17세기 전반 이수광의 지봉유설과 한백겸의 동국지리지, 천주실의 소개
(다) 발전 : 청의 고증학(명말 청초에 일어난 실증적 고전연구 학궁)과 서양과학 영향 → 농업중심 개혁론(중농학파), 상공업 중심 개혁론(중상학파),
※ 국학 연구로 확산되어 18세기 활발하게 진행
(라) 의의 : 민족적(우리 문화의 독창성 강조)이고 민본적(피지배계층의 처지와 이익을 대변)이며, 근대 지향적(사회 개혁과 생산력 증대를 통해 근대사회 지향)인 운동
※ 북학파 실학사상은 19세기 후반 개화사상에 영향
(마) 한계
1) 재야 지식인의 개혁론으로 국가정책에 반영되지 못함 → 상공업 중심 개혁론
2) 성리학적 가치관 유지, 근대 학문으로 성장 못함 → 농업중심 개혁론

(2) 실학의 방향

(가) 농업 중심의 개혁론(경제 치용 학파) : 농민 생활의 안정을 위한 토지 개혁
1) 시기 / 주체 : 18세기 전반 / 경기 지방 남인 중심 전개, 중농학파라고도 불림
2) 특징 : 농민 생활의 안정을 위해 각종 제도개혁과 토지제도 개혁 중시 → 자영농 육성에 주안

3) 주요 학자와 개혁안

학자	저서	개혁론	개혁안
유형원	반계수록	균전론	• 관리, 선비, 농민 등 신분에 따라 차등 있게 토지 재분배하고 조세와 병역도 재조정 ※ 양반 문벌제도 비판, 과거제도 비판, 노비 제도의 모순 비판
이익	성호사설	한전론	• 한 가정의 생활을 유지하는데 필요한 규모의 토지는 영업전으로 하여 매매를 금지하고, 나머지 토지만 매매를 허용하자고 주장 ※ 나라를 좀먹는 여섯 가지 폐단 지적 : 노비제도, 과거제도, 양반 문벌제도, 사치와 미신, 승려, 게으름
정약용	목민심서 경세유표	여전론 정전제	• 지주전호제를 폐지하고 무상몰수 후 토지를 국유화하여 9분의 1은 조세로 하고 나머지는 농민에게 분배하자고 주장 ※ 중앙과 지방의 행정 개혁, 통치자는 백성을 위해 존재 과학기술과 상공업의 발달에 관심

※ 정약용의 저서 : 500여 권의 여유당 전서 저술
이 속에 마과회통(종두법 소개), 아방강역고, 경세유표(중앙의 행정조직 개혁), 목민심서(지방 행정의 개혁), 흠흠신서 포함

(나) 상공업 중심의 개혁론(이용후생 학파, 북학파)

1) 시기 / 주체 : 18세기 후반 / 서울 지역 노론 중심

2) 특징 : 상공업의 진흥과 기술혁신 주장 → 청의 문물 수용 부국강병과 이용후생

※ 19세기 이후 개화사상으로 계승

3) 주요 학자와 개혁안

학자	저서	개혁안
유수원	우서	• 북학의 선구자로 상공업 진흥과 기술 혁신 강조, 사농공상의 직업 평등과 전문화 강조(양반도 생업 종사 주장)
홍대용	의산문답	• 중국 중심의 세계관 비판, 문벌제도 철폐, 성리학 극복, 기술 혁신
박지원	열하일기	• 상업적 농업 장려, 양반 문벌제도 비판, 화폐유통 강조, 수레와 선박 이용
박제가	북학의	• 청 문물의 적극 수입, 수레와 선박 이용, 절약보다 소비를 권장(생산과 소비를 우물물에 비교하면서 생산을 자극하기 위해 건전한 소비를 강조)

③ 국학 연구의 확대

(1) 배경 : 실학의 발달로 민족의 전통에 대한 자각과 현실에 대한 인식 증대

(2) 역사 연구

(가) 역사의 독자성과 정통성을 강조, 실증적이고 개관적 입장에서 기술

(나) 삼한정통론의 대두(성리학적 역사관은 기자가 우리의 시작이라고 보았으나 안정복은 동사강목에서 단군 조선부터 이어지는 역사 서술)

(다) 주요 학자 및 업적

학자	저서	업적	
이익	성호사설	• 실증적 역사 서술, 중국의 역사관 비판, 민족에 대한 주체적 자각	
안정복	동사강목	• 고조선에서 고려 말까지 이르는 역사를 정리한 편년체 통사 • 이익의 역사의식 계승, 우리 역사의 독자적 정통른 체계화	
이긍익	연려실기술	• 조선 시대의 정치와 문화 정리	
김정희	금석과안록	• 북한산비가 진흥왕 순수비 임을 고증, 황초령비 판독·고증	
한치윤	해동역사	• 500여 종의 중국 및 일본 사료 참조 민족사 인식의 폭 확대	
이종휘	동사	• 고구려사 연구	한반도 중심의 협소한 사관 극복
유득공	발해고	• 발해사 연구, 남북국이라는 용어를 처음 사용	

(3) 지도 및 지리서

(가) 지리서 : 동국지리지(한백겸), 아방강역고(정약용), 택리지(이중환, 각 지역의 물산과 풍물, 인심 기록)

(나) 지도

1) 동국지도(정상기) : 최초로 100리척 사용(100리를 1척으로 지도 제작)

2) 대동여지도(김정호) : 산맥과 하천, 도로망 등을 정밀하게 표시, 10리마다 표시

〈대동여지도(김정호)〉

(4) 국어 : 훈민정음운해(신경준), 언문지(유희), 고금석림(이의봉, 방언정리)

(5) 백과사전 : 지봉유설(이수광, 백과사전의 효시), 성호사설(이익), 청장관전서(이덕무), 임원경제지(서유구), 동국문헌비교(영·정조, 문물을 정리한 한국학 백과사전)

④ 과학 기술의 발달

(1) 서양 문물의 수용

(가) 전통적 과학 기술의 계승과 중국을 통한 서양 과학 기술의 도입

※ 중국 사신 전래 : 이광정(선조, 세계 지도), 정두원(인조, 화포, 천리경, 자명종)

(나) 서양 문물 수용 : 이익과 그의 제자 및 북학파 실학자들이 관심 유지

(다) 표류해 온 벨테브레와 하멜 : 서양식 대포 제조법·조정법 전래, 하멜(1653) 표류기로 조선을 처음으로 서양에 소개

(2) 천문학과 지도 제작 기술의 발달 : 중국 중심 세계관 탈피, 근대적 우주관 접근

〈혼천의(홍대용)〉

(가) 천문학 : 이익(지구가 둥글면 어느 나라나 세계의 중심이 될 수 있다고 주장), 홍대용(우리나라 최초로 지전설 주장, 무한 우주론) → 성리학적 세계관을 비판

(나) 역법 : 청의 시헌력 도입(24절기를 계산한 오늘날의 음력)

(다) 지도 제작 : 세계 지도인 곤여만국지도 도입으로 조선인의 세계관 확대

(3) 의학, 농학의 발달과 기술 개발

17세기	• 동의보감(허준, 동양 의학의 집대성), 침구경험방(허임, 침구의 집대성)
18세기	• 마과회통(정약용, 홍역 연구, 종두법 연구 실험)
19세기	• 동의수세보원(이제마, 사상의학 확립, 체질 의학 이론으로 현재 사용)

(4) 농서 편찬 : 농가집성(신속), 색경(박세당), 산림경제(홍만선), 임원경제지(서유구, 농촌 생활 백과), 해동농서(서호수)

(5) 기술 개발 : 과학과 기술의 중요성 인식

(가) 거중기 제작 : 기기도설(서양 선교사 제작) 참고, 화성 축조에 사용

(나) 배다리 설계 : 정조의 수원 행차 때 한강 도하

(다) 선박의 건조 : 총포・병차의 제조

⑤ 문학의 새 경향

(1) 서민 문화의 발달

(가) 배경 : 상공업의 발달, 농업 생산력의 증대, 교육의 확대(서당) → 서민 지위 향상

(나) 주도층 : 전기 양반 중심의 문화에 중인층과 서민층이 참여

(다) 특징 : 조선 전기(정적, 소극적) → 후기(적나라한 감정 표현, 양반의 위선 풍자, 사회의 부정과 비리 고발 경향)

(라) 종류 : 한글 보급에 따른 한글 소설, 사설시조, 판소리와 탈춤, 풍속화와 민화

(2) 판소리와 탈놀이

(가) 판소리 : 19세기 후반 신재효가 정리, 서민 문화의 중심으로 구체적인 이야기를 창과 사설로 엮어 가는 예술 형태, 춘향가, 홍보가, 적벽가, 수궁가 등 다섯 마당만 현존

(나) 가면극 : 탈놀이(마을 굿의 일부로 공연), 산대놀이(산대라는 무대에서 공연되던 가면극으로 도시 상인과 중간층의 지원으로 성행)

(3) 한글소설과 사설시조

(가) 문학의 저변이 서민층에까지 확대 → 한글 소설과 사설시조의 등장

(나) 한글 소설 : 홍길동전(서얼 철폐와 탐관오리 척결), 춘향전(신분 차별 비합리성), 토끼전(별주부전), 심청전, 장화・홍련전

(다) 사설시조 : 형식에 구애됨이 없이 파격적인 감정 표현

(라) 한문학 : 정약용의 한시, 박지원의 한문 소설(양반전, 허생전, 호질, 민옹전 등 양반 사회의 허구성 폭로)

※ 정약용은 고유 정서를 표현하기 위한 문체로 혁신할 것을 주장 : 문체반정

(마) 기타 : 시사 조직(중인층의 시 동호회), 풍자시인 활동(김삿갓 ; 김병연, 정수동)

(4) 진경산수화와 풍경화

(가) 진경산수화 : 우리 정서와 자연을 사실적으로 그려 그림의 토착화 → 인왕제색도 / 금강전도(겸제 정선, 18세기)

※ 중국의 화법을 고루 수용하여 우리 자연과 풍속에 맞는 새로운 화법 창안

(나) 풍속화 : 18세기 후반 성행, 삶의 일상을 생동감 있게 표현 회화의 폭 확대

• 김홍도 / 밭갈이. 추수, 씨름, 대장간, 집짓기	• 신윤복 / 단오 풍정, 선유도, 주유도, 주막도
• 서민을 주인공으로 하는 농촌 생활 묘사	• 양반과 부녀자의 생활과 애정 묘사

(다) 기타 : 서양화 기법 반영(강세황, 원근감), 강렬한 필법과 채색법(장승업)

※ 민화(민중의 미적 감각 표현)가 민간에 널리 유행 → 생활공간을 장식

(라) 서예 : 동국진사체(이광사), 추사체(김정희)

〈인왕제색도(정선)〉

〈대장간(김홍도)〉

〈단오 풍정(신윤복)〉

〈까치 호랑이(민화)〉

(5) 건축의 변화

구분	17세기	18세기	19세기
특징	• 불교의 사회적 지위 향상과 양반 지주층의 경제적 성장 반영	• 부농과 상인의 지원으로 사원건립 정치적 필요에 의한 건립	• 국왕의 권위 향상 목적
대표 건물	• 금산사 미륵전, 화엄사 각황전, 법주사 팔상전	• 쌍계사, 개암사, 석남사 • 수원 화성	• 경복궁 근정전과 경회루

※ 수원 화성은 종합적인 도시계획아래 국가의 역량을 집결시켜 건설

〈법주사 팔상전〉

〈화엄사 각황전〉

(6) 백자와 생활 공예

(가) 자기 공예 : 백자가 널리 사용, 양반은 청화백자, 서민은 옹기 사용

(나) 음악 : 향유층의 확대와 다양화

※ 가곡 · 시조 : 양반층, 판소리 · 산조 · 잡가(광대, 기생), 민요(서민)

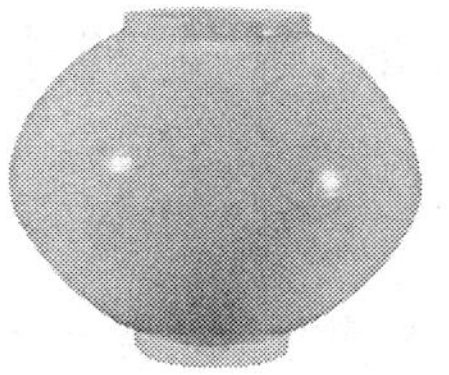

〈달항아리〉

〈청화 백자 대나무무늬 각병〉

6. 근 · 현대

1 통치 체제와 정치

2 경제 활동

3 사회구조와 생활

4 문화와 예술

▶ 근 · 현대

- ❍ 제국주의의 침탈과 극복
- ❍ 외래문화와 전통문화와의 충돌과 융합
- ❍ 민족 역량의 발전과 성장

대한민국 정부수립(1948. 8. 15)

1 통치체제와 정치

① 근 · 현대의 세계

(1) 동아시아 : 중국(신해혁명), 일본(한국 · 중국 침략), 대한민국 정부수립

(2) 서양 : 식민지 침략, 경제공황(1929), 제2차 세계대전(1939)

② 개화와 주권수호 운동

(1) 흥선 대원군(재위 1863~1873)의 개혁 정책 ← 세도정치와 외세의 위협

(가) 왕권강화 정책 : 세도정치 타파와 능력위주 인재 발탁, 비변사 폐지로 의정부와 삼군부 기능 회복, 경복궁 중건, 서원정리, 대전회통 편찬

(나) 민생 안정책 : 삼정의 개혁과 서원철폐. 전정(양전 실시로 토지대장 누락 은결 색출), 군정(호포법 시행으로 양반에게도 군포 징수) 환곡(환곡 폐지 → 사창제)

(다) 통상수교 거부정책과 양요 : 병인양요, 신미양요 발생

1) 전국에 척화비 건립 : 양외 침입에 대한 투쟁 의지와 민심 결집 목적

2) 제너럴셔먼호 사건 : 미국 상선 제너럴셔먼호가 대동강 상어서 통상 요구 → 평양 군민이 합동으로 격퇴

3) 병인양요(1866, 프랑스)

가) 병인박해를 구실로 프랑스 함대 강화도 침공, 외규장각 도서 등 약탈

나) 강화도 문수산성과 정족산성(양헌수)에서 프랑스 군 격퇴

※ 프랑스 약탈한 외규장각 도서 2011년 반환

4) 신미양요(1871, 미국)

가) 제너널셔먼 호 사건을 구실로 미 함대 강화도 초진진과 덕지진 점령

나) 광성보 전투에서 어재연의 분전으로 미군 퇴각

(라) 결과 : 국가 기강 확립, 왕권 강화, 민생안정, 동학 · 천주교 사상 배격

(마) 한계 : 전제 왕권 강화를 위한 전통 체제내의 개혁, 성리학적 지배체제 고수

※ 세계사의 흐림에 역행한 쇄국정책으로 민족 근대화 지연

(2) 개화 정책의 추진과 갈등

(가) 강화도조약 체결(1876, 조일수호조규) : 조선의 불평등한 최초 근대조약

1) 고종의 친정과 개화세력의 성장으로 통상개화론 대두(박규수, 오경석 등)

2) 일본의 침략 야욕 : 일본 내부의 정한론 대두와 문호개방 요구

3) 운요호 사건(1875)으로 강화도 조약(1876, 병자수호조규) 체결

※ 불평등 조약 : 침략 거점을 확보하기 위해 정치·군사적 목적(치외법권 인정 → 영토주권 침해, 부산 외 인천과 원산항 개항 → 군사적 목적)

(나) 미국과 통상수호조약 체결(1882). 이후 영국, 독일, 프랑스와 조약 체결

※ 황쭌셴의 조선책략으로 수교 분위기 조성

(다) 개화사상의 형성과 추진

1) 개화사상의 형성 : 1870년대 개화사상의 선구자(박규수, 오경석, 유대치) 등장 → 양반 자재들이 개화사상을 받아들이며 세력화(김옥균, 박영효, 서광범, 유길준)

가) 실학의 북학파, 일본의 메이지 유신, 청의 양무운동 등에 영향을 받음

나) 19세기 중엽에 형성, 자주적인 문호 개방과 근대적 개혁 주장

2) 개화사상의 발전

구 분	온건 개화파	급진 개화파
중심 인물	• 김홍집, 김윤식, 어윤중	• 김옥균, 박영효, 홍영식
개혁 방향	• 동도서기론에 의한 점진적 개혁 • 민씨 정권과 원만한 관계유지	• 서양의 영향으로 급진개혁 추진 • 일본의 문명개화론에 영향을 받음
개혁 모델	• 청의 양무운동	• 일본 메이지 유신

3) 개화정책 추진

가) 통리기무아문과 12사 설치, 5군영 → 2영으로 통합, 별기군(신식 군대) 창설

나) 사절단·수신사 파견 : 근대적의미의 통신사로 일본에 2회 파견

다) 해외사절단 파견 : 일본 신사유람단(조사 시찰단, 2차 수신사 김홍집 조선책략 반입), 청(영선사 : 무기제조법과 근대식 군사훈련법 습득), 미국 (보빙사 : 조·미 통상수호조약 체결 후 파견)

(라) 위정척사 운동 : 성리학적 전통 질서유지와 외세 배척, 개화와 개항 반대

1) 반침략·반외세 주권수호운동, 성리학적 사고와 봉건적 사고로 근대화 지장

2) 보수적 유생 주도 → 외세침략 저항, 봉건질서 유지, 세계사 흐름 거부

시 대	운동 내용	주요 인물
1860년대	• 통상반대, 척화주전론, 흥선대원군의 대외 정책 지지	기정진, 이항로
1870년대	• 개항반대, 왜양일체론, 개항 불가론	최익현, 유인석
1880년대	• 상소 운동(영남 만인소) 전개	이만손, 홍재학
1890년대	• 일본의 침략에 무력으로 저항	유인석, 기우만

(마) 임오군란(1882) : 개항 후 외세 침탈과 개화정책에 반대한 최초의 투쟁

1) 개화 추진 과정에서 피해를 입은 구식 군인과 도시 하층민의 봉기

※ 일본으로 곡물유출 물가폭등으로 인한 영향) → 궁궐난입 및 일본공사관 습격

2) 흥선대원군의 재집권과 개화 정책의 일시 중단

3) 민씨 정권이 청에 원병 요청 → 청군 주둔 내정간섭 심화, 흥선 대원군 청 압송

4) 결과

가) 청군의 조선 주둔(위안스카이 조선군 훈련)과 내정간섭(고둔 파견) 심화

나) 조 · 청 상민 수륙 장정 체결 : 청 상인의 특권 보장

다) 제물포 조약으로 일본에 배상금 지불, 일본 공사관의 경비병 주둔 허용

(3) 갑신정변(1884) : 위로부터의 개혁으로 민중의 지지 미약 실패, 외세 개입

(가) 개화당의 개혁 추진 : 박문국과 우정국 설치, 일본 유학생 파견, 일본 차관 도입 실패, 민씨 정권으로부터 탄압 등으로 개화에 차질 발생

(나) 목적 : 온건 개화파가 개화 정책 주도, 급진 개화 세력(김옥균, 박영효 등)이 일본의 지원을 받아 정권장악 시도

(다) 경과 : 우정국 낙성식에서 정변 단행 → 개화당 정부수립(청군개입, 3일천하)

※ 14개조 정강발표 : 청 사대청산, 입헌군주제 수립, 재정일원화, 문벌폐지

(라) 결과 : 청 · 일 전쟁 발발의 빌미 제공

1) 청과 일본의 대립 격화, 친청 보수 세력의 장기 집권, 개화 세력의 위축

2) 한성 조약 체결 : 조선은 일본에 배상금 지불, 공사관 신축 비용 부담

3) 텐진 조약 체결 : 청 · 일 양군 동시 철군, 이후 조선 출병 시 사전 통보

4) 열강의 세력경쟁 치열 → 영국의 거문도 점령(1885), 조선 중립화론 대두

② 근대 국가 수립운동과 제국주의 침략

(1) 동학농민 운동(1894) : 아래로 부터의 반봉건·반외세 운동

(가) 배경 : 정부 수탈, 일본 경제의 침투로 농촌경제 파탄 농민의 불만 고조 및 식량부족 현상 초래, 농촌 지식인의 정치·사회의식 급성장, 동학 확산

(나) 동학 농민 운동의 전개

1) 고부 군수 조병갑 학정(만석보 사건)에 따른 고부민란(1984. 1. 10) : 반봉건 운동

2) 1차 봉기 : 사발통문으로 봉기 계획 수립 → 전라도 일대 장악(백산 집결, 황토현 전투) → 전주화약(폐정개혁 합의) → 집강소 설치(전라도 53개 군에 설치한 동학 농민군의 민정기관), 폐정개혁 실천

3) 농민군 2차 봉기(1984. 9, 삼례) : 일본 내정간섭 → 동학군 재봉기 → 일본군에 패배(우금치), 청주성 공략(김개남) 패배, 전봉준 피체

(다) 의의 : 농민 주도의 반외세·근대적 개혁 운동 좌절

1) 반봉건·반침략 민족 농민운동으로 갑오개혁에 신분제 폐지 등 반영

2) 구체적인 근대국가 건설 방안 결여, 농민 이외의 지지기반 미확보

(2) 청·일전쟁(1894~1895) **발발**

(가) 조선에서 농학농민운동이 발생하자 텐진조약에 의거 청·일 양군 조선 출병

(나) 조선 철병을 거부한 일본군 청 기습 제해권 장악 후 산둥의 청 기지 공격

(다) 시모노세키 조약 체결 : 일본은 랴오둥 반도 및 타이완 할양 받았으나 3국 간섭으로 랴오둥 반도 청에 반환

(3) 갑오개혁과 을미개혁 : 자주적 개혁으로 근대제도를 갖춘 국가 면모 유지

구분	갑오개혁(1894)	을미개혁(1895)
배경	• 농민의 개혁요구 • 개화 세력의 개혁의지 • 일본의 내정개혁 요구	• 러·프·독의 3국 간섭으로 일본 세력 약화 • 명성황후 친러 정책으로 을미사변 발생 (일본이 명성황후를 시해한 사건)

내용	• 군국기무처설치(초정부적 기구) • 홍범 14조 반포 -내각 권한강화(입헌군주제 추구) -신분제 폐지, 대간제와 과거제 폐지 -은본위 화폐제도, 조세의 금납화 -탁지아문에서 재정 일원화 관할 -사법권 독립(재판소 설립) -지방수령 권한약화(행정권만 유지)	• '건양' 연호 사용 • 단발령 시행 • 태양력 사용 • 소학교 설치 • 종두법 시행 • 우편사무 재개 • 군사개편 : 친위대(중앙)와 진위대(지방) 설치
한계/결과	• 조세제도와 토제제도 개혁 소홀 • 군제 개혁 소홀	• 을미의병 봉기 → 아관파천으로 친일 내각 붕괴(개혁 중단, 친러 내각 수립)

※ 갑오개혁과 을미개혁으로 근대 국가의 면모 유지(홍범 14조 최초의 헌법 성격, 사법권 독립). 동학농민군과 개화세력의 요구사항이 부분 반영되었으나 일본의 침략에 걸림돌이 될 수 있는 군사적 개혁이나 토지의 개혁은 이루어 지지 않은 위로부터의 개혁

(4) 독립협회(최초의 자유 민주주의적 정치운동)**와 대한제국**

(가) 아관파천(1896) : 을미사변 후 러시아가 베베르를 내세워 친러파(이완용 등)와 고종을 러시아 공사관으로 옮김→개화파 붕괴. 국가자주성 손상, 열강 이권침탈 심화

(나) 독립협회 조직(1896. 7) : 서재필, 이승만 등이 창립, 독립신문 창간 민중 계몽, 영은문 자리에 독립문 건립, 자주 국권 · 자유 민권 · 자강 개혁을 추구하는 정치운동(입헌군주제) 전개 → 만민 공동회(1898. 3) 와 관민 공동회(1898. 10) 개최(헌의 6조 결의), 전제왕권 제한 주장 : 자주 국권, 자주 민권, 자강 개혁운동

※ 고종의 해산명령으로 황국협회와 군대 동원 해산(1899) → 애국 계몽 운동에 영향

(다) 대한 제국(1897~1910)의 탄생과 광무개혁(복고적 성향 / 위로부터의 개혁)

1) 대한제국의 성립 : 고종 아관파천 복귀, 황제 즉위 후 국제 발표(1899. 8. 17) → 국제는 '대한제국', 연호는 '광무'

2) 광무개혁 추진 : 황권 강화, 구본신참의 개혁, 점진적 개혁 표방, 양전사업 실시, 지계(토지 소유 문서)발급, 상공업 진흥책, 근대적 교육제도 마련

※ 집권층의 보수적 성향(전제권 강화, 독립협회 해산)과 열강 간섭으로 성과 미미

(5) 일제의 국권 침탈 과정

(가) 러 · 일 전쟁(1904~1905) : 승리한 일본은 한반도의 독점적 지배권 행사

(나) 국권 피탈 과정

구분	주요 조치	내용
1904	한 · 일 의정서(2월)	• 군사기지 사용권 장악, 일본의 동의 없이 조약체결 금지
	제1차 한 · 일협약(8월)	• 고문정치 : 외교(스티븐슨), 재정(메가타) 임명 내정간섭
1905	가쓰라 · 테프트조약(7월)	• 미국의 필리핀 지배와 일본의 대한제국 지배 상호 인정
	제2차 영 · 일 동맹(8월)	• 영국의 인도 권익과 일본의 대한제국 권익 상호 인정
	포츠머드 강화조약(9월)	• 러 · 일 전쟁에서 패한 러시아 일본의 대한제국 지배 인정
	화폐정리 사업	• 구 백동화와 상평통보를 제일은행 권으로 바꾸면서 일본 제일은행이 한국의 중앙은행이 됨
	제2차 한 · 일 협약 (11. 17, 을사늑약)	• 대한제국의 외교권 박탈 일본의 보호국으로 전락 • 통감부 설치 이토오 히로무비 초대 통감으로 임명 내정간섭 • 고종의 조약 체결 거부, 조약 무효화 선언, 헤이그 특사파견(이준, 이상설, 이위종), 미국에 친서 • 의병운동 : 최익현(태인), 민종식(홍주), 신돌석(영해) • 장지연 시일야방성대곡 황성신문 게재, 나철 5적 암살단조직
1907	고종 강제 퇴의(7월)	• 헤이그 특사 파견(고종이 네덜란드 헤이그에서 개최된 제2차 만국 평화회의에 특사를 파견 을사조약의 부당성을 알리려고 한 사건)을 구실로 고종이 강제 퇴위 당함
	한 · 일 신 협약(7월) (정미 7조약)	• 차관정치(각 부 일본인 차관 배치), 일본관리 임명 내정간섭 • 부수각서에 군대해산 명시
	군대해산(8월)	• 한 · 일 신협약 부수 각서로 군대해산 → 해산군인 의병가담
1909	기유각서	• 사법권, 감옥 행정권, 경찰권 강탈
1910	한 · 일 강제 병합 (8. 29, 경술국치)	• 일진회(이용구 등) 한 · 일 합방에 대한 성명서와 청원서발표 • 조선 총독부 설치, 일제 식민지로 전락

※ 간도 협약(1909) : 백두산정계비의 해석을 둘러싼 청과 한국정부의 갈등, 대한제국은 간도를 함경도의 행정구역으로 편입(1902)하였으나, 일제는 청과 간도협약을 체결하여 만주의 안봉선 철도 부설권과 탄광 채굴권을 획득하고, 간도를 청의 영토로 인정

(6) 항일 의병 전쟁과 애국 계몽운동(실력양성 운동)

(가) 항일 의병 전쟁 전개 : 항일 무장독립 투쟁의 기반 형성, 일제 식민정책 타격

구 분	원 인	주요 의병장	특 징
을미의병 (1895)	을미사변 친일내각의 단발령	유인석(유생) 이소응(유생)	• 위정척사 사상을 가진 보수적 유생층 주도 • 단발령 철회와 고종의 해산권고로 자진해산 • 해산이후 일부 농민 활빈당, 영학당 조직
을사의병 (1905)	을사늑약체결 (외교권 박탈)	최익현(유생) 신돌석(평민)	• 양반 유생, 전직관료, 평민 의병장 등장 • 최익현 전북 태인 봉기
정미의병 (1907)	고종강제퇴위 군대해산	이인영/홍범도(유생) 전해산/안규홍(평민)	• 평민 의병장 다수, 해산 군인과 노동자 등 • 해산군인 합류로 전투력 강화, 호남지방 활발 • 항일무장 독립투쟁 전기 마련
한계	• 지도층의 봉건사상, 조직력과 무장력의 한계, 국제적 고립으로 외부 지원 차단		

※ 일본군의 남한 대토벌작전으로 의병 위축 → 1910년대 이후 간도, 연해주로 이동 투쟁

(나) 애국 계몽 운동 : 실력 양성운동으로 지속적인 민족 독립운동 기반 마련

1) 주요 활동 : 학교와 학회 설립 근대 학문 교육과 민중 계몽, 언론 및 산업운동

2) 단체

가) 보안회(1904) : 일제의 황무지 개간권 요구 철회 성과

나) 헌정 연구회(1905) : 을사늑약 체결 후 독립협회 계승 입헌 군주제 주장

다) 대한 자강회(1906) : 국채보상운동 참여, 고종 강제 퇴위 반대운동 주도

라) 신민회(1907) : 국권 회복과 공화정치 추구하는 비밀 조직단체로, 국내에서는 문화·경제적 실력 향상, 국외에서 독립군 기지건설 항일무장투쟁의 토대마련

※ 105인 사건(일제가 테라우치 총독 암살 사건을 조작, 105인 투옥)으로 해산

(7) 동포들의 해외 이주

(가) 만주(간도)

1) 19세기 후반 : 자연재해 및 수탈을 회피하여 생활 터전을 찾아 이주

2) 한말 : 의병과 애국 계몽운동가들이 독립운동을 위해 이주

※ 1910년 무렵 만주 지역의 한인 10만 명, 1920년대 무장 투쟁의 근거지 역할

(나) 연해주

1) 러시아가 연해주(청의 영토였으나 러시아가 1860연 베이징 조약을 중재하고 차지함)를 개척할 목적으로 한인 이주 허가 → 100여 개의 신한촌 형성 을사조약 이후 무장 투쟁의 중심지 역할
2) 스탈린 이주 정책(일본군과의 연계 가능성 우려)으로 중앙아시아로 이동(고려인)
3) 1902년 하와이 농업이민 시작(사탕수수 농장, 철도 공사, 개산사업 등에 투입)→ 일부는 미국 본토, 멕시코, 쿠바 등지로 이주

③ 민족의 수난과 항일 민족 운동의 전개

(1) 일제의 식민 통치

구분	내 용
1910년대 무단통치 (헌병 경찰 통치)	• 헌병 경찰을 앞세운 무단 통치, 기본권 박탈(언론, 집회, 출판, 결사의 자유) • 관리와 교사까지 칼을 휴대, 헌병 경찰에게 즉결 처분권 부여 ※ 토지조사사업 : 근대적 토지소유관계 확립, 조선 총독부 합법적 토지 약탈 ※ 회사령, 어업령, 광업령 등 제정 → 식민지배 체제 확립
1920년대 문화통치 (민족 분열통치)	• 3·1운동의 영향, 일본의 민주주의와 자본주의의 발전 • 유화적인 식민통치방식으로 보통 경찰제도 시행, 조선 총독의 조선인 문관 임명 가능 → 조선인 이간책으로 분열유도 • 합법적인 민족운동 확대, 자치 운동 등 타협적인 민족운동 등장, 내부 분열 ※ 우리 민족에게 어느 정도 자유를 허락하였지만, 범위를 벗어난 민족 운동에 대해서는 가혹한 탄압 시행 ※ 산미 증식 계획 : 일본의 급격한 도시화로 쌀 부족 현상 심화 → 한반도에 대규모 농업 투자 일본으로 쌀 유출 한반도는 식량사정 악화
1930년대 이후 (대륙침략·민족 말살정책)	• 대륙침략 본격화(만주사변 1931, 중일전쟁 1937, 태평양전쟁 1941) 전시동원 체제 구축 → 한반도의 병참 기지화 • 인적·물적 자원의 수탈 강화 : 강제 징용, 학교 지원병·징병제도, 정신대, 전쟁물자 공출, 금속 물자 수탈 • 황국신민화 : 민족정체성 말살(우리말 금지, 내선 일체 구호, 신사참배, 창씨 개명 등) → 한국인을 전쟁에 효율적으로 동원하기 위한 제도

(2) 민족 독립운동의 전개

(가) 3 · 1운동 이전의 민족 운동

1) 국내 민족운동

가) 독립의군부(1912) : 의병 전쟁 계열의 비밀 결사 단체

나) 대한광복회(1915) : 계몽운동 계열의 독립 단체로 공화주의 주장

2) 국외 민족운동의 전개 : 실력 양성론과 의병 전쟁론 결합, 독립운동기지 건설

가) 만주 지역의 독립운동

- 삼원보 : 자치 기관인 경학사와 부민단을 조직, 신흥무관학교를 설립하고 독립군의 사관을 양성
- 북간도 : 용정에 서전서숙, 명동 학교 등을 설립, 대종교 계열의 항일 단체인 중광단 결성

나) 연해주 지역의 독립운동 : 신한촌, 밀산부 중심, 권업회. 대한 광복군 정부 조직

다) 미주 지역의 독립 운동 기지 : 안창호, 이승만 등이 대한인 국민회를 조직, 외교 활동을 통한 구국운동 전개

3) 애국 계몽 운동

(나) 3 · 1운동의 전개와 의의

구 분	내 용
배 경	• 국제 정세의 변화 : 미국 윌슨 '민족 자결주의 원칙 천명, 소련 '소수 민족 해방 운동 지지' 발표 • 신한청년당의 활동 : 독립 청원서를 작성 파리 강화회의에 김규식을 대표로 파견 • 무오(대한) 독립 선언(1918) : 중광단이 무장 투쟁을 통한 완전한 독립을 주장 • 2 · 8독립선언서 발표 : 일본 도쿄에서 유학생이 중심이 되어 발표
전 개	• 민족 대표 33인(천도교계 15명, 기독교계 16명, 불교계 2명)이 독립선언서 발표(1919. 3. 1) → 전국 확산(도시에서 농촌) → 일제는 헌병 경찰을 동원 무혈 진압(제암리 사건 등) • 비폭력 만세시위에서 무력 저항운동으로 전환 → 해외로 확산(만주와 연해주 지역 동포 만세 운동, 미국 필라델피아에서 독립 선언식을 거행, 일본 유학생들의 만세 시위 등)

의 의	• 전 민족이 참여한 자주 독립 운동으로 민족의 정체성 확인 • 대한민국 임시정부의 수립 : 민족 운동의 체계화 조직화 계기 • 모든 국민이 주인이 되는 공화정치 주장 • 일제 식민통치 방식의 변화 : 헌병 경찰에 의한 무단 통치에서 고등 경찰에 의한 문화 통치체제로 전환 • 세계 반제운동과 약소민족의 해방운동에 영향 : 중국 5·4운동, 인도 불복종 운동

④ 대한민국 임시정부의 수립과 민족 운동

(1) 임시정부의 수립 : 일제 강점기 독립 운동의 중심 기구

(가) 배경 : 3·1운동 이후 조직화, 체계화된 민족운동 필요성 대두 → 서울, 연해주, 상하이에 임시 정부 수립 → 상하이에 통합된 대한민국 임시 정부 수립(1919. 9)

(나) 정체 : 최초의 민주 공화제, 대한민국 임시 헌장 선포, 3권 분립의 헌정체제

(다) 활동

1) 연통제(국내 독립운동을 연결하기위한 비밀 연락 조직)와 교통국(통신 기관으로 정보의 수집 및 분석, 연락 업무)을 통한 독립 자금 모금과 정보수집

2) 외교 활동(파리 강화회의에 김규식 파견, 1919), 애국 공채 발행, 독립신문 발행

3) 한국광복군 창건(1940)년

(라) 임시정부의 위기와 재편

1) 일제의 탄압으로 국내와의 연결망 단절, 이념과 노선의 차이로 갈등 심화 → 외교 독립론과 독립 전쟁론의 갈등

2) 임시 정부의 재편

가) 국민 대표 회의(1923) : 창조파와 개조파의 대립, 임시 정부의 위상 약화

나) 지도체제 개편 : 대통령 중심제 → 국무령 중심의 내각 책임제(1925) → 집단 지도 체제(1927) → 주석제(1940)

다) 충칭정부(1940) : 중·일 전쟁 이후 장제스의 국민당 정부를 따라 충칭으로 이동

(2) 국내의 민족 운동

(가) 6 · 10 만세 운동(1926)

1) 배경 : 일제의 수탈 정책과 식민지 교육에 대한 반발, 순종 장례식이 계기
2) 전개 : 사회주의 계열(사전 발각)과 학생층의 운동
3) 의의 : 학생 운동 고양 계기, 민족 유일당 신간회 설립에 영향

(나) 신간회(1927)

1) 설립 : 비타협적 민족주의자와 사회주의자 연합 전국 각지에 지부 설립
2) 활동 : 민중계몽활동, 사회운동, 조선인 차별기관 철폐 주장, 학생운동 지원
3) 의의 : 최대 규모의 반일 사회 운동 단체이자 민족 협동 단체
4) 해산 : 좌우 합작운동에 대해 소극적, 일제의 탄압에 의하여 해산

(다) 실력 양성론의 등장

1) 등장 배경 : 즉각 독립에 대한 회의, 일제 문화정치에 대한 기대
2) 활동 : 신교육 보급, 민족 자본 육성 등, '선 실력 후 독립' 추진

(라) 광주 학생 항일 운동(1929) : 3 · 1 운동 이후의 최대의 민족 운동

1) 식민지 차별 교육에 대한 불만 폭발
2) 한 · 일 학생들 간 충돌, 신간회의 지원으로 전국적 항일 투쟁으로 확대

(3) 국외의 무장 투쟁

(가) 1920년대 의열단과 한국 애국단

구분	의열단(1919, 길림)	한인 애국단(1926, 상하이)
배경	• 3 · 1운동이후 무장단체 필요성 대두 • 김원봉 등 신흥 무관학교 출신	• 1920년대 침체에 빠진 임시정부 위기극복을 위한 무장단체 결성 필요
활동	• 일제 요인 암살 및 식민지배기구 파괴 • 개별적 활동에 한계를 인식하고 1920년대 후반부터 조직적인 투쟁으로 전개 → 중국내 독립운동단체 통합운동 주도	• 이봉창 의거(1932) : 일왕 폭살 사건 • 윤봉길 의거(1932) : 홍커우 공원 폭탄 투척 → 국민당 정부의 대한 임시정부 지원 계기 ※ 상하이 사변 계기(일제가 상하이 침략)
결과	• 중국 황포군관학교 입학 간부양성 • 미족 혁명당 결성(조선 의용대 창설)	• 중국 국민당 지원계기, 임시정부 위상 격상 • 한국광복군 탄생 계기

(나) 1920년대 만주와 연해주 독립군 부대

1) 서간도와 북간도의 독립군 부대 활동

구분	단체	특징 및 활동
서간도	서로 군정서	• 신흥무관학교 계통
	대한 독립단	• 의병 출신 계통
	광복군 총영	• 임시 정부 계통
북간도	북로 군정서	• 길림성 왕청현, 대종교 계통, 김좌진 중심(청산리 전투, 1920. 9)
	국민회군	• 기독교 계통, 대한국민회 직속 부대
	대한 독립군	• 의병장 출신 홍범도 중심, 대한 국민회의 지원(봉오동전투, 1920. 6)

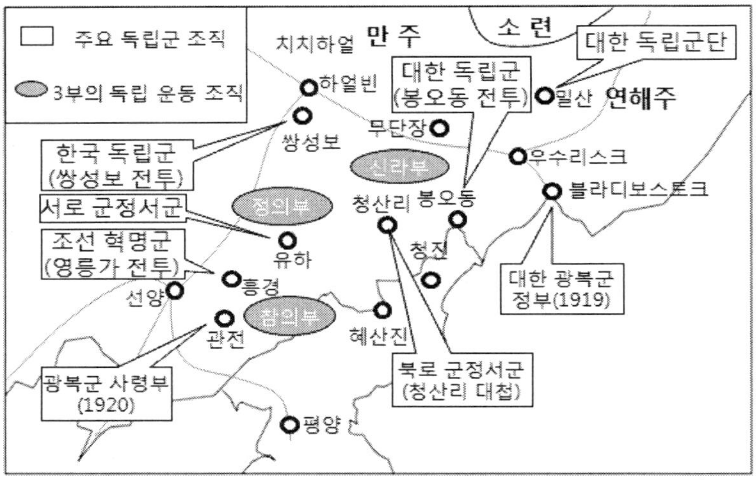

〈무장 독립군의 대일 항전(1920~1930년대)〉

2) 독립군의 시련

가) 간도 참변(1920. 10) : 봉오동, 청산리 전투 후 일제의 보복으로 한인촌 황폐화

나) 자유시 참변(흑하 사변, 1921) : 독립군 지휘체계를 유지 대한 독립군단을 결성 → 소련 적색군과 연합 → 독립군 내부 지휘권 다툼 → 소련의 적색군이 공격, → 무장해제(독립운동사의 최대 비극)

다) 미쓰야 협정(1925) : 조선 총독부 경무국장 미쓰야와 동북3성의 군벌

(장쭤린)이 맺은 독립군 탄압 조약으로 독립군과 탄압과 한국 농민에게 많은 피해를 줌

3) 독립군의 재편과 통합

가) 만주지역에서 독립단체들의 통합운동으로 3부 결성(만주 한인 사회를 통치하는 자치 조직으로 민정과 군정 기관 편성)

※ 3부(참의부 : 압록강 연안의 임시 정부, 정의부 : 길림과 봉천의 남만주 일대, 신민부 : 북만주 일대)

나) 3부의 통합 : 민족 유일당 운동 영향으로 통합 노력

남만주 : 국민부 결성, 조선 혁명군 결성, 북만주: 혁신의회, 한국 독립군 결성

(다) 1930년대 무장 독립 전쟁(한·중 연합작전)

1) 배경 : 만주사변(1931)과 만주국 수립으로 중국인의 반일 감정 악화, 독립운동의 새로운 방향 모색 → 한·중 연합군 결성

2) 주요 부대

한국 독립군(북만주)	조선 혁명군(남만주)
• 혁신의회 주관, 지청천, 민족주의 중심	•국민부 주관, 양세봉, 사회주의 중심
• 중국 호로군과 연합, 쌍성보 전투(1932) • 1933년 이후 중국 관내 이동	•중국 의용군과 연합, 영릉가 전투(1932) •양세봉 암살로 세력 약화

※ 동북 인민 혁명군(1933, 중국 공산당 소속), 동북항일연군(민족을 초월한 항일 연합군)

3) 한·중연합작전의 위축 : 일본군의 초토화 작전, 한국 독립군의 중국 본토 이동(임정 요청), 중국 내부의 국공대립, 양세봉 암살 등이 원인

(라) 1930년대 중반이후 무장 독립 전쟁

1) 민족 혁명당(난징, 1935) : 민족 및 사회주의 통합 중국관내 최대 규모 통일정당

2) 조선 의용대(1938) 김원봉 주도 중국관내 최초의 한인 무장단체

3) 1940년대 이후 일부는 한국광복군, 일부는 조선 의용군에 합류

(마) 대한민국 임시 정부와 한국광복군

1) 임시 정부의 이동 : 윤봉길의 의거(1932)로 일제 탄압강화 → 충칭으로 이동

2) 충칭으로 이동 후 김구 주석 중심의 단일 지도체제 확립

3) 한국 독립당 결성과 한국광복군 창설

4) 한국 독립당 결성(1940)

가) 민족주의 계열 3개 정당(한국 국민당, 한국 독립당, 조선 혁명당) 통합

나) 김구 중심의 대한미국 임시 정부의 집권 정당 성격

다) 김원봉의 조선 민족 혁명당 합류로 중국 관내 독립 단체의 통일 달성

5) 한국광복군 창설(1940. 9)

가) 중국 정부의 지원으로 충칭에서 지청천을 사령관으로 창설, 참모장 이범석, 김원봉의 조선 의용대 흡수 군대로서의 면모 유지

나) 중국 공산당의 통제를 받다 추후 독자성 확보

다) 주요 활동 : 태평양 전투 발발 후 대일 선전포고, 영국군과 미얀마 전선에서 연합작전 수행, 미국 정보처(O.S.S)와 국내 진공작전 준비(일본 패방으로 취소)

(바) 조선 독립동맹(1942, 옌안)

※ 김두봉 등 화북 조선 청년 연합회가 조성조직, 팔로군과 합작, 광복 후 북한정권 수립에 참여, 인민군에 편입 → 전쟁 후 대부분 숙청

(사) 재미 한족 연합위원회 결성(1941) : 임시정부 지원, 미국 승인요청 → 미국외면

⑤ 광복과 분단

(1) 광복 직후의 국내외 정세

(가) 국제 연합(UN)의 창설과 냉전 체제 : 자본주의(미국)와 공산주의(소련)로 대립

(나) 동아시아의 정세 변화 : 중국의 공산화, 일본의 재건, 미·소의 한반도 분할 점령

(2) 광복(1945. 8. 15)과 국토분단

(가) 광복의 배경

1) 내적 요인 : 민족의 지속적인 독립운동과 노력

2) 대외적 요인 : 제2차 세계 대전의 연합군 승리, 일본의 패망

(나) 광복 직전의 건국 준비 활동

국내	조선 건국 동맹	• 1944. 8월 여운형 주도, 사회주위 계열과 민족주의 계열의 연합 • 이후 조선 인민 공화국 선포
국외	조선 독립 동맹	• 1942년 화북지역 사회주의 계열 주도
	대한민국 임시정부	• 충칭, 김구 주도, 민족주의 계열, 중국관내 독립운동 세력 통일 • 조소앙의 삼균주의 강령 채택(정치적 균등, 경제적 균등, 교육적 균등) • 보통선거를 통한 민주 공화국 수립

(다) 광복 직전 국제 사회 동향

구 분	일시 / 참가국	한반도 관련 주요 의제
카이로 회담	1943. 11, 미 · 영 · 중	• "적당한 시기에 한반도 독립국가로 해방" → 신탁통치
테헤란 회담	1943. 11, 미 · 영 · 소	• 카이로 회담 내용 소련의 스탈린 동의
얄타 회담	1945. 2, 미 · 영 · 소	• 소련이 대일전 참전 결정, 38선 분할 결정
포츠담 회담	1945. 7, 미 · 영 · 중 · 소	• 카이로 회담의 한국 독립 재확인

(라) 38선 분할과 건국 준비

1) 일제 패망과 함께 미군과 소련이 38선을 경계로 주둔 → 남 · 북에서 군정 실시

2) 다양한 정치세력 활동 : 조선 건국 준비위원회, 대한민국 임시정부, 조선 건국동맹(여운영 주도), 조선 독립 동맹(사회주의 계열)

(3) 미군정과 신탁통치 논의

(가) 미군정(1945.9. 7)의 정책 : 대한민국 임시정부를 비롯한 모든 정치 기구 미 인정

(나) 모스크바 3국 외상 회의(1945. 12) : 계파에 따른 상이한 입장 표명

구 분	입장 표명
민족주의 진영, 우익(김구, 이승만)	• 신탁 통치 반대 운동 전개
중도(김규식, 여운영)	• 정부 수립이후 신탁통치 문제 거론
사회주의 진영, 좌익(김일성, 박헌영)	• 반탁 → 찬탁(모스크바 3국 외상 회의 지지)

(4) 통일국가 수립 운동과정

(가) 임시 정부 수립 실패 : 미・소 공동위원회 결렬(1946. 3, 미소의 입장 차이)

(나) 이승만 정읍 발언(1946. 6) : 남한 단독 정부 발언 → 미국과 우익 세력 지지

(다) 좌・우 합작 운동(1946~47) : 여운영, 김규식 등이 좌・우 합작 위원회 결성(7원칙 제정) → 김구(찬성), 이승만(반대) → 각 세력의 견해 차이로 실패

(라) 미・소 공동위원회(1946. 1/1947. 5) : 자국에 우호적인 국가를 세우려는 미・소 양국의 대립으로 결렬 → 한국 문제 유엔 이관

(마) 남・북 협상 : 김구, 김규식 등이 북측(김일성, 김두봉)에 남북협상 제의 → 평양에서 남북 제 정당 사회단체 연석회의 개최(1948. 4) → 실질적 성과 없이 종료

(5) 대한민국 정부 수립

(가) 한국 문제 유엔 이관

1) 유엔 총회(1947. 11) : 인구 비례에 의한 남북한 총선거 → 통일정부 수립 결의

2) 북측 : 유엔 한국 임시위원단의 입북 거부로 남한 지역만 총선거 결의(1948. 12)

3) 좌익 주도의 남한만의 단독선거 반대 운동

(나) 대한민국 정부 수립

1) 5・10 총선거 실시(1948, 제주도 제외) : 최초의 직접・평등・보통선거

가) 제헌 국회 구성 ; 제주도 제외한 198명의 국회의원 선출 → 국호 '대한민국'

나) 제헌 헌법 : 3권 분립의 대통령 중심제(대통령 이승만, 부통령 이시영)

2) 대한민국 정부 수립(1948. 8. 15) → 유엔 합법정부로 승인(12. 12, 파리 유엔총회)

(다) 정부 수립 전후의 혼란과 이승만 정부 정책

1) 좌・우익 대립 격화 : 제주도 4・3사건(1948), 여수・순천 반란사건(10・19사건)

2) 친일파 청산과 농지개혁

친일파 청산	• 반민족 특별법 제정(1948. 9), 특별소급법적용 반민족 행위자 경부 작성 체포 • 반민법 공소시효 단축 및 반민특위 해체로 친일파 청산 실패
경제 정책 농지개혁	• 남북 분단으로 경제 악화, 농업과 공업의 균형발전 추진 → 미국 원조 의존 • 농지개혁법 제정(1949. 6) → 전쟁으로 중단(57년 완료), 소작농에게 유상분배 • 경자 유전의 원칙 실현, 지배계급으로서의 지주제 소멸, 공산화 방지
일본인 귀속재산처리법	• 신한공사 수립 : 귀속재산 접수 → 처리 과정에서 정경유착 발생 • 재벌 구조 경제구조(독점 자본 성장)

(라) 북한 정권 수립

※ 북조선 임시 인민 위원회 수립(196. 2, 위원장 김일성), 토지개혁(무상 몰수, 무상 분배)과 주요 산업의 국유화, 친일파 청산 → 북조선 인민 위원회(1947. 2, 위원장 김일성) → 인민군 창설(1948) → 조선민주주의 인민 공화국 수립(1948. 9. 9)

(6) 6 · 25전쟁과 참상

(가) 배경(원인)

1) 북한 정권 남한 공산화기도 정책(소련 무기 구입, 중국 의용군 편입, 군사훈련)

2) 국제 정세 변화 : 중국의 공산화, 소련의 동진 책, 미국의 에치슨 선언(1950. 1)

※ '미국의 극동 방위선에서 한반도와 타이완을 제외한다.'는 발언

(나) 과정

1) 북한 기습 남침(1950. 6. 25)→서울 함락(6. 28), 낙동강 방어선 구축(50년 8,9월)

2) 유엔군 참전 : 인천상륙작전(1950. 9. 15)과 서울수복(1950. 9. 28) → 압록강진격

3) 중국군 개입(1950. 10)과 1 · 4후퇴 → 서울 재 함락

4) 재 반격과 교착전(1951~1953) → 휴전 협정 체결(1953. 7. 27)

(다) 전후 결과

1) 국토 황폐화, 산업시설 파괴. 인명피해, 남북 간 적대감 고조 → 분단의 고착화

2) 전쟁을 계기로 한 · 미 상호방위조약 체결(1953. 10. 1) 이후 국가 안보 유지

⑥ 민주주의의 정착과 발전

(1) 국제 정세 변화 : 베트남 전쟁이후(1975) 냉전 완화(데당트) → 냉전 종식

(2) 4 · 19 혁명(1960) : 학생과 시민 중심의 반독재 민주화 투쟁 운동

(가) 배경 : 이승만 정권의 부정부패와 장기 집권 추구, 경제 불안, 3 · 15부정선거

1) 발췌 개헌(1952) : 대통령 재선이 어렵자 선출 방식을 간선제에서 직선제로 전환

2) 사사오입 개헌(1954) : 초대 대통령에 한해 횟수에 제한 없는 출마 선거에서 1표 차이로 부결되자 반올림(사사오입)하여 통과

3) 3대 정 · 부통령 선거 부정(1956), 3 · 15부정선거(1960, 조병옥 사망)

(나) 4 · 19 혁명 발생(1960)

1) 대구 · 마산 지역 시위, 김주열 학생 사망, 이승만 하야 / 하와이 망명

2) 허정 과도 정부 수립

(다) 장면 정권(제2공화국, 대통령 윤보선, 총리 장면)

1) 헌법 개정(내각 책임제, 양원제 국회)

2) 경제개발 5개년 계획을 수립했으나 미 시행

(3) 5 · 16 군사정변과 박정희 정부

(가) 박정희 등 군부 세력이 정부 무능과 사회 혼란으로 정변(1961. 5. 16) → 헌정 중단, 군정 실시(1961. 5 ~1962. 12)

(나) 박정희 정부(제3공화국)의 주요 정책

1) 경제 개발 정책 추진, 한 · 일 국교 정상화(한 · 일 협정, 1965) → 자본 확보

2) 베트남전 파병(1964 ~1973) : 민주주의 일원으로 참전 → 브라운 각서에 의해 미국으로부터 경제개발을 위한 기술과 차관 제공 협약

3) 유신체제 유지(1972~1979) : 국민 불만 고조, 냉전 완화, 미군 철수, 경제 불안 → 국가 비상사태 선포(1971) 후 유신헌법 공포(1972) 국민 기본권 제한

가) 김대중 등 유신 반대 투쟁 전개

나) YH 무역 사건 → 부 · 마 항쟁(1979. 10) → 10. 26사태(1979. 10. 26, 박정희 피살) → 신군부 등장

※ 헌법개헌 과정

정 부	개헌 과정	일 시	내 용	비 고
이승만	제헌헌법	48. 7. 17	• 대통령 중심제, 간선제, 국회 단원제	
	1차(발췌개헌)	52. 7. 7	• 대통령 직선제, 국회 양원제	부산 정치 파동
	2차(사사오입)	54. 11. 29	• 초대 대통령 중임제 철폐, 국민투표제	
허정	3차(의원내각제)	60. 6. 15	• 의원 내각제, 대통령 국회선출	4 · 19
장면	4차	60. 11. 29	• 소급 특별법 제정 (3·15 부정 선거자 처벌)	
박정희	5차(제 3공화국)	62. 12. 2	• 대통령 중심제, 임기 4년 중임, 직선제, 단원제	5 · 16
	6차(3선 개헌)	69. 10. 21	• 대통령 중심제, 임기 4년 3기, 직선제	
	7차(유신 헌법)	72. 12. 27	• 간선제, 임기 6년 중임제한 철폐	10월 유신
전두환	8차(제 5공화국)	80. 10. 27	• 간선제, 7년 단임제, 구속적부심 부활	10 · 26
	9차(현행 헌법)	87. 10. 27	• 직선제, 대통령 중심제, 5년 단임	6월 항쟁

(4) 전두환 정부(제5공화국)

(가) 12 · 12 사태 후 신군부 계엄령 선포 정권장악

1) 5 · 18 민주화 운동(1980) 진압 → 전두환 정부 수립(제5공화국, 1981)

2) 서울의 봄 : 유신헌법 폐지, 군부 퇴진, 비상계엄 철폐 등 요구하며 민주화 시위

(나) 주요 정책 : 민주화 운동 탄압, 언론 통폐합, 인권 유린

(5) 6월 민주 항쟁(1987)과 민주주의의 발전

(가) 6월 항쟁 원인 : 전두환 정부 강압 통치, 국민의식 성장, 박종철 고문사건

(나) 6 · 29 민주화 선언 발표 → 5년 단임제의 대통령 직선제 헌법 개정 내용

(다) 노태우 정부 : 북방정책 추진, 남북한 유엔 동시 가입(1991)

(라) 김영삼 정부 : 금융 실명제, 자치제 실시, 외환위기 발발

(마) 김대중 정부 : 외환위기 극복(2002), 햇볕 정책 추진(2,000, 남북 정상회담, 6 · 15 남북공동선언)

⑦ 북한 정치체제 : 3대 세습 통치

(1) 김일성 독재체제와 왕조 체제 구축

(가) 반대 세력 숙청 : 무정, 허가이 숙청(전쟁 중), 남로당계 숙청(박헌영, 이승엽 전쟁 직후), 연안파와 소련파 숙청(1955~1958), 갑산파 숙청(1967)

(나) 김일성 독재체제 확립

1) 1967년 주체사상 채택 : 김일성 유일체제 확립

2) 1972년 주체사상을 헌법에 최초로 규범화, 국가 주석제 도입, 최고인민회의에서 주석으로 선출된 김일성은 행정, 사법, 입법의 3권 장악

3) 1984년 합영법 제정(1984) : 해외 자본 유치 시도 → 성과 없이 종료

(다) 김정일 독재체제 구축

1) 1970년대 김정일 후계 체제 정착

가) '3대 혁명 소조운동'(1973, 사상, 기술, 문화)

나) '붉은 기 쟁취운동' 등 여러 사업 주도

2) 김일성 사후(1994) 국방위원장으로 등극 일인 독재체제 유지

3) 경제 개발 실패 : 계획 경제의 모순과 과다한 군사비 지출

4) 남북 정상회담 개최(2000, 2007, 평양)

(라) 김정은 독재 체제 : 김정일 사후(2011) 북한 통치

※ 사회주의 체제의 붕괴 : 독재, 경제 낙후, 선군정치, 식량 부족, 탈북자 증가

(2) 북한의 대남 도발과 평화 위협

(가) 1968년 : 청와대 습격, 미 프에블르호 납치, 울진·삼척지구 무장공비침투

(나) 1983년 : 아웅산 테러 : 미얀마를 방문 중인 대통령과 수행인 테러

(다) 1987년 : 대한항공 858기를 서울 올림픽을 방해하기 위해 폭파

(라) 1996년 : 주요 인사를 암살하기 위해 잠수함 이용 강릉에 무장공비 침투

(마) 2010년 : 서해상에서 천안함 피폭, 연평도 포탄 공격

⑧ 통일을 위한 노력

(1) 남북 대화

(가) 조국통일 3대 원칙 천명 : 남북 적십자 회담(1971), 7·4남북 공동성명(1972)

(나) 유엔 동시 가입과 남북 기본합의서 채택(1991) : 화해와 불가침 약속
(다) 남북 정상회담 및 남북 공동 선언(2000, 2007) : 남북 간 교류와 협력 확대

(2) 통일정책의 추진

구 분	남 한	북 한
1950 ~ 1960년대	• 이승만 정부 : 북진통일 • 장면, 박정희 정부 : 선 건설 후 통일 주장	• 미군철수 • 남북총선
1970년대	• 박정희 정부 : 평화 공존 분위기 조성 → 남북대화 시작 – 8 · 15 평화통일 선언(1970, 북한을 협력 대상으로 인정) – 남북 적십자 회담(1971, 실무접촉으로 이산가족 상봉 제안) – 7 · 4남북 공동성명(1972, 자주 · 평화 · 민족 대단결의 3대원칙천명, 남북 당국자 간 비공식 최초 합의문) 및 남북 조절 위원회 구성 – 6 · 23 평화통일 선언(1973, 남북한 유엔 동시 가입 합의) – 평화통일 3대원칙 제시(1974, 상호 불가침, 교류협력, 자유 총선거)	• 고려연방제 통일방안 (1973)
1980년대	• 전두환 정부 : 물적 교류 시작 – 민족 화합 민주 통일방안 제시(1982, 통일 헌법 초안 마련, 남북한 대표들로 민족통일협의회 구성) – 북한 수해물자 제공(1984) – 분단이후 최초의 이산가족 상봉(1985)	• 고려민주 연방공화국 (1980) : 안법 폐지, 미군철수 → 고려 민주연 방공화국 수립 * 1민족 1국가 2체제 2정부로 국가체제 우선 건설 특징
1990년대	• 노태우 정부 : 7 · 7 특별 선언(1988, 북한을 공동체 일원으로 인식, 모든 부문에서 남북 교류 추진) – 한민족 공동체 통일방안(1989, 자주, 평화, 민주의 원칙 천명), 민주공화제 통일국가 수립 – 남북한 동시 유엔 가입 및, 남북 기본합의서 채택(1991)으로 민족 간 화해와 불가침 약속. 한반도 비핵화 공동 선언 • 김영삼 정부 – 3단계 통일방안(1993, 화해와 협력, 남북연합, 한민족 공동체 건설) * 민족 공동체 통일 방안(1994) 제시 : 남북연합 → 통일국가 완성 → 총선거의 절차, 1민족 1국가 1체제 1정부의 형태로 남북연합 과도체제, 민족통일우선의 특징 유지 – 남북 정상회담 개최 → 김일성 사망으로 무산 – 경수로 건설 사업 추진(2005년 중단)	• 핵확산 금지조약 (NTP) 탈퇴 • 핵개발 지속
2000년대	• 김대중 정부 : 햇볕정책(대북 화해 협력 정책) – 정상회담(2000. 6) → 6 · 15 남북 공동선언(2000) :교류와 협력확대 – 인산 가족 방문 및 면회소 설치, 금강산 육로 관광 – 경의선 복구 및 개성공단 개소 • 노무현 정부 : 햇볕정책 계승 평화 번영 정책 추진, 정상회담(2007) • 이명박 정부 : 비핵 · 개방 · 3000 정책 추진, 남북관계 조절	

2 경제 활동

① 개항이후 열강의 경제 침탈과 대응

(1) 개항과 열강의 경제 침투

(가) 근대 경제 제도의 도입 : 개항에 따라 세계 경제 질서에 편입, 일본·청 등에 시찰단 파견, 근대 기술 도입 및 회사 설립 → 재정과 경험 미숙으로 난관

(나) 불평등 조약 체결에 따른 경제 침탈 가속화 : 자립적인 국민경제 수립 제한

1) 개항 초기 : 일 상인과 미관세 및 저관세 특혜 → 쌀 부족, 수공업 몰락

2) 임오군란 이후 : 외국 상인의 전국적 활동 → 무역 수지 악화

(다) 경제 침탈 과정

1) 조·일 수호 조규(1876) 체결 : 개항 초기 일본 상인들이 무역 주도

2) 조·청 상민수륙무역장정(1882) 체결 : 조선 상권 잠식

※ 임오군란 직후 체결, 청·일상인 무역 경쟁 → 청·일전쟁의 한 원인

3) 청·일 전쟁 이후 일본 상인 조선 무역 독점, 근대산업 붕괴 → 예속화

※ 청·일 전쟁을 도발하면서 간선 철도 부설권 획득(대륙 침략의 발판 마련)

4) 아관파천 이후 제국주의의 내정간섭과 경제 이권 착취 본격화

※ 철도(경인선 : 미→일, 경의선 : 프→일, 경부·경원선(일), 광산(운산 : 미, 러) 산림(러시아가 압록강, 두만강, 울릉도 산림 채벌권 독점, 러·일 전쟁 후 일본)

(2) 식산흥업 정책 : 일제의 견제, 자본 미약, 근대적 금융제도 미 구축으로 실패

(가) 국가 주관 식산흥업 정책

1) 근대적 국민 경제 수립 목적으로 경제 관료가 주관

2) 내용 : 전환국 설치, 근대적 기업 및 교육기관 설립, 방곡령(일부 지방관)

※ 방곡령 : 곡물의 무제한 유출에 따라 식량부족 → 함경도(관찰사 조병식, 1889), 황해도에서 관찰사 직권으로 공물 유출을 금하여 외교마찰(조·일 통상 장정에 의거 1개월 전 통보 명기, 미 통보로 방곡령을 해제하고 막대한 배상금 지불)

(나) 민간 식산흥업 정책

1) 주체 : 제조업자, 상인 중심 → 생존권 확보 차원

2) 주요 내용 : 증기선 도입, 근대적 공장 설립, 철시 투쟁, 상회사 · 금융기관 설립, 상권수호 운동 전개(1898, 독립협회 지원, 시전 상인들이 청 · 일 양국의 상인에 대항하기 위해 조직한 단체로 상권수호위한 시위 전개)

(3) 자주적 근대화의 좌절 ← 일제의 식민지화를 위한 침략 본격화

(가) 일본의 재정 · 금융 정책 지배 : 일본 제일은행이 대한제국 중앙은행 역할
(나) 화폐 정리(1905) : 메가다(재정고문) 주도 신 화폐 발행 조선 상공인 피해
(다) 토지약탈 : 일 지주 대농장 경영(전주, 나주, 군산), 철도부지, 군용지 명목

(4) 경제적 구국운동 전개

(가) 이권수호 운동(1898) : 아관파천 후 독립협회 주도, 만민 공동회 개최
(나) 황무지 개간 반대 운동(1904) : 보안회 주도, 황무지 개간권 요구 분쇄
(다) 애국 계몽 운동(을사보호조약 이후) : 회사 설립, 인재 육성
(라) 국채 보상 운동(1907) : 차관을 이용한 일제 경제 예속 정책에 대항해 대구에서 시작 전 국민 확산(부호 및 상층민 미 참가), 일제 방해로 큰 성과는 거두지 못함

② 일제의 경제 침탈과 민족 경제 운동

(1) 식민지 수탈 정책(1910년대)

(가) 토지 조사 사업 : 근대적 토지 소유권 확립 미명 지세 증대 → 통치자금
1) 내용 : 기한부 신고제, 토지에 대한 지주 권리만 인정/농민 경작권 부정, 정부와 황실 · 소유불분명 토지 조선 총동부 귀속(지세 증가)→동양 척식회사→일인 불하
※ 조선의 소작농은 소유권과 별개인 경작권이 있어 세습 및 상속이 가능했으나 토지 조사로 많은 농민은 계약제 소작농으로 전락 → 화전민이나 연해주로 이주
(나) 회사령(1910) : 회사 허가제 → 민족 자본의 기업 활동과 자본 축척 억제

(2) 쌀 수탈과 일본 자본의 지배력 강화(1920년대)

(가) 산미 증산 계획 : 일본의 공업화로 일본 내 식량부족 현상
1) 수리 시설 확대, 품종 교체, 비료 사용으로 쌀 증산 → 일본으로 유출
2) 부대비용 농민 전가 다수 농민 몰락, 생산량 목표 미달로 식량사정 악화

(나) 회사령 폐지(1920) : 신고제로 전환 일본 독점자본 침투(북부 지방 공업화), → 산업침탈, 민족 기업에 자극(경성방직 주식회사, 백산상회 등 설립)

(다) 일본 상품 관세 철폐(1923), 신은행령(1927)으로 조선인 은행 강제 합병

(3) 일제의 병참 기지화와 군수 공업화(1930년대 이후)

(가) 목적 : 일본의 자본 투자 및 전쟁 물자 조달 → 군수 물자 기지화 추구 → 한국의 식민지 공업화 정책의 필요성 대두

※ 일본의 블록 경제 구상(만주: 농업과 원료 생산, 한국 : 경공업 중심의 중간지대, 일본 : 공업 중심 지역)

(나) 내용 : 한국인의 노동력과 자원을 수탈 북부 지방에 중화학 공업 집중 육성

(다) 결과 : 군수 산업의 기형적 팽창, 소비재 생산 감소, 공장과 고급 기술은 일본인 소유 → 광복 이후 남한의 경제난의 한 원인

(4) 민족 경제 운동

(가) 소작 쟁의·노동 운동 : 농민, 노동자 환경 열악 → 생존권 투쟁, 경제 민족운동

(나) 민족 기업 설립 운동 : 회사령 철폐와 일본 자본 진출로 민족 기업 설립

(다) 물산 장려 운동(1920년대 이후, 자본가 중심) : 무관세 추진으로 민족 자본 위기, '국산품 애용'으로 민족 기업 육성 → 민족 기업 및 경제 자립 추구

1) 3·1운동 이후 가장 광범위한 지역과 계층에서 전개된 민족운동

2) 한국 자본은 소규모로 효과가 미흡하여 일본 상품 불매 운동 등의 적극적인 항일 운동으로 발전하지 못하고, 자본가들이 일제와 타협하는 모순 발생

(5) 전시 총동원 체제와 식민지 경제의 파탄

(가) 국가 총동원법 발령(1938) : 일제의 대륙 침략과 태평양 전쟁(1941)으로 한국을 침략 전쟁에 동원할 목적 → 인적, 물적 자원의 약탈로 경제 기반 파탄 초래

(나) 내용

1) 인력동원 : 지원 병제(1938) 및 징병제(1944)로 병력 동원, 노동력 보충을 위한 여자 정신근로령(1944)으로 여성 동원, 국민 징용령(1939)

2) 식량·금속에 대한 강제적 공출

③ 광복과 자본주의의 발전

(1) 광복과 새로운 경제 질서의 형성

(가) 광복 직후의 경제

1) 분단으로 경제상황 악화 : 경제 불균형(남 : 경공업, 북 : 중공업)

2) 경제 혼란 가중

가) 미군정의 미곡 자유 거래 허용으로 곡물가 폭등 현상 발생

나) 재정보충을 위한 화폐 남발 인플레 극심, 북한의 전기 공급 중단

다) 남한 인구의 증가(월남민, 해외 동포 귀국) → 식량 부족 현상 초래

(나) 자본주의 경제 체제의 정착

1) 농지 개혁(1949. 6) : 유상 매수 · 유상 분배 원칙, 소작 제도 폐지(지주 소멸) → 근대 농업경제의 토대 마련(성과는 한계 : 지주 축소, 농민의 빈곤, 이농현상)

2) 미군정 귀속 재산 불하 : 정경 유착 발생 재벌 중심 경제 구조

(다) 6 · 25전쟁과 원조 경제

1) 전쟁으로 물류 및 교통 인프라 파괴, 제조업 타격 → 한국 경제 붕괴

2) 미국의 경제 원조 : 미국의 과잉 농산물 처리, 1950년대 후반 경제원조에서 차관으로 전환(경제 원조로 인해 소비재 공업은 성장, 성산재 생산은 성장 더딤)

(2) 산업화의 추진과 고도성장 : 경제 개발 5개년 계획(박정희 정부)

구 분	주요 정책
제1차 경제개발(1962~1966)	• 자립경제 구축 위한 기초 준비, 사회 간접 자본 확충, 경공업 발전
제2차 경제개발(1967~1971)	• 산업구조 근대화와 자립경제 확립, 경공업 중심 수출주도형 공업화
제3차 경제개발(1972~1976)	• 중화학 공업 추진 및 농어촌 개발, 수출 증대
제4차 경제개발(1977~1981)	• 자립 경제 구조 확립, 사회 개발

(가) 1960년대 : 차관 도입, 저임금 정책, 정부 주도 경공업 중심 → 수출 확대 주력(대외 의존도 심화) 1960년대 말 경제 위기

(나) 1970년대 : 재벌 중심의 수출 주도형. 중화학 공업 추진, 1차 석유파동(중동 건설 특수로 극복), 2차 석유파동(1979) 발생

(다) 1980년대

1) 2차 석유파동 → 3저(저유가, 저금리, 저 달러) 현상으로 극복 중화학 공업 과잉투자 → 구조 조정, 중·후반 : 경제 호황과 시장개방

2) 경제력 집중 심화 : 대기업/도시 중심, 독자적 기술 부족, 노동자 비중 증가

※ 갈등 심화 : 저곡가·저임금 정책, 산업간 불균형, 농민·노동자의 희생

(3) 세계 속의 한국 경제

(가) 우루과이 라운드(1986) : 다자간 무역 협상, 시장과 자본 개방, 농업 큰 타격

(나) 금융 실명제 시행, 세계 무역 기구 출범(WTO, 1995) 시장 개방 압력과 농업 부문 타격, 경제 개발 기구(OECD, 1996) 가입

※ 1990년대 말의 경제 위기 : 성장 중심의 경제 개발과 금융의 방만한 운영으로 국가 경제 위기 도래 → 국제 통화기금(IMF)의 긴급 지원과 구조조정, 새로운 산업 성장을 통해 외환위기 극복

(다) 신자유주의 경제 정책 바탕, 외환위기 극복(2002), 각국과 FTA협정 체결

(라) 세계 10대 무역 중심국으로 발전

3 사회 구조와 생활

① 개항 이후의 사회 변화

(1) 사회 제도와 의식의 변화 : 신분제 폐지 → 평등 사회로의 전환

(가) 갑신정변(1884)

1) 내용 : 김옥균, 박영효, 서광범 등의 급진 개화파가 14개 조의 개혁 정강안(문벌 폐지, 이민 평등권 주장) 발표 → 군주권의 제한과 민권 신장, 문벌 등의 신분 제도 타파, 능력에 따른 인재 등용 등 주장

2) 의의 : 외세에 대한 의지와 개입, 민중의 지지기반 미약으로 실패

(나) 동학 농민 운동(1894)

1) 내용 : 동학 운동에서 출발 → 폐정 개혁안(신분제 폐지)을 내걸고 인권 존중의 반봉건적 사회 개혁 추구 → 일본군과 관군의 진압으로 좌절

2) 의의 : 이후 동학 농민군은 활빈당에 가입하거나 의병 투쟁에 가담 → 양반 중심의 신분 사회가 타파되는 결정적 계기(근대적 사회의식으로 직결되지 못함)

(다) 갑오개혁(1894, 1895년에 시행된 3차 개혁을 별도로 을미개혁이라 함)

1) 갑신정변과 동학 농민 운동에서 추구하던 내용을 수렴하여 개혁 추진(반상 제도 폐지, 천민·노비 신분 폐지, 과거제 폐지, 인신 매매 금지, 여성 지위 향상)

2) 의의 : 양반 중심 신분제 및 봉건 폐습 철폐 → 근대사회 전환 계기

※ 법제상 봉건적 신분 질서는 타파되었지만 의식적으로는 신분차별 상존

(라) 독립협회 : 법제적 민권과 평등 의식을 민중 계몽으로 확산

1) 민중계몽 운동 : 자주 국권·민권보장 운동(재산권, 신체, 언론·출판, 남녀평등)

2) 평등의식 고취 : 만민 공동회 의장으로 시전상인 선출, 백정이 관민회 연사 출현

3) 정치의식 신장 : 입헌군주제 지향, 사법권과 행정권 분리, 의회설립 운동

(마) 국채보상운동(1907) : 일본의 차관을 갚기 위해 신분과 지역을 가리지 않고 전 국민이 일체가 되어 참여 → 신분을 뛰어넘어 하나의 국민이라는 의식 형성

(바) 의병 운동 : 평민 출신들(신돌석)이 의병 전쟁에 참여 → 신분 의식 극복

(사) 여성지위 향상 : 소학교령(1895)으로 남녀 교육기회 균등, 여성단체 조직

(2) 생활의 변모

(가) 의 : 신분에 따른 차별 폐지, 한복·양복 혼용, 양장 및 개량 한복 유행
(나) 식 : 임오군란 후 중국 음식(호떡, 배추), 청·일 전쟁 후 일본 음식 전래
(다) 주 : 갑오개혁 후 신분에 따른 규제 철폐, 한옥과 양옥 절충

(3) 국외 이주의 본격화

(가) 만주·간도 지역 : 학교 설립 → 독립군 양성, 국내와 연결 독립운동 전개
1) 19세기 : 수탈과 자연재해를 피해 생활 터전을 찾아 이주
2) 한말 : 일제의 탄압으로 독립운동을 위한 이주 급증
※ 간도귀속 문제 : 일제는 1909년 청과 간도협약을 체결 간도를 청의 영토로 편입

(나) 연해주(청의 영토를 러시아가 1806년 베이징 조약을 중재하고 편입)
1) 러시아가 연해주를 개발할 목적으로 한인 이주 허가
2) 100여 개의 한인촌 형성, 을사조약 이후 무장 투쟁의 중심지 역할

(다) 미주 : 농업이민(1902년, 하와이) → 미국 본토, 멕시코, 쿠바 등지로 이주

② 일제 강점기의 사회 변화

(1) 독립 운동 세력의 분화와 통합

(가) 독립운동 세력의 분화 → 민족주의 운동, 사회주의 운동, 무정부주의 운동
1) 사회주의 사상의 유입 : 러시아 혁명(레닌이 약소 민족 독립운동 지원 약속) 후 당시 청년과 지식인층을 중심으로 확산(세계적 경향), 조선 공산당 설립(1925)
2) 3·1운동 이후 독립운동에 대한 방법과 독립 이후의 국가정체에 이견

구 분	민족주위 세력	사회주의 세력
독립 후 국가 정체	자본주의 국가 건설	사회주의 국가 건설
운동 전개 방향	민족 역량 실력 양성 운동 전개 : 물산장려 운동 등	계급투쟁의 사회 경제적 민족운동 전개 : 계급투쟁(농민, 노동 운동)

(나) 신간회의 창립과 활동 → 비타협적 민족주의와 사회주의 운동의 연합 전선

1) 창립(1927) 배경

가) 1920년대 민족주의 계열과 사회주의 계열 대립, 독립운동 전선 균열

나) 타협론자(이광수, 최린), '일본의 지배를 받아들인 후 자치운동' 주장

다) 사회주의 세력은 일제의 치안 유지법(1925)과 내부 분열로 위기

라) 비타협 민족주의자(이상재, 안재홍)와 사회주의 세력은 연대 모색

2) 성격 / 강령

가) 성격 : 합법적 · 공개적 단체, 지회 설립, 회장 이상재, 홍명희 부회장

나) 강령 : 정치적, 경제적 각성 촉구, 단결을 공공이 하고, 기회주의 부정

3) 활동

가) 한국인 착취 기관 철폐와 한국인 본위 교육 실시

나) 광주 항일 학생운동 지원 : 조사단 파견 및 민중 대회 계획

다) 농민 · 노동 운동 전개, 만주 독립군 지원

라) 일제의 갑산 화전민 학살 사건 진상 규명 운동 전개

마) 여성 운동 연계 : 근우회 결성(신간회의 자매 단체)

4) 해체 및 의의

가) 일제의 탄압(1929, 민중 대회 사건으로 신간회 간부 투옥)과 투쟁 방법을 놓고 민족주의와 사회주의 세력이 대립하여 해체

나) 비타협적 민족주의 세력과 사회주의 세력 통합, 민족운동 역량 집결

※ 민족 유일당 → 1930년대 이후 민족 혁명당과 대한민국 임시정부(1942)로 발전

(2) 농민 · 노동 운동

(가) 농민 운동

1) 배경

가) 토지 조사 사업과 산미 증산으로 농민 몰락과 소작농의 가중한 부담

나) 농촌 계몽 운동, 사회주의 운동의 영향

2) 주요 활동 : 대부분 일제의 탄압으로 좌절

가) 1920년대 : 생존권 투쟁 운동 전개(소작권 이전과 소작료 인하)

※ 1923년 암태도 소작쟁의를 1년간 진행하여 소작료 인하 성과 달성

나) 1930년대 이후 사회주의 영향으로 비합법적, 혁명적 농민 조합 조직

(나) 노동 운동

1) 배경

가) 일제의 식민지 공업화 추진으로 노동자 수 증가

나) 열악한 노동조건과 사회주의 사상의 영향

2) 주요 노동 운동 : 중·일 전쟁이후 위축

가) 1920년대 : 생존권 투쟁 운동(근로 조건과 임금 인상), 합법 투쟁

※ 1929년 원산 부두 노동자 총파업 4개월 간 지속 전국적, 국제적 연대 (영국 석유회사 일본인 감독이 한국 노동자를 구타한 것에서 비롯)

나) 1930년대 : 병참 기지화 및 전시 동원 정책으로 노동 조건 악화

→ 반제·반일 투쟁으로 혁명적 노동조합을 조직 비합법적 운동 전개

(3) 기타 운동

구분	내용
청년 운동	• 지식향상을 위한 강연회, 토론회, 야학 활동, 민족 실력운동, 사회주의 영향
여성 운동	• 여성의 사회의식 향상, 여성 단체 조직(근우회) 여성의 지위와 계몽에 노력
형평 운동	• 백정에 대한 사회적 차별 지속(저울과 같이 평등한 사회를 만들자는 운동)
농촌 계몽 운동	• 민족주의 진영에서 전개 야학으로 발전(문맹 퇴치 운동)

(4) 인구의 증가와 도시의 변화

(가) 인구 증가 : 1910년 대 말 1,700만 → 1942년 2,600만으로 증가

(나) 도시 변화 : 청계천을 중심으로 남촌(일본인 거주)과 북촌(한국인 거주)으로 구분

(5) 생활 모습

(가) 의 : 양복착용, 양식과 한식의 혼합 착용, 1940년대 전시 체제로 각반(남)과 몸빼(여) 착용

(나) 식 : 서양 음식 본격적 등장, 산미증산계획과 쌀 공출로 식량 부족 발생

(다) 주 : 문화 주택과 개량 한옥 등장, 중·하류층 영단 주택(연립 주택)과 토막집(빈민) 거주

③ 현대 사회의 발전

(1) 인구의 변화

(가) 6 · 25 이후 '베이비 붐'으로 인구 폭발 → 1960년대 가족계획 사업 → 1960년대 후반 출산율 하락

(나) 1990년 이후 저출산, 고령화 진행(항아리 형 인구 구조로 변환 중) → 핵가족화 인구 구조, 2010년 이후 노령화 사회로 진입

(다) 다문화 가정 확산 : 2000년 이후 단일 민족에서 탈피 다문화 사회 진입

(2) 산업화와 도시화

(가) 급속한 산업화 달성 : 경제개발 계획의 성공으로 급속한 경제 발전, 산업 생산량 증대, 2000년 이후 세계 무역 국가로 성장 → 소득 증가로 여유 있는 생활 구가

(나) 도시화의 진행 : 1960년대 산업화로 인구의 도시 집중화 → 도시 인구의 급속한 증가 → 주택, 교통, 환경, 실업, 범죄 등 각종 사회 문제 야기 → 1990년 대 이후 신도시 개발 등 인구 집중에 따른 해소책 강구

(3) 농촌 사회의 변화와 노동운동의 전개

(가) 농촌 사회의 해체 : 도시로 인구 유출, 농촌 고령화, 저곡가 정책, 외국 농산물 수입으로 농민 운동 활발 → 새마을 운동과 생산성 향상으로 농촌 위기 극복

(나) 노동 운동의 전개

1) 1960년대 : 노동자 수의 증가, 열악한 노동 환경, 저임금, 노동 3권제한 → 노동운동 미약

2) 1970년대 : 전태일 분신사건(1970)으로 지식인과 학생들의 노동 운동 관심유지 → YH무역 사건(1973)은 유신 체제 붕괴 촉발

(4) 민주사회의 정착과 시민운동

(가) 민주주의의 성장 : 국민 교육으로 민주주의 의식 성장, 민주주의 제도 정착

(나) 시민운동의 성장 : 6월 항쟁(1897)이후 시민운동 활성화(비정부기구 NGO의 급격한 증가) → 국가와 기업에 대한 감시 활동, 노약자, 소외자, 빈민층에

대한 보호 활동과 환경, 정치 등 사회 전 분야에 대한 감시 활동 전개

(5) 사회보장 제도의 발전

(가) 1980년대 : 국민 연금 제도 실시(1988), 의료 보험 제도 실시(1989)

(나) 1990년대 : 전 국민 연금 및 의료 보험 제도 실시, 사회보장 기본법 제정(1995)

(다) 2000년대 : 기초 생활 보장법(1999)

(6) 현대 생활 모습

(가) 의 : 1960년대 재건복 / 간편복 등장, 1980년대 교복 자율화

(나) 식 : 전쟁 후 미국 농산물 원조, 1970년대 쌀 자급 달성, 1980년대 이후 서구형 식생활 보편화

(다) 주 : 1960년대 아파트 건설 시작, 1990년대 주택난 해결을 위한 신도시 건설

4 문화와 예술

① 근대 문물의 수용과 발전

(1) 서양 과학 기술의 수용

(가) 과학 기술의 도입

1) 조선 후기 : 북학파 실학자들이 서구 과학 기술 수용 주장
2) 흥선 대원군 : 서양 무기 제조술에 관심, 증기선 제조 시험
3) 개항이후 : 동도서기론 대두 조사 시찰단(일본) / 영선사(청) 파견, 기술학교 설립
   가) 동도서기론 : 우리 정신세계는 유지하되 서양 과학 기술을 수용 부국강병 달성 → 근대적 이념과 사상을 충분히 이해하지 못한 채 수용하여 근대화 한계 노출
   나) 사회 진화론(다윈의 자연도태 원리가 사회원리로 발전) :
   민족운동 지평 확장(실력 양성의 애국 계몽 운동) ↔ 일제 침략의 합리화 구실
4) 결과 : 국민 생활의 편리성 제공(긍정적) ↔ 기술과 관리를 외국에 의존(부정적)

(나) 근대 교육과 학문의 보급

1) 근대학교 설립(1880년대) : 원산 학사(1883, 사립, 최초의 근대식 학교)
   동문학(관학, 영어 교육), 육영공원(상류층 자제 근대 문학 교육) 등 설립
   ※ 갑오개혁 이후 근대 교육제도 마련 및 각종 학교 설립
2) 개신교 선교사의 활동 : 선교 목적의 사립학교 설립 → 근대 학문 교육
3) 애국 계몽 운동가 : 근대 사립학교 설립 → 민족의식 고취
   ※ 대성학교(안창호), 오산학교(이승훈), 보성, 진명, 국외의 서전서숙 및 신흥학교

(다) 국학 연구

1) 을사조약 체결 후 애국 계몽 운동 시 전개 → 민족의식 성장, 문화 보존
2) 국어 연구
   가) 국 · 한문 혼용 : 갑오개혁 이후 공문서, 국 · 한문 교과서 사용
   유길준의 서유견문(서양 기행 후 역사와 풍속을 기록)
   나) 국문 연구소 설립 : 지석영, 주시경(국어 문법)

3) 역사 연구
가) 근대 계몽 사학 : 애국 계몽 운동 시 성립 유교사관 비판 및 민중 계몽
나) 신채호 : 독사신론 개제, 식민사관 대항, 근대 민족주의 역사학 토대
다) 박은식 : 국혼 강조
라) 조선 광문회 : 최남선, 박은식 등이 조직 민족 고전 정리
마) 한계 : 근대 및 민족의식 고양, 학문적 깊이 미약, 일제의 연구결과 일부 수용

(라) 언론 기관 : 일제의 신문지법(1907), 국권 피탈 후 대부분 민족 신문 폐간
1) 한성순보(1883) : 우리나라 최초의 신문, 순 한문, 개화파 정부의 기관지
2) 독립신문(1896) : 최초 민간신문(서재필 주도), 최초 한글 신문, 독립협회 기관지
3) 대한매일신보(1904) : 영국인 베델과 양기탁이 발행, 비교적 자유로운 논조 유지
※ 일제의 황무지 개관권 반대 운동, 의병운동 소개, 국채보상운동 등 주도
4) 황성신문(1898) : 국・한문 혼용체, 을사조약 체결 후 '시일야방성대곡' 개제
※ 대한 매일 신보 : 총독부의 기관지

(마) 근대 시설의 발전
1) 시설 : 박문국(1883, 한성순보), 기기창(1883, 무기제조), 전환국(1883, 화폐주조)
2) 통신 : 우정국 설치(1884), 전신, 전화(1898, 경복궁)
3) 교통 / 철도 : 전차(1898), 한성전기회사(1887), 경인선(1899)
4) 의료 : 광혜원(1885, 최초 근대식 병원), 광제원, 자혜의원(최초 도립병원)
5) 건축 : 독립문(1896, 파리 개선문 모방), 명동성당, 덕수궁 석조전(르네상스 양식)

(바) 문예와 종교의 새 경향
1) 문학 : 근대 사상 소개 및 사회적 각성 촉구 역할
가) 신체시 : 해에게 소년에게(최남선, 최초)
나) 신소설 : 혈의 누(이인직, 최초)
다) 외국 작품 번역 : 성경, 천로역정, 이솝 이야기. 로빈슨 표류기. 걸리버 여행기

2) 종교

가) 천주교와 개신교 : 천주교 포교권 인정(1886년 프랑스와 수교 후), 개신교 교세 확장(1880년대 선교사가 포교, 학교·병원 설립 운영 ↔ 제국주의 침략 옹호)

나) 불교 : 한용운의 조선 불교 유신론 → 불교 개혁

다) 유교 : 유교 구신론 → 양명학적 입장에서 실천적 정신회복

라) 동학(천도교의 성립) : 이용구의 일진회 조직, 손병희가 천도교로 개명(1905)

마) 대종교 창시 : 나철, 오기호(1909), 단군신앙 → 중광단 → 북로군정서

② 일제의 식민지 문화 정책과 국학 운동의 전개

(1) 일제의 식민지 교육 · 문화 · 언론 정책

(가) 교육 정책 : 조선 교육령 제정 일본에 동화 → 순종적 인간형 완성 목적

1) 국권 강탈 후 : 우민화 정책(교육기회 축소, 민족 교육 봉쇄)의 일환으로 낮은 수준의 실업 교육 실시 → 식민지 노동력 확보 노력

2) 3·1운동 이후 : 조선어 필수과목 인정 등 일시적 유화 정책 → 차별 지속

3) 만주 침략 이후 : 황국식민화 교육 강화 → 전쟁 동원 목적

가) 중일전쟁(1937) : 황국신민화 정책(내선일체, 일선동조론, 조선어 폐지)

※ 내선일체 : 조선과 일본은 한 몸.

※ 일선 동조론 : 조선과 일본은 한 조상

나) 태평양 전쟁(1941) 이후 : 민족 말살 정책(조선어, 조선 역사 금지)

(나) 문화 정책

1) 역사 : 식민 사관 체계화(외세에 의한 타율성, 중세가 없는 정체성, 당쟁에 의한 당파성, 일선 동조론) → 한국사의 자율성과 독창성 부정

가) 반도사 편찬(1915, 한·일 합병 합리화), 조선사 편찬(1922, 조선사 편찬위원회 조직, 이후 조선사편수회로 개칭), 청구학회를 결성하여 식민사학 보급

나) 영향 : 서구와 일본 문화 높게 평가, 우리 문화 비하

2) 종교 : 1930년대 이후 일본 종교인 신사 참배 강요, 종교 교단과 지도자 박해

(다) 언론 탄압

1) 1910년대 : 신문지법으로 총독부 기관지를 제외한 모든 신문 강제 폐간 조치
2) 3·1운동 이후 : 우리말 신문 허용(동아, 조선일보 창간) 기사 통제
3) 1930년대 손기정 일장기 삭제 사건과 중일전쟁 이후 우리말 신문 폐간

(2) 국어 연구

(가) **조선어 연구회(1921, 장지연, 최현배 등 창립)** : 한글 연구와 대중화를 위해 창립 → '가갸날(한글날)' 제정, 잡지 '한글' 발간

(나) **조선어학회(1931, 최현배 창립)** : 한글 맞춤법 통일안, 표준어 제정, 우리말 큰 사전 편찬 시도 → 조선어학회 사건(1942)으로 강제 해산

※ 조선어 학회 사건 : 우리말 큰 사전 편찬을 준비 중인 회원 29명을 일제가 치안 유지법으로 검거한 사건으로 2명이 옥사하고, 11명에 실형을 언도

(3) 한국사 연구

(가) 민족주의 사학

1) 특징 : 민족의 자주성과 전통 강조, 민족정신 확립 → 독립운동의 일환
2) 신채호 : 고대사 연구에 주력, 조선 상고사(고조선~백제), 조선사연구초 저술('낭가' 사상 강조, 묘청의 서경천도 민족적 평가), 고대 문화의 우수성과 독자성 강조, 역사를 (我)와 비아(非我)와의 투쟁'으로 파악
3) 박은식 : 민족정신으로 '혼' 강조, 한국통사와 한국독립운동지혈사(일제 저항 역사)저술, 조선광문회 조직, 유교 구신론(공자 대동사상과 맹자 민본주의) 주장
4) 정인보 : 조선사 연구 저술, 신채호 민족주의 사관 계승, 민족정신으로 '얼' 강조, 광개토대왕비문을 연구하여 일제의 고대사 연구 수정
5) 문일평('조선심' 강조), 안재홍(조선 상고사감 저술, 신민족주의 제창)

※ 민족 주체성을 강조, 실증성 부족

(나) 사회 경제 사학

1) 특징 : 유물사관에 의하여 세계사의 보편성속에서 한국사의 체계화 시도

※ 세계사적 보편성 : 인류의 역사가 원시 공산사회 → 고대 노예제 사회 → 중세 봉건제 사회 → 근대 자본주의 사회로 발전 주장

2) 백남운 : 조선사회경제사 저술, 한국사를 변증법적 역사 발전 법칙에 맞춰 기술 → 민족주의 사관과 식민주의 사관의 정체성 이론 비판

3) 한계 : 한국사의 발전을 서양의 역사 법칙 틀에 끼어 맞추려는 시도로 비판

(다) 실증주의 사학

1) 특징 : 문헌 고증을 통해서 우리의 역사를 객관적으로 서술

※ 개별적인 사실을 개관적으로 규명했으나 민족사의 현실 인식 부족

2) 진단학회(1934) : 이병도, 손진태, 송석하, 김상기 등 중심으로 청구학회에 대응

(4) 민족 교육 진흥 운동

(가) 교육 계몽 운동

1) 사립학교(보성, 연희, 이화, 숭실), 개량 서당(일제에 반대하는 사람 입학), 야학

2) 조선 여자 교육회 · 조선교육회(1920) 창립, 민립 대학 설립 운동 전개

(나) 과학 진흥 운동 : 발명학회 창립 과학기술 진흥 노력, 안창남의 고국 비행(1922)

(5) 종교 활동

(가) 천도교 : 3 · 1운동의 주도적 역할 이후 잡지 등 문화 활동 전개(개벽, 신여성 등)

(나) 대종교(단군교)

1) 본산을 만주로 이동 단군을 숭배하면서(민족의식) 독립운동 전개

2) 항일 투쟁 전개 : 중광단 → 북로군정서 조직(청산리 전투)

(다) 천주교 : 민중 계몽, 무장 투쟁 조직인 의민단 조직(만주, 청산리 전투)

(라) 기독교 : 농촌 계몽 활동 및 신사참배 거부 운동

(마) 불교(일제의 조선불교 통합 저지, 정화활동), 원불교(민족 자립 운동 전개)

(6) 문학과 예술

(가) 문학

1) 순수 문학과 계몽 · 저항 문학 등 다양한 문학 등장(사실 · 퇴폐 · 낭만주의)

2) 1920년대 중반 신경향파 문학 등장(사회주의 영향), KAPF(조선 프롤레타

리아 예술 동맹) 결성

3) 저항 문학(한용운, 이육사, 윤동주) ↔ 친일 문학(최남선, 이광수, 조병화)

(나) 음악 : 1910년대 창가 유행, 홍난파, 현제명, 안익태(코리아 환상곡, 애국가)

(다) 미술 : 한국화 발전, 서양식 유화 확산, 이중섭(소, 한국적 색체)

(라) 연극 : 신파극(대중적, 통속적), 극예술 연구회, 동양극장(최초의 전용 극장) 중·일 전쟁 이후 친일 연극이외는 공연 금지

(마) 영화 : 대중문화 형성 주도, 나운규의 아리랑(1926) 민족의 아픔을 형상화

③ 현대 문화의 성장과 발전

(1) 서구 문화의 성장과 전통 문화의 계승

(가) 한국학 연구 : 광복 이후 일제의 식민지 잔재 청산 노력 경주, 한글 학회의 우리말 큰 사전 발간, 1960년대 이후 민족주의적 색채 강화

(나) 서구 문화의 도입 : 서구 자본주의에 편입 국제화 노력으로 서구 문화로 전환

※ 한국 고유의 전통 가치 파괴 및 향락 문화 조장

(다) 전통 문화의 대중화 : 서구 문화에 대한 반동과 민족주의 대두

(2) 교육 · 언론 · 대중문화의 발달

(가) 교육

1) 교육체제 : 미국식 6·3·3 학제 도입 및 취학 전 아동 무상교육 일부 시행

2) 교육 기회의 확대 : 경제 성장과 함께 초등 교육(이승만 정부)·중등 교육(김대중 정부) 의무화 시행

(나) 언론

1) 민주화와 경제 발전에 따라 다양한 언론 매체 등장

2) 사회 발전과 민주화 과정에서 언론의 순기능 ↔ 산업 사회로 전환하면서 언론의 역기능 : 상업주의적 태도, 편향적·선택적 보도

(다) 대중문화

1) 경제 성장과 다양한 매체 등장으로 대중의 폭 확산(청소년 계층 확산)

2) 대중문화의 세계화 : 아시아에서 세계로 한류 열풍 확산(음악, 드라마, 영화 등)

(3) 문학 · 예술 · 체육 · 과학의 발달

(가) 문학 : 순수 문학과 4 · 19 이후 참여 문학 등장 등 다양한 장르 확산

(나) 예술 : 서양 음악과 미술 대중화, 전통 음악 대중화 경향, 사회 문제 참여 다양한 예술의 토대 마련

(다) 종교 : 다양한 종파 등장, 민주화 운동 등 제반 사회 문제에 참여

(라) 체육 : 올림픽, 월드컵 공동 개최 등 국가 위상 제고, 남 · 북 단일 팀 구성 참가 엘리트 체육 → 사회 체육 활성화로 국민 복지 증진

(마) 과학 : 전기 · 전자 · 통신 · 에너지 · 생명과학 분야에서 큰 성과

(4) 북한의 문화와 예술

(가) 특징 : 주체사상에 입각한 문화 활동 → 미보다 당의 선전 도구로서의 역할 담당, 주체사상의 영향으로 경직되어 있음

(나) 주요 영역 : 대중 선전 효과가 큰 영화와 음악에 치중

(다) 언어 : 문화어 제정, '조선말 큰 사전' 편찬

참고문헌

논문

강승남, 1996, 「고조선 시대의 청동 및 철 가공 기술」, 『조선고고 연구』, 사회과학원 고고학 연구소

金九鎭, 2005, 「조선 시대 6鎭 방어 전략 -制勝方略체제의 연구-」, 『白山學報』 71, 白山學會

金璘純, 2008, 「이순신의 전쟁수행에 관한 인간학적 고찰」, 『軍史』 第66號, 국방부군사편찬연구소

김위현, 2004, 『고려시대 대외관계사연구』, 경인문화사

김윤곤, 2004, 「삼별초정부의 대몽항전과 국내외 정세 변화」, 『한국중세사연구』 17, 한국 중세사학회

박경안, 2005, 「고려전기 다원적 국제관계와 국가·문화 귀속감」, 『동방학지』 129, 연세대학교국학연구원

박성순. 2002, 「병인양요와 이항로의 척사상소」, 『한국독립운동사연구』 19. 한국독립운동사연구소

신영우, 2001, 「동학농민혁명 총설, 『동학의 현대적 이해 - 동학연구 총림』, 한국동학학회

박재우, 2002, 「한말 20년간의 의병항쟁이 근대사회에 미친 영향」, 『인문학연구』 5, 관동대 인문과학연구소

이도학, 1990, 「신라 화랑도의 기원과 전개과정」, 『정신문화연구』 13-1, 정신문화연구원

이종욱, 1996, 「신라 중고시대의 화랑도」, 『성곡논총』 제27집, 성곡학술문화재단

오수창, 2006, 「오해 속 병자호란, 시대적 한계 앞의 인조」, 『내일을 여는 역사』, 서해문집

趙湲來, 2007, 「정유재란과 順天倭城論 재검토」, 『文化史學』 제27호, 韓國文化史學會

조범환, 2008, 「신라 중고기 낭도와 화랑」, 『한국고대사연구』 52, 한국고대사학회

주보돈, 1997, 「신라 화랑도 연구의 현황과 과제」, 『啓明史學』 8

최종협, 2008, 「대몽항쟁 · 원간섭기 山城海島入保策의 시행과 治所城 위상의 변화」, 『단군학보』 제 105호, 단군학

한국사학회, 1998, 「개화기 조선의 초기개화정책 형성과정과 청의 영향」, 『사학연구』 55, 56합집(죽전 신재홍박사 정년퇴임기념논문집)

서적 및 자료

김명호, 2005, 『초기 한미관계의 재조명 -셔먼호 사건에서 신미양요까지』, 역사비평사

김병석, 2011, 『고급 한국사』, 진영사

변태섭, 2005, 『한국사통론』, 삼영사

송요태 외, 1999, 『군사전략개론』, SUN CORPORATION

안주섭 외, 2006, 『영토한국사』, 소나무

왕현종, 2003, 『한국 근대국가의 형성과 갑오개혁』, 역사비평사

이기백. 1999, 『한국사신론』. 일조각

임재해 외, 2007, 『고대에도 한류가 있었다』, 지식산업사

이찬희, 2006, 『동아시아의 역사분쟁』, 동재

에드워드 카, 2007, 김택연 역, 『역사란 무엇인가』, 까치

최준식, 2007, 『세계가 높이 산 한국의 문기』, 소나무

한영우, 2005, 『다시 찾는 우리역사』, 경세원

황선희. 2003, 『한국 근대사의 재조명』. 국학자료원

육군사관학교 전사학과, 1987, 『한국전쟁사』

윤내현, 1994, 『고조선 연구』, 일지사

한국고중세사사전, 2007, 『한국사사전편찬회 엮음』, 가람 기획

동북아 역사재단 홈페이지

KBS 역사 스페셜
두산 지식백과
네이버 지식백과
위키백과
조선일보
동아일보

기관지

국방부군사편찬위원회, 1991, 『고구려 대수・대당전쟁사』
대한민국 부사관 총연맹, 2007, 『알기 쉬운 군사사상』, Global
육군본부, 2012, 『한국군사사』, 경인문화사

저자

강경표(姜京杓)

전주대학교 역사교육과 졸업

육군대학교 졸업

전주대학교 대학원 한국사 전공

박사과정

전 육군3사관학교 전쟁사학과 교수

現 청암대학교 전문사관과 교수

　한국군사교육학회 이사

논문 : 〈1950년대 전쟁문학 속에 나타난 전장 리더십 연구〉 등

저서 : 한권으로 읽는 6·25전쟁사(공저)

　　　군 리더십 길라잡이(공저)